동명왕릉의 연꽃무늬

중국중세 신분제 연구

전영섭 지음

저자약력〔전영섭〕

부산대학교 인문대학 사학과 졸업
부산대학교 대학원 사학과 석사·문학박사
현재 신라대학교 겸임교수
부산대학교·부산외국어대학교 강사

〔주요논저〕
「北魏前期 被征服民政策과 身分制支配-內屬民·徙民·生口를 중심으로-」
「北朝時期 신분편성의 원리와 職役-厮役의 용례를 중심으로-」
「『위서〔魏書〕』「석로지〔釋老志〕」 譯註」
「『위서〔魏書〕』「형벌지〔刑罰志〕」 역주」
『중국형법사연구』〔공역〕 등

중국중세 신분제 연구

지은이 : 전영섭
만든곳 : 도서출판 신서원
만든이 : 임성렬
초판1쇄 인쇄일 2001년 6월 30일
초판1쇄 발행일 2001년 7월 5일
주소·서울특별시 종로구 교남동 47-2(협신빌딩 209호)
등록·제1-1805(1994.11.9)
Tel : (02)739-0222 · 0223
Fax : (02)739-0224
ISBN 89-7940-514-5 93910
값 16,000원

신서원은 부모의 서가에서 자식의 책꽂이로
'대물림'할 수 있기를 바라며
책을 만들고 있습니다.

中國中世 身分制 研究

全永燮

머리말

이 책은 필자의 박사학위논문인 『北朝時期 下層身分秩序 硏究』를 수정·보완하고, 또 신분제를 이해하는 데 도움이 되는 두 편의 논문을 더하여 펴낸 것이다. 따라서 본서는 전체적으로 북조·수당시기 국가가 민을 직접 장악하고 지배하기 위한 인민편성의 한 형태인 신분제도에 대한 분석을 통하여 이 시기 특유의 지배원리를 구명하고자 집필되었다.

필자가 중국사에서도 위진수당 시기의 신분제도에 관심을 가지게 된 것은 대략 학부 3학년 무렵으로 기억된다. 필자는 우연히 사학과 자료실에서 하마구치(濱口重國)의 『唐王朝の賤人制度』를 보게 되었고, 이후 내용도 잘 모르면서 일본어 공부도 겸해서 이 책을 무작정 읽었다. 또 이 책을 통하여 『唐律疏議』라는 중국 最古의 형법전이 있음도 알게 되었고, 이에 단순한 호기심에서 학교 도서관에서 일본에서 발행된 『官版唐律疏議』를 빌려 읽어보기도 하였다. 이것이 계기가 되어 학부졸업논문도 당대 천인신분을 주제로 잡았다. 훨씬 뒤의 일이지만 필자는 박사과정 재학중에 金鐸敏·任大熙 두 분 선생님 편역의 『당률소의』의 역주작업에 참여하였고, 지금도 틈만 나면 이 책을 가까이에 두고 뒤적이고 있다. 이렇게 생각하니 『당률소의』와 우연히 맺은 인연치고는 참으로 길고 질기지 않나 싶다.

학부졸업 뒤에 당대의 신분제, 아니 천인신분에 대하여 본격적으로 공부하고 싶어서 대학원에 진학하였다. 그러나 공부를 하면서 필자의 관심은 점차 수·당대 신분제의 연원이 되는 위진남북조, 정확히는 북조시기로 거슬러 올라갔다. 그런데 필자가 대학원에서 북조를 연구대상으로 잡았을 때의 위진남북조 시기에 대한 연구는 귀족제라는 틀 속에서 위진남북조를 하나의 사회성격으로 뭉뚱그려 이해하려는 경향에서 점차 벗어나서 남북조를 나누어 각각의 시대상을 탐구하는 분위기가 어느 정도 자리잡고 있었고, 특히 이민족 지배기인 북조시기에 대하여는 독자의 역사상을 추구하는 연구가 국내외를 통하여 강하게 일고 있었다. 필자도 북조시기에 시행된 여러 제도에는 이민족의 영향 내지 에네르기가 의외로 크게 작용한다고 보았고, 이를 균전제를 통하여 접근한 것이 필자의 석사학위논문인 「北魏 均田制의 成立과 그 性格—鮮卑族의 農耕化와 관련하여—」이다.

그 뒤 박사과정에 올라와서 다시 신분제에 대한 공부를 하면서 필자가 이전에 품고 있던 생각을 구체화시키는 작업에 착수하였다. 위진남북조시기 신분제에 대한 연구는 중국·일본에서 시대구분과 관련하여 이미 많은 성과가 나온 터였지만, 대체의 분위기는 정치사적 연구경향과 결부되어 주로 수·당대 신분제의 성립과정으로서 이해하는 연구가 일반적이었다. 이러한 연구풍토는 북조시기의 신분제에 대한 연구에서도 예외가 아니었고, 따라서 이 시기 신분제에 대한 이민족의 영향은 별로 의식되지 않았다. 물론 일부 이 문제에 주목한 연구가 없었던 것은 아니었지만, 구체적으로 그것이 신분제에 어떻게 투영되었는가, 다시 말하면 지배족으로서 이민족이 어떻게 인민을 편성하고 조직하여 안정적인 지배를 관철하고자 하였는가 하는 데까지는 관심이 미치지 않았던 걸로 기억한다.

이러한 문제의식에서 필자는 『魏書』중심의 북조시기 자료를 다시 검토하였고, 그 과정에서 알게 된 것은 북조에는 같은 시기 남조뿐만 아니라 그 이후의 수·당대와도 다른 독특한 하층신분질서와 다양한 종류의 하층신분이 출현하였고, 게다가 그것들은 북위왕조가 화북지역을 정복·통일하면서 시행한 피정복민 정책과 밀접한 관련이 있다는 점이었다. 이에 이를 구체화시켜 글로 발표한 한 것이 「北魏前期 被征服民政策과 身分制支配—內屬民·徙民·生口를 중심으로—」이다. 이후 이를 기초로 연구범위를 확대하여 서로 연관된 몇 편의 글을 더한 결과물이 앞서 처음에 말한 박사학위 논문이다.

학위논문 제출 뒤에 다시 한두 편의 유사한 주제를 가지고 수정과 보완을 거듭하였지만, 막상 이렇게 한 권의 책으로 만들고 보니 형식과 내용 모든 점에서 허점투성이인 듯하여 먼저 두려움이 앞선다. 그러면서도 한편으로는 이제 막 연구자로서의 첫 발을 내디딘 자가 느끼는 무거운 책임감과 함께 이를 계기로 앞으로 더욱 노력하는 연구자가 될 것을 다짐해 본다.

이 책이 그나마 세상의 빛을 보게 된 것은 실로 많은 분들의 도움 덕분이다. 閔成基 선생님은 항상 필자의 주제에 관심을 보이셨고, 대학원 수업에서도 자주 필자의 생각을 물으시면서 다독거려 주셨다. 金鐘圓 선생님은 언제나 한결같이 게으른 필자를 다잡아 주셨고, 또 학위논문의 심사위원장을 맡으시며 애정 어린 격려로 필자에게 용기를 북돋아주셨다. 趙東元 선생님은 필자를 볼 때마다 열심히 하라는 격려의 말씀과 함께 항상 온화한 미소를 지으시며 관심과 애정을 보이셨다. 吳相勳 선생님은 때론 호통으로 때론 자상하게, 학문적으로나 인간적으로나 결점 투성이인 필자를 채찍질해 주셨다. 崔德卿·白允穆 두 분 선생님은 필자의 학위논문을 심사하시면서 좋은 글이 되도록 조언을 마다하지 않으셨다. 이 자리를 빌려 가없는 감사를 드린다. 이밖에 학부시절부터 필자를 지도해 주신 사학과와 역사교육과의 여러 선생님들, 음으로 양으로 도움을 준 선배·동료·후배들께도 진실로 감사의 마음을 드린다. 그리고 이 책을 오랜 세월 홀로 살아오신 어머니께 삼가 올리며, 필자가 공부에만 전념할 수 있도록 배려해 주신 장인어른과 장모님, 묵묵히 필자의 벗이 되어준 아내 金賢羅, 우리의 기쁨인 相河·相垠 모두에게 마음깊이 사랑과 고마움을 전한다.

끝으로 이 책의 출판을 흔쾌히 허락하시고 또 좋은 책이 되도록 애써 주신 신서원 임성렬 사장님과 관계자 여러분께 감사의 말씀을 드린다.

2001년 6월 全永燮

차 례

머리말 5

제1장 서 론 11

제2장 북조시기 신분질서의 구조와 신분편성의 원리 29
　제1절 국가적 신분제와 신분질서의 구조 30
　　1. 국가적 신분제의 재검토 …… 30
　　2. 良賤制下 신분질서의 이중구조 …… 44
　제2절 신분편성의 원리와 직역 51
　　1. 厮役과 雜戶 …… 51
　　2. 시역을 통해 본 신분편성의 원리 …… 65

제3장 북조 전기 하층신분질서의 형성과 구조 71
　제1절 백민의 來源과 직역 72
　　1. 백민과 內屬民 …… 72
　　2. 백민의 직역 …… 85
　제2절 雜戶의 내원과 직역 95
　　1. 잡호와 徙民 …… 95
　　2. 잡호의 직역 …… 115
　제3절 노비의 내원과 직역 131
　　1. 노비와 生口 …… 131
　　2. 노비의 직역 …… 141

제4장 북조 후기 잡호의 추이와 신분질서의 변화 153
　제1절 잡호의 내원과 신분의 변화 154
　　1. 잡호의 내원 변화 …… 154
　　2. 잡호 신분의 이중경향 …… 163
　제2절 북조 말 잡호의 해방과 신분질서의 변화 175
　　1. 북위 말 내란과 잡호 …… 175
　　2. 북조 말 잡호의 해방과 신분질서의 변화 …… 185

10 중국중세 신분제 연구

제5장 부곡·객녀 신분의 출현과 신분질서의 변화 ·········· 195
  제1절 인신매매의 유형과 국가의 대응 ··· 196
    1. 인신매매의 유형과 주인권 ······ 196
    2. 국가의 대응양상 ······ 215
  제2절 북조 말 부곡·객녀 신분의 설정과 신분질서의 변화 ········ 226

제6장 결론 ·· 241

中文提要 ··· 255
추가논문 ··· 257
  〔추가논문 1〕北魏後期~隋代 신분제 지배의 변화양상
   -捕虜의 실태와 班賜의 내용을 중심으로- ································ 259
  〔추가논문 2〕唐代 良人의 身分秩序 構造와 機能
   -律令에 보이는 用例를 중심으로- ··· 287

부록 ··· 313
  참고문헌 ·· 315
  찾아보기 ·· 329

제1장

서 론

　　위진남북조 시기는, 그 이전인 진한시기를 특징짓는 황제와 소농민 사이의 유기적인 관계로 형성된 황제지배체제가 붕괴되고 그에 따라 무력적 기반을 가진 在地유력층이 자신의 지역을 중심으로 독자적인 세력을 구축하는 지방분권체제가 전개되어 간 시대였다. 이러한 황제지배체제의 붕괴에 따른 지방분권적인 경향은 진한시대 황제를 정점으로 형성된 국가의 대민지배 체제를 근저에서 붕괴시켰다. 또한 이 시기는 국가지배체제의 붕괴와 함께 농업생산력의 발전에 따라 민간에서의 계층분화가 심화되었다. 아울러 사상 면에서도 유교가 형식화되고 도교·불교가 국가의 지배이데올로기로서뿐만 아니라 민간에서도 주도적인 위치를 차지하게 되었다.

　　이와 같이 위진남북조 시기는 사회 전반에 걸쳐 이전시기와는 다른 역사적인 전개를 보이고 있다. 그 가운데 이 시기의 역사현상으로서 주목되는 것은 최초로 이민족이 중국 내지에 그 지배를 실현한 점일 것이다. 특히 북조시기는 5胡의 여러 국가에서 보이던 종족주의적 한계를 극복하고 오랜 기간에 걸쳐 중국 내지에 강고한 지배체제를 구축하였던 시대였다. 이러한 胡族정권의 성립이라는 시대적 상황은 진한이나 위진남조에서는 볼 수 없었던 胡族과 漢族의 관계가 이 시대 역사를 이해하는 데 중심문제로 자리하게 되었다. 더욱이 북조에서 시행된 여러 제도는 그 이후 수당으로 계승되고 있는 등 기본적으로 북조는 정치-사회적인 면에서 수당과 밀접한 관련을 가지고 있다. 따라서 북조는 晉·남조와는 다른 고유한 지배원리가 존재하는 점에서 특수성을 엿볼 수 있고, 또 수당과 밀접한 관련을 지니는 점에서 연속성도 확인할 수 있는 중요한 시기라 하겠다.

이러한 특징을 지닌 위진남북조 시기의 국가체제 및 사회구조에 대하여는 個別人身的 支配論〔齊民制社會論〕[1]·貴族制論[2]·寄生官僚論[3]·共同體論[4] 등 다양한 분석틀이 제기되었음은 주지의 일이다. 이들 시각은

---

1) 개별인신적 지배론은 진한과 수당을 동일한 사회성격이라는 전제하에서 위진남북조 시기를 이해하려는 입장에 있다. 곧, 진한과 수당을 일관되게 황제대 소농민이라는 기본적인 계급관계를 상정하고, 이러한 계급관계를 축으로 하는 고대 전제국가의 본질인 개별인신적인 지배원리가 위진남북조 시기에도 관철되었다고 한다〔개별인신적 지배론을 주장하는 대표적인 논고로는 西嶋定生,『中國古代帝國の形成と構造』, 東京大學出版會, 1961이 있다〕. 이러한 입장에 있는 논자들은 특히 북조의 정치구조 내지 국가의 정책에 주목하였는데, 그 가운데서도 북위시대에 시행된 均田制에 의해 진한적인 개별인신적 지배가 부활 또는 재건된 것으로 보고 있다〔대표적으로는 堀敏一,『均田制の研究』, 岩波書店, 1975 참조〕.
2) 귀족제론은 위진남북조〔이 경우 수당도 포함된다〕의 국가 및 사회의 성격을 귀족이라는 사회계층이 정치운영의 중추에 있던 시대라고 본다. 곧, 이 시기는 황제권력이 약화되고 반면에 귀족이 사회의 모든 분야에서 주도적인 위치에 있었다고 하는 것이다. 위진남북조의 귀족제에 대한 연구현황으로는 朴漢濟,「魏晉南北朝時代 貴族制硏究에 대하여」,(『韓國學論叢』5, 1982) ;「魏晉南朝 貴族制의 展開와 그 性格」,(『講座中國史Ⅱ-門閥社會와 胡·漢의 世界-』, 知識産業社, 1989) ; 中村圭爾,「六朝貴族論」〔谷川道雄 編著, 鄭台燮·朴鍾玄 外譯,『日本의 中國史論爭』, 신서원, 1996〕참조.
3) 기생관료론은 진한시대 국가권력의 인민지배방식인 개별인신적 지배구조가 위진남북조 시기에도 관철되었다는 전제하에서 이 시대의 문벌귀족도 기본적으로는 황제권력에 기생하는 존재라고 보는 것이다. 이러한 입장에 선 대표적인 논고로는 矢野主稅,『門閥社會成立史』(國書刊行會, 1976)가 있다.
4) 공동체론은 진한에서 위진남북조로의 흐름을 공동체의 발전과정으로서 파악하려는 것이다. 곧, 진한시대는 鄕里에서의 자율적인 질서로서 里共同體가 형성되어 있었지만, 이러한 이 공동체는 내부의 계급분화와 공동체 원리와의 충돌 속에서 해체되고, 그 과정에서 豪族이 향촌사회의 지도자로 성장하여 위진남북조 시기에는 새로이 豪族共同體가 성립하였고, 이것이 위진남북조 귀족제사회의 기층을 형성한다고 보는 것이다. 이러한 입장에 선 대표적인 논고로는 川勝義雄·谷川道雄,「中國中世史硏究における立場と方法」(中國中世史研究編, 『中國中世史研究』, 東海大學出版會, 1970) ; 谷川道雄,「中國における中世-六朝·隋唐社會と共同體」(『中國中世社會と共同體』, 國書刊行會, 1976) ;「中國社會と封建制」(『中國中世社會と共同體』) ; 川勝義雄, 『六朝貴族制社會の硏究』(岩波書

진한에서 위진남북조로의 계승관계를 중시하거나 위진남북조의 특수성을 중시하는 등의 차이는 있어도 남북조를 동일한 범주에서 성격규정을 하려는 경향이 강하였기 때문에 본서의 고찰대상인 북조시기 특유의 胡漢관계뿐만 아니라 胡族정권이라는 국가권력의 성격에 대해서는 상대적으로 관심이 적었다.

한편, 이와는 달리 북조와 남조의 역사적 전개를 구분하여 북조의 독자적인 시대성을 중시하는 시각도 대두하였는데, 이러한 입장에 선 견해로는 漢化論・胡漢二重體制論 내지 胡漢體制論 등이 있다. 이 가운데 한화론은 중국학계의 일반적인 논조이다.[5] 곧 위진남조의 경우는 생산관계에서 봉건제라는 전제하에서[6] 후진적인 유목사회에서 일어난 북조의 여러 왕조는 중국 내지로 들어온 뒤 한족의 봉건제 사회와 접촉함으로써 한화되어 봉건제로 이행되어 갔다고 보는 것이다.[7] 이는 정복민족인 胡

店, 1982) ; 「六朝初期の貴族制と封建社會」(川勝義雄・礪波護 編, 『中國貴族制社會の研究』, 同朋舍, 1987) ; 谷川道雄, 「中國中世社會と'豪族共同體'」(『東方學志』 84, 1994) 등이 있다.

[5] 최근 중국에서 출간된 中國全史 가운데 何德章, 『中國全史 中國魏晉南北朝政治史』(人民出版社, 1994)는 북위의 정치사를 한화의 시각에서 개관하고 있다.

[6] 중국의 고대사분기론쟁에서 보듯 노예제에서 봉건제로의 이행시기에 대하여는 다양한 설이 제기되었지만, 어떠한 입장에 서든 위진남북조를 봉건제로 보는 점에서는 일치하고 있다[何玆全, 「漢魏之際封建說」(『歷史研究』 1979-1)]. 중국의 고대사분기논쟁 전반에 대하여는 林甘泉 外, 崔德卿・李佾揆 譯, 『中國古代史分期論爭』(中文, 1992) 참조.

[7] 중국학계의 경우 북조의 사회성격에 대하여는 주로 북위를 중심으로 논의가 진행되었는데, 그것에 의하면 前封建社會說・封建化過程說・封建制說 등이 있다. 전봉건사회설은 拓跋氏族制社會가 한족의 봉건제 사회와 접촉한 뒤에 일종의 특이한 생산관계가 형성되었는데, 그것은 씨족제적 생산관계도 아니고 봉건적 생산관계도 아닌 양자의 혼합물적인 성격을 지니고 있었다는 것이고, 이를 전봉건 사회라고 명명하고 있다[李亞農, 『李亞農史論集』, 上海人民出版社, 1962, pp.371~372 참조. 王仲犖, 『魏晉南北朝史』 下, 上海人民出版社, 1980, pp.514~518에서는 효문제의 洛陽 천도 이전의 이러한 특수한 사회형태를 先封建社會라 하고 있다]. 봉건화과정설은 북위왕조는 원시공동체사회에서 가부장적 노예제를 거쳐 봉건제로 이행되어 가는 과정에 있다는 것이다[唐長孺, 「拓跋國家의 建立 及其封建化」(『魏晉南北朝史論叢』, 三聯書店, 1957) ; 「拓跋族의 漢化過程」(『魏晉南北朝史論叢續編』, 三聯書店, 1959)]. 이에 비해 봉건제설은 북위는 어느 시점엔가 봉건제로 이행되었다는 설로 현재 중국학계의 통설이라 해도 좋다. 그러나 봉건제설 가운데에는 북위왕조가 봉건제로 이행된 시점을 둘러싸고 견해가 나뉘어져 있다. 곧 북위는 국가의 건

族이 피지배족인 한족의 문화를 수용함으로써 몇 세대 후에 '모두' 그리고 '항상' 완전 한화하여 버린다는 이른바 文化吸收論이 그 배경에 자리하고 있음은 주지의 일이지만,[8] 상대적으로 胡族의 역할에 대해서는 거의 무시되어 있다. 다시 말하면 이 문화흡수론에 대하여는 文化變容論的인 관점에서의 비판은 차치하더라도 각 胡族정권 아래에서 시행된 여러 정책에는 어떤 형태로든 胡族의 에네르기가 큰 역할을 하였을 것으로 보이기 때문에 북조의 역사적 전개를 오로지 한화라는 시각으로만 접근하는 것은 곤란할 것이다.

호한이중체제론[9] 내지 호한체제론[10]은 위진남북조의 특수성을 중시하면서 또 한편으로는 수당과의 연속성을 염두에 두고 북조사회의 성격을 파악하고자 하는 입장이다. 이는 곧 수당의 성립을 5호16국 및 북조라는 이민족 지배의 귀결점에 위치한다고 본다. 이러한 경향은 대체로 국가체제를 중시하는, 다시 말하면 국가성격론적인 측면을 중시하고 상대적으로 사회구조적인 특질을 경시하는 한계는 있어도 이 시대 특유의 역사현상인 호한의 관계 속에서 북조의 역사를 이해하고자 하는 점은 일

설 이전에 봉건제도가 고도로 발전한 황하유역을 점령함으로써 봉건성질의 국가로 이행되고, 高祖 효문제 시기에 이르러 완성되었다는 설〔范文瀾,『中國通史簡編』, 新知書店, 1947, pp.208~211〕도 있지만, 대체로 효문제 시기를 경계로 봉건제 사회로 이행되었다는 설이 일반화되어 있다〔侯外廬,『中國思想通史』 3卷, 人民出版社, 1958, p.354 ; 高敏, 「論北魏的社會性質」『中國經濟史硏究』 1989-4〕.

8) 朴漢濟,「胡漢體制의 展開와 그 構造」(『講座中國史Ⅱ-門閥社會와 胡·漢의 世界-』), p.65. 중국학계에서 이러한 문화흡수론이 나온 배경으로는 1930년대 이후 소수민족문제와 동시에 사적유물론의 적용문제와 얽혀 민족모순의 극소화 및 계급모순의 확대 해석이라는 현실적 요구가 자리하고 있다고 한다〔朴漢濟, 위와 동일〕.

9) 호한이중체제론은 이민족지배기인 5호16국·북조 시기에는 지배방식 면에서 胡族과 한족을 각각 다른 방식으로 통치하는 이중적인 구조가 시행되었다고 하는 것이다. 대표적인 논고로는 谷川道雄,「拓跋國家の展開と貴族制の再編」(『岩波講座 世界歷史』 5, 岩波書店, 1970) ;『隋唐帝國形成史論』(筑摩書房, 1971) 등이 있다.

10) 호한체제론은 5호16국·북조시기에 胡族과 한족 양민족이 한 지역, 한 통치제제 속에서 병존하여 하나의 문화체제를 형성하면서 충돌과 반목을 거쳐 융합 내지 공존의 역사를 추구하였고, 그것이 수당 통일제국 형성의 원동력이 되었다는 것이다〔朴漢濟,『中國中世胡漢體制硏究』, 一潮閣, 1988 ;「胡漢體制의 展開와 그 構造」 참조〕.

단 긍정해도 좋을 듯하다. 다만, 수당으로의 연속성을 중시할 경우 자칫 북조에 대해서는 단순히 수당의 지배체제를 형성하기 위한 과도기로서 파악하거나 수당의 이해를 위한 방편으로서 다루어질 위험성이 있고 또 종래 그러한 경향이 있었던 것도 사실이다.[11]

그러나 기본적으로는 북조에서 수당으로의 연속성을 인정하더라도 그 전제로서 북조 고유의 시대적 특성이 우선 구명되지 않으면 안될 것이다. 다시 말하면 북조·수당의 지배구조나 사회성격을 이해하기 위해서는 우선 각 시대에 고유한 지배원리를 밝히는 작업이 이루어지고 그러한 바탕 위에서 상호간의 계승관계와 그 차이점을 비교·검토함으로써 하나의 전체적인 사회성격을 조망할 수 있을 것으로 생각한다.[12]

이상과 같은 시각에서 본서에서는 북조시기를 대상으로 국가가 민을 직접 장악하고 지배하기 위한 인민편성의 한 형태인 신분제도를 통하여 이러한 문제에 접근해 보고자 한다. 먼저 이와 관련된 기존의 연구현황을 살펴보면 다음과 같다.

위진남북조 시기 신분제에 대한 연구는[13] 중국과 일본에서 일찍부터 시작되었는데, 지금까지 진행된 전체적인 연구경향은 크게 두 단계로 나눌 수 있다. 첫번째 단계는 당대의 賤人制度에 대한 원류 내지 성립과정

---

11) 陳寅恪, 『隋唐制度淵源略論考』(商務印書館, 1940) ; 谷川道雄, 『隋唐帝國形成史論』.
12) 최근 당 중기 이후 진행된 사회 각 방면에서의 변화는 북조가 아닌 남조를 계승했다는 견해가 제기되어 주목된다[唐長孺, 『魏晉南北朝隋唐史三論-中國封建社會的形成和前期的變化』(武漢大學出版社, 1992), pp.486~491]. 이 견해는 북조·수당의 흐름만을 지나치게 강조하는 연구풍토에 대한 반성의 계기를 제공한 것으로 받아들여지고 있지만[朴漢濟, 「魏晉南北朝·隋唐史 硏究를 위한 하나의 方法」(『金文經敎授停年紀念 동아시아사 연구논총』, 혜안, 1996), p.681]. 그렇더라도 북조·수당을 연속선상에서 파악하려는 연구시각이 경시되거나 부정되는 것은 아니라고 생각한다.
13) 위진남북조에서 당대까지의 신분제 연구현황을 체계적으로 정리한 것으로는 堀敏一, 『中國古代の身分制-良と賤-』(汲古書院, 1987)의 序章, 「日本における中國古代身分制硏究の動向と本書の構成」이 참조가 된다. 본서에서는 위진남북조를 중심으로 신분제에 대한 기존의 연구현황을 간략하게 정리하고 필요한 경우에만 수당시기에 대하여도 언급하고자 한다.

을 밝히려는 연구경향이다. 곧, 당대에 발달한 천인신분에 대한 제도사
적인 연구와14) 아울러 개별 천인신분의 성립과정 내지 선행적 형태에 대
한 연구가 병행되었고, 그 결과 部曲15)·客女16) 및 雜戶17) 등 특정신분을

---

14) 당대 천인신분에 대한 제도사적인 연구는 일찍부터 시작되었는데, 중요한 논고를 들
면 다음과 같다. 우선, 중국의 경우는 淸末의 沈家本, 『歷代刑法攷』 I~IV(中華書局,
1985. 원래는 民國時代에 쓰여짐); 何士驥, 「部曲考」(『國學論叢』 1-1, 1927) 등이 있고,
그 이후 주목되는 논고로는 唐長孺, 「唐代の部曲と客」(『東方學』 63, 1981); 張澤咸, 「唐
代の部曲」(『社會科學戰線』 1985-4); 李季平, 『唐代奴婢制度』(上海人民出版社, 1986) 등
이 있다. 일본의 경우 초기의 연구로는 玉井是博, 「唐の賤民制度とその由來」(『支那社會
經濟史硏究』, 岩波書店, 1942); 仁井田陞, 『支那身分法史』(座石寶刊行會, 1942); 草野
靖, 「唐律にみえる私賤民, 奴婢·部曲に就いての一考察」(『重松先生古稀記念九州大學東
洋史論叢』, 九州大學文學部東洋史硏究室, 1957); 越智重明, 「唐時代の部曲と魏晉南北朝
時代の客」(『東方古代文化』 11, 1963) 등이 있고, 濱口重國, 『唐王朝の賤人制度』(東京大
學出版會, 1966)에 의해 집대성되었다. 그 이후의 연구 가운데 주목되는 논고에는 日野
開三郞, 「唐代の私賤民部曲客女·奴婢の法身分と生活實態」(『中國律令制の展開とその國
家·社會との關係』, 唐代史硏究會報告5, 1984)가 있다.
15) 위진남북조 시기 부곡을 다룬 논고에는 沈家本, 「部曲考」(『沈寄簃先生遺書』 上, 中
國書店, 1990. 원래는 民國時代에 쓰여짐); 何士驥, 「部曲考」; 楊中一, 「部曲沿革畧攷」
(『食貨半月刊』 1-3, 1935); 鞠淸遠, 「兩晉南北朝的客·門生·故吏·義附·部曲」(『食貨
半月刊』 2-12, 1935); 玉井是博, 「唐の賤民制度とその由來」; 濱口重國, 「唐の賤民, 部
曲の成立過程」(『唐王朝の賤人制度』); 「南北朝時代の兵士身分と部曲の意味の變化に就い
て」(『唐王朝の賤人制度』); 仁井田陞, 「部曲·奴婢法」(『支那身分法史』) 등이 있고, 國
內의 연구로는 李公範, 「南朝部曲考」(『成大論文集』 11, 1966); 「北朝의 部曲形成過程」
(『大東文化硏究』 5, 1968); 金鍾完, 「北朝 部曲考」(『全州又石大論文集』 2, 1980); 辛
聖坤, 「魏晉南北朝時期 部曲의 再考察」(『東洋史學硏究』 40, 1992); 「北周期 部曲·客
女身分의 再編과 唐代 部曲의 性格」(『魏晉隋唐史硏究』 1, 思想社, 1994) 등이 있다.
이들 연구는 대체로 부곡의 語義의 변천 내지 유래를 찾는 데 집중되어 있고, 그 결
과 부곡신분의 성립에는 良民의 지위저하설(沈家本·何士驥·楊中一·鞠淸遠), 노비의
지위향상설(濱口重國·李公範), 양쪽을 모두 인정하는 절충설(仁井田陞) 등이 제시되
었다.
16) 당대 부곡과 같은 신분으로 여성을 의미하는 객녀의 유래를 다룬 논고로는 鞠淸遠,
「兩晉南北朝的客·門生·故吏·義附·部曲」; 「三國時代的'客'」(『食貨半月刊』 3-4,
1936); 濱口重國, 「唐の部曲·客女と前代の衣食客」(『唐王朝の賤人制度』) 등이 있다. 이
가운데 鞠淸遠은 客의 지위저하설을 주장한 반면, 濱口重國은 부곡과 마찬가지로 婢의
지위향상설을 주장하였다.
17) 잡호를 중심으로 하는 官賤民의 유래에 대한 연구는 의외로 부족하다. 이를 다룬 초기
의 논고로는 玉井是博, 「唐の賤民制度とその由來」; 濱口重國, 「官賤人の由來についての
硏究」(『唐王朝の賤人制度』) 등이 있다. 중국에서는 張維訓, 「略論雜戶'賤民'等級的消亡」
(『中國古代史』 1982-17); 「略論雜戶的形成和演變」(『中國史硏究』 1983-1); 高敏, 「雜戶

중심으로 용어의 연원 및 각 시대에 따른 의미의 변화 등에서 많은 업적을 쌓았음은 주지의 일이다.

또한 이 법제사적인 연구와 아울러 일련의 연구자들에 의해 경제사적인 연구도 진행되었다. 이는 주로 중국학계의 일반적인 연구경향이고 또 현재까지도 계속되고 있다고 할 수 있지만, 일본에서는 특히 제2차 세계대전 이후 성행하게 된 시대구분 논쟁과 밀접한 관련을 가지고 전개되었다. 이 속에서 부곡·객녀는 당시 사회의 성격을 이해하는 중요한 지표로 인식되었으며, 그 결과 부곡에 대하여는 農奴說[18]·半奴隷說[19] 등이 대두되었다.

이 가운데 전자의 부곡농노설은 위진남북조·수당 시기를 귀족에 의한 대토지 소유제의 발달과 그에 따른 장원경영이 일반화되었다는 전제하에서 그 장원의 주된 경작자를 부곡으로 보는 것이지만, 그러나 실제 사료상 부곡이 경작에 종사한 사례는 극히 일부분에 불과하기 때문에 이를 가지고 부곡을 한 시대의 사회성격을 결정할 지표로까지 보는 데는 어려움이 따른다. 물론 후자의 반노예설도 주로 『唐律疏議』나 『唐六典』 등 당대의 법제적인 문헌에 의거하고 있기 때문에 그것을 바로 위진남북조의 부곡·객녀에까지 적용할 수 있는가 하는 점도 의문이다.

두번째 단계는 종래 수·당대 신분제에 대한 연구가 오로지 천민을 중심으로 진행된 것에 대한 비판으로서 새로이 천민을 良人과 대비시켜 良

考」(『魏晉南北朝社會經濟史探討』, 人民出版社, 1987) 등에서 보듯이 1980년대 이후 잡호를 전론한 논고가 나오고 있는 것에서 이에 대한 관심이 높아지고 있음을 알 수 있다. 국내에서 잡호를 다룬 논고로는 辛聖坤, 「雜戶 身分의 變遷과 그 性格」(『歷史學報』 115, 1992) ; 졸고, 「北朝後期 廝役身分의 推移와 그 性格」(『釜山史學』 30, 1996) 등이 있다.
18) 부곡[객녀도 포함된다]농노설의 경우, 중국에서는 楊中一, 「部曲沿革署考」 이래 주류를 이루고 있고[王仲犖, 「關于中國奴隷社會的瓦解及封建關係的形成問題」(『中國古代史分期問題討論集』, 三聯書店, 1957) ; 簡修煒·夏毅輝, 「魏晉南朝莊園社會的階級結構述論」(中國魏晉南北朝史學會編, 『魏晉南北朝研究』, 四川省社會科學出版社, 1986)], 일본에서는 대표적으로 宮崎市定, 「部曲から佃戶へ」(『アジア史論考』 中, 朝日新聞社, 1976)를 들 수 있다.
19) 대표적으로는 濱口重國, 「部曲客女の研究」(『唐王朝の賤人制度』)가 있다.

賤制라는 국가적 신분제로서 파악하려는 연구경향이다.20) 그 이후의 연구는 이 국가적 신분제라는 시각을 기본축으로 하여, 양천제의 성립과정으로서 진한에서 수당에 이르는 신분제의 변천이 중시되었다. 그것에 의하면 한에서 당으로의 신분제는 한대의 庶奴制[庶人·奴婢制]에서 위진남북조의 어느 시기에 良奴制[良人·奴婢制]로, 그리고 당대에 이르러 良賤制[良人·賤人制]로 변화·발전했다는 것이다.21) 이 점은 종래 이 분야의 연구자들 사이에 대체로 인식을 같이하고 있다.

그러나 양노제의 성립시기에 대하여는 후한 말 또는 삼국시기에 이미 국가적 신분으로서 성립했다는 견해와22) 북위 균전제 시행 이후에 정식으로 등장한다는 견해가23) 대립되어 있다. 이들의 연구는 대체로 진한

---

20) 잘 알다시피 그 선도적 역할을 한 이는 西嶋定生이다[「中國古代奴婢制の再考察－その階級的性格と身分的性格」,『古代史講座』, 7, 學生社, 1961:『中國古代國家と東アジア世界』, 東京大學出版會, 1983) ;「良賤制の成立と系譜」(『中國古代國家と東アジア世界』)].

21) 西嶋定生이 漢唐 간의 신분제를 일괄해서 논한 반면, 이 西嶋의 국가적 신분제론을 계승하여 신분제의 변천을 다룬 이는 尾形勇과 堀敏一이다. 이 가운데 잘 알려진 대로 최초로 신분제의 변천을 庶奴制－良奴制－良賤制로 도식화한 이는 尾形勇이고[「良賤制の展開とその性格」,『岩波講座 世界歷史』5, 岩波書店, 1970) ;『中國古代の「家」と國家』, (岩波書店, 1979)], 堀敏一도 기본적으로 여기에 동의하고 있다[주 22)]에 든 일련의 논저 참조).

22) 堀敏一,「均田制と良賤制」,『仁井田陞博士追悼論文集第1卷 前近代アジアの法と社會』, 勁草書房, 1967) ;「中國古代における良賤制の展開」,『均田制の研究』) ;「中國における良賤身分制の成立過程」(唐代史研究會編,『律令制－中國朝鮮の法と社會』, 汲古書院, 1986 ;『中國古代の身分制－良と賤』, 汲古書院, 1988) ;「良奴·良賤制はいつ成立したか－川本芳昭氏の論に關連して－」,『史學雜誌』, 97-7, 1988). 堀敏一은「均田制と良賤制」에서는 양노제의 성립기를 후한 말·삼국시대라고 하였지만 뒤의 일련의 논문에서는 魏律의 제정부터라고 조금 분명하게 말하고 있다.

23) 양노제는 삼국시기에 출현하지만, 북위 균전제 시행 이후에 정식으로 성립한다는 견해를 처음 제시한 이는 尾形勇이고[「良賤制の展開とその性格」, p355). 이후 西嶋定生,「良賤制の成立と系譜」, p.166 ; 川本芳昭,「北魏時代における所謂良奴制の成立－良の問題を中心として見た－」,『史學雜誌』96-12, 1987) 등도 여기에 동조하고 있다. 그리고 金裕哲,「均田制와 均田體制」,『講座中國史Ⅱ－門閥社會와 胡·漢의 世界－』) ; 金明姬,「唐代의 良賤制와 北魏의 良奴制에 관한 硏究」,『湖南大學論文集』11-1, 1990) 등에서 보듯, 국내에서도 북위를 포함한 북조시기의 신분제를 양노제라 보는 일본학계의 입장을 그대로 받아들이고 있다.

에서 수당까지를 전제군주[황제]에 의한 일원적인 小農民支配體制・齊民制 혹은 個別人身的 支配體制시대라는 전제가 깔려 있다.[24] 곧, 한에서 당으로의 신분제의 변천은 바로 이러한 전제 위에서 국가의 기반이 되는 동질적인 소농민을 확보・유지하려는 국가의 정책과 맞물려 변화・발전했다고 보는 것이다.[25]

또한 이 국가적 신분제라는 시각이 대두한 이후 신분제 연구는 새로이 양천제와 在地社會와의 신분적 여러 관계가 중시되었고,[26] 아울러 전체적으로 양인을 중시하는 방향으로 전개되어 양인 내의 개별신분과[27] 신분질서 구조가[28] 주목되기도 하였다.

한편, 이 단계에 들어오면 위진남북조 시기의 신분제 연구도 변화를 보이고 있는데, 이 시기에 광범위하게 존재하는 하층신분이 새로이 부각되어 이를 良・賤의 관점에서 접근하기도 하였고,[29] 또는 그 존재형태를 봉건적 인신예속 관계의 발전 속에서 그 불안정성을 강조하거나[30] 예속관계의 여러 형태와 연관지어 설명하기도 하였으며,[31] 최근에는 그 연장

---

24) 越智重明,「六朝の良・賤をめぐって」(『史學雜誌』89-9, 1980), p.2.
25) 이러한 입장에 선 대표적인 연구자는 西嶋定生과 尾形勇이다. 이와는 달리 양노제의 성립시기를 북위의 균전제 성립기에 두면서도 征服王朝的, 胡漢關係的 측면에서 추구한 논고는 川本芳昭,「北魏時代における所謂良奴制の成立-良の問題を中心として見た-」이다.
26) 山根淸志,「唐における良賤制と在地の身分的諸關係」(歷史學硏究 別冊『民族と國家 ; 1977年度大會報告』, 1977) ;「唐の良賤制をめぐる二・三の問題」(『歷史評論』392, 1982).
27) 山根淸志,「唐の'百姓'身分について」(『社會經濟史學』47-6, 1982) ;「唐の'百姓'身分・補論」(『栗原益男還曆記念論集 中國古代の法と社會』, 汲古書院, 1988).
28) 졸고,「唐代 良人의 身分秩序 構造와 機能」(『法史學硏究』17, 1996).
29) 대표적으로는 越智重明의 일련의 논고를 들 수 있다[「唐時代の部曲と魏晉南北朝時代の客」,『古代東方文化』11, 1963 ;「客と部曲」(『史淵』110, 1973) ;「漢六朝史の理解をめぐって」(『九州大學東洋史論集』5, 1977) ;「六朝の良・賤をめぐって」(『史學雜誌』89-8, 1980) ;「北朝の下層身分をめぐって」(『九州大學東洋史論集』5, 1980)].
30) 唐長孺,「魏晉南朝の客と部曲」(『東洋史硏究』40-2, 1981) ;「魏晉南北朝的客和部曲」(『魏晉南北朝史論拾遺』, 中華書局, 1983).
31) 堀敏一,「部曲・客女身分成立の前提-六朝期隷屬民の諸形態」(『中國古代の身分制-良と賤-』). 堀敏一은 이 국가적 신분제라는 시각에서 부곡・잡호 등 특정신분에 대한 재검

선상에서 이들을 官私隷屬民으로 범주화하여 각각의 본원적 성격과 변천과정을 추구하기도 하였다.32) 이러한 일련의 연구에 의해 위진남북조 시기야말로 계층분화가 광범위하게 진행된 역동적인 시대이고, 이에 비해 수당시기는 오히려 그러한 계층분화가 둔화되고 쇠퇴해 간 시대로서 평가되었다.

지금까지 검토한 바와 같이 위진남북조 시기 신분제에 대한 연구는 다양한 시각에서 많은 업적을 쌓았음을 알 수 있다. 여기서는 기존의 연구성과가 갖는 연구사에서의 몇 가지 문제점을 지적하고, 이를 기초로 본서의 주된 연구대상인 북조시기 하층신분질서에 대한 연구방향을 제시하고자 한다.

첫째, 이 시기 신분제 연구 특히 하층신분 연구에서 문제점으로 들 수 있는 것은 남조와 북조를 일괄하여 논하고 있다는 점이다. 위진남북조 시기에는 사적 예속관계의 발전으로 민과 노비 사이에 다양한 하층신분이 광범위하게 존재하였다.33) 이들의 존재는 이 시대를 다른 시대와 구별시킬 정도로 특징적이었음이 종종 지적되어 왔지만,34) 남북조가 동일한 형태를 보이는 것은 아니다. 곧, 이 시기 관부에 직속하는 하층신분의 경우 북조에 비해 남조에는 그 사례가 상대적으로 적고, 또 종래 주된 연구대상이었던 부곡·객녀의 경우 남북조 모두에 존재하더라도 국가적 신분으로 설정되는 것은 북조 말에 이르러서이다.

더욱이 이들 다양한 하층신분의 출현과 소멸은 그 성격상 국가권력과 밀접한 관련을 가진다고 할 때, 이민족 지배기인 북조를 남조와 동일

토를 행하고 있다. 이와 관련해서는 위의 논문 외에 堀敏一,「北朝雜戶制の再考察」·「隋唐の部曲·客女身分をめぐる諸問題」[이상 『中國古代の身分制-良と賤-』] 등이 있다.
32) 辛聖坤,『南北朝時期 官私隷屬民에 관한 硏究』(서울대박사학위논문, 1995).
33) 魏晉南北朝 시기 계층분화에 따른 다양한 하층신분의 출현 전반에 대하여는 田余慶,「秦漢魏晉南北朝人身依附關係的發展歷程」(『中國史硏究』 1983-3 ;『秦漢魏晉史探微』, 中華書局, 1993) ; 黃佩瑾,「魏晉南北朝的農奴制人身依附關係」(『歷史硏究』 1985-2) ; 簡修煒·張鴻雁,「魏晉南北朝時期勞動者階層結構的特點」(『歷史硏究』 1986-5) 등 참조.
34) 辛聖坤,『南北朝時期 官私隷屬民에 관한 硏究』, p.6.

선상에서 논하는 것은 곤란하지 않을까 한다. 최근 남북조 시기의 역사 발전은 사회-경제적으로뿐만 아니라 대민지배체제상에서도 상당한 차이가 있음이 지적되고 있다.35) 이 점은 본서에서 논하고자 하는 신분제 방면에서도 예외는 아니라고 생각한다.36)

둘째, 종래 국가적 신분제의 변천을 다룬 연구에서 보듯 한에서 당으로의 신분제 변천을 서노제-양노제-양천제로 도식화할 수 있는가 하는 점이다. 다시 말하면 종래 양노제의 성립을 삼국시기에 두든지 북위 균전제의 성립기에 두든지 간에 위진남북조 시기의 국가적 신분제가 양노제라는 것인데, 과연 이렇게 이해하는 것이 타당한가 하는 점이다.

이 문제와 관련하여 국가적 신분으로서 양천제의 원형이 雲夢睡虎地 秦墓에서 출토된 秦律관계의 竹簡에 보인다는 지적은37) 차치하고라도 위진남북조 시기를 양천제로 보는 견해가 주목된다.38) 이 가운데 후자는 종래 위진남북조 시기에 양노제와 함께 양천제도 성립되었다는 입장을39) 계

---

35) 唐長孺, 『魏晉南北朝隋唐史三論-中國封建社會的形成和前期的變化』.
36) 종래 일부의 주장처럼 후한 이래 위진남북조를 거치면서 중앙집권체제의 이완과 그에 따른 지방분권화의 경향은 官私를 불문하고 다양한 役屬民이 출현하게 되는 중요한 배경으로 작용했다고 볼 수 있다[辛聖坤, 『南北朝時期 官私隷屬民에 관한 硏究』]. 다만, 북조에 한정하여 볼 때 간과해서는 안되는 것은 북조에는 남조와는 달리 국가직속의 예속민이 대량으로 존재하고 있는 점이다. 그리고 북조에서 이러한 현상이 출현한 정치·사회적 배경으로는 아무래도 5호16국 아니 특히 북위로부터 시작하여 화북에 강력한 국가권력을 건실하는 여러 이민족 국가의 정복왕조적 측면을 무시해서는 이해하기 어렵다고 생각한다.
37) 枊山明, 「秦の隷屬身分とその起源」(『史林』 65-6, 1982).
38) 越智重明, 「六朝の良·賤をめぐって」; 林炳德, 「魏晉南北朝의 良賤制」(『歷史學報』 142, 1994). 다만, 이 가운데 林炳德의 경우에는 위진남북조를 양천제라고 하면서도, 이른바 양노제는 전한 말·후한 초에 출현하여 북위 말 奴良을 정하는 제도를 반포한 延昌2년(513)에 이르러 완성된 것으로 보고 있듯이(pp.195~204), 또 한편으로는 양노제에서 양천제로의 도식은 그대로 인정하고 있는 듯하다.
39) 堀敏一, 「中國古代における良賤制の展開」, p.374 및 「中國における良賤身分制の成立過程」(『中國古代の身分制-良と賤』), pp.143~146에서는 良人과 奴婢의 兩大身分이 성립하는 것에 의해 그것은 良·賤의 구별과도 일치하는 데 이르렀다고 하고, 또 越智重明, 「六朝の良·賤をめぐって」에서도 양천제=양노제의 등식을 제시하고 있다. 다만, 이들의 경우도 천과 노비가 구체적으로 어떠한 관계에 있는가 하는 점, 나아가 이 시기 양천제

승한 것이라 할 수 있다. 이들 연구는 단순히 한에서 위진남북조로의 흐름 속에서 양인의 성격변화를 중시하거나,[40] 또는 위진남북조를 수당 양천제의 성립배경 정도로만 다루는[41] 등의 한계는 있지만 위진남북조 시기에 이미 양천제가 성립되었다고 보는 시각은 시사하는 바가 크다.

셋째, 이 시기 광범위하게 존재하는 하층신분의 경우 주로 개별신분의 범주에서 다루고 있을 뿐 이들을 국가의 신분질서와 연관시킨 연구가 적다는 점, 그리고 신분편성의 원리에 대한 관심이 부족하였다는 점을 들 수 있다. 최근 이 시기에 등장했던 다양한 하층신분을 국가적 신분이라는 시각에서 추구하여,[42] 이들 하층신분이 국가적 신분제에 규정되어 있는 점은 어느 정도 밝혀졌지만, 그러나 여전히 개별적인 범주에서 다루는 경향이 강하고 이를 더욱 구체화하여 이들 다양한 하층신분이 어떠한 신분질서하에 두어졌는가 하는 부분에까지는 연구가 미치지 못하였다. 다시 말하면 이들 기존연구는 국가적 신분제하의 내부적인 신분질서에 대하여는 그다지 주목하지 않았던 것이다.

사실 이 시기 신분제를 오로지 국가적 신분제로만 이해하는 것에는 어려움이 따른다. 곧, 북조시기 국가적 신분제인 양천제[43]가 전제주의적 지배체제를 확립·유지시키기 위해 국가측에서 설정한 기본적인 신분질서이긴 하지만, 이 양천제도 내부적으로는 복잡한 계층관계를 형성하고 있음은 말할 나위가 없다.[44] 더욱이 이 시기에 민과 노비 사이에 존재하

는 수당시대의 양천제와 어떠한 차이가 있는가 하는 점 등에 대하여는 명확한 설명을 하고 있지 않다.

40) 越智重明,「六朝の良・賤をめぐって」.
41) 林炳德,「魏晉南北朝의 良賤制」, p.212에서는 국가적 신분제로서 양천제의 변화의 최종점을 수당으로 보고, 한·육조는 그 성립의 배경이 되는 시대라 하고 있다.
42) 대표적으로는 堀敏一,『中國古代의 身分制―良と賤―』에 있는 일련의 논고를 들 수 있다.
43) 앞서 언급하였듯이 위진남북조의 국가적 내지 법제적 신분제는 양노제라 보는 견해가 일반적이다. 그러나 다음장에서 고찰하지만 필자는 위진남북조의 국가적 신분제는 양천제라는 입장에 있다[본서 제2장 제1절 참조]. 따라서 여기서 북조시기 국가적 신분제를 양천제라고 표현한 것도 이러한 이유에서임을 미리 밝혀둔다.

는 다양한 하층신분이 민의 분화와 그에 따른 진·한적 신분질서의 해체 과정 속에서 출현한 것이라고 한다면 이들의 출현으로 새로운 신분질서가 형성되었을 것임은 쉽게 추측할 수 있다. 따라서 이들 하층신분에 대한 접근방식으로서, 종래와 같은 개별적인 연구방법이 아닌 이들을 포괄하는 형태로서 국가의 신분질서와 연관지어 파악한다면 이들의 존재형태와 그 신분적 성격이 더욱 분명해지리라 생각한다.

또한 종래 일본학자를 중심으로 국가적 신분제라는 관점에서 전개된 논의에서는 서노제·양노제·양천제라는 각 신분제의 성립 또는 변천을 구명하기 위한 작업의 일환으로서 특정신분의 출현, 예를 들어 부곡·객녀의 법제화를 통하여 이 시기 신분편성의 원리에 대하여 언급하고 있지만, 기껏해야 국가의 역할을 중시하거나 아니면 그 전제로서 민간에서의 계층분화를 중시하는 정도에 그치고 있다.[45]

최근 국내에서도 이 문제를 다룬 연구가 나왔는데,[46] 거기서는 위진 남북조 시기 민과 노비 사이에 출현하는 다양한 하층신분에 주목하여 이들의 출현배경으로서 職役의 분화를 강조한 점, 아울러 그러한 직역분화의 현실적 의미로서 이들 다양한 하층신분에 대한 개별연구의 중요성을 강조한 점 등은 시사하는 바가 크다.[47] 다만 이 경우에도 그러한 직역의 분화가 구체적으로 현실의 신분질서와 어떻게 연관되어 있는가, 그리고

---

44) 북조는 아니지만, 그 이전의 晉이나 동시대인 남조의 律令 속에 보이는 신분적 여러 관계를 논한 것에 中村圭爾, 「晉南朝の律令と身分制の一考察」(『堀敏一先生古稀紀念中國古代の國家と民衆』, 汲古書院, 1995)이 있다. 中村은 진·남조의 율령에는 品官·流外·百姓·士卒百工·奴婢衣食客과 吏·民이라는 두 계통의 신분질서가 병존하고, 전자가 직업상의 분업을 기초로 하는 반면, 후자는 정치적 지배·피지배관계를 나타낸다고 한다. 당대도 율령에는 양인의 신분질서가 官人-庶人과 官吏-百姓이라는 이중적인 구조를 띠고 있었다(졸고, 「唐代 良人의 身分秩序 構造와 機能」). 진·남조 및 당대의 신분질서 면에서의 이 같은 이중적인 구조는 북조를 연구대상으로 할 때 시사하는 바가 크다.

45) 이에 대하여는 주 52)·53) 참조.

46) 辛聖坤, 「魏晉南北朝時期 身分秩序의 變遷과 職役」(『魏晉隋唐史研究會會報』 2, 1994).

47) 그러한 시각에서의 결과물이 辛聖坤, 『南北朝時期 官私隸屬民에 관한 硏究』에 있는 일련의 논고일 것이다.

직역의 분화결과 발생한 다양한 하층신분이 이 시기 신분질서의 어디에 위치하는가, 나아가서는 -물론 여기서도 문제가 되고 있지만- 이 시기 신분질서가 구체적으로 어떠한 구조로 되어 있었는가 하는 점 등에 대하여는 거의 언급하고 있지 않아 아쉬움으로 남는다. 이러한 문제점은 결국 이 시기 신분제에 대한 새로운 이해 내지 접근을 필요로 하는 요인이라고 생각한다.

넷째, 이 시기 광범위하게 존재하는 다양한 下層身分의 來源에 대한 이해가 부족하였다는 것이다. 곧, 종래의 연구에서는 이들 하층신분의 발생과 등장요인에 대하여 주로 민간에서의 노비 이외의 사적인 예속형태의 다양성만이 강조되어 있고,[48] 관부에 예속되어 있는 하층신분에 대하여는 상대적으로 관심이 적었다. 최근 사적 예속민뿐만 아니라 관부예속민까지도 포함한 연구가 진행되어 그 종류와 직역·변천 등이 어느 정도 밝혀졌지만,[49] 이들의 내원에 대하여는 여전히 명확한 해답을 제시하고 있지 않다. 더욱이 이 시기 다양한 하층신분의 출현에 대한 가장 큰 연구상의 문제점으로는 국가의 역할을 거의 무시하고 있는 점일 것이다. 그러나 북조시기, 특히 북위의 경우에는 정복전쟁 과정에서 여러 형태의 예속민이 등장하고 있기 때문에 이들의 내원에 대하여는 무엇보다도 국가의 역할이 우선적으로 고려되어야 할 것으로 생각한다.

다섯째, 북조 말의 신분재편에 대한 이해가 부족하였다는 점이다. 우선, 국가적 신분으로서 부곡·객녀 신분의 설정에 대한 이해문제이다. 종래 이들 신분명칭의 유래나 어의의 변천을 찾는 대부분의 연구에서는 양자를 각각 별개로 이해하였고, 그 결과 이들 두 신분이 북조 말에 이르러 어떠한 경과를 거쳐 통일적인 신분으로서 설정되었는가 하는 점에 대하여는 거의 언급이 없었다.[50] 이는 양자를 구분하여 이해한 연구상의

---

48) 堀敏一,「部曲·客女身分の前提-六朝期隷屬民の諸形態」.
49) 辛聖坤,『南北朝時期 官私隷屬民에 관한 硏究』.
50) 우선 부곡의 경우 한대 이래 일관하여 군사적인 성격을 지니고 있는 점을 중시하여

한계에서 비롯되었다고 생각한다. 따라서 이 문제에 대하여는 기본적으로 양자를 별개로 이해하기보다는 일단 동일한 위치에 두고 접근해 볼 필요가 있다.

이러한 점에서 부곡·객녀 성립의 전제로서 위진남북조 시기의 봉건적 예속관계의 발전 내지 계층분화를 중시하는 견해는 주목된다.[51] 이는 부곡·객녀를 단순히 용어의 연속성 내지 각 신분의 지위변화보다는 당시 민간에서의 계층분화 결과 양인과 노비 사이에 다양한 형태의 예속민이 존재함으로써 부곡·객녀 신분이 설정되었다는 것이다.[52] 그러나 민간에서의 예속관계의 발전 내지 계층분화라는 사회적 현실이 존재하더라도 그것이 국가의 신분정책에 그대로 반영·구현되어 국가적 신분의 설정으로 이어진다고 보기는 어렵다. 그러므로 이들을 국가적 신분으로 설정한 국가의 역할도 중시할 필요가 있다.[53]

북조 말 국가적 신분으로 등장하는 부곡도 그 연장선상에서 파악하려는 경향이 강하였고, 이러한 경향은 최근까지도 이어지고 있다(주 15)에 든 일련의 논고 참조). 북조 말 국가적 신분으로 설정된 부곡이 기존의 官兵 혹은 私兵的 성격을 지닌 무장집단을 법제화한 것인지, 그렇지 않으면 한대 이래 군사적인 속성을 지닌 부곡과 완전히 별개로서 단순히 명칭의 유사성만이 있는 것인지 현재로서는 분명하지 않지만, 전대의 관병 혹은 사병과 관련이 있다고 하더라도 그것과 병칭되고 있는 객녀를 정합적으로 설명하기 어려운 점이 있다 [林炳德,「魏晉南北朝의 良賤制」, p.206]. 따라서 종래 부곡의 군사적인 면을 중시한 대부분의 논고가 객녀에 대하여는 언급하지 않거나 거의 무시해 왔던 것도 바로 여기에서 연유한다. 이 점은 객녀의 경우에도 마찬가지이다. 곧, 객녀의 경우는 부곡과 달리 주로 위진남북조 시기 다양하게 존재하는 客의 범주에서 그 신분적 형태를 찾는 연구가 중심을 이루었고, 그 결과 여러가지 견해가 제시되었지만(주 16) 참조], 이들 객이 어떠한 연유로 오로지 여성을 의미하는 객녀라는 신분으로 귀결되었는가 하는 점에 대하여는 명확한 설명을 하고 있지 않다.

51) 唐長孺,「魏晉南北朝의 客과 部曲」;「魏晉南北朝時代的客和部曲」; 堀敏一,「中國古代における良賤制の展開」;「部曲·客女身分成立의 前提-六朝期隷屬民の諸形態」.
52) 堀敏一은 북조 말 부곡·객녀신분의 출현을 노비의 증대와 그 受田에 의한 균전제의 위기에 대응한 것이고, 그 배경에는 양인층의 분해·몰락도 있었다고 본다. 더욱이 국가는 노비의 해방에 즈음하여 이것을 양인으로 해방하는 데 1차적인 의도가 있었지만, 노비에는 주인이 있고, 주인이 노비에게 행사해 온 권력은 상당히 강력한 것이므로 국가는 주인의 권력을 부정하지 못하고 부곡·객녀라는 새로운 신분을 설정했다는 것이다[「中國古代における良賤制의 展開」참조].
53) 尾形勇,「良賤制의 展開와 그 性格」, p.362에서는 북주 建德6년(577) 부곡·객녀신분

그런데, 이 국가의 역할이라는 점을 중시할 때 간과해서는 안되는 것은 이러한 조치가 왜 남조가 아닌 북조에서 나오게 되었는가 하는 점이다. 다시 말하면 현실사회에서 사적인 예속민이 남조와 북조에 모두 존재하였더라도 이들 가운데 일부를 국가적 신분으로 설정하게 되는 것은 왜 북조인가 하는 것이다. 이는 부곡·객녀 신분의 설정이 단순한 사적 예속관계의 반영만이 아니고 국가에 의한 인민지배의 한 축을 형성하는 신분제와 밀접하게 연관되어 있음을 말해 준다. 따라서 부곡·객녀 신분의 출현과 관련해서는 국가의 정책적인 면에도 충분한 주의가 필요하다고 하겠다.

다음으로 지적할 수 있는 것은 북조 말 신분재편의 경우 부곡·객녀 신분의 설정만을 중시하였고, 官府에 예속하는 다양한 하층신분에 대하여는 상대적으로 관심이 미약하였다는 점이다. 그러나 이 북조 말은 이들 관부에 직속하는 하층신분에 대하여도 국가에 의해 모종의 체계적인 조치가 이루어지고 있는 점에 주의해야 한다. 이런 점에서 북조 말은 전국가적 차원에서의 신분재편 시기라 할 수 있고, 따라서 이 시기 단행된 신분재편의 실태와 의미에 대하여는 다른 시각에서의 접근이 요구되는 것이다.

이상과 같은 기존의 연구상에서 드러난 문제점을 토대로 본서에서는 북조시기를 대상으로 민과 노비 사이에 광범위하게 존재하는 다양한 하층신분을 이 시기 독특한 형태를 보이고 있는 신분질서와 연관지어 살펴

설정에 대하여 "새로운 황제권력이 첫째, 종래대로 '몰락 양인을 재차 양인으로'라는 방책에 의해 질서의 재편을 실행한 것으로서, 둘째, 이것은 종래의 여러 왕조에서는 실행할 수 없었던 것이지만, ①사권력하에 아직 잔류하는 자가 있으면 이들 민을 일정한 틀 속에 강제로 편입하고[부곡·객녀로서만 잔류하는 것을 허락하고], ②동시에 역사적으로 일관하여 사권력에 재생산을 위임한 자로서만 존재하던, 혹은 家兵인 사적 권력으로서 기능하고 있던 부곡을 처음으로 공적인 명칭으로 전용하는 것에 의해 이들 민에 재차 非良人의 관념을 부여하고, ③뒤에 이 비양인인 부곡이 신분제 속에 정비·규정되어 상급천민의 위치로 정착하는 데 이르는 길을 연 것으로서, 오히려 적극적으로 평가하고 이해해야 한다"고 하여, 국가(황제)의 일방적인 역할을 강조하고 있다.

보고자 한다.

우선 제2장에서는 북조시기[54] 특히 북위를 중심으로 국가적 신분제로서의 양노・양천제 문제, 이 국가적 신분제하의 내부적인 신분질서의 구조, 그리고 신분편성의 원리와 직역과의 관계 등에 대하여 종합적으로 필자의 생각을 정리하고자 한다. 그리고 제3장에서는 제2장의 분석을 기초로 이 시기 신분질서에서 가장 특이한 형태를 보이는 白民－廝役[雜戶]－奴婢라는 하층신분질서가 북조 전기에 형성되어 가는 과정을 살펴보고, 아울러 각 하층신분의 전반적인 존재형태에 대하여 검토하고자 한다.

다음으로, 제4장・제5장에서는 북조 전기에 형성된 하층신분질서가 북조 후기에 이르러 변화되어 가는 모습을 고찰하였다. 우선 제4장에서는 북조 후기, 곧 북위 후기에서부터 국가적 차원에서 신분재편이 이루어지는 북주 말까지를 대상으로 이 시기 국가직속의 하층신분을 포괄하는 신분적 범주인 시역, 곧 잡호의 추이를 통하여 북조 전기에 형성된 하층신분질서가 변화되어 가는 과정을 살펴보고자 한다. 그리고 제5장에서는 북조 말 부곡・객녀 신분의 출현에 따른 북조 전기 하층신분질서의 변화모습에 대하여 살펴보고자 한다. 구체적으로는 이 시기 성행하였던, 부곡・객녀의 출현과 밀접한 관련이 있는 인신매매에 대한 실태를 분석하고, 아울러 이에 대한 국가의 대응양상을 고찰하여 북조에서 부곡・객녀가 국가적 신분으로 설정되는 과정 및 그에 따라 기존의 하층신분질서가 변화하는 모습을 검토하고자 한다.

---

54) 본서는 하층신분질서의 형성을 북위의 피정복민 정책과 관련지어 고찰하는 관계로 여기에서 말하는 '북조시기'의 범위 안에는 종래의 일반적인 시기구분과는 달리 북위가 산서 북부에 代國을 건설하는 시기(4세기 초)도 포함한다. 그리고 본서는 대략 고조 효문제 시기까지를 북조 전기로 그 이후를 후기로 하였음을 미리 밝혀둔다.

제 2 장

북조시기 신분질서의 구조와 신분편성의 원리

　본서의 총론에 해당하는 이 장에서는 북조시기 국가적〔법제적〕 신분제와 그 내부적인 신분질서의 구조, 그리고 신분편성의 원리와 직역과의 관련성 등에 대하여 고찰하고자 한다. 앞서 서론에서 언급한 바와 같이 종래 위진남북조 시기의 국가적 신분제는 당대의 양천제와는 달리 양민과 노비가 법제적으로 대비된 양노제였다고 알려져 있지만, 여기서는 이 양노제·양천제 문제를 재검토하여 북조시기─물론 일부의 논점은 위진남북조 시기 전체와 연관되어 있다─의 국가적 신분제가 양노제가 아닌 양천제였다는 점을 명확히 하고, 다음으로 종래의 연구에서 거의 주목하지 않았던 북조시기 전 국가적 차원에서 편성된 양천제하의 내부적인 신분질서의 구조와 그 각각의 신분질서가 지니는 의미를 검토하고자 한다. 그리고 마지막으로 이 시기 층서적인 위계질서에서 하나의 신분층으로 사리하고 있는 厮役의 용례를 통하여 양천제하의 신분질서기 구체적으로 어떠한 편성원리에 입각해 있고 또 그 의미는 무엇인가 하는 점에 대하여 살펴보고자 한다.

제1절 국가적 신분제와 신분질서의 구조

1. 국가적 신분제의 재검토

논의의 편의상 종래 이 시기의 신분제를 양노제로 보는 사례부터 분석하기로 한다. 이에 대하여 우선 주목되는 것은 다음의 사례이다

> 무릇 관노비 10여만 인은 일없이 놀고 있는데, 良民에게 세금을 거두어 이들에게 지급하게 되어, 매년 5·6여만 냥의 비용이 든다. 마땅히 이들을 방면하여 庶人으로 삼아 양식을 주어 關東의 戍卒을 대신하게 하여 北邊의 亭塞를 넘어 망보게 해야 한다.[1]

이것에 의하면 전한 말에 이미 노비와 대비된 신분용어로서 양민이 출현하고 있음을 알 수 있다. 그런데 뒤의 '방면하여 庶人으로 삼다'라는 표현에서 보듯 노비는 양민 외에 서인과도 대비되어 있다. 더욱이 노비를 해방하는 경우 그 명칭을 서인으로 기술하고 있기 때문에(후술하듯이 위진남북조 시대 노비를 해방하는 경우 양인이라는 명칭이 일반적이다), 전한시대 노비와 대비되는 법제상의 신분용어는 서인이 일반적이었을 것으로 보인다. 그렇더라도 여기에 노비와 대비된 신분용어로서 서인 이외에 양민도 사용되고 있는 것은 노비와 대립된 법적 신분용어가 서인에서 양민으로 이행되어 가는 과도기적인 모습을 반영한다고 생각된다.

그러면 노비에 대비된 신분으로서 서인에 대신하여 양인·양민이라는 용어가 정식으로 등장하는 것은 언제부터일까? 『三國志』 卷12, 魏書 毛玠傳에는,

---

1) 『漢書』卷27, 貢禹傳: "諸官奴婢十餘萬人 戲遊亡事 稅良民以給之 歲費五六鉅萬 宜免爲庶人廩食 令代關東戍卒 乘北邊亭塞候望."

지금 진실로 노비의 선조에 죄가 있는 경우, 百代가 되어도 여전히 얼굴에 入墨하여 관청의 일에 종사시키는 것은, 첫째는 양민의 생명을 관대하게 하기 위함이고, 둘째는 연좌의 죄를 용서하기 위함이다.[2]

라는 사례가 있는데, 여기에는 노비와 양민이 명확하게 대비되어 있다. 이 모개전의 내용은 曹操가 후한 獻帝시기 輔政의 지위에 있을 때의 일이다. 따라서 종래에는 이 사례를 근거로 노비와 대비된 법제적 신분용어로서의 양민은 후한 말에 등장한다는 견해가 있었다.[3] 그러나 『後漢書』 卷34, 梁冀傳에, "양인을 취하여 모두 노비로 삼았다"[4]라는 사례가 있는데, 여기에도 노비와 양인이 대비되어 있다. 그런데 이 사례가 나온 시대적 배경을 살펴보면, 양기는 주지하듯 후한 順帝(126~144)의 황후 梁氏의 형으로, 그 뒤 桓帝(147~167)시기 주멸될 때까지 외척으로서 권세를 휘둘렀던 인물이었다. 위의 사례는 아마 그가 이러한 외척으로서의 권세를 이용하여 양인을 노비로 하는 등의 불법을 자행했음을 말해 준다고 생각된다. 따라서 이를 통하여 볼 때, 노비와 양민이 법제적 신분용어로서 대비되어 정식으로 등장하는 시기는 대략 후한 중기부터라고 하는 것이 옳은 듯하다.[5] 다만, 후한대에

---

2) 『三國志』 卷12, 魏書 毛玠傳: "今眞奴婢祖先有罪 雖歷百世 猶有黥面供官 一以寬良民之命 二以宥幷罪之辜."
3) 堀敏一, 「均田制と良賤制」(『仁井田陞博士追悼論文集第1卷 前近代アジアの法と社會』, 勁草書房, 1967); 「中國古代における良賤制の展開」(『均田制の研究』, 岩波書店, 1975); 「中國における良賤身分制の成立過程」(唐代史研究會 編, 『律令制-中國朝鮮の法と社會』, 汲古書院, 1986; 『中國古代の身分制-良と賤』, 汲古書院, 1988); 「良奴・良賤制はいつ成立したか-川本芳昭氏の論に關連して-」(『史學雜誌』 97-7, 1988). 堀敏一은 이 일련의 논문에서 양민[인]과 노비가 대비되어 사용되는 것이 후한 말이라고 해도 그것이 법제적 신분이 되기 위해서는 새로운 법률이 제정되지 않으면 안된다고 하여, 魏律이 제정되는 위나라 초에 양노제가 정식으로 성립되었다는 입장을 취하고 있다.
4) 『後漢書』 卷34, 梁冀傳: "取良人悉爲奴婢."
5) 필자도 이전 본문에서 인용한 『三國志』 毛玠傳과 『後漢書』 梁冀傳의 사례를 들어 노비와 대비된 법제적 신분용어로서 양민의 등장시기를 후한 말이라고 하였다[졸고, 「北朝時期 신분제에 대한 몇 가지 검토」(『釜大史學』 22, 1998), p.393]. 그러나 본문에서 언급하였듯이 후한대 외척으로서 권세를 떨쳤던 梁冀가 활약한 시기는 대략 말기가 아닌 중기에

는 그러한 사례가 그다지 많지 않고, 후한 이후 노비에 대비된 신분으로서 양민이 많이 보이고 있는 것이 사실이다.6) 그렇다면 결국 삼국시대에 들어온 뒤에 이러한 용법이 일반화되어 갔다고 보는 것이 자연스러운 듯하다.

한편, 良奴制가 북위 균전제 시행기에 정식으로 성립했다는 논거로는 우선 균전제의 법규 가운데 露田・麻田의 급전규정에 '奴婢依良'이라 하고 또 桑田의 급전규정에 '奴各依良'이라 하여,7) 양민과 노비가 대비되어 있는 점이다. 이는 북위가 균전제를 시행하면서 모든 인민을 양민과 노비의 두 신분으로 대별한 것으로 이해되었다. 이와 아울러 양노제의 성립근거로는 世宗 延昌2년(513)에, "奴와 良을 나누는 제도를 정하였는데, 景明 년간을 경계로 삼았다"8)라고 하여, 良과 奴를 판정하는 제도를 반포하면서 景明(500~503) 년간을 기준으로 삼고 있는 기사가 특히 주목되었다.9) 이 기사는 종래 알려진 바와 같이 경명 이전 시기부터 양・천의 쟁송이 빈번하게 일어남으로써 그것을 해결하기 위한 李平의 상주를10) 기초로 하여 나온 것으로 되어 있다.11) 이러한 이평의 상주나 그것에 기초하여 국가측에서 양과 노를 정하는 조칙이 나온 배경에는 균전제 시행에 따라 급전의 대상이 되는 사람들이 양민인가 노비인가 하는 신분을 확정할 필요가 생겼을 것이고, 또 여기에는 그 이전 5호16국의 동란기에 양민이 몰락하거나 포로가 되어 노비로 전락하는 경우가 많았기 때

해당한다. 따라서 본서에서는 노비와 대비된 법제적 신분용어로서 양민의 등장시기도 후한 말이 아닌 중기로 정정한다.

6) 漢代 이후 隋代까지 노비에 대비된 신분으로서 庶民[庶人]・良民[良人]의 사용빈도에 대하여는 尾形勇, 「良賤制の展開とその性格」(『岩波講座 世界歷史』 5, 岩波書店, 1970 : 『中國古代の家と國家』, 岩波書店, 1979), p.354에 있는 [表 4] '奴婢と庶民・良民' 참조.

7) 『魏書』 卷110, 食貨志.

8) 『魏書』 卷8, 世宗紀, 延昌2年 閏2月 癸卯條: "定奴良之制 以景明爲斷."

9) 尾形勇, 「良賤制の展開とその性格」, p.355.

10) 『魏書』 卷65, 李平傳. 이평의 상주의 내용에 대하여는 주 19) 참조.

11) 堀敏一, 「中國における良賤身分制の成立過程」(『中國古代の身分制-良と賤』), pp.141~142.

문에 소송이 많이 발생하여 그것을 해결할 필요에서 비롯되었다는 견해도 있다.12)

여하튼, 노비와 양민이 신분적으로 대비되어 사용되는 것은 현재 북위시대의 자료에 한정하는 한 균전제의 시행을 전후하여 뚜렷한 차이를 보이고 있는 것이 사실이다. 곧, 균전제 시행 이전에는 노비에 대비된 신분으로 양민도 존재하지만,13) 그와 동시에 노비는 良家子와도 대비된 경우도 있듯이,14) 노비에 대비된 신분용어가 양민에 한정되고 있지 않을 뿐 아니라 명확한 형태를 띠고 있지도 않다. 그런데, 균전제 시행 이후가 되면 '掠良人爲奴婢'15)·'以良人爲婢'16)·'抑買良人爲婢'17)·'家之奴隸 悉迫取良人爲婦'18) 등의 사례에서 보듯 양인과 노비는 서로 명확하게 대비될 뿐만 아니라 그 사례도 적지 않은 등 균전제 시행 이전과는 사뭇 다른 모습을 보여준다.

이와 같이 『魏書』卷110, 食貨志의 균전법규에서 양민과 노비가 서로 대비된 형태를 띠고 있는 점, 그리고 이평의 상주를 계기로 반포한 世宗 延昌2년의 조칙에 보이듯 균전제 시행 이후 양민과 노비에 대한 쟁송이 빈번하게 일어남으로써 국가가 조칙을 통하여 양민과 노비의 신분을 확정하고 있는 점, 더욱이 균전제 시행 이후 사회현상 면에서도 양민과 노비가 대비되어 사용된 사례가 자주 등장하는 점 등을 고려하면, 북위시대에 국가의 입장에서 전 인민을 양민과 노비로 구분하는 것이 균전제

---

12) 堀敏一,「中國における良賤身分制の成立過程」, p.142.
13) 『魏書』卷67, 崔光傳: "皇興初 有同郡二人竝被掠爲奴婢 後詣光求良 光乃以二口贖免 高祖聞而嘉之."
14) 『魏書』卷5, 高宗紀, 和平4年(463) 8月 壬申條: "詔曰 前以民遭飢寒 不自存濟 有賣鬻男女者 盡仰還其家 或因緣勢力 或私行請託 共相通容 不時檢校 令良家子息仍爲奴婢 今仰精究 不聽取贖 有犯加罪 若仍不檢還 聽其父兄上訴 以掠人論."
15) 『魏書』卷65, 刑巒傳.
16) 『魏書』卷16, 京兆王繼傳.
17) 『魏書』卷14, 河間王齊孫志傳.
18) 『魏書』卷19上, 齊陰王誕傳.

의 시행을 계기로 새롭게 인식되었음은 확실해 보인다. 그리고 이것은 균전제와 신분제가 서로 밀접하게 연관되어 있음을 말해 주는 것으로 주목할 만하다.

그러나 북위가 균전제 시행 이후 전 인민을 양민과 노비로 구별하는 것이 이전 시기와는 달리 명확하더라도 그것이 바로 노비에 대비된 법제적 신분으로서 양민이 균전제의 시행과 함께 본격적으로 출현했다거나 정식으로 성립했음을 나타내는 직접적인 증거로 볼 수 있는 근거는 어디에도 없다. 따라서 종래 이 시기 법제적 신분으로 사용된 양민·노비를 후한 말·삼국시기 이래의 연장선상에서 이해하려는 견해도 무시할 수만은 없다고 하겠다.

이상, 양민·노비가 법적 신분으로서 어느 시기에 성립했는가 하는 점에 대하여 기존의 연구성과를 중심으로 검토하였는데, 지금까지 살펴보았듯이 기존연구는 그 성립시기에 대하여 삼국시기와 북위 균전제 성립기라는 차이는 있어도 위진남북조시기의 국가적 신분제가 양노제였다는 데는 대체로 일치하고 있음을 알 수 있다. 그리고 이 시기를 양노제로 보는 중요한 논거 가운데 하나는 노비와 양민이 법제적으로 명확하게 대비되어 사용되고 있는 점이었다.

그런데, 이 시기에는 이와는 다른 사례도 있는 점에 주의해야 한다. 우선 앞서 언급한 북위 世宗 宣武帝시기 노와 양을 판정하는 제도의 기초가 되었던 이평의 상주에는,

이전부터 良·賤을 둘러싼 쟁송이 여러 해가 지나도 해결되지 않았다. [李]平이 상주하여 "진위를 불문하고 모두 景明 년간 이전을 기한으로 하십시오"라고 하니, 이에 쟁송이 그쳤다.[19]

---

19) 『魏書』 卷65, 李平傳: "前來良賤之訟 多有積年不決 平奏 不問眞僞 一以景明年前爲限 於是諍訟止息."

라고 하여, 양과 천이 대비되어 있다. 여기서 양과 천은 명확하게 법제적 신분을 나타내고 있다. 또『魏書』卷111, 刑罰志에는 북위 말 궁정에서 행해진 유명한 인신매매 논의가 실려 있는데,[20] 그 가운데 조정에서 반포한 조칙의 일부에는,

> 지금 費羊皮는 그의 여식을 팔 때 張回에게 여식이 양민임을 알렸으나 장회는 [그의] 여식을 賤으로 하는 것이 이롭다고 여겨서 양민임을 알고도 거리낌없이 샀다.[21]

라고 하였고, 또한 논쟁에 참가한 三公郞中 崔鴻이, 구입한 자가 양민임을 말하지 않고 轉賣한 경우의 죄를 논한 말 가운데,

> 그것을 산 자가 그가 양민인 것을 알고도 주저함이 없이 타인에게 眞賣해 버리고 상대방에게 그것을 입수한 연유를 말하지 않았다면, 상대방은 진짜 노비라고 생각하고 다시 간혹 轉賣하게 될 것입니다. 그 때문에 흘러가서 그 소재를 알 수 없게 되고, 그 가족이 그 몸을 다시 되사고자 하여도 찾을 방도가 없게 되어 영원히 賤隷의 신분으로 떨어져서 양민으로 돌아올 기회가 없게 되는 것입니다.[22]

라고 하였다. 이 두 사례에서도 양과 천이 대비되어 있다. 특히 이러한 표현이 국가가 반포한 조칙에 사용되고 있는 것은 양민과 천민이 법제적 신분용어였음을 말해 주며, 더욱이 이것이 논쟁에 참가하였던 崔鴻의 의

---

20) 이를 전론한 것으로는 竹浪隆良,「北魏における人身賣買と身分制支配―延昌三年(514) 人身賣買論議を中心として」(『史學雜誌』93-3, 1984) 참조. 본서 제5장 제1절에도 이에 대한 설명이 있다.
21)『魏書』卷111, 刑罰志: "今羊皮賣女 告回稱良 張回利賤 知良公買".『魏書』刑罰志의 우리말 역주는 全永燮,「『위서(魏書)』「형벌지(刑罰志)」역주」(『中國史研究』11, 2000)가 있다. 이하 본서에서 인용하는『위서』형벌지의 우리말 번역은 모두 여기에 의거하였다.
22)『魏書』卷111, 刑罰志: "至如買者 知是良人 決從眞賣 不語前人得之由緖 前人謂眞奴婢 更或轉賣 因此流漂 罔知所在 家人追贖 求訪無處 永沈賤隷 無復良期."

견이나 앞의 李平의 상주에서도 나오고 있는 것을 보면 당시 이러한 표현이 상당히 일반화되었다고 이해해도 틀리지 않을 것이다.

이상, 북위시대의 사례를 검토한 결과 양민에 대비된 법적 신분용어로는 앞서 살펴본 노비만이 아니고 천(천민)도 있었음을 알 수 있다. 그러면 양민에 대비된 신분으로서 천민이 사용된 것은 언제부터일까? 앞서 인용한 이평의 상주나 조정에서 행한 인신매매를 둘러싼 논의는 시기적으로 북위 世宗 景明 년간 이후에 해당한다. 그렇다면 양민에 대비된 신분으로서 천민은 북위 말에 이르러 등장했다고도 할 수 있다. 그러나 『宋書』卷42, 王弘傳에 실려 있는 남조 宋의 同伍犯法에 대한 논의 가운데 殿中郎 謝元은 다음과 같이 말하고 있다.

奴가 押符되지 않는 것은 名籍이 없기 때문이다. 민의 貲財는 私賤이다.[23]

이 논의의 연대는 남조 宋 武帝 元嘉2년(426)으로 고증되어 있고, 또 여기의 私賤을 良民에 대한 賤이라고 본다면,[24] 양민에 대비된 천민이라는 용어는 남북조 초기에 이미 존재한 것이 된다. 더욱이 『群書治要』卷46에 실려 있는 徐幹의 「中論」에는,

무릇 노비는 賤이라고 해도 五常을 마음에 가지고 있으며, 본래 帝王의 良民인데도 編戶의 小人에게 사역되고 있다.[25]

라고 하여, 양민은 노비와 함께 賤과도 대비되어 있다. 徐幹은 후한 말 曹操 輔政 때의 사람으로 魏가 건국되기 이전에 사망한 것으로 알려져 있다.[26] 문제는 여기의 賤이 양민에 대한 고정된 신분의식으로서 賤民의

---

23) 『宋書』卷42, 王弘傳: "奴不押符 是無名也 民乏貲財 是私賤也."
24) 堀敏一, 「中國における良賤身分制の成立過程」, p.145.
25) 『群書治要』卷46: "夫奴婢雖賤 俱含五常 本帝王良民 而使編戶小人爲己役."
26) 堀敏一, 「中國における良賤身分制の成立過程」, p.143.

성립으로 볼 수 있는가 하는 점인데, 종래 이에 대하여는 부정적인 견해가 있다.27) 실제 魏 文帝 때의 사례이지만 賤人이 貴賤의 賤의 의미로서 貴와 대비된 경우도 있듯이,28) 이 시기의 賤이 오로지 良에 대비된 법제적 신분으로만 사용된 것은 아니다. 그렇더라도 「중론」에 보이는 천이 양민과 대비되어 있는 이상 신분적인 용어로 사용된 것은 분명하고, 그렇다면 이를 통하여 적어도 양천제의 맹아적인 형태는 엿볼 수 있다고 생각한다. 따라서 법제적 신분으로서 양민·천민은 늦어도 후한 말에는 출현했다고 보아도 지장이 없다고 하겠다.29)

이상, 살펴보았듯이 양민에 대비된 법적 신분으로서 천민이라는 용어는 후한 말부터 사서에 등장하고 있고, 더욱이 남북조 시기 그 가운데서도 북위왕조에 이르러 상당히 일반화되고 있다. 그렇다면 양민·천민의 사용시기는 양민·노비가 법제적 신분으로 사용된 시기와 큰 차이가 없다. 따라서 양·노와 양·천은 거의 비슷한 시기에 법제적 신분용어가 되었다고 하겠다.

문제는 어느 쪽이 당시 국가적 내지 법제적 신분제를 나타내고 있는가 하는 점이다. 이와 관련하여는 우선 앞서 든 서간의 「중론」과 북위 조정에서 행해진 인신매매논의 속에 나오는 표현이 주목된다. 곧, 서간의 「중론」에는 '노비는 賤'이라 서술되어 있고,30) 또 북위 말 조정에서 행해진 인신매매논의에서도 노비가 賤31) 또는 賤隷32)로 표현되어

---

27) 堀敏一, 「中國における良賤身分制の成立過程」, p.143.
28) 『資治通鑑』 卷69, 魏紀 1, 文帝 黃初3年(222) 9月 甲午條: "亦曰 無以妾爲妻 令後宮嬖寵 常亞乘輿 若因愛登侯 使賤人暴貴."
29) 물론 국가적 신분으로서 良賤制의 원형이 雲夢睡虎地 秦墓에서 출토된 秦律관계의 竹簡에 보인다는 견해도 있다[籾山明, 「秦の隷屬身分とその起源」, (『史林』 65-6, 1982)]. 그렇다면 양민과 천민이 법제적 신분으로 사용된 시기는 후한 말에서 더 거슬러 올라갈 가능성도 있다.
30) 주 25) 참조.
31) 주 21) 참조.
32) 주 22) 참조.

있다. 그런데 이러한 표현은 국가적 또는 법제적 신분제가 양천제로 알려져 있는 당대에도 동일하게 보이고 있는 점에 주의해야 한다. 곧, 『唐律疏議』에는,

노비는 賤隷이나 오직 도둑맞은 집에서는 人으로 간주한다.33)
노비는 賤人으로서, 律에서는 축산에 비견한다.34)

라고 하여, '노비는 賤隷' 또는 '노비는 賤人'으로 표현되어 있다. 『당률소의』의 이러한 표현은 당대의 양천제하에서 노비가 법제적으로 천(민)임을 명시한 것이다. 이러한 표현이 위진남북조 시기[실제는 앞서 살핀 대로 후한 말부터이다]에도 동일하게 나타난다고 하면 이 시기 노비의 법제적 신분은 천이고, 따라서 이 시기 국가적 신분제도 기본적으로 당대와 동일하게 양천제였던 것이 된다.

북조시기 국가적 신분제가 양천제였다는 것을 보완해 주는 사례로는 다음이 있다.

팔린 자는 복종하지 않겠다고 부르짖고는 달아나 피하였다. 이에 장차 산 사람이 체포·추적하기를 도망하여 반란한 자를 추적하듯 하였다. [그리고] 체포하여 다시 포박하였다. 단 포박당한 자는 복종하여 賤隷가 되고, 감히 다시는 良이라 일컫지 못하였다.35)

이 사례는 북주시기 중국 서남지역에 거주하였던 獠가 매매에 의해

---

33) 『唐律疏議』 卷4, 名例 30, 老少及疾有犯의 問答: "奴婢賤隷 唯於被盜之家稱人." 『唐律疏議』의 우리말 번역은 金鐸敏·任大熙 主編, 『譯註 唐律疏議 Ⅰ-名例篇-』(한국법제연구원, 1994) ; 『譯註 唐律疏議 Ⅱ-總則篇-』(한국법제연구원, 1997) ; 『譯註 唐律疏議 Ⅲ-各則(下)』(한국법제연구원, 1998) 참조. 이하 본서에서 인용하는 『당률소의』의 번역은 모두 여기에 의거하였다.
34) 『唐律疏議』 卷6, 名例 47, 官戶部曲官私奴婢有犯: "奴婢賤人 律比畜産."
35) 『周書』 卷49, 獠傳: "被賣者號叫不服 逃竄避之 乃將買人指擒捕逐 若追亡叛 獲便縛之 但經被縛者 卽服爲賤隷 不敢更稱良矣."

賤隷로 전락하는 상황을 보여주고 있는데, 여기서는 천예와 良이 명확하게 대립적으로 사용되어 있다. 더욱이 요가 천예가 된 뒤에는 감히 다시는 양이라 일컫지 못했다는 것으로 보아 이들이 평시에는 자신들을 스스로 양이라 일컬었음을 알 수 있다.

이와 같이 본래 중국적 신분제의 가장자리에 있던 비한족인 요까지도 중국적 신분제 속에 포섭하여 양천으로 구분하고 있는 것을 당해시대 胡漢融合 또는 蠻漢融合의 결과로 보는 견해도 있다.[36] 그러나 다른 한편으로 이들이 평소 자신들을 良으로 일컬었다는 점에 주목하면 당시 양천이라는 신분제가 이민족까지도 사용할 정도로 상당히 일반화되었음을 말해 준다.

또한, 북조시기 국가적 신분제가 양천제였다는 것은 출토문헌을 통해서도 확인할 수 있다. 곧, 敦煌에서 출토된 西魏 大統13년(547) 瓜州 効穀郡(?)의 計帳文書 殘卷에는 戶別에 따른 口數와 受田상황을 기재하고 있는데, 이 가운데 본서와 관련하여 필요한 부분만 인용하면 다음과 같다.

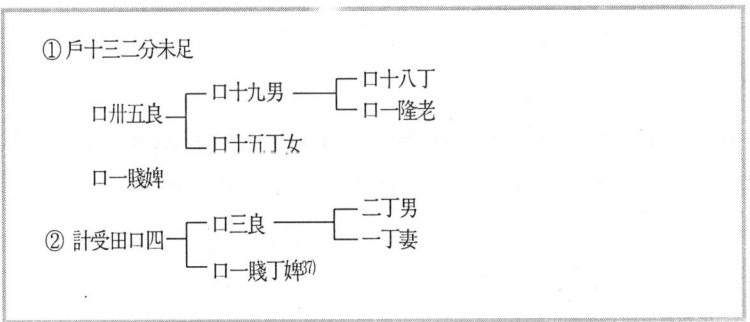

①②사례에 의하면 서위 때의 계장문서에는 호구가 크게 양과 천으

---

36) 川本芳昭, 「北魏時代における所謂良奴制の成立-良の問題を中心として見た-」(『史學雜誌』 96-12, 1987), p.56.
37) 池田溫, 『中國古代籍帳研究 槪觀·錄文』(東京大學出版會, 1979), pp.149~165.

로 나뉘어 파악되어 있음을 알 수 있다. 이것은 북조시기 신분제가 양천제였음을 단적으로 나타내는 것이다.

지금까지 살펴본 바와 같이 북조시기 양민과 천민은 법적 신분으로서 명확하게 대비되어 사용되고 있음을 알 수 있다. 그러한 의미에서 이 시기의 국가적 신분제는 양천제였다고 하겠다. 따라서 기존의 연구와 같이 북조시기 신분제가 양노제였다거나 이 시기에 양노제가 성립 내지 정착되었다는 견해는 재고되어야 할 것으로 생각한다. 더욱이 앞서 검토한 바와 같이 이러한 양천제가 후한 말부터 등장한다고 하면 위진남북조의 전 시기를 통하여 국가적 신분제는 양천제였다는 이해도 가능하지 않을까 한다.

다음으로 북조시기의 법제적 신분제가 양천제라고 할 때, 양과 천의 신분적 범주는 어떠하였는가에 대하여 살펴보기로 한다. 우선 이 시기 신분용어로서 사용된 천민의 범주부터 보면, 앞서 든『魏書』卷65, 李平傳에 실려 있는 이평의 상주에는 '良賤의 쟁송'이라 하여 국가의 모든 민을 양·천으로 구별하고 있는데,[38] 이를 계기로 延昌2년에 국가에서 반포한 조칙에는 '定奴良之制'라고 하여 賤이 奴로 표현되어 있다.[39] 더욱이 앞서 인용한 서위의 計帳文書에는 '口一賤婢'·'口一賤丁婢'라 되어 있고,[40] 또 같은 계장문서의 다른 곳에서는 '口二賤小婢年九'·'口一賤婢新'이라고 하듯이,[41] 모두 천에는 婢만을 들고 있고(천에는 당연히 奴도 포함될 것이다), 그 이외의 다른 신분은 보이지 않는다. 이러한 사례는 당시 천(민)이 법제적으로 노비와 동일하게 인식되었거나 아니면 노비에 한정되었음을 말해 준다고 생각된다.

그렇다면 실제 천민에는 노비 이외에 다른 신분이 속하지 않았을까?

---

38) 주 19) 참조.
39) 주 8) 참조.
40) 주 37) 참조.
41) 池田溫,『中國古代籍帳研究 槪觀·錄文』, pp.149~150.

위진남북조 시기에는 민의 계층분화에 따라 양민과 노비 사이에 다양한 하층신분이 출현하였음은 주지의 일이다.42) 이들 가운데는 양민에 가까운 존재에서부터 노비와 유사한 존재에 이르기까지 그 계층성은 다양하게 나타나고 있다. 특히 후자와 같이 노비와 유사하게 취급된 존재는 사회적으로는 천으로 인식될 정도로 신분이 저하되었다. 그러나 이들이 사회적으로는 천으로 인식되었다고 하더라도 법제적인 면에서 천으로 규정된 사례는 현재 보이지 않는다. 그것은 이들의 경우 국가에 의한 법제적인 신분분류에서는 양민에 속하는 자들임을 의미한다. 특히 북위 균전법규에서 국가가 모든 인민을 양과 노비라는 두 개의 신분으로 대별하여 규정하고 있는 것은 위진 이래의 계층분화에도 불구하고 국가의 제도적인 신분으로서는 노비와 양민 이외의 중간적 신분범주를 상정하지 않았음을 말해 준다. 따라서 북조시기 법제적 신분으로서 천[민]의 범주는 노비만을 가리킨다고 하겠다.43)

이 천민의 범주를 법제적으로 노비에 한정시키려는 국가의 입장은 이 시기 양민의 신분적 범주의 변화를 통해서도 엿볼 수 있다. 곧, 종래의 연구에 의하면 위진남북조 시기 양민은 그 이전의 단순히 국가에 세역을 부담하는 善한 민이라는 의미에서 노비 이외의 다양한 예속민도 포괄하는 것으로 그 신분적인 범주가 확대되었음이 지적되어 있다.44) 이와

---

42) 위진남북조 시기 계층분화에 따른 다양한 하층신분의 출현 전반에 대하여는 제1장 주 33)에 든 일련의 논고 참조.
43) 당대에도 법제적 신분으로서 賤[人]의 용법에는 노비만을 가리키는 경우와, 부곡·객녀 및 官戶·雜戶 등을 포괄하는 경우가 병존한다[당대 賤人의 용법에 대하여는 濱口重國, 「私奴婢の硏究」(『唐王朝の賤人制度』, 東洋史硏究會, 1966), pp.3~9 참조]. 이 가운데 전자는 북위 이래의 천의 용법의 연장선상에 있고, 후자는 북조 말 노비의 상급신분으로서 부곡·객녀의 설정과 잡호 신분의 천인화의 흐름을 이어받은 것이라 할 수 있다.
44) 越智重明,「六朝の良·賤をめぐって」(『史學雜誌』89-9, 1980), pp.12~18에는 위진남북조 시기 良民의 용법에 변화가 일어나고 있음이 지적되어 있다. 곧 漢代의 良民은 국가의 稅役을 부담하는 자에 한정되어 있었지만, 위진남북조 시기에 이르면 이밖에 원래는 良民이었으나 약탈되어 노비로 전락하여 국가의 세역을 부담하지 않는 자, 그리고 州郡民은 아니지만 국가가 파악하고 있는 자도 良民이었다고 한다. 越智의 이러한 견해에는 良奴

같이 이 시기 양민의 범주가 확대되고 있는 것은 후한 이래 중앙집권적 지배체제의 붕괴에 따라 사적인 예속민이 증가하는 시대적 상황에서 국가가 노비 이외의 모든 민을 직접 장악하려는 의지가 반영되어 있는 것이고, 그것은 결국 앞서 언급하였듯이 국가가 천민의 범주를 노비에 한정하려는 의도와 같은 맥락이라고 하겠다.

그러면 종래 북위시기 양노제가 성립되었다는 근거로 주목된, 북위의 균전법규에 보이는 '奴各依良'·'奴婢依良'이라는 표현, 세종 연창2년의 양·천을 판정하는 제도를 반포할 때에 '定奴良之制'라고 한 표현, 그리고 균전제 시행 이후 빈번하게 보이는 '免奴婢爲良民〔人〕'과 '抑良人爲奴'라는 표현 등과 같이 양민과 노비가 대비되어 있는 점은 어떻게 이해해야 할까. 이에 대하여는 앞서 살펴본 바와 같이 법적 신분용어로서 천의 범주가 노비만을 가리키는 점과 관련지어 생각하면 쉽게 이해된다.

우선 '奴各依良'·'奴婢依良'과 '定奴良之制'의 경우를 보면, 당시 국가적 신분제는 양천제이지만, 국가가 균전제를 통하여 인민에 대한 토지지급규정을 정하거나 양천을 판정하는 제도를 정할 때는 천이라는 다소 모호하고 포괄적인 용어보다는 각 개별신분을 명확하게 제시하는 것이 일반적이다. 이는 당대의 경우에도 마찬가지이다. 곧, 『唐律疏議』나 『唐六典』·『唐令拾遺』 등에 의하면, 당대의 국가적 신분제가 양천제라 하더라도 양과 천에 대한 형벌규정이나 토지환급규정 등을 보면 양민 이하의 신분을 언급할 때 천으로 일괄하여 논하는 경우도 있지만 대체로 개개의 천민신분을 명시하는 경우가 일반적이다. 따라서 북위 균전법규의 '奴各依良'·'奴婢依良'이라는 표현이나 세종 연창2년의 조칙에 나오는 '定奴良之制'라는 표현은 이 시기의 법제적 신분이 양노제임을 보여주는 것이 아님을 알 수 있다. 더욱이 이 시기 인신매매의 성행으로 史書에 자주 보이는 '免奴婢爲良民〔人〕'과 '抑良人爲奴'라는 표현도 역시 양천제로 알려

=良賤이라는 것이 기본전제가 되어 있음은 물론이다.

진 당대에도 동일하게 나오고 있기 때문에 이러한 사례를 가지고 이 시기의 법제적 신분제를 양노제로 보기는 어렵다고 하겠다.

이상 북조시기의 국가적 신분제를 나타내는 사례를 검토한 바와 같이 이 시기 양민과 천민은 법제적으로 명확하게 대비되어 있고, 또 '奴婢는 賤'이라는 표현에 단적으로 보이듯 당시 국가적·제도적인 신분제는 당대와 마찬가지로 양천제였다. 그런데 이 시기 천(민)의 범주는 당대와 달리 노비에만 한정되었다. 양민에 대비된 법적 신분으로서 노비가 사용되고 있고, 그밖에 다른 신분이 보이지 않는 것은 천민을 오로지 노비에만 한정하고자 하는 국가측의 의도가 법적으로 명확하게 표현된 것이다.

그러나 한편으로 북조시기 양민에 대비되는 법적 신분으로서 천민이 일반화됨으로써 천의 범주에 노비 이외의 사적 예속신분도 포함될 수 있는 길이 마련된 점에 주의해야 한다. 더욱이 이 시기 진행된 계층분화의 결과 민과 노비 사이에 다양한 하층신분이 출현함으로써 민간에서는 이들 사적 예속신분도 천으로 규정한 사례가 등장하고 있다. 곧, 앞서 언급한 북주시대 중국 서남지역의 요가 매매된 뒤에 천예로 불린 사례는[45] 이를 잘 반영하고 있다. 이것은 천민의 범주를 노비에 한정하고 그 이외의 모든 민을 양으로 성격 규정하고자 하는 국가측과 노비 이외의 사적인 예속민도 천민에 포함시키려는 재지사회 사이에 천의 범주에 대한 인식에 상당한 차이가 있음을 보여준다.

이러한 국가와 민간에서의 천의 범주를 둘러싼 인식의 차이는 이 시기 양천제가 법제적으로 완전히 정착하지 못하고 불완전한 상태에 있었음을 말해 준다. 결국 북조시기의 양천제는 이와 같이 불완전한 상태 속에서 전개되어 갔다고 생각되며, 양천제를 둘러싼 이러한 법제 면과 현실사회와의 괴리 내지 모순은 북조 말에 단행된 일련의 신분재편, 곧 잡호의 천인화 및 부곡·객녀신분의 설정 등에 의해 제도적으로 천의 범주

---

45) 주 35) 참조.

가 확대됨으로써 어느 정도 해소되었다.46)

2. 良賤制下 신분질서의 이중구조

이상 살펴보았듯이 북조시기 국가적 내지 법제적 신분제는 그 이후의 수·당대와 마찬가지로 양천제였다. 주지하듯 이 양천제는 국가가 모든 인민을 양민과 천민으로 대별하여 지배하는 법적·제도적인 신분체제를 말한다. 다시 말하면 양천제는 국가에서 천민인 노비 이외의 모든 민을 양민으로 성격규정하는 것에 의해 법적·제도적으로 국가의 公民으로서 하나의 동질적인 신분집단을 상정하는 것이다.47) 따라서 이 양천제는 국가가 인민을 직접 장악하고 지배하기 위한 인민편성의 기본원리를 나타내고 있고, 그러한 점에서 이에 대한 연구는 국가에 의한 대민지배 체제의 기본적인 구도를 이해하는 데 중요한 실마리를 제공함은 말할 나위도 없다. 종래 위진남북조 시기(수·당대도 포함하여) 신분제 연구의 한 영역으로서 국가적 신분제에 대한 연구가 주목받은 것도 바로 이를 통하여 이 시기 국가의 대민지배방식의 일단을 이해할 수 있기 때문이다.48)

---

46) 당대 양천제에서 천의 범주는 노비 이외에 部曲·太常音聲人·雜戶·官戶 등 다양한 신분을 포괄하고 있고, 이는 노비에 한정되어 있는 북조시기의 양천제와 다른 점이다. 그런데, 부곡·객녀의 설정과 잡호의 천인화 등으로 賤의 범주가 확대되는 북조 말의 신분재편을 거치면서 이후 양천제는 당대와 같은 형태를 취하게 된다(북조 말 신분제의 개혁과 그 의미에 대하여는 본서 제4장 제2절과 제5장 제2절 참조).
47) 이 점은 앞서 본문에서 언급하였듯이 특히 북위왕조에서 시행된 균전법규에 잘 나타나 있다. 곧, 북위의 균전제에서 규정한 受田의 대상이 되는 자는 賤인 노비를 제외하고는 모두 良(民)으로서 동질적인 신분집단을 상정하고 있다(『魏書』 卷111, 食貨志 참조). 이는 북위왕조가 양인의 경우에는 예외없이 모두 황제의 직접적인 지배의 대상이 되는 존재라는 것을 제도적으로 천명한 것이라고 생각된다.
48) 앞서 언급하였듯이 종래 일본학자를 중심으로 활발하게 진행되어 온 국가적 신분제에 대한 논의는 바로 이러한 흐름에 해당한다. 그리고 국내의 이 분야에 대한 연구도 일본학자들에 의해 제기된 국가적 신분제를 기본적인 신분질서로서 상정한 위에서 진행되고 있

그러나 이러한 특성을 보이는 양천제도 내부적으로는 상・하의 계층관계가 존재함은 말할 나위도 없다. 다시 말하면 국가적 신분제로서의 양천제가 전제주의적 지배체제를 확립・유지하기 위해 국가측에서 설정한 기본적인 질서이긴 하지만, 국가에 의한 계급적 지배라는 측면과 사회적 분업이라는 측면에서 보면 이 양천제도 내부적으로는 지배의 주체와 객체로서의 계급관계뿐만 아니라 분단적이자 층서적인 위계질서를 형성하고 있는 것이다. 더욱이 이러한 층서적인 위계질서나 지배・피지배의 계급관계는 사회 내부에 존재하는 다양한 인적 관계와 밀접하게 연관되어 있는 점에서 국가에 의한 인민편성의 현실적이자 구체적인 모습을 보여준다. 따라서 양천제하의 그 내부적인 신분질서에 대한 검토는 국가에 의한 인민편성의 구체적인 실상뿐만 아니라 사회구성의 전체적인 성격 내지 특질을 파악하는 데 필수불가결한 작업이라고 생각한다. 필자가 종래 양천제하의 그 내부적인 신분질서의 구조에 주목하였던 것도 바로 이러한 이유에서이다.[49]

한편, 앞서 서론에서도 언급하였듯이 이민족 지배기인 북조시기는 민에 대한 국가통제력의 강화와 함께 사회 전반에 걸쳐 이전시기뿐만 아니라 당해시기 남조 등과도 다른 새로운 제도가 출현하고 있고,[50] 이는 신분제적인 면에서도 예외가 아니다. 특히 북조시기에는 신분적으로 官私를 불문하고 다양한 형태의 예속민이 존재하고 있는 이상 국가의 신분질서도 종래와는 다른 양상을 띨 수밖에 없을 것으로 생각된다. 다시 말하면 북조시기의 경우 官私를 불문하고 존재하는 다양한 하층신분이 국가

음은 주지의 일이다(본서 제1장 주 23) 참조).
49) 졸고, 「唐代 良人의 身分秩序 構造와 機能」(『法史學硏究』 17, 1996 ; 본서 [추가논문 2]에 수록)은 바로 이러한 문제의식에서 진행한 연구라 할 수 있다.
50) 북조시기는 胡漢體制라는 개념으로 대표되듯 胡族과 漢族의 융합적인 역사의 흐름 속에서 균전제・삼장제 등 이전 시대와는 다른 새로운 제도가 출현하고 있다. 그리고 이들 여러 제도의 출현에는 어떻든 호족적 에네르기가 기능하고 있는 점은 부정하기 어려울 것이다. 이상과 같은 관점에서 북조시기의 역사적 전개 전반에 대하여 서술한 논고 가운데 대표적인 것으로는 朴漢濟, 『中國中世胡漢體制硏究』(一潮閣, 1988)를 들 수 있다.

의 신분제적 지배체제에 흡수되어 하나의 신분으로 편성되면서 결국에는 새로운 신분질서가 형성되는 것은 당연하다. 그렇다면 이들 다양한 하층신분의 출현과 새로운 신분질서의 형성 사이에는 서로 밀접한 관계가 있다고 보아야 할 것이다. 이러한 관점에서도 북조시기 신분제에 대한 새로운 접근방식으로서 양천제하의 그 내부적인 신분질서의 구조에 주목할 필요가 있는 것이다.

이상과 같은 문제의식을 염두에 두고 북조시기 양천제하의 신분질서[51]가 구체적으로 어떠한 구조로 되어 있었는가를 살펴보기로 한다.[52] 이에 대하여 우선 참고가 되는 것은 다음의 사례이다.

이후 民과 官이 독직으로 뇌물을 받으니 황제가 이를 숙정하고자 생각하였다. 太延3년, 천하의 吏·民에게 조서를 내려 주군의 장관[牧守]의 불법행위를 고발하는 것을 허락하였다. 이에 뭇 서민 가운데 흉패한 자는 주·군의 장관의 잘못을 찾고 자리에 있는 자를 협박하여 민간에서 위세를 떨쳤다. [그런데도] 주·군의 長吏들은 모두 자신의 감정을 눌러서 그들을 대우하여 구차히 일시 모면해도 부끄러워하지 않고 태연자약하게 탐욕과 횡포를 자행하였다.[53]

---

51) 종래 辛聖坤, 「魏晉南北朝時期 身分秩序의 變遷과 職役」(『魏晉隋唐史研究會會報』 2, 1994) 및 『南北朝時期 官私隷屬民에 關한 研究』(서울대 박사학위논문, 1995) 등의 논문에서 '身分秩序'라는 표현을 자주 사용하고 있지만, 이것이 구체적으로 무엇을 말하는지 명확하지 않다. 다만 일본학자의 연구경향을 소개하면서 사용하고 있는 '국가적 신분질서'라는 용어에서 유추하면 그가 말하는 身分秩序라는 것은 이른바 일본에서 漢唐간의 신분제의 변천으로 거론되어 온 庶奴制·良奴制·良賤制 등을 의미하는 듯하다. 그러나 필자가 본서에서 사용하는 身分秩序라는 것은 양천제라는 국가적 신분제하에서 국가가 지배를 위해 설정, 律令에 기초를 둔 정치적 내지는 법제적 신분질서를 말하며, 구체적으로는 국가권력에 의해 서열화 또는 계층화되어 있는 신분질서를 의미한다.

52) 본절에서 다룰 북조시기 양천제하의 신분질서의 구조가 북조 전 시기를 통하여 동일한 것은 아니고, 후기 특히 북조 말이 되면 상당한 변화를 보이고 있다[북조 말 신분질서의 변화양상에 대하여는 본서 제4장·제5장 참조]. 따라서 본절의 고찰범위는 사실 북조 전기라고 하는 것이 적절할 것이지만 국가적 차원에서 신분제의 재편이 단행되는 북조 말까지는 이러한 신분질서가 기본적으로 지속되고 있기 때문에 북조시기라고 하여도 지장이 없을 것으로 생각한다.

53) 『魏書』 卷111, 刑罰志: "是後民官瀆貨 帝思有以肅之 太延三年 詔天下吏民 得擧告牧守之

이 사례는 世祖 太武帝 때에 民과 官이 불법을 자행하였기 때문에 태무제가 조서를 내려 지방관[牧守]의 불법을 규찰하고자 하였지만 오히려 흉패한 자들이 그것을 이용하여 탐욕스럽고 포학한 일을 저지르고, 지방관 또한 국가의 이러한 조치에도 불구하고 종래의 불법을 고치지 않고 있는 모습을 보여준다.54) 그런데 여기서 주목되는 것은 이 세조의 조서 속에 보이는 吏民이라는 표현이다. 이 이민이 吏와 민을 의미하는 것임은 쉽게 짐작되지만, 이러한 표현은 이외에도 북위시대의 史書에 더러 보이고 있다.55) 따라서 북조시기 이민이라는 표현은 꽤 일반화된 용어였음을 알 수 있다.

문제는 위에 든 사례에서 보듯 吏와 민이 연칭되어 州郡의 장관인 牧守[실제 이들은 流內 9품관 이상의 官人에 해당한다]와 대립적으로 사용되어 있는 것을 어떻게 이해해야 할 것인가 하는 점이다. 곧, 이 사례에 의하면 국가가 지방장관의 불법을 규찰하기 위하여 그 지배하에 있는 하급 屬吏나 일반 민에게 지방장관의 불법을 관청에 신고하도록 하고 있다. 따라서 이 사례만을 가지고 볼 때, 吏는 민과 아울러 유내관인 지방장관과 대립적인 모순관계에 있었음을 짐작케 한다. 그러나 吏가 목수, 곧 유내관인과 반드시 대립적인 관계에 있었던 것은 아니다. 오히려 계급적 측면에서 보면 吏는 피지배계급인 민에 대하여 유내0품 이상의 관인과 함께 지배계급의 말단을 형성하고 있기 때문에

不法 於是凡庶之凶悖者 專求牧宰之失 迫脅在位 取豪於閭閻 而長吏咸降心以待之 苟免而不恥 貪暴猶自若." 비슷한 내용은 『魏書』 卷4上, 世祖紀上, 太延3年(437) 夏5月 己丑詔에도 보인다.

54) 이 조칙이 나온 시기는 북위의 화북통일(439) 직전에 해당한다. 이 시기는 북위가 화북통일을 목전에 둔, 북위의 대외정벌이 거의 마무리단계에 이르는 시점이다. 이러한 시기에 위와 같은 조칙이 나온 것은 아마 대외정벌을 틈타 특히 지방장관의 불법행위가 만연하였고, 이에 정부에서도 화북통일을 목전에 두고 이를 개선하려는 의지로 보인다.

55) 일례를 들면 『魏書』 卷111, 刑罰志에 실려 있는 高祖 孝文帝 太和3年의 詔書에 "治因政寬 弊由網密 今候職千數 奸巧弄威 重罪受賕不列 細過吹毛而擧 其一切罷之 於是更置謹直者數百人 以防誼鬪於街術 吏民安其職業"이라고 하여, 吏民이 연칭되어 있다.

[이 시기 吏의 의미에는 流外 이하만을 가리키는 경우와 유내9품 이상의 품관도 포함하는 경우가 있다. 후자에 대하여는 앞서 든 『위서』 형벌지의 사례 속에 지방장관을 長吏56)라 표현하고 있는 것에서도 확인된다]. 이 이민이라는 표현은 지배의 주체와 객체의 계급관계를 나타낸다고 보아야 하지 않을까. 만약 그렇다면 이 이민이라는 표현에는 북조시기에 이와 민이 대비된 이민질서가 신분질서의 한 축을 형성하였음을 말해 준다고 하겠다.

한편, 북조시기에는 이민질서와는 다른 형태의 신분질서를 보여주는 사례가 있다.

尚書三公郎中 崔纂이 상주하여 말하였다. "삼가 폐하의 勅旨를 살펴보면, '劉輝의 체포를 공개적으로 모집하여 만약 유휘를 체포한 경우, 職人은 상으로 2계급을 올리고, 白民은 관리가 되는 것을 허락하고 1계급을 승진시키며, 厮役은 [그] 役을 면제시키고, 奴婢는 良[民]으로 한다'라고 되어 있습니다."57)

---

56) 『漢書』 卷5, 景帝紀, 中6年 5月條에 "吏六百石以上 皆長吏也"라 되어 있고, 張晏의 주에는 "六百石位大夫'라 하고 있다. 그렇다면 長吏는 지위가 비교적 높은 관리, 지방관의 경우에는 縣 이상의 지방장관에 해당할 것이다. 그런데 宮崎市定, 『九品官人法の硏究』(東洋史硏究會, 1956 : 中央公論社, 1997), p.90에 의하면 俸秩이 백 석 이하의 서기계급은 小吏라고 하고, 2백 석 이상을 長吏라고 하며, 장리는 현의 경우 그 장관인 令長의 아래 차관인 丞·尉 이상에 해당한다고 한다. 어떻든 본문에서 든, 『魏書』 刑罰志에서 말하는 장리는 지방장관을 가리키는 것은 틀림없는 듯하다.

57) 『魏書』 卷111, 刑罰志: "尚書三公郎中崔纂執曰 伏見旨募若獲劉輝者 職人賞二階 白民聽出身進一階 厮役免役 奴婢爲良." 그런데 『冊府元龜』 卷615, 刑法部, 議讞 2에는 '厮役免役'에서 '免役' 두 글자가 빠져 있다. 여기서 만약 『冊府元龜』에 따르면 '厮役奴婢依良'이 되어 厮役은 노비와 함께 賤의 범주에 속하게 된다. 그러나 앞 절에서 보았듯이 북조시기 법제적 신분제인 良賤制에서 賤의 범주는 노비만을 지칭하고 있고[졸고, 「北朝時期 신분제에 대한 몇 가지 검토」, pp.400~403]. 또 厮役의 경우 그 해방조치에는 良으로 한다는 형식이 아니라 白民 곧 編戶民으로 한다는 형식이 일반적이다[시역의 신분해방에 대하여는 졸고, 「北朝後期 厮役 身分의 推移와 그 性格」(『釜山史學』 30, 1996), pp.134~140 및 본서 제4장 제2절 참조]. 따라서 이 기사는 『魏書』 刑罰志쪽이 바르다고 생각된다.

이 상서삼공랑중 최찬의 상주에서 말하고 있는 勅旨는, 肅宗 孝明帝 神龜(518~519) 년간에 蘭陵公主의 남편 駙馬都尉 劉輝가 河陰縣民 張智壽의 누이 容妃, 陳慶和의 누이 慧猛과 간음한 뒤에 임신중인 공주를 구타하여 태아를 다치게 하고 죄가 두려워 도망치자, 조정에서 그를 체포하는 자에 대한 포상으로서 나온 것이다.[58]

그런데 이 사례에서 주목되는 것은 앞서 살펴본 이민질서와는 다른 형태의 신분질서를 보이고 있는 점이다. 그것은 다름 아닌 職人・白民・厮役・奴婢 순서로 되어 있는 층서적[계서적]인 위계질서이다. 그러면 이 직인의 상층에는 어떠한 신분이 있었을까? 우선 직인은 유내9품관 아래의 유외관에 起家하는 하급관리를 의미하는 것으로 알려져 있기 때문에,[59] 이 직인의 상층에는 일단 유내9품 이상의 官人層을 예상할 수 있다.[60] 다음으로 太宗 때의 일을 기록한 사례 가운데, "辛酉에 晉陽에 행차하여 王公 이하 시역에 이르기까지 班賜하였다"[61]라고 하는 기사에 의하면 최하층에는 앞서 나온 시역이 있고, 반대로 최상층에는 왕공이 보인다. 따라서 이들 사례를 종합하면 북조시기의 정치적 신분질서는 최상층에 왕공, 그리고 그 아래로 관인・직인・백민・시역이 차례로 이어지고, 최하층에 노비가 자리하는 층서적인 형태를 상정할 수 있다.

---

58) 공주를 구타하고 도망한 유휘 및 유휘와 간음한 두 여자, 그리고 두 여자의 오빠 등 총 5명에 대한 처벌규정을 둘러싸고 조정의 관료들 사이에 치열한 논쟁을 불러일으켰고, 그 내용은 『魏書』 卷111, 刑罰志에 자세히 언급되어 있다.
59) 이 직인은 유내9품관 아래의 유외관을 가리키는 말이고, 唐代의 경우에서 보면 職掌人에 해당한다[宮崎市定, 『九品官人法の硏究』, pp.417~421]. 아울러 이 직인에 대하여는 越智重明, 「晉南北朝の流・職掌・胥について」(『法制史硏究』 21, 1971) ; 「北朝の下層身分をめぐって」(『九州大學東洋史論集』 8, 1980) 참조.
60) 앞서 언급한 바와 같이 이와 민이 대비된 이민질서에서 보면 직인 곧 유외관은 계급지배 면에서 피지배계급인 민에 대하여 유내의 관인과 함께 지배기구를 지탱하는 하나의 지배층을 형성하고 있지만, 또 한편으로 『北齊書』 卷8, 後主紀, 天統3年條에 "九州職人 各進四級 內外百官 普進二級"이라고 하듯이 직인과 百官 곧 유내관이 구별되어 있는데, 실제 양자는 신분적 특권 등에서 현격한 차이가 있었다. 그러므로 양자는 상하의 층서적인 질서에서 보면 명확하게 구별되는 계층성을 띠고 있다.
61) 『北史』 卷1, 魏本紀1, 太宗紀, 太常8年(423) 4月條: "辛酉 幸晉陽 班賜王公以下至於厮役."

이와 같이 북조시기의 신분질서는 이와 민이 대립된 이민질서와 왕공에서 노비에 이르는 층서적인 위계질서가 병존하고 있었다. 그러면 이들 각각의 신분질서가 내포하고 있는 의미는 무엇일까? 우선 전자의 이민질서는 官吏에 의한 민의 지배라는 정치적 지배・피지배의 계급관계를 신분적으로 상정하고 있다. 다시 말하면 이 이민질서는 향촌사회에 내재하는 종족적 구성이나 생산관계 등에 의해 발생하는 다양한 지배・피지배 관계를 부정하고 오로지 관리에 의한 민의 지배라는 계급구도를 신분적으로 편성한 것이다. 그러한 점에서 이민질서는 정복왕조인 북위를 포함한 북조 여러 왕조의 대민지배 체제의 기본적인 구도를 나타냄과 동시에 또 이들 각 왕조가 지향하는 신분제 지배의 일면을 나타내고 있는 것은 확실하다. 다만 이러한 단순하고 추상적인 이민질서는 그 이전인 晉代뿐만 아니라 당해시대 남조에서도 유사한 형태를 보이고 있고,[62] 더욱이 이후의 당대에도 기본적으로 계속되고 있기 때문에,[63] 이를 통하여 북조시기 대민지배 체제의 특수적・구체적인 모습이나 사회구성적 특질을 파악하기는 어렵다고 판단된다.

그렇다면 이 문제와 관련하여 주목되는 것은 후자의 왕공・관인・직인・백민・시역・노비 순서로 되어 있는 층서적인 위계질서이다. 이 층서적인 위계질서는 왕공에서 노비에 이르기까지 정연한 상하관계를 띠고 있는 것에서도 알 수 있듯이 在地사회에 현실적으로 존재하는 사회내부의 다양한 인적 구성을 정치적・제도적 신분체계 속에 흡수하여 황제를 정점으로 일원화 내지는 계서화의 형태로 편성하였다는 특징을 보이고 있다. 이러한 점에서 왕공에서 노비에 이르는 층서적인 위계질서는

---

62) 晉・南朝에서의 이민질서를 포함한 신분질서에 대하여 고찰한 논고로는 中村圭爾,「晉南朝の律令と身分制の一考察」(『堀敏一先生古稀記念中國古代の國家と民衆』, 汲古書院, 1995)이 있다. 본서에서 고찰한 북조시기 신분질서의 구조에 대한 이해는 여기에서 많은 시사를 받았다.
63) 唐代 율령에 보이는 良人의 신분질서에 대하여는 졸고,「唐代 良人의 身分秩序 構造와 機能」참조.

현실사회에 존재하는 다양한 여러 신분을 포섭한 신분체계라 할 수 있고, 따라서 이는 북조시기 국가권력에 의한 인민편성의 특수, 구체적인 모습 내지 사회구성의 특질을 잘 나타내는 것이다.

이상 살펴본 바와 같이 북조시기 양천제하의 신분질서에는 현실사회의 여러가지 계급적 관계를 부정하고 오로지 정치적 지배·피지배관계를 신분적으로 편성한 이민질서와 재지사회에 내재하는 인적 구성을 법적·제도적 신분체계 속에 포섭한 왕공에서 노비에 이르는 층서적인 위계질서라는 이중적인 구조가 존재하였다. 그리고 이들 각각의 신분질서는 현실사회의 다양한 인적 관계에 규제되면서도 그것을 초극하여 국가권력에 의해 정치적 신분질서로 편성함으로써 황제에 의한 일원적인 지배체제를 관철시키고자 의도된 법적 표현이라 할 수 있다. 따라서 북조의 여러 왕조는 결국 이러한 이중적인 신분질서를 통하여 전 인민을 국가적 차원에서 조직하고 편제함으로써 단단한 지배체제를 구축·확립하고자 하였던 것이다.

제2절 신분편성의 원리와 직역

1. 厮役과 雜戶

이상, 북조시기 이중적인 신분질서의 구조 및 그 각각의 신분질서가 갖는 의미에 대하여 간략하게 살펴보았다. 그런데 이들 이중적인 신분질서 가운데 가장 특징적인 형태는 층서적인 신분질서 속에 보이는 백민-시역-노비라는 하층신분질서이다. 이러한 하층신분질서는 그 이전인 진한·위진이나 당해시대 남조뿐만 아니라 심지어 그 이후의 수·당대와도 구별되는 북조 특유의 형태를 띠고 있다. 특히 그 가운데 주목되는 것은 백민과 노비 사이에 시역이라는 특이한 계층이 층서적인 위계질서 속에 하나의 신분층으로 자리하고 있는 점이다.[64] 그러면 북조시기 시역의 범주와 신분적 성격은 어떠하였을까. 이 점을 살펴보기에 앞서 그 이전 시역의 용례와 그 의미에 대하여 간략하게 검토하기로 한다.[65]

시역이라는 명칭이 사서에 나오는 것은 『春秋公羊傳』 宣公 12년조에 "諸大夫死者數人 厮役扈養死者數百人"[66]이라고 되어 있듯이 대략 춘추시기부터이다. 또한 그 이후의 사례로는 『後漢書』 卷65, 鄭玄傳에 "玄後嘗疾篤 自慮以書戒子益恩曰 吾家舊貧 不爲父母群弟所容 去厮役之吏 遊學周秦之都"라고 하여, 한대에도 그 용례가 나타난다. 그리고 『史記』 卷89, 張耳陳餘列傳의 "有厮養卒 謝其舍中曰 吾爲公說燕 與趙王載歸"라고 한 사례 및 『漢書』 卷51, 路溫舒傳의 "時詔書令公卿選可使匈奴者 溫舒上書曰 願給厮養 暴骨方外"라고 한 사례 등에는 厮養이라는 용어가 나오는데, 이 시양도 앞서 든 『춘추공양전』의 '厮役扈養'과 연관지어 생각하면 시역과 동일한 의미로 사용되었음을 쉽게 짐작할 수 있다.

그러면, 북조 이전시기 시역 내지 시양은 어떤 의미를 지니고 있을까. 우선 앞서 든 『春秋公羊傳』 宣公 12년조의 "諸大夫死者數人 厮役扈養死者數百人"이라는 기사에 대한 何休의 주에는 "乂草爲防曰厮 汲水漿

---

64) 필자는 이전 북조시기 백민—시역—노비로 되어 있는 하층신분질서에 주목하여, 그 안에 있는 시역을 하나의 신분층 내지 계층으로 상정하고 북조 후기 그 변화양상을 논급한 적이 있다〔졸고, 「北朝後期 厮役 身分의 推移와 그 性格」〕. 이에 대하여 "시역이 이 시대에만 사용되던 용어가 아니라 관부에서 일반 천역을 담당하던 계층을 대상으로 일반적으로 사용되고 있었던 점을 감안한다면 별도의 신분설정은 무리가 아닌가 하는 느낌이 든다"라고 하여 하나의 신분층으로 보는 필자의 견해에 의문을 제기한 견해도 있다〔辛聖坤, 『南北朝時期 官私隷屬民에 관한 硏究』, p.114〕. 그러나 이하 본문에서 살펴보듯이 시역이라는 명칭이 그 이전에 출현하더라도 북위시대에 이르러 관부에 직속하는 다양한 하층신분이 출현함으로써 이들을 포괄하는 명칭으로 사용되기에 이르렀고〔후술하듯이 시역이 황제의 조칙에 언급되고 있는 것은 그것이 법제화된 하나의 신분층임을 의미한다〕, 게다가 후술하지만 이 점이야말로 북조시기 신분편성의 중요한 원리를 나타내고 있다고 생각한다.
65) 이하 열거하는 북조 이전시기 시역에 대하여는 濱口重國, 「官賤人の由來についての硏究」(『唐王朝の賤人制度』, 東洋史硏究會, 1966), pp.298~299에 그 사례가 제시되어 있다. 본서에서 다루는 북조 이전 시역에 대한 검토는 여기에 힘입은 바 크다.
66) 『十三經注疏・春秋公羊傳注疏』(中華書局, 1980).

者曰役 養馬者曰廝 炊烹者曰養"이라고 하여, 廝役廝養을 각각 풀을 베어 바람을 막는 일, 마실 물을 긷는 일, 말을 기르는 일, 불을 때어 삶는 일로 풀이하고 있다. 그리고 앞서 든 『史記』卷89, 張耳陳餘列傳의 해당기사의 集解에는 "如淳曰 廝賤者也 公羊傳曰 廝役廝養"이라고 하여, 如淳은 廝를 賤이라 하고 또 이어 『春秋公羊傳』의 廝役廝養을 그 예로 들고 있다. 여기서 如淳이 말하고 있는 '천'이라는 것은 후대와 같은 신분적인 용어로 사용되고 있는 양천의 '천'이 아니라 사회적 지위를 일반적으로 나타내는 귀천의 천을 말할 것이다. 그렇다면 북조 이전시기에 사용되고 있는 시역 내지 시양은 대체로 천한 직역에 종사하는 자를 의미하는 듯하고, 그리고 그 역의 성격은 何休가 말하듯이 풀을 베어 바람을 막는 일, 마실 물을 긷는 일, 말을 기르는 일, 불을 때어 삶는 일 등과 같이 여러가지 잡다한 직역이었을 것으로 보인다.

그러면 북조 이전시기 이러한 여러가지 천한 역에 종사하는 자를 의미하는 시역의 범주는 어떠하였을까? 이 문제와 관련하여 우선 주목되는 것은 앞서 든 『사기』張耳陳餘列傳의 '廝養卒'과 『후한서』鄭玄傳에 보이는 '廝役之吏'라는 표현이다. 곧, 이들 사례에 의하면 시양 내지 시역의 뒤에는 '卒' 또는 '吏'라는 글자가 부수되어 있다. 그리고 앞서 든 『漢書』卷51, 路溫舒傳에도 노온서가 글을 올려 흉노에 사신으로 가기를 요청하면서 국가에 대하여 시양의 지급을 바라고 있다. 그렇다면 이들 사례에서 보듯 시역 또는 시양은 대체로 일반 私家가 아닌 국가에 직속하였을 가능성이 매우 크고, 따라서 이들 시역은 국가에 의해 부과된 여러가지 천한 역에 종사하는 자를 가리킨다고 생각된다.

이상 살펴본 바와 같이 북조 이전시기 시역은 시양으로도 불리며, 대체로 국가에 직속하면서 국가가 필요로 하는 여러가지 천한 역에 종사하는 자를 의미하였다. 그러면 북조시기의 시역은 이전의 그것과 어떠한 관련을 가지고 있을까? 우선 명칭에서의 관련성을 검토하면, 高祖 孝文帝 太和17년(493) 9월에 "또 조서를 내려 廝養의 戶는 士·民과 혼인할 수 없고, 문무의 재능이 있어 공적을 쌓아 신분상승이 가능한 자는 庶族의 예와 같이하는 것을 허락한다"[67]라고 하여 시양이라는 용어가 보이는데, 여기의 시양은 신분적으로 일반 민 아래에 위치한다는 점에서 시역과 동일한 성격으로 생각된다. 또 앞서 언급한 바와 같이 『北史』卷1, 魏本紀에는 태종 때의 일로서 "辛酉에 晉陽에 행차하여 王公 이하 廝役에 이르기까지 반사하였다"[68]라는 기사가 있는데, 『魏書』卷3, 太宗紀, 동년 동월조에는 여기의 시역을 '廝賤'으로 표현하고 있다.[69]

이상 든 몇 가지의 사례에서 보듯이 북조시기 시역이라는 명칭은 이전과 마찬가지로 시양으로도 불렸고, 이에 더하여 시천이라는 명칭도 사용되고 있음을 알 수 있다. 따라서 북조시기 시역이라는 명칭은 기본적으로 그 이전과 용어상의 연결성은 어느 정도 확인할 수 있다. 또한 후술하겠지만 북조시기의 시역도 일반적으로 국가에 직속된 신분으로서 호적이 관부에만 있고 '官이 필요로 하는 여러가지 잡다한 직역에 복무하는 자를 총칭하고 있기 때문에 그들이 종사하는 직역의 성격도 이전 시기와 유사한 면을 지닌다고 할 수 있다. 이러한 점에서 북조시기의 시역은 기본적으로 그 이전 시역의 성격을 대부분 이어받고 있다고 보아도 될 것이다.

그러나 여기서 특히 주의해야 할 것은 북조시기의 시역은 이전과 비교하여 몇 가지 뚜렷한 차이를 보인다는 점이다. 우선 북조시기에는 시역과 관련된 용례가 이전 시기에 비해 급격히 증가할 뿐만 아니라 시역이라는 명칭도 북조의 전 시기에 걸쳐 등장하고 있다.[70] 이 점은 이 시기

---

67) 『魏書』卷7下, 高祖紀下, 太和17年 9月 戊辰條: "又詔廝養之戶不得與士民婚 有文武之才 積勞應進者同庶族例 聽之."
68) 주 61) 참조.
69) 『魏書』卷3, 太宗紀, 太常8年 4月條.
70) 앞서 든 사례 이외에도 正史에서 북조시기 시역의 용례를 몇 개 들어보면, 우선 『北齊書』卷23, 魏蘭根傳에 "正光末 尚書令李崇爲本部都督 率衆討茹茹 以蘭根爲長史 因說崇曰 緣邊諸鎭 控攝長遠 昔時初置 地廣人稀 或徵發中原强宗子弟 或國之肺腑 寄以爪牙 中年以來 有司乖實 號曰府戶 役同廝養 官婚班齒 致失淸流… 宜改鎭立州 分置郡縣 凡是府戶 悉免爲民 入仕次敍 一准其舊"가 있다. 이는 북위 말 北鎭起義 직전 李崇(北道大都督으로서 北鎭起義

시역의 사회적 실체와 연관지어 생각할 때 무시할 수 없는 측면이라고 여겨진다.

다음으로 이 시기 시역과 관련하여 더욱 주목되는 점은 앞서 든 『魏書』卷111, 刑罰志에 있는 부마도위 劉輝의 체포에 대한 포상기사에서 보듯71) 시역은 북조 이전시기에는 국가에 직속되어 천한 역에 종사하는 일부의 사람을 의미하였지만, 북조시기에 이르면 국가 신분질서상 하나의 신분 내지 계층으로 등장하고 있는 점이다. 이 점은 이전 시대와 구별되는 북조의 두드러진 특징이라 할 수 있다.

그러면 북조시기 시역의 법제적 신분은 어떠할까. 우선 앞에서도 인용했지만 太宗 明元帝 太常8년에 "辛酉에 행차하여 王公 이하 厮役에 이르기까지 班賜하였다"72)라고 한 기사에 의하면 시역은 국가에서 내리는 반사에서 왕공과 동일하게 受賜者의 위치에 있다. 이와 같이 시역이 왕공과 동일하게 수사자의 위치에 있다는 것은 이들이 정치・사회적으로뿐만 아니라 법제적으로도 천인 노비와는 사뭇 다른 위치에 있었음을 엿보게 한다. 다음으로 북조시기 국가적 신분제인 양천제에서 천은 노비에 한정되어 있기 때문에 노비 이상의 신분은 모두 양의

의 진압에 참가)의 속료였던 魏蘭根이 李崇에게 北鎭의 상황을 서술한 말이다. 여기서 위란근은 북변방위에는 원래 중원의 强宗子弟나 國의 肺腑를 징발하여 충당하였는데, 中年(아마 고조 효문제 시기를 말할 것이다) 이래 이들의 신분이 저하되어 府戶라 불리고 그들이 담당하는 職役도 厮養(厮役)과 동일하게 되었다고 한다. 북진의 이러한 모순을 해결하기 위한 방안으로 위란근은 鎭을 州로 고침과 동시에 府戶를 방면하여 民으로 할 것을 건의하고 있는데, 여하튼 이 사례에 의해서도 북위 말에 府戶와 같은 시양, 곧 시역이 존재했음을 알 수 있다. 또한 북조 말 시역의 용례로는 北周 때 蘇綽이 지은 六條詔書 가운데 '擢賢良'조의 한 구절에 "自昔以來 州郡大吏 但取門資 多不擇賢良 末曹小吏 唯試刀筆 並不問志行 夫門資者乃先世之爵祿 無妨子孫之愚瞽 刀筆者乃身外之末材 不廢性行之澆偽… 今之選擧者 當不限資蔭 唯在得人 苟得其人 自可起厮養而爲卿相 伊尹傅說是也."(『周書』卷23, 蘇綽傳)가 있다. 이는 북주의 이른바 賢才主義의 한 단면을 엿볼 수 있는 유명한 자료인데, 여기서도 시양, 곧 시역이라는 용어가 출현하고 있다. 그렇다면 시역은 북조의 전시기를 통하여 상당히 일반화된 용어였다고 할 수 있을 것이다.

71) 주 57) 참조.
72) 주 61) 참조.

범주에 들어가게 된다.73) 앞서 언급한 『위서』 형벌지의 유휘 체포기사에서 노비에 대하여만 "양민으로 한다"고 하고 있는 것도 바로 북조시기 양천제의 성격을 잘 보여주고 있다. 이러한 점에서 보면 시역의 법제적 신분은 일단 양민으로 규정할 수 있다. 그리고 이로써 유추하면 모든 인민의 신분을 양과 노비로만 구별하여 토지를 지급하고 있는 북위 균전제에서도 시역은 양신분으로서 그 상층인 백민과 차등없이 토지를 지급받았을 것으로 보인다.

그러면 시역이 신분적으로 양민에 속한다고 할 때, 그 신분적 범주는 어떠하였을까? 이와 관련하여 우선 주목되는 것은 앞서 든 『위서』 형벌지의 유휘에 대한 체포기사이다. 곧, 거기에 의하면 시역은 층서적인 신분질서상에서 백민과 노비의 중간에 위치하고 있다. 이것은 시역이 천민인 노비를 제외하고는 양민 가운데 최말단에 위치하였음을 말해 준다. 그런데 같은 『위서』 형벌지의 유휘체포 기사를 보면 유휘를 체포한 경우, 백민은 出身을 허락하고 一階를 승진시키지만, 시역은 단지 '그 役을 면제시킨다'고 하였는데, 그것은 시역을 백민으로 한다는 의미일 것이다. 이는 시역은 그 담당직역에서 벗어나야만 백민이 될 수 있었음을 말해 준다. 그리고 이것은 반대로 시역은 국가의 해방 또는 방면조치가 없으면 백민이 될 수 없었음을 나타내는 것으로 이해된다. 그런데 시역의 상위에 있는 백민은 白戶·編民으로도 표현되고 있는 것에서도 알 수 있듯이 호적이 군현에 있는 자, 곧 일반 군현민을 가리킨다.74) 그렇다면 이 백민과 구별되어 있는 시역은 일반 편호민과는 다른 위치에 있었다고 생각된다.

이와 같이 백민이 일반 군현민을 의미하고, 또 앞서 든 『위서』 형벌지에서 시역에 대하여 유휘를 체포하면 "그 역을 면제시킨다"고 하는 것이

---

73) 졸고, 「北朝時期 신분제에 대한 몇 가지 검토」.
74) 백민의 일반적 성격에 대하여는 본서 제3장 제1절 및 졸고, 「北朝前期 하층신분질서의 형성과 구조」(『釜山史學』 35, 1988) 참조.

백민(편민)으로 한다는 의미라면, 시역의 경우에는 백민처럼 그 호적이 군현에 있지 않고 관부에만 있었을 개연성이 상당히 크다. 이러한 추측이 어느 정도 타당하다면 시역은 일단 호적의 편제 면에서 군현제적인 지배 하에 두어진 백민과는 달리 국가에 직속한 것으로 보아야 할 것이다.

다음으로 이 시역의 범주와 관련하여 또 하나 주목되는 것은 위진남북조 시기의 대표적인 사대부 지식인으로 자주 거론되고 있는 顔之推의 『顔氏家訓』에 있는 다음의 사례이다.

> 농부·상인·수공인·시역·노예·어부·백정·목축인에 이르기까지 모두 [자기 분야에] 먼저 통달하여 본보기로 삼을 만한 사람들이 있다. [그러므로] 널리 배워서 탐구하면 하는 일마다 이롭지 않음이 없는 것이다.[75]

우선 여기서 보듯 시역이 『안씨가훈』에, 그것도 農工商牧 등과 나란히 언급되어 있는 것은 그것이 당시 사회적으로 하나의 신분 또는 계층을 이루고 있었음을 단적으로 나타낸다고 생각된다. 게다가 이 시역은 이들 농부·상인·수공업자·목축인 이외에도 어부·백정·노예 등과도 명확하게 구별되어 있다. 이 점에서 『안씨가훈』의 이 기사는 앞서 『위서』 형벌지의 유휘체포 기사에 언급되어 있는 직인-백민-시역-노비의 층서적인 신분질서를 뒷받침해 주고 있는 사례로서 주목할 만하다. 그런데 주지하듯 노예를 제외한 이들 어부나 농부·상인·수공업자 등은 사회적 분업을 기초로 한 직업상의 구분이고, 따라서 그 성격 면에서 이들은 정치적 지위에 약간의 차이는 있다고 하더라도 모두 州縣의 호적에 등재되어 있는 일반 군현민인 점에서 동일한 신분적 범주에 속한다고 할 수 있다. 그렇다면 위에서 보듯 이들과 구별되어 있는 시역이 일반 군

---

75) 『顔氏家訓』 卷3, 勉學篇: "爰及農商工賈 厮役奴隷 釣魚屠肉 飯牛牧羊 皆有先達 可爲師表 博學求之 無不利於事也."

현민과는 다른 위치에 두어졌음은 거의 확실해 보인다.

이와 같이 시역이 양천제하에서 양인으로 규정되었더라도 백민인 일반 군현민과는 달리 관부에 직속하면서 국가가 필요로 하는 각종 직역에 驅使되고 있는 이상 이들에게는 여러가지 점에서 신분적인 제약이 수반되었을 것임은 쉽게 추측된다. 곧, 앞서 언급하였듯이 이들 시역은 국가에 의한 방면조치가 없는 한 백민으로의 해방이 불가능하였다. 이에 이들은 직역 면에서 세습이 강요되어 다른 업종으로의 전환이 금지됨과 아울러 학교로의 입학이 금지되었으며,76) 일반 士·民과의 혼인도 금지되었다.77) 이외에도 시역은 관료로의 出仕가 금지되었을 뿐만 아니라78) 심지어 거주지역까지도 제한받고 있는 등 거의 모든 방면에 걸쳐 신분의 고정화·세습화가 요구되고 있다.79)

이상을 통하여 북조시기 시역의 신분적 성격에 대하여는 다음과 같이 정리할 수 있다. ① 시역은 시양·시천으로도 불린다는 점, ② 양천제에서 양의 신분에 들어가지만[천인 노비와 상이], 양천제하의 내부적인 신분질서상에서 보면 양민의 최말단에 위치하는 점[편호민인 白民과 상이], ③ 국가에 의한 해방조치가 없으면 본래의 신분[담당직역]에서 벗어나지 못한다는 점, ④ 백민[편호민:사농공상]과 달리 호적은 관부에만 있는 점, 곧 국가에 직속한다는 점[非編戶], 그리고 ⑤ 직업의 전환, 학교의 입학, 士庶와의 혼인, 官界의 진출, 거주의 이전 등이 금지된 점이다. 따라서 이들 여러가지 점을 종합하면 시역은 군현에 편제된 편호민과는 달리 호적이 관부에만 있고, 국가가 필요로 하는 여러가지 잡다한 직역에 종사하는 자들에 대한 총칭으로 규정할 수 있다. 이 점에서 시역[시양·시

---

76) 『魏書』 卷4下, 世祖紀下, 太平眞君 5年(444) 正月 庚戌條.
77) 『魏書』 卷5, 高宗紀, 和平4年 2月 壬寅條. 시역과 士·民과의 혼인의 금지는 『魏書』 卷7下, 高祖紀下, 太和17年 9月條에도 보인다.
78) 『魏書』 卷111, 食貨志.
79) 시역의 신분적 고정화·세습화에 대하여는 졸고, 「北朝後期 厮役 身分의 推移와 그 性格」 및 본서 제4장 제1절 참조.

천]이라는 용어는 그들이 바로 관부에 직속하면서 국가가 필요로 하는 각종 직역에 구사됨으로써 그들이 담당하는 직역을 천시하여 붙여진 호칭일 것으로 보인다. 그렇다면 시역은 신분은 良에 속하나 그 담당직역이 천시된 자들을 지칭하는 이른바 身良役賤層으로 성격을 규정해도 무방하지 않나 생각한다. 이러한 특징 내지 성격을 지닌 시역의 범주에 속하는 것으로는 사서에 등장하는 사례를 종합하면 대략 伎作戶[百工伎巧]·綾羅戶·細繭戶·屯戶·牧戶·營戶·兵戶[軍戶]·府戶·隸戶·別戶·城民·驛戶·樂戶·太常民·僧祇戶·平齊戶·鹽戶·金戶·銀戶 등 비편호 일반을 들 수 있다.

이들은 모두 신분적으로 일반 군현민의 아래에 위치하며, 또 일반 군현민과 혼인이 금지된 자들로서, 국가의 해방조치가 없으면 본래의 신분에서 벗어나지 못하고 있다. 게다가 이들의 해방기사에는 대개 백민[白戶·編戶]으로 한다는 표현이 뒤따르고 있다.[80] 이러한 점에서 이들 비편호들은 앞서 열거한 시역의 일반적인 성격[①~⑤]과 잘 부합하고 있다. 아울러 이들의 경우에는 대체로 명칭의 끝에는 戶字를 붙여 부르고 있고, 또한 개인을 나타낼 때도 앞에 담당직역을 나타내는 특정의 글자에 戶라는 글자를 더한 다음에 개인의 이름을 기재하고 있다.[81] 국가에서는 이러한 호칭을 통하여 이들 시역을 일반 편호민인 백민과 명확하게 구별지어 그들의 신분 내지 사회적 지위를 규정하고, 나아가 이를 통하여 이들이 국가의 직접적인 지배대상이 되는 존재임을 나타낸 것이라고 생각된다[시역·시양도 간혹 厮役之戶·厮養之戶로 표현되어 있기 때문에 이 점도

---

80) 『北史』 卷5, 魏本紀, 西魏 文帝, 大統5年(539) 5月條: "免妓樂雜役之徒 皆從編戶."; 『北史』 卷4, 文宣帝紀, 天寶2年(551) 9月條: "壬寅 詔免諸伎作屯牧雜色役隸之徒 爲白戶."
81) 일례를 들면 『魏書』 卷114, 釋老志에 있는, 世祖 太武帝의 涼州정벌에 의해 사민되어 시역에 충당되었던 자 가운데 '涼州軍戶 趙苟子'의 경우가 여기에 걸맞은 표현이라 할 수 있다. 그리고 趙苟子의 경우에는 涼州라는 출신지역까지도 제시되어 있는 점이 이채롭다 [涼州軍戶 趙苟子에 대하여는 본서 제3장 제2절 참조]. 참고로 『위서』 석로지의 우리말 번역은 全永燮, 「『위서(魏書)』 「석로지(釋老志)」 譯註」(『中國史研究』 8, 2000)가 있다.

앞서 열거한 여러 신분의 표현방식과 어느 정도 부합한다).

이상 시역의 범주와 신분적 특징에 대하여 살펴보았는데, 그렇다면 이 시역은 종래 5호16국 이래 북조·수당에 걸쳐 존재하였던, 특수한 신분으로서 연구자들 사이에 많은 주목을 받았던 잡호라는 신분과는 어떠한 관계에 있을까. 시역의 범주에 대하여는 이미 앞에서 살펴보았기 때문에 여기서 잡호의 범주와 그 성격만 파악되면 양자의 관계는 자연히 알게 될 것이다.

종래 잡호의 범주에 대하여는 郡縣에 소속되지 않은 모든 비편호의 총칭이라는 견해,82) 雜役之戶를 가리킨다는 견해,83) 국가가 요구하는 특정한 職役에 종사하는 戶를 가리킨다는 견해84) 등이 있다. 이 가운데 비편호의 총칭이라는 견해에 의하면 그 종류는 앞서 열거한 하층신분 대부분을 포괄하지만, 논자마다 약간의 차이는 있다. 그리고 후자의 두 견해에 의하면 잡호의 종류는 더욱 줄고 있다.85) 이와 같이 잡호의 범위와 종류에 대하여 여러가지 견해가 나오고 있는 것은 무엇보다도 잡호라는 명칭이 지닌 의미 내지 그 성격이 분명하지 않은 점에 연유할 것이다.

---

82) 韓國磐,『北朝經濟試探』(上海人民出版社, 1958), pp.62~67 ; 萬繩楠,『魏晉南北朝史論稿』(安徽敎育出版社, 1983), pp.261~264 ; 高敏,「雜戶考」(『魏晉南北朝社會經濟史探討』, 人民出版社, 1987).
83) 이러한 입장에 선 논고로는 濱口重國,「官賤人の由來についての硏究」; 越智重明,「北朝の下層身分をめぐって」; 張維訓,「略論雜戶的形成和演變」(『中國史硏究』1983-1) ; 堀敏一,「北朝雜戶制の再考察」(『中國古代の身分制-良と賤-』, 汲古書院, 1988) 등이 있다. 이 가운데, 越智重明은 특수한 기술을 필요로 하지 않는 오로지 雜役에 종사하는 호만을 雜戶라고 보는 데 비해, 堀敏一은 雜戶에는 雜役의 戶라는 의미 외에도 雜色役隷의 戶, 곧 잡다한 여러가지 종류의 호라는 의미도 있다고 본다.
84) 辛聖坤,「雜戶 身分의 變遷과 그 性格」(『歷史學報』115, 1987), pp.144~158.
85) 雜役之戶라는 입장을 취하는 논자 가운데 越智重明은 伎作戶(百工伎巧)·樂戶 등 특수한 기술을 필요로 하는 戶를 雜戶에서 제외하고 있고(「北朝の下層身分をめぐって」, pp.7~8), 이와는 달리 堀敏一은 雜戶의 주된 종류로 伎作戶·樂戶·屯戶·牧戶·驛戶 등을 들고 있다(「北朝雜戶制の再考察」, pp.302~310). 한편, 雜戶를 특정 職役戶로 보는 辛聖坤의 경우 그 종류는 堀敏一과 거의 유사하다(「雜戶 身分의 變遷과 그 性格」, pp.144~158).

그러면 북위시기 잡호는 어떤 의미로 사용되었고 그 신분적 범주와 종류는 어떠하였을까? 북주 武帝 때의 유명한 잡호폐지에 대한 조칙에는 잡호를 '雜役의 무리〔雜役之徒〕'라 하고 있고,86) 또 북위 肅宗시기 淸流에 나아간 잡호를 처리하는 조칙 속에는 '雜役의 戶〔雜役之戶〕'라는 용어도 보인다.87) 따라서 이들 사례를 통하여 볼 때 잡호가 일단 '雜役의 무리' 또는 '雜役의 戶'의 약칭임을 알 수 있다.

여기서 문제는 雜役의 의미일 것이다. 이 잡역에 대하여는 고조 효문제 시기 李彪가 屯田制의 실행을 건의하면서 屯田民에 대한 부담으로 매년 60斛을 납부하게 하는 대신 正課와 征戍·雜役을 면제시킬 것을 제안하고 있는 사례가88) 주목된다. 이는 李彪가 상주문을 올릴 당시89) 북위에서는 정과와 정수·잡역이 구분되어 있었음을 말해 준다. 이 가운데 정과는 租와 調에 해당하고 정수는 兵에 해당한다고 하면,90) 잡역은 정과와 兵役을 제외한 그밖에 잡다한 요역에 해당된다.91) 물론 여기의 잡역은 일반인이 국가에 부담하는 잡다한 요역을 의미할 것이지만, 이것을 잡호에 적용시키면 雜役의 戶로 표현되어 있는 잡호는 '官'이 필요로 하는 잡다한 요역에 종사하는 호를 가리킨다고 하겠다.

한편, 북조에서는 잡호가 잡역의 호를 지칭하는 것과는 다른 용법도 있는 것에 주의해야 한다. 곧, 북제 文宣帝 때의 조서에는, "모든 伎作屯牧雜色役隸의 무리를 방면하여 白戶로 하였다"92)라는 기사가 있다. 이 사례는 앞서 설명한 것처럼 관부에 직속하는 伎作·屯·牧 등을 해방하여

---

86) 『周書』卷6 下, 武帝紀 下, 建德6年(577) 8月 壬寅條.
87) 『魏書』卷9, 肅宗紀, 神龜元年(518) 正月 庚辰詔.
88) 『魏書』卷62, 李彪傳.
89) 李彪가 屯田制의 실행을 건의한 시기는 『魏書』卷110, 食貨志에 의하면 高祖 孝文帝 太和12年(488)으로 알려져 있다〔堀敏一, 「北朝雜戶制의 再考察」, p.304 참조〕.
90) 堀敏一, 「北朝雜戶制의 再考察」, p.304.
91) 최근 북위의 요역제도를 다룬 논고로는 佐川英治, 「北魏の編戶制と徵兵制度」(『東洋學報』81-1, 2000) 참조.
92) 『北齊書』卷4, 文宣帝紀, 天保2年(551) 9月 壬申條: "免諸伎作屯牧雜色役隸之徒 爲白戶."

백호로 하는 조치로서 주목된다. 여기서 문제는 앞의 伎作・屯・牧을 뒤의 雜色役隷의 무리와 병렬로 보느냐[93] 아니면 잡색역예의 무리에 속하는 것으로 보느냐[94] 하는 점이다. 만약 후자와 같이 '모든 伎作・屯・牧 등 雜色役隷의 무리'라고 읽으면 잡색역예의 무리는 잡다한 여러가지 종류의 무리라는 의미가 된다. 따라서 북조에서는 伎作・屯・牧 등을 잡색역예의 무리로 부르는 경우도 있었던 것이 된다.

이와 아울러 북조에서는 잡색역예의 무리와 유사한 표현으로서 百雜의 戶[百雜之戶]라는 표현도 보인다.

百雜의 戶에게 民名을 내리고 官任은 예전과 같이 하도록 했다.[95]

곧, 여기서 말하는 백잡의 호는 모든 잡다한 호를 의미하는 것으로 생각된다. 문제는 앞서 든 잡색역예의 무리와 여기의 백잡의 호라는 것이 잡호와 관련이 있는가 하는 것이지만, 만약 용어 면에서 양자 사이에 어떤 관련이 있다고 하면 이 잡색역예의 무리 또는 백잡의 호라는 표현은 앞서 살펴본 잡역에 종사하는 호를 의미하는 잡역의 호와는 다른 의미를 띤 것으로 보인다.[96] 따라서 잡호를 단순히 잡역의 호만을 의미한다고 보는 것은 문제가 있다는 주장도[97] 일견 타당성이 있다고 생각된다.

이와 같이 북조시기 잡호의 용법에는 잡다한 요역에 종사하는 호[雜役之戶]를 지칭하는 경우와 잡다한 여러가지 종류의 호[雜色役隷之

---

93) 越智重明,「北朝の下層身分をめぐって」에서는 伎作・屯・牧과 雜色役隷의 무리를 각각 병렬관계로 보고 伎作・屯・牧은 雜戶 속에 포함되지 않는 것으로 간주한다. 越智는 이 사례를 잡호는 특수한 기술을 필요로 하는 호와 잡호가 구별되었다는 증거의 하나로 들고 있다.
94) 堀敏一,「北朝雜戶制の再考察」, p.306에서는 '모든 伎作・屯・牧 등 雜色役隷의 무리'라 읽어 伎作・屯・牧이 雜色役隷의 무리에 속하는 것으로 해석하고 있다.
95)『魏書』卷11, 前廢帝紀, 普泰元年 3月 己巳條:"百雜之戶 貸賜民名 官任仍舊."
96) 종래 잡호를 다룬 논자들은 대체로 雜戶・雜役 무리・雜役 호와 雜色役隷 무리・百雜의 戶를 모두 동일한 것으로 보고 있다.
97) 堀敏一,「北朝雜戶制の再考察」, pp.304~305.

戶·百雜之戶)를 의미하는 경우가 있었다. 앞서 언급하였듯이 기존의 연구에서 잡호의 범주를 둘러싸고 다양한 견해가 나오고 있는 것도 바로 이러한 잡호에 대한 표현상의 다양성에서 비롯한다고 하겠다. 그러면 이 시기 잡호는 위에서 든 두 가지 표현 가운데 어느 쪽이 일반적이었을까? 이 점과 관련하여 주목되는 것은 잡역의 호에는 잡다한 요역에 종사하는 호 이외에 특수한 기술을 필요로 하는 호도 포함되어 있는 점이다.

右衛將軍賀拔勝 및 尙書 1인에게 조서를 내려 伎作 및 雜戶[伎作及雜戶]로서 정벌에 따르고자 하는 자를 모집하여 관리자격[出身]을 주고 모두 實官을 제수하게 하였다.98)

이는 북위 말 잡호를 정벌에 모집하는 조치로서 나온 것인데, 여기에는 伎作戶와 잡호가 구별되어 있다. 따라서 여기의 잡호가 잡역의 호를 가리키는 것임은 어느 정도 확실해 보인다. 그런데, 『北史』卷5, 魏本紀, 西魏文帝, 大統5年(539) 5月條에는 이와 다른 사례가 있다.

妓樂雜役의 무리를 방면하여 모두 編戶에 따르게 하였다.99)

이 사례는 서위 초기 妓樂雜役의 무리를 방면하여 편호로 하는 조치인데, 여기서 문제가 되는 것은 기악과 잡역의 무리와의 관계이다. 종래 이에 대하여는 기악과 잡역의 무리를 각각 병렬적인 관계에 있다고 하여 북조의 잡호가 특수한 기술을 필요로 하지 않는, 오로지 잡역의 호만을 의미하는 것으로 보기도 한다.100)

그런데 『隋書』卷27, 百官志에는 北齊시기 官制를 기록하고 있는

---

98) 『魏書』卷11, 前廢帝紀, 普泰元年(531) 3月 己卯條.
99) 『北史』卷5, 魏本紀, 西魏文帝, 大統5年 5月條: "免妓樂雜役之徒 皆從編戶."
100) 越智重明, 「北朝の下層身分をめぐって」, p.6.

데, 그 가운데 都兵曹에 대하여는 "鼓吹・太樂의 雜戶 등의 일을 관장한다"[101]라 하고 있다. 이 鼓吹・太樂에 소속한 잡호는 工戶나 樂戶 등을 가리키는 것이고, 따라서 이것을 북제시기 악호나 공호가 잡호 속에 포함되어 있던 증거의 하나라는 견해가 있다.[102] 이러한 견해가 타당하다면 서위 초기 기악과 잡역의 무리에 대한 방면기사는 '技樂 등 雜役의 무리'라고 하여 妓樂戶가 잡역의 호에 포함되는 것으로 해석할 수도 있다.[103] 이러한 점에서 잡역의 호 속에는 특수한 기술을 필요로 하는 伎作戶나 악호가 포함되었을 개연성은 충분히 있다. 더욱이 잡호의 또 하나의 표현형태인 '百雜之戶'나 '雜色役隷之徒'라는 용어에 주목하면 북조시기 잡호는 잡역에 종사하는 일부 호만을 가리키는 것이 아니라 대체로 '百雜의 戶'로서 모든 비편호를 포괄한다고 보아야 할 것이다.

이상, 잡호의 용법을 살펴본 결과 잡호는 호적이 관부에만 있고 국가가 필요로 하는 여러가지 직역에 종사하는 자를 가리키며, 그 범주는 비편호 일반을 총칭하였다. 이와 같이 잡호를 비편호 일반이라고 할 때, 이 시기 잡호는 북조 전기의 하층신분질서에서 백민과 노비 사이에 위치하는 시역과 신분적인 범주가 대략 일치하는 것을 알 수 있다.[104]

---

101) 『隋書』 卷27, 百官志.
102) 濱口重國, 「官賤人の由來についての硏究」, p.310.
103) 堀敏一, 「北朝雜戶制の再考察」, p.306.
104) 시역과 잡호가 그 성격이나 범주 등의 면에서 거의 동일한 신분임을 엿볼 수 있는 자료 가운데 대표적인 것을 들면 『隋書』 권25, 刑法志에 있는 "魏虜西涼之人 沒入爲隷戶 魏武入關 隷戶皆在東魏 後齊因之 仍供厮役 建德 六年 齊平後 帝欲施輕典於新國 乃詔 凡諸雜戶 悉放爲百姓 自是無復雜戶"라는 사례가 있다. 따라서 본서[제3장과 제4장]에서 필자가 시역이라는 용어 대신에 잡호라는 명칭을 사용한 것도 양자의 신분적 범주가 거의 일치하여 서로 바꿔 써도 무방하기 때문이었다. 그리고 필자처럼 시역=잡호를 명시하고 있지는 않지만 양자의 동일성을 어느 정도 엿볼 수 있는 논고로는 越智重明, 「北朝の下層身分をめぐって」가 있다.

2. 시역을 통해 본 신분편성의 원리

이상 북위를 중심으로 북조시기 시역의 용례를 살펴보았다. 그것에 의하면 이 시기 시역은 대체로 호적이 관부에만 있고, 따라서 국가가 필요로 하는 여러가지 직역에 종사하는 자들에 대한 총칭이었다. 이들은 『위서』형벌지에 보이는 바와 같이 이 시기 국가적 신분제인 양천제에서는 양의 범주에 들어가지만 양천제하의 내부적인 신분질서상에서는 백민과 노비의 중간에 위치하는 하나의 신분층이었다. 또한 이 시기 시역은 『위서』형벌지 이외에도 북조시기의 여러 正史에 그 용례가 적지 않게 보일 뿐만 아니라 『안씨가훈』과 같은 이 시기 대표적인 지식인이 남긴 기록 속에도 그 용례를 볼 수 있다. 이런 점에서 보면 이 시기 시역은 제도적으로뿐만 아니라 사회적으로도 그 실체가 인정되는 신분이라 생각된다. 그리고 이러한 시역은 신분적으로 잡호와 거의 동일한 범주와 성격을 띠고 있음을 알 수 있었다.

여기서 북조시기 이 시역과 관련하여 다음과 같은 몇 가지 의문점이 떠오른다. 첫째는 춘추시대 이후 한대를 거치면서 국가의 천역에 종사하는 자들에 대한 일반적인 개념인 시역이 북조시기에 이르러 하나의 신분층으로 등장하게 된 이유는 무엇인가 하는 점이고, 둘째는 첫째와 관련되지만 앞서 보았듯이 신분적으로 이 시역과 거의 동일한 성격을 띠는 잡호라는 용어 대신 이러한 특징을 보이는 시역이라는 용어가 신분질서상에 하나의 신분층으로 자리하게 된 원인은 어디에 있는가 하는 점이다.[105]

첫째 의문점은 시역이 북조시기에 이르러 하나의 신분층으로 등장하

---

105) 『魏書』卷114, 刑罰志에 있는, 유휘 체포에 대한 포상규정에 보이듯[주 57) 참조] 시역이 황제가 반포한 勅旨에 언급되어 있는 점은 그것이 법제적으로 하나의 공인된 신분임을 나타낸다고 보아도 될 것이다.

게 된 이유인데, 이는 백민-시역-노비라는 독특한 하층신분질서가 남조가 아닌 북조에서 등장하는 이유는 무엇인가 하는 점과 동일한 의문점이라 할 수 있다. 이에 대하여 우선 생각할 수 있는 것은 후한 이래 신분제의 변동과 연관시켜 이해하는 점이다. 곧, 위진남북조시기에는 후한 이래 사적 예속관계의 발전으로 민과 노비 사이에 다양한 하층신분이 광범위하게 존재하였고,[106] 이들의 존재는 이 시기를 다른 시대와 구별시킬 정도로 특징적이었음이 종종 지적되어 있다.[107] 그런데 이들 다양한 하층신분이 그 이전인 진·한적 신분질서의 해체과정에서 출현한 것이라고 한다면 이들의 출현으로 새로운 신분질서가 형성되었을 것임은 쉽게 짐작할 수 있다.

이렇게 보면 후한 이래 신분제의 변동이 북조시기에 종래와는 다른 신분질서가 형성됨과 동시에 새로운 신분층이 대두한 사회적 배경이 되었음은 어느 정도 분명해 보인다. 그러나 이것이 바로 북조 특유의 하층신분질서의 형성과 그러한 신분질서에서 독특한 형태를 띠는 시역이 하나의 신분층으로 자리하게 된 절대적인 조건이 되었다고 보기는 어려울 것이다. 왜냐하면 앞서 언급하였듯이 이 시기 시역층은 私家가 아닌 국가에 직속하면서 국가가 필요로 하는 여러가지 잡다한 직역에 구사되는 존재이기 때문이다.

이런 점에서 북조시기에 시역이 하나의 신분층으로 자리하게 된 원인에 대하여는 새로운 접근이 요구되는데, 필자는 이 문제와 관련하여 특히 북위의 정복왕조적 측면을 중시하였다. 이하 이 점에 대하여 간략하게 살펴보기로 한다.[108] 주지하듯 북위왕조는 화북을 통일하는 과정에서, 또 화북지역을 통일한 이후에는 각 지역에 할거하는 군소 적대세력

---

106) 본서 제1장 주 33) 참조.
107) 辛聖坤,『南北朝時期 官私隷屬民에 관한 硏究』, p.6.
108) 이하의 내용에 대하여는 졸고,「北魏前期 被征服民政策과 身分制支配-內屬民·徙民·生口를 중심으로-」(『釜大史學』 18, 1994) 및 이를 수정·보완한 본서 제3장에 자세하다. 여기서는 논지의 전개상 꼭 필요한 부분에 한정하여 언급하기로 한다.

을 토벌하는 과정에서 수많은 전쟁을 치렀다. 그리고 이러한 정복전쟁에는 거의 항상적이라 해도 좋을 정도로 많은 피정복민이 발생하였다.

그런데 특기할 점은 북위왕조는 이들 대량의 피정복민을 각각 분리 내지 차별하여 지배하는 정책을 취하고 있는 것이다. 곧, 북위왕조가 화북을 통일하는 정복전쟁 과정에서 대량의 포로를 획득하기도 하였고, 정복지역의 적대세력을 사민하기도 하였으며, 또 그 과정에서 주변민족이 북위왕조에 자발적으로 내속하기도 하였는데, 북위왕조는 이들 다양한 피정복민을 각각 분리하여 지배하는 방식을 취하였던 것이다.

한편, 이러한 북위왕조의 피정복민에 대한 차별적인 정책의 결과 국가직속의 많은 하층신분이 출현하였다. 이 국가직속 하층신분의 대량출현은 국가가 직접 많은 人戶를 직접 장악하여 다양한 직역에 驅使시키는 북조 특유의 대민지배 체제의 산물이라 할 수 있다. 이러한 대민지배 방식이 나온 것은 위진 이래 중앙집권적 지배체제의 쇠퇴에 따른 등록호구의 감소가 하나의 원인이 되겠지만, 무엇보다도 북위왕조의 대외정복에 따른 피정복민의 대량발생이 뒷받침됨으로써 가능하였다고 생각된다.

필자는 이전에 북조시기 민과 노비 사이에 위치하는 국가직속의 다양한 하층신분의 신분적 지위를 이 시기 독특한 형태를 띠고 있는 시역층 곧 雜戶에 속한다고 보고, 더욱이 이들의 내원을 북위왕조가 정복전쟁과정에서 실시한 대량의 徙民에서 구하였다. 곧, 북위왕조에서 실시한 피정복민 정책, 그 가운데 사민에 의해 국가직속의 대량의 하층신분인 시역층 곧 잡호가 발생하였던 것이다.[109]

그리고 이러한 북위왕조의 피정복민 정책의 결과 발생한 이들 많은 하층신분은 국가가 필요로 하는 여러가지 다양한 직역에 구사되었다. 이

---

109) 시역[잡호]과 사민의 관련성에 대하여는 본서 제3장 제2절에 자세한 분석이 있지만, 시역층이 사민에서 나왔음을 직접적으로 보여주는 사례에 대하여는 졸고, 「北朝時期 신분편성의 원리와 職役－厮役의 용례를 중심으로－」(『魏晉隋唐史硏究』 7, 2001), pp.85~87 참조.

에 따라 북위를 위시한 북조시기에는 국가가 필요로 하는 다양한 직역에 종사하는 하층신분이 대량으로 존재하게 되었던 것이다. 그리고 이들의 직역은 일반적으로 천시된, 곧 賤役으로 인식되었다. 결국 이러한 천역에 종사하는 사람들의 대량존재는 종래 천역을 의미하였던 시역이라는 용어가 빈번하게 사용되어 하나의 신분층으로 자리하게 된 요인으로 이해된다.

다음으로 의문시되는 것은 이러한 성격을 지닌 시역이 북조시기의 층서적인 신분질서 속에 하나의 신분층으로 자리하게 된 것을 어떻게 이해해야 할 것인가 하는 점이다. 다시 말하면 앞서도 제기하였듯이 층서적인 신분질서상에 잡호라는 용어 대신 이 시역이 자리하게 된 원인은 무엇인가 하는 점이다. 필자는 이 점이야말로 이 시기 국가에 의한 대민지배 체제상의 중요한 특징이 잘 반영되어 있다고 보는데, 그것은 다름 아닌 국가에서 신분편성을 할 때 그 담당하는 직역을 중시하였음을 보여준다고 생각된다. 곧, 앞서 언급한 바와 같이 북조시기의 이중적인 신분질서 가운데 하나인 왕공-관인-직인-백민-시역-노비라는 층서적인 위계질서는 재지사회 속에 현실적으로 존재하는 사회내부의 다양한 인적 구성을 정치적 신분으로 재편성한 것인데, 이 경우 신분편성의 일차적인 기준이 된 것은 사회적 분업에 기초를 두면서 국가권력에 의해 강제된 직역의 성질과 내용상의 차이였다.

앞서 이 시기 시역은 잡호와 신분적 범주가 거의 일치한다고 하였다. 이것은 바꿔 말하면, 잡호는 국가가 호적의 작성을 통해 이루어지는 신분편제상에서는 일반 군현에 호적이 있는 편호민과는 달리 호적이 관부에만 있음으로써 비편호로서의 성격이 부여되었고, 또 한편으로는 국가권력에 의해 강제된 직역의 성격을 기준으로 구분한 신분질서상에서는 잡호가 담당하는 직역을 중시하여 시역으로 규정되었다. 따라서 국가에서 잡호에게 비편호 명칭을 부여하여 편호민인 백민과 구별하는 기준으로 삼은 것은 그들이 담당하는 직역이었고, 또 그들이 담당하는 직역은 시역이라는 명칭에서 보듯 천시되었던 것이다.
　이렇게 볼 때, 이 시역이라는 용어가 층서적인 신분질서상에서 하나의 신분층에 위치하고 있는 것은 바로 국가에 의한 신분편성에서 담당직역이 중요한 기준이 되고 있음을 단적으로 나타낸 것이라고 여겨진다. 결국 앞서 언급하였듯이 정복왕조인 북위에서 피정복민이 다양한 직역에 종사하는 상황은 이들의 정치적·사회적 지위를 결정하는 데 국가에 의해 부과된 담당직역의 성격이 중요한 척도가 되었던 것이다.
　그리고 이러한 북위왕조의 직역에 의한 신분편성의 결과 하나의 신분층 속에 자리하게 된 각각의 신분은 국가의 공적 인구편성방식인 호적에 편입되는 절차를 통하여 하나의 법제적 신분으로 규정되고 설정되어 간다. 이것은 담당직역과 호적의 편제가 일체화되는 것을 의미한다. 앞서 열거한 다양한 시역층의 경우에 특히 그 담당직역을 나타내는 글자 뒤에 '戸'자를 붙여 부르는 것은 이를 잘 나타내어 주고 있다. 그리고 앞서 언급하였듯이 이들이 법제화에 의해 신분이 고정화되어 감으로써 사회적으로 여러가지 제한이 수반되는 것은 말할 나위도 없다. 곧, 북조시기 시역층이 양민 가운데 최말단인, 백민 아래 신분으로 규정되면서 出仕, 곧 관료로 진출할 수 있는 길이 차단된 점, 나아가 혼인에서도 일반 서민과의 통혼이 금지된 점, 심지어 거주 이전의 자유까지도 제한을 받고 있는 점 등 여러가지 신분적 제약이 수반된 것은 그들의 정치적·사회적 지위가 어떠하였는지를 잘 말해 준다. 이러한 대량의 국가직속 하층신분의 존재와 그에 따른 여러가지 정치적·사회적인 人身의 구속은 바로 그들의 신분이 고정화되면서 나타나는 필연적인 결과임은 쉽게 추측된다. 결국 이들 하층신분은 이러한 절차와 과정을 거치면서 신분질서상에서 하나의 신분층으로 자리하게 되었다고 할 수 있다.
　그러면 끝으로 이 시기 신분편성과 직역과의 상관관계를 생각할 때, 앞서 보았듯이 국가가 담당직역의 성질과 내용상의 차이를 신분편성의 일차적인 기준으로 하였다는 것은 어떠한 의미를 담고 있을까. 여기에는 정복왕조로서 북위왕조가 지향하는 인민편성의 중요한 의도가 내포되어 있다고 생각된다. 게다가 이 점과 관련하여 북조시기의 신분편성이 국가에 의해 일방적으로 이루어진, 철저하게 강제성을 띤다는 점을 아울러 고려할 때 담당직역의 차이에 의한 신분편성이라는 것은 결국 오로지 '국가가 부과한' 또는 '국가가 필요로 하는' 직역만을 인정하고 —물론 그 직역의 담당자는 이러한 절차를 통하여 하나의 공인된 신분이 된다—, 현실의 다양한 인적 결합관계, 곧 위진남북조 시기에 성행하였던 여러가지 사적 예속관계를 제도적으로 부정하거나 또는 그러한 관계를 뛰어넘어 황제에 의한 일원적인 지배체제를 구축하려는 국가의 적극적인 의도가 반영된 것이라고 하겠다.110)

---

110) 최근 고조 효문제 시기에 시행된 균전제는 정복군주의 자원확보책인 督課制로서, 有力戶 밑에 있던 蔭附戶를 소멸시키고 전 인민의 편호화를 의미하는 것이라는 견해가 제시되었다(朴漢濟, 「北魏 均田制成立의 前提—征服君主의 資源確保策과 督課制—」(『東亞文化』 37, 1999)). 이러한 견해는 본서에서 지금까지 논급한 바와 같이 북조시기 이민족 정복왕조에서 신분제적인 지배방식으로서 독특한 하층신분질서의 출현과 그 속에 보이는 시역의 신분화는 결국 민간에서 성행하였던 사적 예속관계를 부정하려는 법적 표현이라는 필자의 견해와 일맥상통한다고 하겠다.

제 3 장

북조 전기 하층신분질서의 형성과 구조

 이 장에서는 북조 전기 하층신분질서가 형성되어 가는 과정 및 그러한 신분질서의 내부구조에 대하여 살펴보고자 한다. 앞서 언급하였듯이 북조시기 양천제하의 白民－廝役[雜戶]－奴婢의 형태로 되어 있는 하층신분질서는 이전의 진한뿐만 아니라 당해시대 남조와도 다른 독특한 모습을 보이고 있다. 본 장에서는 그러한 특이한 신분질서가 북조에서 등장하게 되는 것은 이 시기의 고유한 역사현상에서 비롯되었을 것으로 보고 이를 북위왕조가 시행한 피정복민 정책과 관련지어 살펴보고자 한다. 북위는 화북지역을 통일하면서, 또 그 이후에는 각 지역에 할거하는 적대세력을 토벌하면서 수많은 전쟁을 치렀고 그 과정에서 대량의 포로를 획득하거나 적대 민족을 사민시키기도 하였고, 또 주변민족이 자발적으로 내속하기도 하였다.

 따라서 여기서는 이들 각각을 유형별로 검토함으로써 북조시기 신분제 지배의 실상을 파악하고, 나아가 특히 이 시기 광범위하게 존재하는 다양한 하층신분이 국가의 피정복민 정책에 의해 출현하였음을 부각시키고자 한다.[1] 아울러 본 장에서는 이를 바탕으로 북위의 피정복민 정책에 의해 형성된 하층신분질서에 편성되어 있는 각 하층신분의 범주와 종류,

---

1) 북위 전기 피정복민 정책을 전론한 논고로는 周士龍, 「論北魏前期對各族降附者的政策」, (復印報刊資料 『K22 魏晋南北朝隋唐史』 1989-4)이 있다. 그는 여기서 피정복민 정책을 俘虜・新民・自動降附者의 세 부분으로 나누어 고찰하고 있다. 그러나 俘虜와 新民의 구별이 모호하고, 또 본 장에서 다루고자 하는 신분제 면에서도 다소 불명확한 점 등이 보인다.

담당직역의 형태 등이 어떠하였는지를 검토하였다.

제1절 백민의 來源과 직역

1. 백민과 內屬民

여기서는 백민의 내원에 대하여 내속민을 중심으로 살펴보기로 한다. 이 내속민은 북위왕조가 화북을 통일하면서 벌인 많은 정복전쟁 과정에서 자발적으로 북위왕조에 내부해 온 자들이다. 따라서 이들의 정착과정을 통하여 북조 전기 백민이 형성되어 가는 모습을 어느 정도 엿볼 수 있다.[2]

『魏書』本紀에 의해 太祖 登國5년(390)부터 高祖 太和17년(493)에 이르기까지 내속민의 실태를 연대순으로 나타낸 것이 [표 1] 북위 전기 내속민의 실태이다. 이것에 의하면 북위 전기 내속민은 太祖期가 12건, 그 다음 太宗期와 世祖期가 각각 18건과 12건 등 세 황제의 재위기간이 42건으로 전체 51건 가운데 약 80%를 상회하고 있다. 이로써 볼 때, 내속민은 북위가 화북을 통일하는 정복전쟁 과정에서 대규모로 귀부해 왔음을 알 수 있다. 이후 高宗에서 顯祖까지는 1·2건으로 그 수가 격감하고 있는데, 이것은 이들 황제의 재위기간이 짧은 것에도 그 원인이 있겠지만 무엇보다도 화북통일 이후 주변 적대세력의 감소라는 정치상황의 변화가 이런 수치로 나타났을 것이다. 그러나 高祖期에 이르면 8건으로 다시 그 수가 조금 증가하고 있는데, 이는 후술하겠지만 이 때 내속한 사

---

[2] 북조 전기 백민이 내속민만으로 이루어졌던 것은 아니고, 따라서 그 내원도 다양할 것임은 말할 나위도 없다. 그러나 본서에서는 북조 전기 백민―시역[잡호]―노비의 형태를 띠고 있는 하층신분질서의 성립을 북위왕조의 피정복민 정책과 관련지어 살펴보고자 하였기 때문에 백민의 다양한 내원 가운데 하나인 내속민에 주목하였음을 밝혀둔다.

람들의 종족적 구성에 의해서도 짐작되듯 고조시기가 되면 북위왕조가 남조의 한족이나 서남지역의 蠻族과의 접촉이 빈번한 결과로 보인다.

또한, [표 1]에 나타난 내속민의 종족적 구성을 보면, 전체 51건에서 종족을 명시하고 있는 것은 36건이다. 이 가운데 화북통일 이전 내속민의 주된 구성은 高車·鮮卑·匈奴·氐·羌·柔然 등 북방 유목민족이 24건을 차지하고 있다. 이것은 북위가 화북을 통일하는 과정에서 화북지역 및 長城 이북에 거주하던 유목민족이 북위왕조의 주된 정복의 대상이 되었고, 이에 내속민은 북위의 군사력에 압도되어 북위의 정복 이전에 자발적으로 귀속하였음을 말해 준다. 그러나 화북통일 이후 북위왕조에 내속한 집단은 주로 한족과 蠻族·고구려 등이 대부분을 차지하고 그에 비해 북방 유목민은 세조 太平眞君10년(449)과 고조 延興2년(472)에 내속한 柔然의 경우 등 2건에 그치고 있다. 이는 앞서 언급하였듯이 화북통일 이후 북위의 대외관계가 주로 서·남쪽에 치우쳐 있었던 것과 연관이 있을 것이다.[3]

또한 [표 1]에 의하면 내속민의 경우에는 주로 부락이나 가·호로 표기되어 있고, 그 숫자도 최저 1백여 인에서 최고 3만여 부락에 이르고 있다.[4] 이는 이들 내속민의 경우에는 대체로 부락이나 가·호를 거느리고 집단적으로 북위왕조에 귀의하였음을 말해 준다. 더욱이 이들은 지배자의 통솔하에 내속하거나 사신을 파견하여 내속하고 있기 때문에 이들

---

3) 谷川道雄, 「拓跋國家の展開と貴族制の再編」(『岩波講座 世界歷史』 5, 岩波書店, 1970)에서는 고조 때 남조에서 북위로 내속민이 증가한 것을 강남 문벌주의 사회의 모순에 따른 내란의 발생과 관련지어 설명하고 있다.
4) 內田吟風, 「烏桓鮮卑の源流と初期社會構成」(『北アジア史研究-鮮卑柔然突厥篇』, 同朋舍, 1975), p.34에 의하면 1落은 2~3宮廬(宮廬는 천막군의 의미), 20數口 정도의 家族群을 가리키고, 이 落이 몇 개 모여 戶數 20여, 인구 백수십의 邑落을 이루며, 이 邑落이 다시 모여 1部族을 형성한다고 한다(또한 落·邑落·部의 관계와 1落의 수 등에 대하여는 黃烈, 「烏桓和東部鮮卑的社會結構和社會性質」(『中國古代民族史研究』, 人民出版社, 1987), pp.240~251 참조). 따라서 이러한 계산에 따르면 이 당시 부락단위로 내속한 사람의 수는 상당하였을 것으로 추측된다.

의 행위가 자발적인 의미를 띠고 있는 것은 어느 정도 확실해 보인다. 이러한 점에서 이들 내속민은 뒤에서 살펴볼 북위왕조의 정복전쟁에 뒤이어 시행되는 강제성을 띤 徙民이나 전쟁포로인 生口와는 그 성격 면에서 근본적인 차이가 있다고 하겠다. 따라서 북위왕조의 이들 내속민에 대한 정책을 기본적으로 억압이 아닌 덕으로 위무하는 '撫之在德' 방식을 취했으리라고 보는 것은5) 꽤 설득력이 있어 보인다.

그런데, 북위왕조가 내속민에 대하여 '撫之在德' 방식을 취했다고 하더라도 이들에 대한 지배방식은 구체적으로 어떠하였을까? 이에 대한 검토는 북위왕조의 화북통치방식과 그 변화를 이해하는 데 상당한 도움이 된다. 우선 [표 1]에서 보듯 북위왕조는 내속집단에게 일정한 거주지를 지정해 주고 있는 사례가 주목된다. 곧, 태조는 登國6년(391)에 山胡民 幡類·業易干 등이 3천여 가를 거느리고 항부해 오자 이들을 馬邑에 거주시키고 있고, 또 天興5년(402)에 越勤莫弗이 부락 만여 가를 거느리고 내속해 오자 五原의 북쪽지역에 거주시켰으며, 그리고 天興6년(403)에 尉遲部의 別帥가 만여 가를 거느리고 내속하자 이들을 雲中에 거주시키고 있다. 이 내속집단에게 일정한 거주지를 지정하고 있는 경우는 몇 개 되지 않지만 이러한 정책은 기본적으로 다른 내속집단에게도 적용되었을 것으로 보인다.

그러나 이들의 경우는 원래 일정한 거주지가 없는 자들을 대상으로 하였을 것이고, 후술할 宕昌羌 彌忽의 경우처럼 본래 자신들의 거주지를 가지고 내속해 온 집단에 대하여는 그대로 그들 본래의 거주지에 정착시킨 경우도 있다.

이와 같이 북위왕조의 내속민에 대한 정착방식은 대체로 두 가지 형태를 띠고 있음을 알 수 있다. 그러면 이들 내속집단이 일정한 지역에 정착하여 거주한 뒤의 편제는 어떠하였을까? 아마 북위왕조는 漢族이나 기

---

5) 周士龍,「論北魏前期對各族降附者的政策」, p.15.

[표 1] 북위 전기 내속민의 실태

帝名	年號[西曆]	部族名[人名]	民族	內屬數	備考
太祖	登國5(390)	紇奚部大人[庫寒]	高車	舉部內屬	
		紇突隣部大人[屈地鞬]		舉部內屬	
	登國6(391)	山胡酋大[幡頹·業易于 등]	山胡	率三千餘家降附	出居于馬邑
	天興1(398)	屠各[董羌]·盧水[郝奴]· 蜀帥[薛楡]·氐帥[苻興]	屠各·氐 等	各率其種內附	
	天興2(399)	庫狄勤支 子[沓亦干]	鮮卑	率其部落內附	
		慕容盛遼西太守[李朗]	鮮卑	舉郡內附	
		西河胡帥[護諾于]·丁零帥[霍同]· 蜀帥[韓礬]	高車·漢 等	並相率內附	
		慕容盛征虜將軍燕郡太守[高湖]	鮮卑	率戶三千內屬	
	天興3(400)	高車別帥[勅力犍]	高車	率九百餘落內屬	
	天興4(401)	高車別帥	高車	率其部三千餘落內附	
	天興5(402)	越勤莫弗		率其部萬餘家內屬	居五原之北
	天興6(403)	尉遲部別帥	鮮卑	率萬餘家內屬	入居雲中
太宗	永興3(411)	昌黎·遼東民	漢	二千餘家內屬	
		河東蜀民[黃思·郭綜 등]	漢	率營部七百餘內屬	
		西河胡[張賢 등]	西河胡	率營部內附	
		蠕蠕斛律宗黨[吐觝于 등]	柔燕	百餘人內屬	
	永興5(413)	河東民[薛相]	漢	率部內屬	
	神瑞1(414)	司馬德宗冠軍將軍·太山太守[劉 研弟 등]		率流民七千餘家內屬	
		河西胡酋[劉遮·劉退孤]	河西胡	率部落等萬餘家· 渡河內屬	
	神瑞2(415)	司馬德宗琅邪太守[劉朗]		率二千餘家內屬	
		河西胡[劉雲 등]	河西胡	率數萬戶內附	
		河南流民		二千餘內屬	
		河南流民		前後三千餘家內屬	
	太常2(417)	汝南民[胡謙 등]		萬餘家相率內屬	
		氐豪[徐駿奴 등]	氐	擁部落三萬於雍遣使內 附	
	太常3(418)	河東胡·蜀		五千餘家內屬	
	太常4(419)	司馬德文建威將軍· 河西太守·馮翊羌酋[黨道子]	羌	遣使內屬	
	太常5(420)	河西屠各帥[黃大虎 등]	屠各	遣使內附	
		杏城羌酋[狄溫子]	羌	率三千餘家內屬	
	太常8(423)	河東蜀[薛定·薛輔]		率五千餘家內屬	
世祖	始光3(426)	武都氐王[楊玄·沮渠蒙遜 등]	氐	皆遣使內附	

世祖	神䴥1(428)	上郡休屠胡酋[金崖]	匈奴	率部內屬	
		上洛巴渠[泉午觸 등]		萬餘家內附	
		上郡屠各	屠各	率萬餘家內屬	
世祖	延和1(432)	[馮文通·長樂公 崇 등]		以遼西內屬	
	延和2(433)	隴西休屠[王弘祖]	匈奴	率衆內屬	
	太延4(438)	上洛巴[泉簞]		相率內附	
	太延5(439)	牧犍 兄子[萬年]		率麾下來降	
	太平眞君5(444)	慕利延從弟[伏念 등]		率其部一萬三千落內附	
	太平眞君10(449)	蠕蠕渠帥[尒綿他拔 등]	柔然	率其部落千餘家內降	
高宗	太安2(456)	劉駿濮陽太守[姜龍駒]·新平太守[楊伯倫]	漢	各棄郡率吏民內降	
	太安3(457)	蠻王[文虎龍]	蠻	率千餘家內附	
顯祖	皇興4(470)	拾寅從弟[豆勿來]及其渠帥[匹婁拔累]		率所領降附	
高祖	延興1(471)	高麗民[奴久 등]	高麗	相率內降	各賜田宅
	延興2(472)	大陽蠻酋[桓誕]	蠻	率戶內屬	
		[蠕蠕]別帥[阿大干]	柔然	率千餘落來降	
	太和1(477)	漢川民[泉會·譚酉 등]	漢	相率內屬	
		蕭道成角城戍主	漢	請擧內屬	
		蕭道成汝南太守[常元眞 등]	漢	率戶內屬	
	太和17(493)	蕭頤征虜將軍·直閤將軍·蠻酋[田益宗]	蠻	率部落四千餘戶內屬	
		襄陽蠻酋[雷婆思 등]	蠻	率一千三百餘戶內徙	

* 본 표는 『魏書』本紀에 의해 작성하였다.
* 본 표는 高祖期까지 한정하였다.
* 내속의 경우 內附·降附 등 스스로 와서 귀속하거나 항복한 것은 모두 동일한 것으로 간주하였다.

존의 농경민족에 대하여는 그들 본래의 전통적인 편제방식인 郡縣制에 의해 편성하였을 것임은 쉽게 짐작된다. 문제는 [표 1]에서 보듯 고조기까지 내속집단 가운데 수적인 면에서 압도적으로 많은 기존의 유목민족에 대한 편제방식이다. 여기에 대하여는 고조 초기에 내속한 蠻族의 추장을 刺史에 임명하고 招降한 7만여 戶에 대하여 郡縣을 설치한 예가 있고,6) 또 비록 세종 때의 일이지만 大陽蠻의 추장 田育丘 등이 내부해 오자 4郡18縣을 설치하고 있는7) 등 비한족도 군현제로 편제한 사례가 있다.

　그런데 이들 사례는 시기 면에서 대체로 고조시기에 들어온 뒤에 해당한다. 주지하듯 고조기는 북위의 지배체제가 유목적 군국지배체제에서 중국적 군현지배체제로 전환해 간 시기였다.[8] 그렇다면 위의 두 사례에서 蠻族을 군현제로 편제하고 있는 것은 아마 고조기의 이러한 지배체제의 전환과 밀접한 관련이 있을 것이다. 따라서 이것을 가지고 고조 이전의 경우에도 일반화하여 내속한 유목민을 모두 군현제로 편제했다고 단정할 수는 없다. 그러면 고조 이전 내속민 가운데 유목민에 대한 편제는 어떠하였을까? 이에 대하여는 다음의 사례가 주목된다.

　　梁懃은 대대로 酋帥였는데 羌의 豪心을 얻어 이에 스스로 왕이라 일컬었다. 懃의 孫 彌忽이 世祖 초에 子 彌黃을 보내어 表를 받들어 내부하기를 구하니, 世祖가 가상히 여기고는 사자를 보내어 彌忽을 제수하여 宕昌王으로 삼고 彌黃에게는 甘松侯의 작을 내렸다. 彌忽이 죽자 그 손자 虎子가 섰다. 그 땅은 仇池에서 서쪽으로 동서 천리이고 席水에서 남쪽으로 남북 8백리인데, 땅에는 산과 언덕이 많고 인구는 2萬餘 落이었다. 대대로 職貢을 닦아 자못 吐谷渾과 단절되는 바가 되었다.[9]

　이에 의하면 세조 초에 宕昌羌의 梁懃이 내부하자 북위왕조는 그를 宕昌王으로 삼고, 그 아들 彌黃에게는 甘松侯의 작위를 내리고 있다. 그런데 彌忽이 죽은 뒤 그의 지위는 손자 虎子가 이어받고 있다. 이로써 볼 때 미홀 집단에게 하사된 관작은 세습되었음을 알 수 있다.

　그런데, 이들 내부한 탕창강은 이후 대대로 북위에 대하여 職貢을 닦

---

6) 『魏書』卷45, 韋閬傳: "高祖初 蠻首桓誕歸款 朝廷思安邊之略 以誕爲東州刺史 令珍爲使 與誕招慰蠻左… 凡所招降七萬與戶 置郡縣而還."
7) 『魏書』卷101, 蠻傳: "景明初 大陽蠻酋田育丘等二萬八千戶內附 詔置四郡十八縣."
8) 高祖期를 전후한 北魏의 지배체제의 변화에 대하여는 谷川道雄, 「北魏の統一過程とその構造」(『隋唐帝國形成史論』, 筑摩書房, 1971) 참조.
9) 『魏書』卷101, 宕昌傳.

았다고 되어 있다. 이 직공의 의미는 명확하지는 않지만, 아마 내속한 미홀의 후손이 북위에 조공을 바치는 의미 정도일 것이다. 이로써 유추하면 북위는 내부한 미홀에게 동서 천리 남북 8백리에 이르는 그 본래의 거주지역과 2만여 락으로 되어 있는 부락민에 대한 통령권을 인정하고, 그 반대급부로서 이들은 북위왕조에 조공을 바치는 형식을 취하였을 것으로 생각된다.

한편, 여기서 주목되는 것은 내속한 이후 탕창강 미홀에게 통령권이 인정된 부락민에 대하여 여전히 2만여 락이라는 표현을 사용하고 있는 점이다. 이것은 탕창강 미홀 집단이 내속한 뒤에도 군현제로 편제되지 않고 여전히 그들 본래의 전통적인 부락체제를 유지하고 있었음을 말해준다. 문제는 이 미홀 집단을 내속한 유목민에 대한 지배방식으로서 일반화할 수 있는가 하는 점이다. 탕창강은 吐谷渾이나 北涼과 마찬가지로 송·남제·양 등 남조의 여러 왕조가 이들에게 대대로 탕창왕에 冊封할 정도로 중요시한 국가의 하나로 알려져 있다.10) 그렇다면 북위가 내속한 탕창강 미홀을 탕창왕으로 삼고 부락민에 대한 통솔권을 인정한 것도 남조와의 관계를 고려하여 이들을 특별히 우대했다고 볼 수 있다. 따라서 북위의 탕창강에 대한 이러한 조치를 내속민 일반에게 적용하는 것은 곤란할 지도 모른다. 그러나 세조 태무제 때의 민의 지배방식을 보면, 각기 그 본래의 습속을 개변하지 않고 그 편의함을 바꾸지 않으며 각각 그 方貢을 납부시키는 것을 원칙으로 하고 있다.11) 그렇다면 내속한 유목민이 모두 탕창강 미홀과 같이 특별히 우대받지는 않았더라도 세조시기의 대민지배 방식을 고려할 때 이들이 내속한 뒤에도 본래의 부락체제를 유지했고 또 전통적인 생활방식인 목축을 생업으로 했다고 보아도 크게 잘못

---

10) 宕昌羌과 송·제·양 등 남조의 여러 왕조와의 관계에 대하여는 金鍾完,『中國南北朝史研究』(一潮閣, 1995), pp.151~155 참조.

11)『魏書』卷110, 食貨志: "世祖卽位 開拓四海 以五方之民 各有其性 故修其政不改其俗 齊其政不易其宜 納其方貢以充倉廩 收其貨物以寶庫藏 又於歲時取鳥獸之登 於粗用者以物膳府."

은 없을 것이다.

　이상, 북위왕조의 내속민에 대한 편제에 대하여 살펴보았지만, 그러면 이렇듯 자발적으로 내부한 내속민에 대한 북위왕조의 구체적인 통치방식은 어떠하였을까? 이에 대하여는 다음의 사례를 통하여 어느 정도 엿볼 수 있다.

　　처음 顯祖代 蠕蠕 萬餘 戶가 降附해 오자 高平・薄骨律 두 鎭에 거주케 하였다.[12]

곧, 북위는 현조시기 항부해 온 蠕蠕(柔燕) 1만여 호를 高平・薄骨律의 두 鎭에 배속시키고 있다. 북위는 화북의 각 지역을 점령한 뒤 대부분 鎭・戍(진의 하부조직)라는 군정기관을 설치하여 점령지역을 통치하고 있다.[13] 이 사례에서 보듯 현조기에 내속한 柔然族이 진에 배속되고 있는 것도 이들이 진・수 등의 군정기관에 배속되어 그 지배와 감시를 받았음을 의미한다. 유목민이 이러한 이상 군현제로 편제된 농경민도 예외는 아니었을 것이다.

　지금까지 북위 전기 내속민의 편제에 대하여 개략적으로 살펴보았다. 그것에 의하면 북위는 한족, 넓게는 농경민족에 대하여는 군현제로 편제하고, 유목민족에 대하여는 그들 본래의 부락체제를 유지하는 이중적인 지배방식을 취하고 있었다. 그러나 고조기에 들어와 내속한 비한족에 대하여 군현제로 재편한 경우가 자주 등장하고 있는 것에서 보듯 고조시기에 북위왕조의 대민지배 방식이 종래의 군사력에 의한 유목적 군국지배체제에서 중국적 군현지배체제로 급격하게 전환됨에 따라 내속한 유목민은 한족과 마찬가지로 군현제라는 단일지배체제로 재편되어 갔던

---

12) 『魏書』 卷58, 楊播弟椿傳.
13) 북위 전기 화북지역의 통치방식에 대하여는 谷川道雄, 「北魏の統一過程とその構造」, pp.129~132 참조.

것이다.

다음으로 내속민의 신분에 대하여 검토하기로 한다. 그 이전에 우선 내속민이 북위왕조에 귀부하여 일정한 지역에 정주한 뒤의 존재양태에 대하여 살펴볼 필요가 있다. 이들 북위왕조에 귀부해 온 내속민은 일반적으로 新民으로 불리고 있다. 북위시대 신민의 용례는 두 가지가 있는데, 하나는 내속민에 사용된 新附之民[人]의 경우이고, 또 하나는 徙民에게 사용된 內徙新民의 경우이다[내사신민의 용례에 대하여는 후술]. [14] 그런데 북위왕조는 이들 新附之民으로 표현된 내속민 가운데 그 통솔자에게는 앞서 탕창강 미홀의 사례에서 본 바와 같이 왕·후의 작위나 관직을 하사하여 기존 부락민에 대한 통령권을 인정한 경우가 있다. 또한 북위왕조는 이들 통솔자 이외에도 내속민 가운데 재능있는 자에 대하여는 관직을 하사하여 국가의 관료로 발탁하였음은 말할 나위도 없다.

그러나 이러한 특례적 조치는 주로 내속민 가운데 상층부에 한정되어 있다. 문제는 이들 상층부를 제외한 내속민 일반에 대한 북위왕조의 처우이다. 이와 관련하여는 우선 [표 1]에서 보듯 비록 하나의 사례이지만, 고조 효문제 延興원년(471)에 高句麗民 奴久 등이 내항하자 이들에게 田宅을 하사하고 있는 경우가 주목된다. 곧, 북위왕조는 내속민에게 거주지를 지정하고 난 뒤 이들에게 생계를 위해 토지와 택지를 지급하여 정착시키는 조치를 취하고 있다.[15] 이와 동시에 이들에게는 아마 전택 외에도 생활에 필요한 여러가지 생산수단이 지급되었을 것이다. 그밖에

---

14) 周士龍, 「論北魏前期對各族降附者的政策」에서는 新民이라는 용어를 徙民[內徙新民]에 한정하여 사용하고 있으나, 嚴耀中, 「被征服者的多重管理」(『北魏前期政治制度』, 吉林敎育出版社, 1990], pp.89~95에서는 新民을 광의의 개념[新附之民]과 협의의 개념[新徙民]으로 구분하고 있다. 본서에서도 嚴耀中의 견해에 따라 양자를 구분하여 논하였다.

15) 周士龍, 「論北魏前期對各族降附者的政策」, p.15에는 내속민 가운데 농민에 대하여는 徙民의 경우처럼 計口受田조치가 시행되었을 것으로 보고 있다. 북위왕조의 내속민에 대한 토지지급이 아무런 원칙없이 시행되지는 않았을 것이고, 따라서 사민의 일부에게 시행된 계구수전방식이 원용되었을 가능성은 배제할 수 없다. 그러나 현재 이와 관련된 사례가 전무하기 때문에 내속민에 대한 토지지급의 구체적인 형태는 명확하지 않다.

북위왕조의 내속민에 대한 조치로서는 다음의 사례가 주목된다.

> 이에 趙郡의 屠各・西山의 丁零으로서, 산택에 모여 劫害을 생업으로 하는 자를 均이 모두 회유・위무하고 체포하니 遠近이 벌벌 떨었다. 이에 앞서 黃河의 밖이 아직 복종하지 않아 거취를 정하지 않은 민이 많았다. 그러므로 임시로 東靑州를 세워 초회의 근본으로 삼으니 새로 의부한 민들이 모두 요역면제의 특혜를 받았다. 그러나 舊人 가운데 간사하여 도망한 자가 많이 가서 투탁하였기 때문에 均이 표를 올려 불편하다고 아뢰니 조정이 의논하여 이것을 폐지하였다.[16]

이것에 의하면 북위왕조는 아직 자신들의 지배하에 들어오지 않은 자들을 회유하기 위하여 임시로 州를 설치하고 있고, 또 이들 '新附之民'에게는 요역면제라는 혜택을 주어 이들을 정착시키고 있다. 이러한 내부자에게 일정한 특혜를 부여하여 정착시키는 조치는 비록 일시적인 것이라 해도 이들을 북위왕조의 지배체제 속으로 흡수・융화하려는 정책적 의도를 담고 있다고 생각된다.

그런데 위의 사례에서는 내속민에게 주어진 이러한 요역면제가 舊人들이 투탁함으로써 폐지되고 있다. 그 이후의 상황에 대하여는 구체적으로 언급하고 있지 않아 분명하지 않지만, 아무튼 초기 내속민을 정착시키는 과정에서 그들에게는 일반적으로 일정기간 동안 요역면제라는 특혜가 주어졌던 것만은 확실해 보인다.

한편, 국가의 내속민에 대한 이러한 특혜적 조치와는 다른 모습을 보여주는 사례가 있다.

> 麒麟은 새로 의부한 사람(新附之人)이 아직 조정의 官界로 나아가지 못하여 士人들이 沈抑하자 이에 표를 올려 말하기를… "생각건대 新人이 아

---

16) 『魏書』卷51, 韓茂子均傳: "於是趙郡屠各・西山丁零聚黨山澤以劫害爲業者 均皆誘慰追捕 遠近震踢 先是 河外未賓 民多去就 故權立東靑州爲招懷之本 新附之民 咸爲優復 然舊人姦逃者 多往投焉 均表陳非便 朝議罷之."

직 조정의 官界에 나아가지 못하고 州郡에서의 局任은 매우 적어 가라앉고 막힌 자가 많습니다. 원컨대… 守宰에 궐함이 있으면 마땅히 豪望을 기용하고 吏員을 증치하며 賢哲을 넓히면 華族은 영화를 입을 것이고, 良才는 벼슬을 얻을 것입니다. 덕을 품고 토지에 안주시키는 것은 무릇 여기에 있습니다"라고 하니 朝議가 이에 따랐다.17)

이 사례는 고조 효문제 때 韓麒麟이 새로 의부한 사람들을 정착시키는 방법으로서 이들을 적극 관료로 발탁할 것을 조정에 상주한 내용이다. 그런데 이에 의하면 그의 이러한 상주는 내속집단을 포함한 新附之人이 관계로 나아가지 못한 상황이 그 배경이 되어 있다. 그렇다면 당시 내속집단의 경우에는 북위왕조에 내속한 뒤에 상당기간 동안 관계진출에서 제한을 받고 있었다고 짐작된다.

그런데 이 사례의 말미에는 韓麒麟의 상주에 대하여 조정이 이에 따랐다고 되어 있다. 여기에는 아마 고조시기 국가체제의 변화에 따른 한인 사대부들의 官界로의 진출이 현저하였던 점과 관련이 있을 것이다.18) 여하튼 韓麒麟이 상주를 통하여 新附之人의 관계진출에 대한 제한을 없앨 것을 건의하고 있는 것을 볼 때, 북위 초기 이래 내속민의 관계진출이 상당히 제한되어 있었음은 틀림없어 보인다.

그런데 위의 사례에서는 士人이라 표현되어 있는 것에서도 알 수 있듯이 韓麒麟은 주로 新附之人 가운데 상층부에 대한 정치적 차별을 문제삼고 있다.19) 그러면 내속한 일반민은 어떠하였을까? 이에 대하여는 다

---

17) 『魏書』 卷60, 韓麒麟傳: "麒麟以新附之人 未階臺宦 士人沈抑 乃表曰… 竊惟新人未階朝官 州郡局任甚少 沈塞者多 願… 愚謂守宰有闕 宜推用豪望 增置吏員 廣延賢哲 則華族蒙榮 良才獲敍 懷德安土 庶或在玆 朝議從之."
18) 高祖 孝文帝의 漢化정책 이후 漢人士大夫들의 관계진출 모습에 대하여는 朴漢濟, 『中國中世胡漢體制 硏究』(一潮閣, 1988), pp.157~158 참조.
19) 唐長孺, 「北魏의 靑齊土民」(『魏晉南北朝史論拾遺』, 中華書局, 1983), p.113에서는 韓麒麟이 문제시한 新附之人의 대상을 靑齊의 民望으로 보고 있다. 唐長孺의 견해대로 韓麒麟이 상주한 시기는 高祖 太和 11년으로 平齊民의 귀향과 시기적으로 비슷하기 때문에 다분히 그럴 가능성은 있지만, 내용 면에서 특정집단이나 개인을 명시하고 있

음의 사례가 주목된다.

> 이 때[興安 初] 劉彧의 司州刺史 常珍이 懸瓠로써 내부하였으나 新民은 오히려 거취를 생각하였다. 馛이 聖旨를 받들어 위무하여 모든 軍에 함몰하여 노비가 된 자를 馛이 모두 방면하니 백성이 기뻐하였고, 民情은 이에 안정되었다.[20]

곧, 고종 문성제 興安 초(452)에 司州刺史 常珍과 함께 내부한 新民이 군대의 노비로 전락하여 陸馛이 聖旨로써 이들을 방면하고 있다. 이로써 보면 북위시대 내속민 가운데 상당수가 군대에 의해 노비로 전락하였을 것으로 생각된다.

이와 같은 사례는 내속민이 북위왕조에 스스로 귀속하였다고 해도 일정기간 동안은 官界진출이 제한되거나 또는 노비로 전락하는 등 정치적으로 차별받고, 또 사회적 지위 면에서도 상당히 불안정한 존재였음을 말해 준다. 그러나 이는 내속민에게만 국한되는 것이 아니라 당시 북위 지배하에 있던 피정복민 일반에 대하여도 적용할 수 있을 것이다.

문제는 북위왕조가 스스로 귀부한 내속민을 북위왕조가 정치·사회적으로 차별함으로써 이들이 재차 이반할 가능성이 높다는 것이다.

실제로 앞서 언급했듯이 현조 때에 내부한 柔然의 1만여 호가 太和 말에 이반하여 본래 근거지로 도망치고 있고[叛走로 표현되고 있다].[21] 또 한편으로는 대치하고 있던 남조에서 이들 내속집단을 회유하여 반란을

지 않기 때문에 그의 상주는 북위왕조에 내속한 사람 일반[新人]을 대상으로 하였다고 보는 것도 가능하다.

20) 『魏書』卷40, 陸俊子馛傳: "時劉彧司州刺史常珍奇以懸瓠內附 而新民猶懷去就 吞友銜旨 撫慰 諸有陷軍爲奴婢者 馛皆免之 百姓忻悅 民情乃定."

21) 일례를 들면 『魏書』卷58, 楊播弟椿傳: "初 顯祖世有蠕蠕萬餘戶降附 居於高平·薄骨律二鎭 太和之末 叛走略盡 唯有一千餘家 太中大夫王通·高平鎭將郎育等 求徙置淮北 防其叛走 詔許之 慮不從命 乃使椿持節往徙焉 椿以徙之無益 上書曰… 今新附衆 若舊者見徙 新者必不安 不安必思土 思土則走叛… 徙在中夏 而生後患 愚心所見 謂爲不可 時八座議不從 遂徙於濟州緣河居之 冀州元愉之難 果悉浮河赴賊 所在抄略 如椿所策."

유도하고 있는 모습이²²⁾ 등장하는 것은 이들 내속민이 북위왕조에 내부해 온 뒤에 상당히 핍박받거나 불안정한 상태에 놓여 있었음을 말해 준다고 하겠다. 그런데 내속민이 도주하거나 이반하는 것은 북위의 대민지배 체제에 상당한 위험을 초래할 소지를 안고 있다. 북위왕조는 이에 대처하기 위하여 내속민 가운데 노비가 된 자를 해방시켜 내속집단을 위무함과²³⁾ 동시에 이들의 叛走를 방지하기 위하여 다른 지역으로 재차 分徙시키려는 논의가 조정에서 행해지기도 하였다.²⁴⁾

이상 내속민이 북위왕조에 귀속한 뒤의 존재양태에 대하여 개략적으로 살펴보았다. 이에 의하면 이들은 북위왕조의 여러가지 안정화 조치에도 불구하고 정치·사회적으로 불안정한 상태에 처해 있었음을 엿볼 수 있다. 그러면 이들 내속민은 신분적으로 어떠한 지위에 놓여 있었을까? 이와 관련해서는 다음의 사례가 주목된다.

> 조서를 내려 山胡로서 白龍에게 핍박받아 歸降한 자는 平民으로 할 것을 허락한다.²⁵⁾

곧, 이 사례에 의하면 세조는 조서를 내려 白龍에게 핍박받아 귀항한 자를 平民으로 하고 있다. 여기서 귀항자는 내속민과 동일한 성격으로 보아도 될 것이다. 특히 이 사례에서는 조서로써 귀항자를 평민으로 하는 것을 명시하고 있는 것이 특이하다. 이는 아마 당시 귀항자를 평민 이하의 신분으로 하는 사태가 자주 발생함으로써 이를 방지하기 위해서거나 아니면 앞으로 내속해 올 내속민에 대하여 그들의 신분을 명확하게 하기 위해 국가측에서 특히 이 사례에서는 조서로써 이를 명시하였을 가능성은 있다. 여하튼 내속민과 동일한 성격으로 보이는 귀항자를 평민으로

---

22) 『魏書』 卷50, 尉元傳: "蕭道成自立 多遣間諜 扇動新民 不逞之徒 所在蜂起."
23) 주 20) 참조.
24) 주 21) 참조.
25) 『魏書』 卷4上, 世祖紀上, 延和3年(434) 冬10月條.

한 사례로 볼 때 북위왕조가 내속민을 편호민으로 규정하였음은 확실해 보인다. 곧, 내속민은 스스로 북위왕조의 지배체제로 들어왔기 때문에 국가측에서도 이들의 신분을 기존 일반 군현민과 차별하지 않았을 것은 쉽게 짐작된다. 따라서 이상의 점을 종합하면 이들 내속민은 북위의 국가적 신분제인 양천제에서 양인으로 규정되었고 아울러 계층적인 신분 질서에서는 일반 군현민과 다름없는 바로 백민의 범주에 들어가는 존재였다고 하겠다.

2. 백민의 직역

『魏書』 卷111, 刑罰志에 의하면 백민의 신분적 지위는 직인과 시역의 사이에 자리하고 있다.[26] 그런데 이 백민의 밑에 있는 伎作戶·屯戶·牧戶 등 잡호를 방면하여 編戶[27] 또는 白戶[28]로 하였다는 표현에 주목하면 백민은 편호·백호로도 불리며, 따라서 국가의 호적에 편제된 일반 군현민을 가리킴을 알 수 있다.[29]

이와 같이 백민이 편호민을 가리키는 이상 이들 백민은 종족 면에서 보면 피정복민으로서 일반 군현제적 지배하에 편제된 한족이 대부분을 차지할 것이지만, 그밖에 북위왕조의 지배하에 있는 匈奴·高車·氐·葛·羌 등 다양한 종족도 포괄할 것이다. 문제는 북위왕조에서 지배층을 형성하는 拓跋族을 포함한 鮮卑族이나 拓跋族에게 협력한 匈奴 등도 백민의 범주에 포함되었는가 하는 점이다. 이는 북위왕조가 지향하는 신분

---

[26] 『魏書』 卷111, 刑罰志: "尙書三公郎中崔纂執曰 伏見旨募若獲劉輝者 職人賞二階 白民聽出身進一階 廝役免役 奴婢爲良."
[27] 『北史』 卷5, 魏本紀, 西魏 文帝, 大統5年(539) 5月條: "免妓樂雜役之徒 皆從編戶."
[28] 『北史』 卷4, 文宣帝紀, 天寶2年(551) 9月條: "壬寅 詔免諸伎作屯牧雜色役隷之徒 爲白戶."
[29] 백민의 신분적 지위에 대하여는 본서 제2장 제2절 참조.

제 지배의 기본원리뿐만 아니라 국가의 성격을 이해하는 데 하나의 중요한 실마리를 제공한다.

주지하듯 淝水싸움에서 前秦의 苻堅이 東晉에게 대패한 것을 틈타 북위(당시는 代國)를 건국한 拓跋珪(太祖 道武帝)는 건국직후 拓跋部 및 탁발부를 따랐던 유목민 여러 부락에 대하여 유명한 部落解散을 단행하였다. 그 내용은 유목을 생업으로 하는 여러 부락을 일정한 지역에 정주시키고 遷徙를 허락하지 않으며, 기존의 君長大人에 대하여는 부락통솔권을 박탈하고 편호로 하였다는 것이다.[30] 이른바 部落解散에 대하여는, 북위왕조가 5호 여러 국가의 중추이자 그 한계였던 部族制度를 뛰어넘어 더욱 개방된 지평으로 나아가게 되었다고 평가되어 있다.[31] 그러나 부락해산을 엿볼 수 있는 자료가 매우 적고 더욱이 관련자료의 내용도 지나치게 소략하여 실시연대나[32] 실행방법 및 범위에 대하여 의견이 분

---

30) 『魏書』 卷83, 賀訥傳 및 『魏書』 卷113, 官氏志.
31) 谷川道雄, 「拓跋國家の展開と貴族制の再編」, p.209 ; 「北魏の統一過程とその構造」, p.123.
32) 태조 도무제가 단행한 부락해산의 실시시기를 언제로 보아야 할 것인가? 『魏書』 卷113, 官氏志에는 登國(386~395) 초라 하고 있고, 『魏書』 卷83, 賀訥傳에는 中原을 평정한 이후라 하여(참고로 『魏書』 卷103, 高車傳에는 단지 太祖時로 표현되어 있다) 약간의 차이를 보인다. 이 가운데 전자의 등국 초는 386년경을 말하는 듯한데, 이해는 태조 탁발규가 전진의 쇠퇴를 틈타 賀蘭部의 후원을 얻어 代王에 즉위한 시기이기 때문에 이러한 어수선한 시기에 이와 같은 대담한 조치를 취했다고 보기는 어렵다고 하고, 따라서 그 시기를 강적 後燕을 中原에서 구축하고 帝國을 창건하기에 이른 皇始원년~天興원년 (396-398)경으로 보는 견해가 일반적이다(河地重造, 「北魏王朝の成立とその性格について—徙民政策の展開から均田制へ—」(『東洋史研究』 12-5, 1953) ; 宮崎市定, 『九品官人法の研究—科擧前史—』(同朋舍, 1956), p.379 ; 谷川道雄, 「北魏の統一とその構造」, p.123 ; 金鐸敏, 「北魏 太和 이전의 胡族의 編制와 經濟的 基盤」(『歷史學報』 124, 1989), pp.68~69 참조]. 그러나 북위 초 다양한 형태를 보이는 유목민 여러 부락의 종족적 구성이나 이들과 북위왕조와의 정치적 관계를 고려할 때, 태조의 부락해산을 일거에 모든 부락에 대하여 단행했다고 하기보다는 순차적으로 그 범위를 확대해 갔다고 하는 것이 타당할 것이다. 그렇다면 등국 초가 북위의 건국직후라고 하여 부락해산을 단행하지 않았다고 보기도 어렵다. 따라서 이 때 부분적으로 부락해산이 단행되었고, 더욱이 후연을 중원에서 구축한 시기에 또 다시 대규모로 단행되었다고 보아야 하지 않을까. 이러한 이해가 가능하다면 부락해산이 처음 단행된 시점을 官氏志의 내용대로 등국 초로 잡아도 크게 잘못은 없을 것이다.

분한 실정이다.33)

그런데 여기서 주목되는 것은 해산된 舊部落民에게 사용하고 있는 용어이다. 우선 태조 때의 부락해산에 대하여 가장 자세한 내용을 전하고 있는 『魏書』 卷83, 賀訥傳에는 부락통솔권을 박탈당한 종래의 군장대인이 편호가 되었다고 하고, 또 『魏書』 卷113, 官氏志에는 해산된 구부락민이 편민이 되었다고 한다. 이것은 부락해산 이후 선비·탁발족을 포함한 舊部落民이 기존 군장대인의 지배에서 벗어나 국가의 직접적인 지배를 받게 되었음을 말해 준다. 일례로 태종 太常6년(421) 3월에 六部民에게는 羊 100口마다 戎馬 1匹을 징발하고 있는 기사에서 보듯이,34) 이들 구부락민이 국가가 요구하는 융마징발의 대상이 되고 있기 때문에 이들이 국가의 직접적인 지배하에 놓여 있음은 확실해 보인다.

그러나 이것이 바로 해산된 구부락민이 한족과 같이 군현제로 편제되었음을 의미하는 것은 아니다. 종래 알려진 바와 같이 그들은 八國[部]이라는 특별지역에 거주하고 있고, 이들은 통상 國人이라 불리며 八部大人 혹은 八部帥의 지배를 받고 있다.35) 이후 팔부는 六部[國]·四部[國]로 축소되어 세조 태무제 이후에는 소멸되어 간 것으로 되어 있다.36) 현재 이 팔국 내의 편제가 어떠하였는지에 대하여는 관련자료가 적어 명확하지 않다. 다만, 다음의 사례는 팔국 내에 거주하는 민의 존재형태를 어느 정도 엿보게 한다.

---

33) 太祖의 部落解散의 실태에 대하여 전론한 논고로는 松永雅生, 「北魏太祖の離散諸部」(『福岡女子單大紀要』 8, 1974) ; 古賀昭岑, 「北魏の部落解散について」(『東方學』 59, 1980) ; 川本芳昭, 「北魏太祖の部落解散と高祖の部族解散-所謂部族解散の理解をめぐって」(『佐賀大學敎養部硏究紀要』 14, 1982) 등 참조.
34) 『魏書』 卷3, 太宗紀, 太常6年 3月條.
35) 八部大人을 포함한 北魏의 大人官에 대하여는 山崎宏, 「北魏の大人官に就いて」 上·下 (『東洋史硏究』 10-1·2, 1951) 참조.
36) 谷川道雄, 「拓跋國家の展開と貴族制の再編」, p.212.

팔부 5백리 내의 男丁을 징발하여 灅南宮을 축조하였는데 문의 높이는 10여 장이었다. 물을 끌어들여 못을 뚫고 苑囿를 넓혔다. 그밖에 外城을 세웠는데 넓이는 20여 里였고 市里를 나누어 두었으며 사방으로 통할 수 있었다. 30일 만에 파하였다.[37]

곧, 이에 의하면 태조시기 灅南宮을 축조하면서 팔부에 거주하는 사람 가운데 皇城에서 5백리 이내의 男丁을 징발하고 있다. 여기서 주목되는 것은 이 때 징발된 남정의 성격이다. 주지하듯 북위는 국초 이래 대외정복 과정에서 많은 피정복민을 경사지역으로 사민하고 있기 때문에(뒤의 [표 2] 북위 전기 사민의 실태 참조), 팔국지역 안에는 해산된 구부락민뿐만 아니라 피정복민도 다수 거주하고 있었다. 그리고 이들은 사민된 뒤 국가가 필요로 하는 각종 직역에 驅使되고 있는 이상 궁성의 축조와 같은 국가적 대역사에 당연히 이들도 동원되었을 것이다. 따라서 이 때 징발된 남정 속에는 이들 사민된 피정복민도 다수 존재하였을 것으로 보인다.

그런데 한편으로 팔국이 해산된 뒤 구부락민이 거주하는 특별지역인 점을 감안하면 징발된 남정 속에는 태조의 부락해산으로 편호민이 된 구부락민도 포함되었던 것은 아닐까? 만약 그렇다면 팔부지역에 거주하고 있던 하층의 일반 선비족들도 한족과 같이 연령을 기준으로 한 인민의 구분인 黃小丁中老로 구분되어 국가의 호적에 등재되어 있었다고 생각된다. 이것은 특별거주지역에 거주하는 선비족 가운데 하층민의 경우에는 신분제적인 면에서 한족과 동일한 구조 속에 두어졌음을 의미한다. 다시 말하면 선비족은 호적의 작성을 통해 이루어지는 국가의 신분제적인 운영원리에서는 원칙적으로 한족을 포함한 다른 피정복민과 동일하게 편호민으로서 白民의 범주에 속하였을 가능성이 컸다고 생각된다.

신분제의 운영원리 면에서 선비족이 한족과 차별없이 동일한 구조

---

37) 『魏書』 卷2, 太祖紀, 天賜3年(406) 6月條.

속에 두어졌다는 것은 북위왕조가 국초에 단행한 부락해산 조치와 마찬가지로 탁발부를 포함한 선비족과 그밖에 북위왕조를 따랐던 유목민족의 결합원리인 종족주의의 벽을 넘어 보편적인 지배원리를 지향하고 있었음을 나타낸다. 그러나 부락해산 뒤에도 구부락민은 북위의 군사적 지배체제 아래에서 부족제가 담당하고 있던 중요한 기능인 전투공동체의 일원으로서 활약하고 있고,38) 또 부족제의 본질인 부족 서로간의 결합관계가 사회적 실태로서 존속하고 있었음이 확인되고 있다.39) 또한 구부락민은 팔국이라는 특별행정구역에서 징세 면이나40) 중앙정부의 임관41) 등에서 한인 일반과는 달리 취급받고 있었다.

북위왕조는 이러한 다른 편제하에 두어진 유목민족과 농경민족을 지배하기 위하여 조정에 南北尙書를 두고, 군현제로 편제된 농경민족에 대하여는 南部尙書가 관리하고, 부락체제하에 두어진 유목민족에 대하여는 北部尙書가 관리하는 이중적인 지배방식을 취하였다.42) 이 농경민족과 유목민족을 분리해서 지배하는 이중적인 지배체제는 이미 5호16국시대에 그 단서가 보이지만,43) 그와 유사한 형태가 북위 초기에도 나타나는 것은 북위왕조도 5호의 여러 국가에서 보이던 종족주의를 완전히 탈피하지 못하였음을 말해 준다.44) 더욱이 해산된 구부락민에 대한 거주지

---

38) 谷川道雄, 「拓跋國家の展開と貴族制の再編」, p.215.
39) 川本芳昭, 「北魏太祖の部落解散と高祖の部族解散-所謂部族解散の理解をめぐって-」, pp.11~17에서는 舊部族 혹은 氏族의 집주, 北族의 同部族婚의 시행, 拓跋部 및 酋帥의 존재 등을 주요 근거로 태조의 부락해산 이후에도 부족제도는 존속하고 있었다고 추단하고 있다.
40) 『魏書』 卷3, 太宗紀, 太常6年 3月條.
41) 『魏書』 卷113, 官氏志: "天賜元年11月 以八國姓族難分 故國立大師小師 令辨其宗黨 品擧人才 自八國以外 郡各自立師 職分如八國 比今之中正也 宗室立宗師 亦如州郡八國之儀."
42) 周士龍, 「論北魏前期對各族降附者的政策」, p.15.
43) 5호16국 시대의 胡漢二重體制에 대하여는 谷川道雄, 「拓跋國家の展開と貴族制の再編」, pp.204~208);「南匈奴の自立おほびその國家」,(『隋唐帝國形成史論』), pp.51~52 참조.
44) 朴漢濟, 「胡漢體制의 展開와 그 構造」(『講座中國史 Ⅱ-門閥社會와 胡·漢의 世界-』, 知識産業社, 1989), p.86.

역으로서 팔국제가 존속하는 한 이 팔부지역에 거주하는 선비족과 주군제로 편제된 한족이 신분제적인 면에서 白民이라는 하나의 동일한 신분적 범주에 포함되었다고 단정하기는 어려울 것이다.

아울러 북위 초기는 국가가 선비족 중심의 유목적 색채가 농후한 군사우위의 軍國體制에 의해 지탱되어 있었다.[45] 이는 북위의 대민지배 체제가 선비족을 중심으로 이루어졌음을 말해 준다. 이러한 선비족 우위의 지배구조는 선비족과 한족을 하나의 신분제 속에서 파악하는 일체화된 제도의 운영을 근저에서 방해하고 있었다. 그러나 그 뒤 팔부가 육부·사부로 축소되어 결국 이 선비족의 특별거주지가 소멸된 시점에 이르면 선비족과 한족은 실질적으로 동일한 호적편제하에 놓임으로써 신분질서 면에서도 양자는 동일한 원리에 의해 파악되었을 것으로 보인다.

더욱이 고조 효문제 시기에 이르면 국가의 지배방식이 기존 유목적인 군사적 지배체제에서 중국적 군현체제로 이행되고, 아울러 이 때가 되면 선비족을 중심으로 하는 胡族의 끊임없는 한화로 호족과 한족은 경제생활 면에서의 근본적인 차이가 국초에 비해 많이 해소되었다. 그 결과 삼장제·균전제 등이 시행되지만,[46] 이러한 여러 제도의 창설이 북위 왕조가 추구하는 중앙집권화의 귀결점에 위치한다면 이 역시 신분제 면에서도 호족은 원래 양천제가 지향하는 하나의 동질의 법제적 신분인 양인으로서 파악되기에 이르렀고, 그에 따라 신분질서 면에서도 호족은 한족과 동일하게 백민으로서 규정되었다고 하겠다.[47]

---

45) 兼子秀利,「北魏前期の政治」(『東洋史硏究』 19-1, 1960), pp.26~27.
46) 균전제의 시행을 선비족의 농경화란 관점에서 다룬 논고로는 졸고,「北魏 均田制의 成立과 그 性格 — 鮮卑族의 農耕化와 관련하여 —」(『釜山史學』 22, 1992) 참조.
47) 선비족을 포함한 유목민은 본래 출신부락을 가지고 자신의 出自를 나타내었지만, 이들이 중국 내지로 들어와 分土定居된 이후에는 그 거주지역을 출신지로 명기하고 있다. 곧, 『魏書』 列傳를 보면 선비족의 경우 洛陽 천도 이전에는 대개 代人으로, 낙양천도 이후에는 河南 洛陽人으로 기술되어 있다. 이것은 이들 유목민이 중국식 호적의 작성에 의해 한족과 동일하게 本貫制에 편입되었음을 나타낸다. 그렇다면 유목민은 호적의 작성을 기초로

이상 호족이 백민이라는 신분층에 포함되어 가는 과정을 살펴보았지만, 다음으로 이 백민의 범주와 관련하여 주목되는 것은 백민과 사회적 분업에 기초한 구분인 사농공상 및 유목민 등과의 관계이다. 우선,『魏書』卷111, 刑罰志에 의하면 백민은 職人과 구별되어 있다.48) 그렇다면 직인보다 상급신분인 9품 이상의 관인층도 백민에서 제외되었을 것임은 당연하다. 또 백민 아래에 厮役과 노비가 병기되어 있는 것으로 볼 때 이들도 백민의 범주에서 제외되었다.

다음으로 백민과 士人과의 관계이다. 주지하듯 고조 효문제의 한화정책으로 북위사회에 귀족제가 채용됨에 따라 이후 士庶制가 사회적 신분으로 기능하게 되었다. 그런데 북위왕조에서의 사인은 기본적으로 유내9품 이상의 관인과 동일한 의미로 사용되고 있다. 따라서 관인이 백민에서 제외되었다면 그것과 동일한 의미로 사용되고 있는 사인도 백민에서 제외되었다고 하겠다.

북위시대 백민의 근간을 이루는 것은 기본적으로 국가에 조세와 요역을 납부하는 대다수 농민이었다. 더욱이 백민에는 농민 외에도 앞서 살펴본 것처럼 초기 이래 북위왕조에 내속한 유목민족도 신분적으로 백민의 범주에 포함되었다. 북위 초기 이들 농민과 유목민에 대한 과역체계를 보면, 유목민에게는 목축중심의 貢納制와 徵收制를 시행하였고, 농경민에게는 租調制를 시행하는 등 종족의 특성을 고려한 방식이었다.49) 이것은『魏書』卷110, 食貨志에 보듯 북위 초기의 대민 지배방식이 각 종족이 지닌 고유의 습속과 편의함을 바꾸지 않는 것을 원칙으로 하고 있는 것과50) 밀접한 관련이 있다.

구현되는 신분질서 속에 편성되었다고 할 수 있지만, 북위시기 향촌질서의 재편이 삼장제에 의해 거의 확립된다고 하면, 이 점에서도 호족과 한족이 신분제적인 면에서 일체화되어 가는 것은 고조 효문제 시기라고 하겠다.
48) 주 26) 참조.
49) 高敏,『魏晉南北朝經濟史』上(上海人民出版社, 1996), pp.491~496.
50) 주 11) 참조.

이러한 종족주의에 바탕을 둔 수취체계에서 볼 수 있듯이 북위 초기에는 부세제도가 확립되지 않아 일반 군현민에게 戶當 50석을 民租로서 부과하였고,51) 築城에 민을 징발하였을 뿐 아니라52) 심지어 大牛를 징발하여 塞北으로 運粟의 役에 구사하는53) 등 백성에 대한 착취와 수탈이 매우 가중하였다. 북위 초기에 하층민의 起義가 증가하고, 그 가운데 특히 최대규모인 蓋吳주도의 反魏항쟁이 일어난 것도54) 바로 이러한 북위왕조의 가중한 착취나 수탈에 기인된 면이 많았다고 생각된다.

그러나 북위 초기의 이러한 과역체계는 고조 효문제 시기에 이르러 하나의 통일된 수취체계로 정착하였다. 곧, 『魏書』卷110, 食貨志에는 "其民調 一夫一婦帛一匹 粟二石"이라 하여 균전제의 시행과 함께 기존 종족의 특성을 고려한 수취방식에서 탈피하여 一夫一婦의 가정을 기준으로 매년 帛1匹의 田租와 粟2石의 戶調, 그리고 征戍와 雜役을 부과하고 있다.55) 이러한 직역·수취 면에서의 단일화는 균전제와 삼장제 등과 마찬가지로 황제일원적인 지배체제의 관철일 뿐만 아니라 신분제 면에서도 백민신분의 확립으로서 위치지을 수 있다.

한편, 농민이 백민의 근간을 이루는 이상 이들에게는 제한적이기는 하지만 유내9품의 관직에 나아갈 수 있는 자격이 주어졌다. 곧, 앞서 든 『魏書』卷111, 刑罰志에 의하면 백민이 유휘를 체포하면 出身을 허락하고 1階를 승진시킨다고 되어 있다.56) 또한 비록 북위 말의 일이지만 六

---

51) 『魏書』卷3, 太宗紀, 太常3年(418) 9月 甲寅條.
52) 주 37) 참조.
53) 『魏書』卷4上, 世祖紀上, 始光2年(425) 5月條.
54) 『魏書』卷4下, 世祖紀下, 太平眞君 6年(445) 9月條.
55) 『魏書』卷110, 食貨志에는 그밖에 가정을 구성하지 않은 15세 이하의 남성이나 奴婢 및 耕牛 등에 대한 과역도 모두 一夫一婦를 표준양으로 하여 계산되어 있다. 북위시대 徭役 부과의 형식과 내용에 대하여는 魯才全,「北朝의 徭役制度」(『中國古代史論叢』1982-3) ; 張維訓,「北魏前期徭役問題初探」(『中國社會經濟史硏究』1989-4 ; 高敏,『魏晉南北朝經濟史』下(上海人民出版社, 1996), pp.570~584 ; 김택민,『中國土地經濟史硏究』(고려대학교출판부, 1998) ; 佐川英治,「北魏の編戶制と徵兵制度」(『東洋學報』81-1, 2000) 등 참조.
56) 주 26) 참조.

鎭起義 이후에 국가재정이 고갈되어 그 타개책으로서 入粟에 의한 정치적 신분을 부여하고 있는 사례에는 다음과 같이 규정되어 있다.

> 莊帝 초에 喪亂의 뒤를 이은 터라 倉廩이 고갈되어 마침내 入粟의 제도를 반포하였다. 粟 8천 석을 바치면 散侯를 내리고 6천 석이면 散伯, 4천 석이면 散子, 3천 석이면 散南을 내린다. 職人의 경우는 7백 석을 바치면 1大階를 상으로 내리고 實官을 제수한다. 白民의 경우는 5백 석을 바치면 第에 의한 出身을 허락하고 1천 석이면 1大階를 더한다. 無第者의 경우는 5백 석을 바치면 正9品官으로의 出身을 허락하고 1천 석이면 1大階를 더한다.[57]

이에 의하면 백민의 경우는 5백 석을 바치면 第에 의한 出身을 허락하고 1천 석을 바치면 1大階를 더하고 있다. 이것은 고조 효문제 시기에 사서제가 채용되고 난 뒤의 일일 것이지만, 여하튼 일반 백민이 최하층인 無第者와 구분되어 있는 것에 주목하면 백민에게는 당연히 第가 부여되어 있었던 것이 된다. 이 제에 대하여는 종래 연구에 의하면 9품 이상의 관직에 나아갈 수 있는 권리 혹은 자격을 門第·姓第 혹은 단지 第라고 부르고 있다.[58] 그렇다면 백민은 원칙적으로 관료의 出仕가 허락되어 있었다고 볼 수 있다(물론 후술하겠지만 백민 가운데 商人과 手工人에게는 관료로의 출사가 제한되고 있다).

다음으로 백민과 상인 및 수공인과의 관계를 살펴보기로 한다. 유목민은 전통적으로 상업을 도외시해서는 발전할 수 없다. 더욱이 유목민이 하나의 국가체를 형성하는 데 중계무역은 매우 중요한 비중을 차지한다. 따라서 유교적 윤리관에 의해 상행위를 末業으로 천시하는 한족과는 달리 유목민에서 상업이 목축과 나란히 그들의 생활을 지탱하는 경제활동의 하나로서 정업시된 이유도 바로 여기에 있다.

---

57) 『魏書』 卷110, 食貨志.
58) 宮崎市定, 『九品官人法の研究―科擧前史―』, p.414.

유목민족에서 일어난 북위왕조도 부족연맹체 시기부터 주변 여러 국가와 활발한 교역을 행하고 있다. 특히 시조 力微가 定襄의 盛樂에 遷居함과 아울러 중국에 대하여 종래의 초략방식에서 화친방식으로 전환한 이래59) 중원의 위·서진과의 교역은 성행하게 되었다.60) 더욱이 盛樂은 漠北에서 洛陽에 이르는 북방로상의 요충지이고, 또 北京과 長安을 연결하는 漠南의 간선도 여기를 통과하는 동서교통로의 십자로에 해당한다.61) 따라서 이들이 盛樂으로 천거한 것도 여기를 중심으로 주변의 여러 국가와 중계무역을 하기 위해서였을 것이다.

이와 같이 북위왕조가 건국 이전부터 상업이 그들의 중요한 생존수단이 됨에 따라 자연히 상인을 매우 중시하였다. 더욱이 북위가 塞外에서 중원으로 진출하는 과정에서도 상인의 도움이 상당히 컸고, 이에 상인 가운데 일부는 탁발부에 협력함으로써 고관으로까지 진출하는 자도 있었다.62) 이것은 상업이나 수공업에 종사하는 상인과 수공인이 초기 북위왕조에서 정치적·사회적인 지위가 농민보다 결코 낮지 않았을 뿐 아니라 오히려 우대되는 경향이 있었음을 말해 준다.

그러나 북위가 중국 내지에 들어오고 난 이후 양상은 조금씩 달라져 갔다. 특히 북위왕조는 중국 내지에 국가체를 건설한 이후 대량의 상공업인구를 직접 장악하여 상공업에 종사시키는 관영상공업이 크게 발달하였다.63) 이러한 관영상공업의 발달은 민간상공업의 쇠퇴를 가져왔고,

---

59) 『魏書』 卷1, 西紀, 始祖 神元皇帝 39年條.
60) 『魏書』 卷1, 西紀, 始祖 神元皇帝 42年條.
61) 古賀登, 「北魏の俸祿制施行について」, (『東洋史硏究』 24-2, 1969), p.32.
62) 唐長孺, 「拓跋國家的建立及其封建化」(『魏晉南北朝史論叢』, 三聯書店, 1955), pp.194~195.
63) 북위 전기에는 俸祿制가 시행되지 않은 상황에서 중앙의 御用商人뿐만 아니라 지방단위로 각 관아에 상인이 소속되면서 관청을 위해 상업에 종사하였다. 북위 전기 官營商業活動에 대하여는 岡崎文夫, 『魏晉南北朝通史』(弘門堂, 1932), pp.672~673 ; 前田正名, 「北魏官營貿易に關する考察-西域貿易の展開を中心として-」(『東洋史硏究』 13-6, 1955) ; 古賀登, 「北魏の俸祿制施行について」 ; 松永雅生, 「北魏の官吏俸祿制實施と均田制(その1)-俸祿制實施前の地方官の收入-」(『福岡女子短大紀要』 2, 1969), pp.127~128 ; 田

결국 이것은 이들 상공인의 정치·사회적 지위를 점차 저하시키는 계기가 되었다. 특히 고조 효문제의 한화정책으로 사서제가 채용됨으로써 상인과 수공인의 사회적 지위는 더욱 저하되어 庶民과의 통혼이 금지되었을 뿐만 아니라 관직으로의 출사가 금지되었으며 심지어 거주지역까지 지정되고 있다. 그러나 상공인이 고조 효문제 이후 신분적으로 저하되었다고 하더라도 이들은 원칙적으로 군현에 편제하면서 국가에 조세를 납부하는 편호민이었다. 이러한 점에서 상인과 수공인은 백민의 범주에 속하는 신분이었다고 하겠다.

이상 살펴본 바와 같이 북위시대의 백민은 호적에 등재된 편호민을 가리키지만, 계급적으로는 관인과 직인 등 관직에 있는 자를 제외한 피지배층을 의미한다. 또 정복왕조인 북위의 백민은 피정복민인 한족이 중심이긴 하지만 선비족이나 기타 북족민도 포함되는 등 종족구성 면에서 매우 다양성을 보이고 있다. 또한 사회적 분업에 기초한 구분에서 보면 백민은 위로는 사인을 제외한 농공상과 유목민을 포함하는 포괄적인 신분이었다. 이들은 기본적으로 국가의 과역을 담당하는 주된 계층이고, 그런 점에서 국가 계급지배의 근간을 이루는 신분층으로 규정할 수 있다.

제2절 雜戶의 내원과 직역

1. 잡호와 徙民

여기서는 잡호의 내원을 북위 전기에 시행된 사민정책과 관련지어 살펴보기로 한다. 우선 북위왕조가 시행한 사민정책의 일반적인 특징

村實造, 「北魏孝文帝の政治」(『東洋史研究』 41-3, 1982), pp.39~40 등 참조.

을 검토하기로 한다. 북위의 사민정책은 대체로 정복전쟁에 바로 이어 실시되는 특징을 보이고 있다. 곧, 북위왕조의 사민정책은 적대세력에 대한 정복 내지 토벌을 행한 이후 餘民·殘黨을 대상으로 하여 국가가 지정한 지역으로 강제로 遷徙시키고 있는 것이다.[64] 그 의도는 적대적인 세력을 본거지에서 이탈시켜 국가의 강력한 지배하에 두고자 한 것으로 보인다. 그런데 이들 사민은 [표 2] 북위 전기 사민의 실태에서 보듯 일부 口로 계산된 경우를 제외하고는 대부분 가·호나 부락을 단위로 하고 있다. 이로써 볼 때 사민은 개인이 아닌 가족을 구성하고 있었음을 말해 준다. 따라서 북위의 사민정책이 정복전쟁에 뒤이어 실시되고 있는 점에서 전쟁포로의 성격이 강하게 내포되어 있는 것은 부정하기 어렵지만, 이들은 가나 호를 단위로 하여 천사되고 있기 때문에 후술할 전쟁포로와는 차이가 있다. 따라서 사민은 일단 口로 계산된 俘虜, 곧 전쟁포로인 生口와는 구별할 필요가 있다.

북위가 부락연맹체 단계에서부터 고조 효문제 시기까지 시행한 사민을 『魏書』本紀에 의거하여 시기별·지역별·민족별로 나타낸 것이 [표 2] 북위 전기 사민의 실태이다. 이 [표 2]에 의하면 고조 때까지 북위가 실시한 사민은 총 32건에 이르고 있다. 이 가운데 태조 이전의 사민횟수는 2건에 불과하지만 그 사례가 보인다. 따라서 북위의 사민정책은 이미 건국 이전 拓跋氏가 중국 북변에서 유목적 부족연합국가를 형성하고 있던 시대에까지 거슬러 올라가고 있음을 볼 수 있다.[65]

---

64) 북위의 사민은 정복전쟁에 뒤이어 실시되는 것이 일반적이지만, 이밖에도 국가의 특수한 목적하에 주군의 豪族을 경사지역으로 사민한 경우도 있다. 그 가운데 대표적인 것은 天興元年(398) 7월에 平城으로 천도한 뒤 12월에 6州 22郡의 守宰·豪傑·吏民 2천 가를 代都로 사민한 경우를 들 수 있다(『魏書』卷2, 太祖紀, 天興 元年條). 이는 그 성격상 진한 이래의 전통적인 强幹弱枝 정책의 일종이라 할 수 있지만, 이들 豪族層이 천사된 뒤에 신분적인 면에서 변화가 있었다고 보기는 어렵다. 게다가 본서는 북조 전기 하층신분질서의 성립과 관련지어 사민을 다루고 있기 때문에 이들 호족층의 사민에 대하여는 제외하였음을 밝혀둔다[북위시대 시행된 豪族層 사민의 의미에 대하여는 盧開萬,「北魏政府徙民的形式與內容」(『魏晉南北朝隋唐史資料』8, 武漢大學學報編輯部出版, 1986) 참조].

그런데 북위가 화북에 代國을 건설한 태조 이후가 되면 사민의 수는 점차 증가하여 세조시기에 이르면 18건으로 전체의 절반 이상을 차지하고 있다. 그러나 북위가 화북을 통일하고 그에 따라 정복전쟁이 어느 정도 종결되는 450년 이후가 되면 사민의 수는 급격히 감소하여 4건에 불과하다. 이를 통하여 볼 때 북위의 사민정책은 시기적으로 북위왕조가 393년 이후 사방으로 정복전쟁을 활발히 진행하던 시기에 대대적으로 행해졌음을 알 수 있다.

다음으로 사민의 徙居地를 보면, 지역적으로는 경사에 집중되어 있고(393년 이후 30건 가운데 그 사거지가 분명한 23건에서 경사지역이 12건으로 50%를 약간 웃돈다), 그 다음은 河北지역순으로 되어 있다. 사거지 가운데 경사지역이 절반을 상회하는 것은 북위가 사민을 통하여 적대세력을 강력하게 통제하려는 의도와 함께 경사지역을 충실히 하려는 목적도 갖고 있음을 엿보게 한다.66)

사민을 민족적으로 분류하면, 393년에서 440년까지는 주로 鮮卑와 匈奴·高車 등 유목민족이 중심이고, 그 이후는 주변의 소수민족과 남조의 한족이 일부 포함되어 있다. 이로써 볼 때 북위 전기 사민의 주된 대상은 선비·흉노·고차 등 유목민족이었음을 알 수 있다. 사민의 수적인 면을 보면, [표 2]에 나타나듯 적게는 수백 가도 있지만, 많게는 수십 만 이상에 이른 경우도 있다. 따라서 북위 전기 사민의 수는 상당하였을 것으로 예상된다.67)

---

65) 북위건국 이전에 실시된 사민의 역할에 대하여는 堀敏一, 「北魏における均田制の成立」 (『均田制の硏究』, 岩波書店, 1975), pp.99~102 참조.
66) 盧開萬, 「北魏政府徙民的形式與內容」, pp.30~31.
67) 蒙思明, 「元魏的階級制度」(『史學年報』 2-3, 1936)에 의하면 북위 일대를 통하여 사민의 총수는 63만을 내리지 않는다고 한다(河地重造, 「北魏王朝の成立とその性格について —徙民政策の展開から均田制へ—」, p.32에서 재인용). 그러나 [표 2]를 보면, 태조 天興 원년(398)의 사민수는 36만, 10여만 구로 되어 있고, 세조 神䴥2년(429)의 사민수는 수십만 락으로 되어 있으며, 그밖에 몇 만 가로 기록되어 있는 경우도 상당수 있다. 이들만으로도 그 수는 백만 口 이상이 될 것이지만, 그밖에 숫자가 생략된 경우도 합치면 이보다

98 중국중세 신분제 연구

[표 2] 북위 전기 사민의 실태

帝名	年號[西曆]	部族名	民族	原住地	徙居地	種類	徙民數	備考
穆帝	1(295?)			幷州	雲中·五原·朔方	雜胡		
穆帝	3(307?)				馬邑·陰館		十萬家	
太祖	登國8(393)	類拔部	鮮卑	秀容		部落		
	〃	薛干部	山胡	三城山西省		部民		
	皇始1(396)	劉亢泥	鮮卑	河北	平城	部落		
	天興1(398)		鮮卑他	山東	京師	民吏·徒何·高麗·雜夷百工伎巧	三十六萬十餘萬口	給耕牛·計口受田
					代都	守宰·豪傑·吏民	二千家	
	天興5(402)	木易于		安定	京師	民		
太宗	永興5(413)	越勤部		跋那山	大寧川		二萬餘家	計口受田
	太常3(418)	徒何	鮮卑	冀·定·幽	京師			
		馮跋[北燕]	鮮卑			民	萬餘家	
世祖	始光3(426)	赫連昌[夏]	匈奴	統萬			萬餘家	
	神䴥2(429)	東部高車	高車	巳泥陂[漠北]	漠南		數十萬落	
	延和1(432)	北燕	鮮卑他	遼東	幽州	郡民	三萬餘家	
	延和3(434)	北燕	鮮卑			民		芟其禾稼
	太延1(435)	北燕	鮮卑	和龍[遼東]		男女	六千口	
	太延5(439)	沮渠蠟[北涼]	匈奴	涼州	京師	民	三萬餘家	
	太平眞君5(444)	北部勅勒	高車	漠南	冀·相·定	叛民	五千餘落	爲營戶
	太平眞君6(446)	吐京叛胡	山胡	山西		叛胡		出配郡縣
		吐谷渾	羌	枹罕[甘肅]	上邽[陝西]		千家	
					北邊	諸種雜人	五千餘家	以餌蠕蠕
				青·徐	河北	民		
	太平眞君7(446)			高平	河北	民	五千家	
				濟南	河北	民	六千餘家	
				長安	京師	長安城工巧	二千家	
	太平眞君8(447)			高陽	北地	叛民		
		丁零	高車	定州	京師		三千家	
	太平眞君9(448)		山胡	離石[山西]	京師	民	五千餘家	
	正平1(451)		漢	淮南	近畿	南朝降民	五萬餘家	南伐
顯祖	皇興3(469)	南朝	漢	青·齊	京師	士望·吏民	數百家	平齊郡設置
高祖	延興1(471)	勅勒	高車	沃野·統萬	冀·定·相	叛民		爲營戶
	延興2(472)			連川	青·徐·齊·兗	叛民		爲營戶

* 본 표는 『魏書』 本紀에 의해 작성하였다. 列傳에도 사민기사가 있으나 본기와 중복되는 것이 많기 때문에 생략했다.
* 본 표는 高祖期까지 한정하였다.
* 『魏書』 本紀에는 이외에도 사민되었을 것으로 보이는 기사가 있지만 여기서는 徙라는 글자가 있는 것만을 들고 그 외에는 모두 생략하였다.
* 본 표의 작성에는 河地重造, 「北魏王朝の成立とその性格について-徙民政策の展開から均田制へ-」, pp.40~42에 있는 徙民一覽表 및 古賀昭岑, 「北魏における徙民と計口受田について」 (『九州大學東洋史論集』 1, 1973), pp.39~40에 있는 第1表 掠奪戰爭의 進行과 俘獲 및 徙民을 참조하였다.

훨씬 많았을 것으로 생각된다.

그러면 이상과 같은 외형상의 특징을 보이는 이들 사민의 편제와 신분은 어떠하였을까? 종래 이에 대하여는 크게 두 가지의 연구경향을 보이고 있다. 곧 사민은 군현제와는 다른 계통에 놓여 있고, 신분도 일반 편호와는 다른 국가에 예속성이 강한 특수한 신분이라는 견해와[68] 이와는 달리 사민은 군현제로 편제되었고 또 신분상 일반 군현민과 다름없다는 견해가[69] 그것이다. 그런데 사민 가운데 지식인층은 客禮로서 대우받고 북위왕조의 관료로 등용되었을 뿐 아니라 일부 인사는 고위관직에 나아간 경우도 있다. 그 대표적인 인물은 崔玄伯이다.[70] 그는 山東의 명문 귀족출신으로 태조 도무제의 중원정벌에 의해 경사로 사민된 뒤 도무제시대 여러 제도의 창설에 참여하였고, 다음대인 태종 명원제 시대 元勳政治에는 한족출신으로는 유일하게 참여한 인물이었다.[71] 또 그의 아들 崔浩도 태조·태종·세조 3대에 걸쳐 중용되었으며, 특히 세조 태무제의 통일전쟁의 성공은 대부분 최호의 계책에 힘입은 바가 큰 것으로 알려져 있다.[72] 그밖에 북위왕조가 옛 정권의 관료나 遺臣 및 豪族들을 사

---

68) 특수한 신분이라는 견해에도 세부적으로는 차이를 보이고 있다. 중국학자의 경우 사민은 종족별로 국가에 집단적으로 예속된 種族奴隷라는 설[高敏, 「論北魏的社會性質」,(『中國經濟史硏究』 1989-4)], 노비도 아니고 그렇다고 자유민도 아닌 국가의 특수한 관리하에 있는 민이라는 설[唐長孺, 「拓跋國家的建立及其封建化」], 국가적 農奴로 보는 설[周士龍, 「論北魏前期對各族降附者的政策」] 등 다양하다. 일본학자의 경우 사민은 예속성이 강한 처지에 놓였다는 설(岡崎文夫, 「魏晉南北朝を通じ北支那に於ける田土問題」,(『支那學』 6-3, 1932) ; 河地重造, 「北魏王朝の成立とその性格-徙民政策の展開から均田制へ」 ; 田村實造, 「均田法の系譜-均田法と計口受田との關係-」 등), 일반 군현민과는 구별된 특수한 신분은 아니지만 曹魏의 屯田制에서의 경작자인 屯田民과 유사한 성격으로 보는 설 [堀敏一, 「北魏における均田制の成立」, pp.105~107 및 p.112의 주 12)] 등이 있다.
69) 사민=군현민설을 처음 제기한 이는 谷川道雄이다[「北魏の統一過程とその構造」]. 그의 견해는 국내에도 대체로 받아들여지고 있다[朴漢濟, 「胡漢體制의 展開와 그 構造」, p.87 ; 辛聖坤, 『南北朝時期 官私隷屬民에 관한 硏究』, 서울대박사학위논문, 1995, pp.116~118].
70) 『魏書』 卷24, 崔玄伯傳.
71) 谷川道雄, 「北魏の統一過程とその構造」, p.134.
72) 谷川道雄, 「北魏の統一過程とその構造」, pp.134~145 ; 朴漢濟, 「胡漢體制의 展開와 그 構造」, p.88. 아울러 淸河崔氏가 북조에서 최고의 명족으로 성장한 과정과 그 성장조건 등에 대하여는 李成珪, 「北朝前期閥貴族의 性格-淸河의 崔浩와 그 一門을 中心으

민한 뒤 탁발왕조의 봉사자로서 재편성하고 있는 경우는 상당수 존재한다.[73] 이와 같이 사민이라고 해도 북위왕조의 이들에 대한 지배방식은 다양하게 나타날 뿐만 아니라 심지어 자의적인 방식을 취한 듯한 느낌마저 들기 때문에 일률적으로 성격규정하기에는 상당한 어려움이 따른다. 더욱이 사민의 편제와 신분에 대하여는 사료가 그다지 많지 않아 그 실상을 정확히 이해하는 것은 쉽지 않다.

본서에서는 북조 전기 잡호의 내원과 관련하여 사민의 편제와 신분에 대한 일반적인 경향을 추구하고자 한다. 먼저 사민의 편제에 대하여 살펴보기로 한다. 앞서 언급하였듯이 사민은 군현제로 편제되었다는 견해가 유력시되어 왔는데, 북위왕조가 사민을 군현제로 편제한 사례로는 다음의 세 가지가 있다. 곧, ① 세조 초 休屠郁原 등의 반란을 토벌한 뒤 그 여당 1천여 가를 涿鹿의 남쪽으로 사민하여 平原郡을 설치한 경우,[74] ② 延和원년(432) 朝鮮民을 肥如로 사민한 뒤 朝鮮縣을 설치한 경우,[75] 그리고 ③ [표 2]에서 보듯 현조 헌문제 皇興3년(460) 靑·齊의 民望 수백 가를 북방으로 사민하고 平齊郡을 설치한 경우이다.[76]

이 가운데 헌문제 시대에 시행된 ③의 평제군 설치는 종래 사민정책의 말기적 단계를 나타내는 특수적 내지는 예외적인 조치로서 이해되어 왔지만,[77] 그 뒤 ①에 보이듯 세조 초에 이미 사민을 군현으로 편제한 사

로ー」(『東洋史學研究』 11, 1977) 참조.
73) 谷川道雄, 「北魏末の內亂と城民」(『隋唐帝國形成史論』), pp.203~208에는 舊政權[北涼·夏·後燕 등]에서의 관료의 지위와 사민 이후 북위왕조에서의 그것을 비교 서술하고 있어, 그 지위의 변화를 아는 데 도움이 된다.
74) 『魏書』 卷15, 常山王素傳: "休屠郁原等叛 素討之 斬渠率 徙千餘家於涿鹿之陽 立平原郡以虛之."
75) 『魏書』 卷106, 地形志 上: "朝鮮 二漢晋屬樂浪 後罷 延和元年徙朝鮮民於肥如 復置 屬焉." 이는 [표 2]의 432년 북위가 북연을 멸망시키고 난 뒤 遼東의 郡民 3만여 가를 幽州로 사민했을 때 조선민에 대하여 행해진 사례일 것으로 보인다.
76) 『魏書』 卷50, 慕容白曜傳: "後乃徙二城民望於下館 朝廷置平齊郡 懷寧歸安二縣以居之 自餘悉爲奴婢 分賜百官."
77) 河地重造, 「北魏王朝の成立とその性格について―徙民政策の展開から均田制へ―」,

례가 지적된[78] 이래 사민에 대한 군현의 설치를 사민 말기의 현상으로 보는 견해는 부정되고, 오히려 사민은 대개 군현제 지배를 수반했다고 보는 것이 일반적인 경향이 되었다.[79] 실제 북위 초기 사민에 대하여 군현을 설치한 사례는 ① 외에도 ②의 延和원년(432) 조선민을 肥如로 사민한 뒤 조선현을 설치한 경우가 있기 때문에 사민에 대한 군현의 설치를 말기적인 현상으로 보는 견해는 수정되어야 한다.

그렇다면 이들 사례를 가지고 사민이 일반적으로 군현제적 지배하에 놓여 있었다고 보아야 할 것인가? 이 점과 관련해서는 사민의 종족적 특성에 주목할 필요가 있다. 곧, 앞서 든 세 가지 사례 가운데 ②의 조선민과 ③의 靑·齊의 民望은 농경민족으로 원래 군현제적 지배하에 놓여 있는 자들이고, 따라서 이들이 사민된 뒤에 다시 군현제로 편제되었다고 해도 조금도 이상하지 않다. 문제는 ①의 休屠郁原의 餘黨 천여 가를 涿鹿의 남쪽으로 사민하고 평원군을 설치한 경우인데, 이 휴도욱원은 흉노족으로 알려져 있다.[80] 그렇다면 그 여당 1천여 가도 당연히 흉노족이었을 것이다. 이와 같이 유목민에 대하여도 군을 설치한 사례가 있는 이상 북위왕조는 흉노를 포함한 유목민을 사민한 뒤 군현제로 편제했을 가능성은 배제할 수 없다.

그러나 사민된 유목민 가운데는 군현제적인 편제와는 다른 모습을 보여주는 사례가 있다.

> 勅勒新民은 將吏가 침탈하자 모두 원망의 소리를 내어 "牛馬가 풀을 배불리 먹기를 기다려 마땅히 漠北으로 달아나자"고 하였다. 〔劉〕潔과 左僕射 安原은 곧 황하의 얼음이 풀리기 전에 河西로 사민할 것을 주청하였다.…

---

pp.30~32 ; 堀敏一,「均田制の成立」(『東洋史研究』 24-1·2, 1965).
78) 谷川道雄,「均田制の理念と大土地所有」(『東洋史研究』 25-4, 1967 ;『中國中世社會と共同體』, 國書刊行會, 1976), p.261, 주 3) 참조.
79) 谷川道雄,「北魏の統一過程とその構造」, pp.131~134.
80) 堀敏一,『均田制の研究』, p.106.

世祖가 이르기를 "그렇지 않다. 이들의 습속은 放散한 날이 오래되어 동산 속의 사슴과 같아 급하게 하면 충돌하고 느슨하게 하면 안정되니 나는 스스로 道가 있음에 처하고 번거롭게 옮기지 않겠다"고 하였다. 潔 등이 고집하니 이에 3萬餘 落을 河西로 分徙하는 것을 허락하였다. 서쪽으로 白鹽池에 이르자 新民이 놀라… 서쪽의 凉州로 달아나고자 하였다.… 뒤에 신민 數千騎가 북쪽으로 달아나니 결이 쫓아 토벌하였다. 달아난 자들은 양식이 끊어져 서로 베고 죽었다.[81]

세조는 神䴥2년(429) 8월에 유연을 정벌하고 돌아오던 길에 巳尼陂에 이르러 勅勒[高車]을 토벌하여 그 數十萬落을 漠南으로 사민하고 司徒 長孫翰·尙書令 劉潔·左僕射 安原 등에게 진무케 하였는데,[82] 여기의 칙륵은 바로 그 때 사민된 것으로 판단된다. 그런데 위의 사료를 통하여 우리는 사민된 뒤 이들의 생활상을 어느 정도 유추해 볼 수 있다. 우선 위의 사례에서는 河西지역으로 分徙의 대상이 된 고차의 민을 '3萬餘 落'으로 표현하고 있다. 그렇다면 이들 고차는 사민된 뒤에도 본래의 부락체제를 유지하고 있었다고 생각된다.

다음으로 이들이 將吏의 침탈에 대하여 '牛馬가 풀을 배불리 먹기를 기다려' 달아나려 하고 있는 것을 보면 유목민족인 고차는 사민된 뒤에도 전통적 생활방식인 목축에 종사했을 것으로 판단된다. 이 점은 위의 사례에서 이들의 진무를 맡았던 劉潔과 安原 등의 分徙주장에 대하여 세조가 이들의 천사와 습속을 개변하는 데 반대하고 있는 것을 통해서도 어느 정도 엿볼 수 있다. 그렇다면 앞서 살펴본 내속민의 경우처럼 북위 지배하에 있던 다양한 종족에 대하여 각기 그 본래의 습속을 바꾸지 않음을 원칙으로 하고 있는 세조시대 민의 지배방식이 사민에게도 적용되었다고 여겨진다. 이러한 관점이 어느 정도 타당하다면 특히 [표 2]에서

---

81) 『魏書』 卷28, 劉潔傳.
82) 이에 대하여는 『魏書』 卷4上, 世祖紀上, 神䴥2年 8月條 ; 『魏書』 卷103, 蠕蠕傳 ; 『魏書』 卷103, 高車傳 등 참조.

보듯 북위 전기 사민의 대부분을 차지하는 선비·흉노·고차 등 유목민은 사민된 뒤에도 군현제로 편제된 것이 아니라 그들 본래의 편제방식인 부락체제를 유지하였고 또 이들은 전통적인 생활방식인 목축에 종사하였을 개연성이 상당히 크다. 따라서 사민이 전부 군현제로 편제되었다고 하는 견해는 재고되어야 할 것이다.

그러나 이들이 부락체제를 유지하면서 그들 본래의 생활방식인 목축에 종사하고 있었다고 해도 그것이 자유로운 입장에 있었음을 의미하는 것은 아니다. 앞서 인용한 사례를 보면 고차족이 이반하려는 것이 長吏의 침탈 때문이라 하고 있다. 이것은 이들이 장리의 지배를 받고 있었음을 의미한다. 특히 고조 이전까지 북위의 화북지배가 군사적 성격이 농후한 점을 감안하면 북위는 이들 사민에 대하여 군대를 주둔시켜 엄격한 통제하에서 특별 감시·감독했을 것으로 생각된다.

한편, 군현제로 편제된 사민의 경우에서도 민족명을 띠고 있는 조선현은 달리하더라도 평원군과 평제군의 명칭에서 볼 때, 이들은 피정복민임을 나타내는 군현명을 붙이고 있기 때문에 정상적인 군의 명칭이라고는 보기 어렵고 국가측에서 이들을 다른 일반군과 구별하려는 의도를 엿볼 수 있다. 특히 평제군의 경우 그 군 소속의 호는 平齊戶로, 그 민은 平齊民으로 불렸을 뿐 아니라, 그 구성원의 일부는 兵戶 및 僧祇戶로 전환되고 또 군 자체도 얼마 뒤 소멸되고 있다.[83] 이러한 점에서 북위왕조가 사민을 대상으로 설치한 군현은 일반 군현과 달리 특수 군현적 성격으로 보는 것이[84] 타당하다. 따라서 사민은 앞서 勅勒新民의 경우에서 보듯 본래의 부락체제를 유지한 경우에는 말할 나위도 없지만 군현제로 편제된 경우에도 일반 군현민과는 다른 계통에서 특별 관리되었을 가능

---

83) 『隋書』卷30, 地理志中, 馬邑郡 雲內條: "後魏立平齊郡 尋廢"; 唐長孺, 「北魏的青齊土民」, pp.108~113에 의하면 平齊郡이 폐지된 이후 平齊民은 본향으로 귀환하였고, 또 이들은 비천한 신분에서 벗어나 본래의 지위를 회복하였다고 한다.

84) 嚴耀中, 『北魏前期政治制度』, pp.83~88.

성은 상당히 크다고 생각한다.

다음으로 사민의 신분에 대하여 살펴보기로 한다. 이와 관련하여 우선 주목되는 것이 사민을 대상으로 한 計口受田조치이다.[85] 북위 초 사민에게 실시된 계구수전은 [표 2]에서 보듯 두 가지 사례가 있다. 하나는 398년 옛 後燕의 지배하에 있던 山東6州의 民吏 및 徒何·高麗·雜夷 36만과 百工伎巧 10만여 구를 경사로 천사한 뒤 口數를 헤아려 토지를 지급한 경우이고,[86] 또 하나는 413년 越勤部를 격파하고 그 餘民 2만여 가를 大寧으로 천사한 뒤 계구수전한 경우이다.[87]

이 북위가 사민에게 시행한 계구수전 조치에 대하여는 자료의 한계로 불투명한 점이 많지만, 종래 사민에게는 대체로 계구수전 조치가 수반되었고, 그 의도는 田土의 지급이라는 형식을 통하여 자립생활을 영위할 수 있는 조건을 마련해 준 것이었다는, 다시 말하면 自營農民化하는 정책이었다고 하는 견해가 유력시되어 왔다.[88] 그러나 앞서 언급한 勅勒新民의 경우처럼 사민의 대부분을 차지하는 유목민이 사민된 뒤에도 본래의 생활방식인 목축을 영위하였음을 보여주는 사례가 있고, 또한 사민의 주된 사거지로 되어 있는 畿內를 포함한 산서성 서부에서 북부 일대의 河北地域은 목축이 성행한 지대로 알려져 있다.[89] 따라서 사민에게는 대체로 계

---

85) 북위 초 사민에게 실시된 계구수전조치에 대하여는 일반적으로 '計口受田制'라 하여 균전제의 전 단계로서 토지제도사적인 범주에서 다루어 왔는데, 이에 대한 비판으로는 白允穆, 「所謂 計口受田制에 관한 一考察 - 그 名稱을 중심으로 - 」(『釜山史學』 25·26, 1994) 참조.

86) 『魏書』 卷2, 太祖紀, 天興 元年條: "[春正月] 辛酉 車駕發自中山 至于望都堯山 徒山東六州民吏及徒何·高麗雜夷三十六萬 百工伎巧十萬餘口 以充京師… 二月 車駕自中山幸繁畤宮 更選屯衛 詔給內徒新民耕牛 計口受田."

87) 『魏書』 卷3, 太宗紀, 永興5年 秋7月條: "奚斤等破越勤倍泥部落於跋那山西 獲馬五萬匹 牛二十萬頭 徙二萬餘家於大寧 計口受田… 辛未 賜征還將士牛馬奴婢各有差 置新民於大寧川 給農器 計口受田."

88) 小口彦太, 「均田農民の土地所有權に關する一試論」(『早稻田法學會誌』 23, 1973), p.173 ; 谷川道雄, 「自營農民と國家との共同體的關係 - 北魏の農業政策を素材として」(『名古屋大學東洋史研究報告』 6, 1980), p.169 ; 朴漢濟, 「北魏 均田制의 成立과 胡漢體制」(『東洋史學研究』 24, 1988), p.81.

구수전 조치가 수반되었다는 견해는 사민 가운데 기존의 농경민에게 적용될지는 몰라도 유목민 일반에 대하여 적용하기는 어렵다.[90]

그러면 사민 가운데 농경민족을 주된 대상으로 계구수전된 민의 신분은 어떻게 보아야 할 것인가? 여기서 주목되는 것은 계구수전민이 국가로부터 토지 이외에 耕牛·농구 등 일체의 생산수단을 지급받고 있는 점이다. 이것은 사민이 본거지에서 이탈하여 모든 생산수단을 상실하였기 때문에 국가에 의존하지 않을 수 없는 상황이 연상된다. 물론 국가에 대한 의존성이 높은 점만을 가지고 바로 계구수전민이 신분적으로 일반 군현민보다 낮다고 보는 것은 문제지만, 그렇다고 국가가 시행한 이러한 조치를 자영농민화하는 정책의 일환으로 보는 것도 선뜻 수긍하기 어렵다. 이와 관련하여 참고가 되는 것은 북위와 같이 직접 사민을 대상으로 한 것은 아니지만, 북위와 거의 유사한 정복왕조적 성격을 지닌 前燕의 慕容皝이 행한 정책이다.

> 牧牛를 貧家에 지급하고 苑中에서 경작시켜 국가가 그 8을 거두고 2분은 私家가 거두어들인다. 소는 있으나 땅이 없는 자도 또한 苑中을 경작하여 국가가 그 7을 거두고 3분은 私家가 거두어들인다.[91]

국가에서 수확물의 7·8할을 거두는 것은 매우 높은 수탈률로서, 비록 記室參軍 封裕의 비판을 받아 실행되지는 않았지만, 여기서 떠오르는 것은 曹魏의 둔전제이다. 북위의 계구수전조치가 이와 같은 높은 수탈률이었는지 현재로선 알 수 없고 또 계구수전민이 신분적으로도 낮다는 증

---

89) 古賀昭岑,「北魏における徙民と計口受田について」, pp.26~27.
90) 古賀昭岑,「北魏における徙民と計口受田について」, pp.23~29에서는 사민을 전부 계구수전과 결부시키는 것은 문제가 있고, 오히려 사민의 태반은 牧子 내지 城人·鎭人이 되었다고 한다. 필자도 舊稿에서 사민은 대체로 계구수전이 수반되었다는 전통적인 견해에 따랐지만(졸고,「北魏 均田制의 成立과 그 性格」, p.156의 주 56) 참조), 본문에서 검토하였듯이 사민=계구수전의 등식은 성립하기 어렵다.
91)『晋書』卷109, 慕容皝載記.

거도 없지만, 국가로부터 모든 생산수단을 지급받고 있는 이상 국가에 대한 예속성은 일반군현민보다 상당히 높았음은 충분히 예상할 수 있고, 그것만으로도 계구수전민이 일반 군현민과 동일한 신분이었다고 보기는 어려울 것이다. 따라서 계구수전민은 조위의 둔전민과 같이 특수한 신분으로 보는 것이 오히려 자연스럽다.[92]

여기서 한 가지 짚고 넘어갈 문제는 종래 사민이 신분적으로 일반 군현민과 다름없다는 증거의 하나로 거론되고 있는, 사민 내지 계구수전민에 대하여 사용된 內徙新民이라는 용어이다. 이 신민이라는 용어는 계구수전민 외에도 앞서 살펴본 바와 같이 내속민에게도 사용되고 있다. 따라서 신민은 내속민·사민을 가리지 않고 북위왕조의 지배하에 새로이 들어온 사람에게 사용된 용어라 할 수 있다. 이와 같이 사민과 내속민을 모두 신민으로 표현하고 있다면 양자를 동일한 신분으로 생각할 수도 있다. 그러나 북위의 신분질서상에서 볼 때 이러한 용례를 가지고 사민의 신분을 단정하는 것은 위험하다고 생각한다. 여기서 조금 추론을 더하면 이 신민이라는 용어는 이들 사민이 법제적 신분상에서 양인임을 나타내는 것으로 보는 것은 가능할지 몰라도, 그것을 가지고 양인 가운데 북위의 신분질서상에서 백민으로 보는 것은 곤란하다고 판단된다.

지금까지 본서는 사민의 편제와 신분에 대하여 국가의 특별한 편제 하에 두어진 특수한 신분일 것이라는 관점에서 종래 유력시되어 온 군현제지배 및 일반 군현민설을 비판하였다. 그렇다면 사민은 어떠한 신분으로 보아야 할까? 필자는 이것을 시역 곧 잡호와 관련지어 생각해 보고

---

92) 『晉書』 卷109, 慕容皝載記에 의하면 慕容皝은 記室參軍 封裕의 간언을 받아들여 재차 영을 내렸는데, 그 대강을 기술하면 "苑囿는 모두 폐지하여 백성 가운데 無田者에게 지급하고, 貧者로서 자산이 없는 자에게는 각각 牧牛 一頭를 내리며, 만약 私的으로 여력이 있어 官牛를 취하여 官田開墾를 기꺼이 하고자 하는 자는 魏晉의 舊法에 의한다"고 하고 있다. 이 가운데 '魏晉의 舊法에 의한다'에서 舊法이란 아마 魏晉의 屯田制를 의미할 것이다. 이것은 官牛를 취한 경우에는 대체로 魏晉의 둔전제가 원용되었을 가능성을 시사해 준다.

싶다. 앞의 제2장에서 이미 언급하였듯이 북조시기 잡호는 營戶・兵戶・軍戶・府戶・城民・鎭民・屯戶・隸戶・羅穀戶・細繭戶・綾羅戶・太常民・僧祇戶・百工伎巧(伎作戶)・牧戶・驛戶・別戶・平齊戶 등 흔히 百雜之戶 또는 雜役之戶로 불리는 비편호 일반을 포괄하고 있다. 그러면 과연 이들 잡호 가운데 사민에서 나왔다고 보이는 것은 어떠한 것이 있는가? 그 출처가 대체로 명확한 것으로는 영호・예호・별호・병호・군호・성민・진민・승기호・백공기교(기작호)・목호・평제호 등을 들 수 있다. 이 사민을 내원으로 하는 잡호는 크게 두 부분으로 나뉜다.

첫째, 사민을 직접 잡호로 한 경우이다. 여기에 속하는 것으로는 영호・예호・기작호・목호・평제호 등이 있다. 우선 이 가운데 平齊戶는 현조시기 산동정벌에 의해 青・齊의 民望을 사민한 경우임을 이미 언급하였다. 다음으로 軍營에 예속하는 營戶이다. 북위왕조가 사민을 영호로 삼은 사례는 [표 2]에서 보듯 ① 세조 太平眞君 5년(444)에 북쪽으로 달아난 5천 가의 北部民을 토벌한 뒤 그 殘黨을 冀・相・定 3주로 徙居시키고 영호로 삼은 경우,[93] ② 고조 延興元年(426)에 반란을 일으킨 勅勒을 토벌하여 3만여 가를 참수하고 그 잔당을 冀・定・相 3주로 사민하고 영호로 삼은 경우,[94] ③ 고조 延興2년에 역시 모반한 勅勒을 青・徐・齊・兗으로 徙配하여 영호로 삼은 경우[95] 등이다.

여기서 우선 떠오르는 것은 영호는 모두 공통적으로 叛民을 그 대상으로 하고 있는 점이다. 영호가 반민을 대상으로 하였다면 국가가 이들을 사민 일반보다 더욱 가혹한 처지에 두었던 것은 아닌가 하는 의문을 가질 수도 있다. 그러나 북위의 사민정책은 앞서 언급한 바와 같이 적대세력에 대한 정복전쟁의 결과 그 여민・잔당을 주된 대상으로 하고 있기 때문에 반민도 이에서 크게 벗어나는 것은 아니라고 생각한다.

---

93) 『魏書』 卷4下, 世祖紀下, 太平眞君 5年 6月條.
94) 『魏書』 卷7上, 高祖紀上, 延興元年 冬10月 丁亥條.
95) 『魏書』 卷7上, 高祖紀上, 延興2年 3月 庚午條.

다음으로 隷戶이다. 북위는 세조 太延5년(439)에 北涼의 沮渠牧犍을 정벌하고 城內의 3만여 가 20여만 人을 수도인 平城방면으로 사민하였는데,96) 이 때 사민된 涼州 출신자 가운데 상당부분이 예호에 충당되었음이 확인되고 있다.97) 그런데 뒤의 [표 5] 북위 전기 노비의 班賜[개인]에서 보듯 예호는 태조시대에 이미 그 존재가 확인되고 있지만, 그 이전인 昭成帝 때에 예호와 유사한 것으로 여겨지는 僮隷가 출현하고 있기 때문에 그보다 훨씬 거슬러 올라갈 수 있을 것이다. 이들이 모두 사민에 의해 충당되었는지는 명확하지 않다. 그러나 위와 같은 사례가 있는 이상 그 개연성이 어느 정도 인정된다면 북위왕조에서 사민에 의한 예호의 창출은 일반적인 관행이 아니었을까 생각한다.

다음에는 百工伎巧[伎作戶]이다. 백공기교의 출자에 대하여는 북위 초기 漏戶를 여기에 충당한 사례가 확인되고 있지만,98) 그와 아울러 역시 사민에 의해서도 대량으로 창출되고 있다. 곧, 북위는 398년 후연을 정복한 뒤 산동 6주의 民吏·徒河·高麗·雜夷 36만을 경사로 사민할 때 백공기교 10여만 口도 동시에 사민하고 있다[[표 2] 참조]. 종래 이 사례는 바로 이어 계구수전 조치가 뒤따르고 있는 것에서 이 때 사민된 백공기교도 계구수전의 대상이 되었고 따라서 이에 의해 백공기교는 농업생산에 종사하는 농민으로 전환되었다고 하는 견해가 있다.99) 그러나 북위가 후연의 舊民을 사민할 때 산동 6주의 民吏 등과 백공기교를 명확하게 구별하고 있는데, 이는 국가에서 특히 백공기교를 파악하고자 한 정책상의 의도가 있었던 것은 아닐까? 이러한 관점이 어느 정도 인정된다면 백공기교가 그 본래의 직역을 버리고 계구수전 조치에 의해 농민으로 전환했다고는 생각되지 않는다. 특히 후진적인 유목민족에서 흥기하

---

96) [표 2] 및 『魏書』 卷4上, 世祖紀上, 太延5年(439) 8月～10月條 ; 『魏書』 卷99, 沮渠牧犍傳.
97) 『隋書』 卷25, 刑法志.
98) 『魏書』 卷110, 食貨志.
99) 谷川道雄, 「自營農民と國家との共同體的關係－北魏の農業政策を素材として」, p.175.

여 중국을 정복·지배한 북위가 수공업 인구를 중시한 점에 주목하면 백공기교는 사민된 뒤에도 본래의 직역에 종사했다고 보는 것이 자연스럽다. 또한 세조시기에는 長安城 안의 수공업자 2천여 가를 경사로 사민하고 있는데,100) 이들도 사민된 뒤 수공업생산에 종사하였을 것이다. 이러한 사례를 볼 때 관부에 직속하면서 국가의 관영수공업 作坊에서 각종 기물을 제작하던 백공기교는 사민에 의해 대량으로 창출되었음을 알 수 있다.

다음으로 牧戶이다. 사민 가운데 많은 부분이 국가의 관영목장에서 목축을 전업으로 하는 목호에 충당되고 있다. 북위는 국초부터 방대한 규모의 관영목장을 설치하였고 여기에는 많은 수의 목호가 목축에 종사하고 있었음이 지적되고 있다.101) 그렇다면 사민의 대부분을 차지하는 유목민이 사민된 뒤에도 본래의 부락체제를 유지하면서 관영목장의 목호에 충당되었을 가능성은 충분히 예상된다. 그것은 종래 지적되어 온 바와 같이 목축에 뛰어난 유목민족을 강제로 농경에 투입하기보다는 목축에 종사시키는 것이 현실적이기 때문이다.102)

그런데 종래 이 목호의 내원에 대하여는 주로 전쟁포로로 보는 것이 일반적이었다.103) 그러나 목호는 부락의 형태를 보유한 취거형식을 띠고 있고 또 주로 호로 계산되어 있는 점에서 전쟁포로로 보기에는 의문이 따른다. 그것은 후술하듯이 북위가 정복전쟁 과정에서 획득한 대량의 전쟁포로는 일반적으로 生口라 하여 호로 계산하지 않고 구로 계산하기 때문이다. 그렇다면 이 구로 계산된 전쟁포로가 목호에 충당된 뒤에 戶로 계산되는 존재로 전환했다고 보는 것은 모순이다. 따라서 목호의 신분이

---

100) 『魏書』 卷4上, 世祖紀上, 太平眞君 7年(446)條.
101) 唐長孺, 「拓跋國家的建立及其封建化」, p.210 ; 辛聖坤, 「雜戶 身分의 變遷과 그 性格」 (『歷史學報』 115, 1987), p.151.
102) 古賀昭岑, 「北魏における徙民と計口受田について」, p.27.
103) 唐長孺, 「拓跋國家的建立及其封建化」, pp.213~214 ; 辛聖坤, 「雜戶 身分의 變遷과 그 性格」, p.152.

백민의 아래인 점과 부락의 형태를 보유한 취거형식을 띠고 또 주로 호로 계산된 점 등을 고려하면 목호의 내원은 생구로 표현된 전쟁포로가 아닌 사민이라고 보는 것이 타당하다. 더욱이 북위 전기 사민의 중심이 유목민족인 점, 그리고 관영목장의 규모와 목호의 수가 방대한 점 등을 고려할 때,104) 사민 가운데 상당부분이 여기에 충당되었을 것으로 생각된다.

둘째, 2차사민에 의한 잡호의 창출이다. 북위왕조는 적대세력에 대한 정복전쟁의 결과 그 여민·잔당을 일정한 지역으로 사민한 뒤에 이들을 재차 각지로 사민하여 —이것을 본서에서는 2차사민이라 부르기로 한다— 국가가 필요로 하는 각종 직역에 종사시키고 있다. 여기에 속하는 것으로는 兵戶·城民·鎭民·軍戶·僧祇戶 등이 있다.

먼저 兵戶이다. 사민이 병호에 충당된 경우는 종래 잘 알려진 바와 같이 다음의 두 사례가 있다.

> ① 蔣少游는… 慕容白曜가 東陽을 평정한 뒤 平城으로 들어와 平齊戶에 충당되었고, 뒤에 雲中의 兵士에 배치되었다.105)
> ② 高聰은… 大軍이 東陽을 정벌한 뒤 聰은 平城으로 사민되었고 [뒤에] 蔣少游와 함께 雲中의 병호가 되었다.106)

이들 두 사례에서 보듯이 蔣少游와 高聰은 모두 慕容白曜의 산동 정벌에 의해 平城으로 사민되어 平齊戶가 되었다가 뒤에 다시 雲中鎭으로 옮겨져 병호에 충당되고 있다. 이 이외에 병호와 관련된 사례가 없어 그 구체적인 실상은 파악하기 어렵지만, 사민의 일부분이 軍籍·兵貫을 가지고 대대로 병역을 담당하는 병호에 충당되었음은 확실해

---

104) 북위 전기 官營牧場의 규모와 牧戶의 숫자에 대하여는 다음 항 잡호의 직역 참조.
105) 『魏書』 卷91, 蔣少游傳: "蔣少游… 慕容白曜之平東陽 見俘入於平城 充平齊戶 後配雲中兵."
106) 『魏書』 卷68, 高聰傳: "高聰… 大軍克攻東陽 聰徙入平城 與蔣少游爲雲中兵戶."

제3장 북조 전기 하층신분질서의 형성과 구조 111

보인다.
　다음으로 城民·鎭民이다. 우선 사민이 성민으로 전환된 경우는 다음의 사례가 있다.

> 세조는 涼州를 평정하여 士民을 동쪽으로 천사하였다.… 〔劉〕昞에게는 자식 여섯이 있었는데, 장자 僧衍은 일찍 죽었고, 다음의 仲禮는 鄕里에 머물렀으며, 다음의 字仲·貳歸와 어린 歸仁은 모두 代京으로 천사되었고, 뒤에 여러 州에 分屬하여 성민이 되었다.107)

곧, 敦煌의 명망있던 儒者인 劉昞은 太延5년(439)에 세조의 北涼정복으로 代都로 사민되고, 그 뒤 세 아들은 여러 州에 분속하여 성민이 되고 있다. 이 세조의 북량정복에 의해 대도로 사민된 자의 수는 [표 2]에 의하면 3만여 가로 기록되어 있다. 앞서 살펴본 바와 같이 이들 가운데 상당수는 예호에 충당되었지만, 이 유병의 자식들처럼 일부는 성민에도 충당되고 있다. 이렇듯 돈황의 명망가였던 유병의 자식들이 사민된 뒤 다시 성민에 충당되었다면 다른 사민의 경우는 말할 나위도 없을 것이다.
　사민이 진민으로 전환하는 모습에 대하여는 다음의 사례가 주목된다.

> 〔史寔은〕建康 袁氏人이다. 증조 豫는 沮渠氏를 섬겨 臨松令이 되었다. 〔北〕魏가 涼州를 평정하자, 할아버지 灌은 예에 따라 撫盜〔冥의 잘못〕鎭으로 천사되었고, 이로 인하여 그 곳을 家로 하였다.108)

이에 의하면 北涼의 沮渠氏를 섬겼던 史寔의 집안이 북위의 北涼정복으로 代都로 사민되고 그 뒤에 다시 撫冥鎭으로 천사되어 진인으로 전환되고 있다. 이외에도 『北齊書』나 『周書』에는 사민된 뒤에 北鎭이나 州

---

107) 『魏書』 卷52, 劉昞傳: "世祖平涼州 士民東遷… 昞六子 長子僧衍 早亡 次仲禮 留鄕里 次字仲 次貳歸 少歸仁 並遷代京 後分屬諸州 爲城民."
108) 『周書』 卷28, 史寔傳: "〔史寔〕建康袁氏人也 曾祖豫 仕沮渠氏 爲臨松令 魏平涼州 祖灌 隨例遷於撫盜鎭 因家焉."

鎭으로 천사되어 진민이나 성민이 된 사례를 많이 남기고 있고, 특히 세조의 夏(427)·北燕(436)·北涼(439)정복에 따른 사민의 대부분은 북변 또는 서남변으로 보내져 진민·성민이 되고 있다.109) 따라서 『周書』史 寧傳에 보이는 '예에 따라'라는 표현은 북위왕조가 주변의 적대세력을 정벌한 뒤 그 여민·잔당을 먼저 京畿나 그 주변지역으로 천사시키고, 다시 이들을 각 鎭에 배속시키는 정복→사민→진으로의 分徙라는 경로가 상당히 일반화되었음을 말해 준다고 하겠다.110)

사민이 軍戶에 충당된 경우는 다음이 주목된다.

또 尚書令 高肇가 상주하여 말하였다. "삼가 살피건대, 故沙門統 曇曜는 일찍이 承明元年에 涼州軍戶 趙苟子等 2백家를 僧祇戶로 삼고 과세를 세우고 粟을 쌓아 흉년을 구제하는 데 충당하고자 하였습니다. [이 승기 속은] 승려와 속인을 구별하지 않고 모두 이로써 구제하고 베풀기 위한 것이었습니다."111)

이것에 의하면 고조 효문제 承明원년(476)에 沙門統 曇曜의 주청에 의해 涼州軍戶 趙苟子 등이 僧祇戶에 충당되고 있다. 여기의 양주군호가 사민된 뒤 군영에 직속한 양주출신의 군호라는 의미인지 그렇지 않으면

---

109) 古賀昭岑,「北魏における徙民と計口受田について」, p.28. 사민이 진민·성민으로 전환되어 가는 모습에 대하여는 古賀昭岑,「北魏城人出自考」(『東洋史學』25, 1962) ; 濱口重國,「正光四五年の交に於ける後魏の兵制に就いて」·「東魏の兵制」(모두『秦漢隋唐史の硏究』上卷, 東京大學出版會, 1966] ; 谷川道雄,「北魏末の內亂と城民」등 참조.
110) 『魏書』卷4下, 世祖紀下, 太平眞君 6年(445) 秋8月條에는 世祖가 陰山의 북쪽지역을 정벌한 뒤 諸鍾雜人 5천여 家를 사민하고 있다[[표 2] 참조]. 그런데 이들의 사거지가 북변으로 되어 있기 때문에 그 직역의 형태는 兵戶나 城民·鎭民이 되어 군역에 복역하였을 가능성이 크다. 그렇다면 북위에서는 병역전문호에 사민을 직접 충당한 경우도 있었던 것이 된다.
111) 『魏書』卷114, 釋老志:"又尚書令高肇奏言 謹案 故沙門統曇曜 昔於承明元年 奏涼州軍戶趙苟子等二百家 爲僧祇戶 立課積粟 擬濟飢年 不限道俗 皆以拯."『魏書』釋老志에 대한 주석서로는 塚本善隆,『魏書釋老志の硏究』(佛敎文化硏究所出版部, 1961)가 있지만, 본서에서는 全永燮,「『위서(魏書)』「석로지(釋老志)」譯註」(『中國史硏究』 8, 2000)에 따랐고, 이하도 동일하다.

양주지역에 주둔한 군대에 예속한 군호라는 의미인지 명확하지 않다. 다만, 이 高肇의 상주 말미에 "청컨대 조구자 등은 본향으로 돌려보내어 조세를 납부토록 하십시오"라고[112] 표현되어 있는 것에서 유추하면 조구자 등은 북위의 사민정책으로 본향인 양주를 떠나 경사로 천사된 뒤 군영에 직속하게 된 양주출신의 군호이고, 북위왕조는 이들 군호에 대하여 출신지역명을 붙여 불렀을 가능성이 있다. 이러한 추측이 어느 정도 타당하다면 사민의 일부가 군호에 충당되었다고 보는 것도 잘못은 아닐 것이다.

끝으로 僧祇戶이다. 이 승기호의 내원에 대하여 참고가 되는 것은 다음의 사례이다.

> 曇曜가 아뢰었다. "[산동정벌에 의해 사민되어 온] 平齊戶 및 諸民 가운데 능히 매년 곡식 60斛을 僧曹에 바칠 수 있는 자를 僧祇戶로 삼고, 그 粟을 僧祇粟으로 삼아 흉년에는 주린 민을 진급할 수 있게끔 하십시오." 또 청하였다. "민 가운데 중죄를 범한 자나 官奴를 佛圖戶로 삼아 여러 절의 청소 등 잡일을 하도록 하고 아울러 해마다 토지를 경작하여 粟을 납부토록 하십시오." 高宗은[113] [이 두 가지를] 모두 허락하였다. 이에 僧祇戶·粟 및 寺戶가 州鎮에 두루 퍼지게 되었다.[114]

이는 승단소속의 승기호·불도호의 내원을 알려주는 것으로 종래 꽤 주목된 사례인데, 승기호의 경우에는 평제호와 諸民이 충당되고 있다. 이 가운데 평제호는 북위의 산동정벌에 의해 경사지역으로 사민된 靑·齊의 민망 수백 가를 말하는 것임은 말할 나위도 없다. 또한 앞서 언급한 바와 같이 이 승기호에는 양주군호도 충당되고 있다. 이로써 볼 때, 사민의 일부가 승단소속의 전문직역호인 승기호로 전환된 것은

---

112) 『魏書』 卷114, 釋老志: "請苟子等還鄉課輸."
113) 塚本善隆, 「北魏の僧祇戶·佛圖戶」(『東洋史研究』 2-3, 1937; 『支那佛教史研究 北魏篇』, 清水弘文堂, 1969), pp.7~10에서는 高宗을 高祖의 잘못이라 하고 있다.
114) 『魏書』 卷114, 釋老志.

확실해 보인다.

그런데 이들 사례에 의하면 사민이 승기호로 전환하는 것은 모두 沙門統 曇曜의 주청에 근거를 두고 있다. 담요라고 하면 세조의 폐불사건 이후 북위불교의 부흥을 위해 많은 노력을 기울인 사람으로 알려져 있고,115) 그 가운데 불교의 경제사적인 면에서 큰 역할을 한 것이 바로 승기호·불도호의 창설이었다.116) 고조 太和 년간 이후 불교의 급격한 발전은 여러가지 원인이 있겠지만, 특히 승기호와 불도호에 의한 경제적 지원을 도외시할 수 없다. 이러한 상황에서 당시 평제호나 양주군호가 승기호에 충당되었던 것이지만, 위에서 든 담요의 상주 말미에 "이에 僧祇戶·粟 및 寺戶가 州鎭에 두루 퍼지게 되었다"는 것으로 보아 승기호에는 이들 평제호나 양주군호 이외에도 사민의 상당수가 여기에 충당되었을 것으로 판단된다.

이상 북위 전기 사민이 잡호로 전환되어 가는 모습을 살펴보았다. 지금까지 보았듯이 그 사례가 적지 않은 것에서 북조 전기 잡호의 주된 내원은 사민이었다고 할 수 있을 것이다. 이러한 점에서 북위가 실시한 사민정책의 주된 목적은 적대세력에 대한 철저한 부정이라는 정치적 측면을 지님과 동시에 이들을 국가가 필요로 하는 각종 직역에 종사시키기 위한 잡호의 창출이라는 경제적 측면도 가지고 있었다고 생각된다. 특히 사민 가운데 특별한 재능이 없거나 북위왕조에 아무런 연고가 없는 사람들은 국가의 정치적·군사적·경제적 목적이나 필요에 의해 일반 주군민과는 다른 편제하에 두어지고 아울러 특수한 신분에 강제로 편입되었을 가능성은 매우 크다. 총괄하면 사민을 통한 잡호의 대량창출은 후술할 생구의 노비화와 마찬가지로 북위의 정복왕조적 성격을 단적으로 보여주는 것이라 하겠다.

---

115) 沙門統 曇曜에 의한 북위 불교부흥에 대하여는 湯用彤, 『漢魏兩晋南北朝佛敎史』(商務印書館, 1938) ; 塚本善隆, 「沙門統曇曜とその時代」(『支那佛敎史硏究 北魏篇』) 등 참조.
116) 僧祇戶·佛圖戶에 대하여 전론한 것으로는 塚本善隆, 「北魏の僧祇戶·佛圖戶」 참조.

2. 잡호의 직역

사민을 주된 내원으로 하는 북조시기 시역 곧, 잡호는 앞에서도 언급하였듯이 伎作戶・綾羅戶・細繭戶・羅縠戶・屯戶・牧戶・營戶・兵戶・軍戶・府戶・隸戶・別戶・城民・驛戶・樂戶・太常民・僧祇戶・平齊戶・鹽戶・金戶・銀戶 등 일반 군현민과는 다른 편제하에 놓여 있는 비편호인 다양한 하층신분을 대부분 포괄하고 있다. 이들을 편의상 담당직역의 성격에 따라 분류하면, ① 특수한 기술을 필요로 하는 호[기작호・능라호・세견호・나곡호・태상민・악호 등], ② 특정한 직역에 종사하는 호[목호・역호・둔호・승기호・염호・금호・은호 등], ③ 軍營[軍府]에 직속하는 호[성민・영호・병호・군호・부호], ④ 기타 그 담당직역이 불분명한 호[평제호・예호・별호 등]로 나눌 수 있다.117) 그러면, 다음에는 이러한 분류를 기초로 구체적으로 이들 각 신분의 담당직역과 그 성격을 살펴보기로 한다.

첫째, 특수한 기술을 필요로 하는 호인 기작호・능라호・세견호・태상민・악호 등이다. 이 가운데 기작호・세견호・능라호로 불리는 백공기교는 관영수공업의 作坊에서 국가가 필요로 하는 각종 기물과 직물을 제작하는 工匠을 말한다. 국가직속 공장에서의 주요 노동자인 百工의 존재는 북위 이전 5호의 여러 국가에서도 이미 확인되고 있다. 예를 들어 後趙의 건설자 石勒은 趙王을 칭했을 때 이미 太醫・尙方・御府諸令을 설치하였고,118) 석륵의 뒤를 계승한 石虎시대에는 [中]尙方119)과 御府 아

---

117) 嚴耀中, 『北魏前期政治制度』, pp.99~105에서는 본서가 잡호의 범주에서 논급하고 있는 일련의 호를 專役戶라는 용어를 사용하여 서술하고 있는데, 그는 전역호를 크게 모종의 상품생산을 주로 하는 호[능라호・금호・은호・염호 등], 모종의 勞役을 제공하는 호[병호・역호・악호・관호 등]로 구분하고, 그 가운데에는 양자의 혼합형[염호↔병호]도 존재한다고 한다.

118) 唐長孺, 「魏晉至唐官府作場及官府工程的工匠」(『魏晉南北朝史論叢續編』, 三聯書店, 1959), p.41.

119) 『晋書』 卷104, 石勒載記에는 尙方이라 하고 있지만, 『太平御覽』 卷815, 布帛部二錦條

래에 織錦署 혹은 織成署라는 직물제작 공장을 두었으며, 여기에서 수백 인의 工匠들이 직물제작에 종사하고 있었다.[120] 또한 前燕의 경우 백공을 郡國의 수요에 따라 인원을 설정하였고, 後秦에서도 백공을 집중 관리하고 있었다.[121]

후진적인 유목민족에서 흥기하여 중국을 정복·지배한 북위왕조도 5호의 여러 국가와 마찬가지로 수공업 인구의 파악을 특히 중시하였고,[122] 이에 북위왕조는 국초부터 국가에 직속한 전문 수공업자를 두고 있었다. 이들 전문 수공업자가 다름 아닌 기작호의 선구로 알려진 능라호·세견호·나곡호 등이다. 북위는 초기에 이들 전문 수공업자에 漏戶를 검괄하여 충당하고 糸·綿·絹織物 등을 국가에 납입시켰다.[123] 그런데 이들의 경우 모두 호라는 명칭을 띠고 있고 또 守宰의 지배를 받지 않았다고 한 것으로 보아, 북위왕조는 아마 이들 누호를 능라호·세견호 등에 충당한 뒤에도 일반 군현의 호적에 부적시키지 않고 관부에 직속시켜 특별 관리했을 것으로 보인다. 이후 逃戶가 여기에 많이 투탁하고 그로 인해 호구가 錯亂함으로써 북위왕조는 세조 태무제 始光3년(426)에 일시 모든 능라호 등을 혁파하고 군현에 편입시키고 있다.[124] 이로 인해 누호를 수공업에 종사시키는 제도는 세조시대에 이르러 폐지된 듯하다.[125] 그러나

와『太平御覽』卷816, 布帛部三綈條에는 각각 "織錦署在中尙方"·"石虎中尙方御府中巧工作錦"이라 하여, 中尙方으로 되어 있다.

120) 佐藤武敏,『中國古代絹織物史硏究』下(風間書房, 1978), pp.86~87.
121) 辛聖坤,『南北朝時期 官私隸屬民에 관한 硏究』(서울대박사학위논문, 1995), p.112.
122) 堀敏一,「北朝雜戶制の再考察」, p.292.
123)『魏書』卷111, 食貨志: "先是 禁網疏闊 民多逃隱 天興中 詔採諸漏戶 令輸綸綿 自後諸逃戶占爲細繭羅縠者甚衆 於是雜營戶帥遍於天下 不隸守宰 賦役不周 戶口錯亂 始光三年詔一切罷之 以屬郡縣." 동일한 내용은『魏書』卷94, 閹宦仇洛齊傳에도 보인다. 이하 능라호·세견호·나곡호와 관련된 사항은 여기에 든 사례 참조.
124) 위와 동일.
125) 북위는 초기 누호를 수공업에 종사시키는 정책과 거의 때를 같이 하여 정복전쟁 과정에서 대규모 사민을 시행하면서 백공기교라 부르는 수공업자를 천사시키고 있다[[표 2] 북위 전기 사민의 실태 참조]. 이들이 천사된 뒤에도 국가직속의 作坊에서 수공업노동에 종사하였다고 하면 북위왕조에서 기작호의 수는 방대하였다고 할 수 있고, 아울러 이는

고조 효문제 시대에 "조서를 내려 尙方의 錦繡綾羅의 생산에 종사하는 工人을 혁파하여 四民이 하고자 하는 것에 맡기고 금하지 말라고 하였다"126)고 하는 사례를 보면, 尙方 소속의 공인이 혁파되는 고조 효문제 시기까지 관영수공업 作坊에서 견직물 생산에 종사하던 전문수공업자가 존재했음을 알 수 있다.127)

한편, 세조 太平眞君 5년(444)의 조칙에 의하면 세조는 왕공 이하 庶人에 이르기까지 민간에서 金銀工巧人의 私養을 금지시키고 있다.128) 이것은 북위 전기에 국가직속의 기작호 외에 백공기교라 불리는 기작호가 민간에도 존재하였음을 말해 준다. 이러한 현상은 기작호가 국가뿐만 아니라 민간에서도 중시되었음을 보여주는 것이지만, 세조가 민간에서 금은세공인의 私養을 금지시킨 것은 국가가 기작호를 엄격하게 통제하려는 의도로 여겨진다.129) 기작호에 대한 이러한 국가의 엄정한 통제는 이들이 일반 주군의 통속관계에서 벗어나 국가의 부서인 少府에 소속되어 특별 관리되고 있는 것에서도 알 수 있지만,130) 더욱이 국가가 이들에 대하여 담당직역에 대한 세습을 강요하거나,131) 일반 土民과의 통혼을 금

누호와는 내원을 달리하는 국가직속의 수공업자가 북위 초기부터 이미 존재했음을 말해 준다.
126) 『魏書』 卷7下, 高祖紀下, 太和11年(487) 11月 丁未條: "詔罷尙方錦繡綾羅之工 四民欲造 任之無禁."
127) 주 126)에서 인용한 사례에서 보듯이 高祖 孝文帝시기에 혁파된 尙方 소속의 錦繡綾羅의 제작에 종사하던 工人의 신분은 앞서 언급한 世祖 太武帝 시기에 폐지된 綾羅戶 등과 마찬가지로 궁정수공업 作坊에서 견직물생산에 종사하던 전문 수공업자를 가리키는 것으로 여겨진다(佐藤武敏, 『中國古代絹織物史硏究』 下, pp.89~90 참조).
128) 『魏書』 卷4下, 世祖紀下, 太平眞君 5年 正月 庚申條.
129) 앞서 언급한 世祖 太平眞君 5년의 조칙을 보면, 世祖는 민간수공업자의 私養을 금지시킴과 아울러 沙門의 사양도 금지하고 있다. 이로써 보면 이 조칙은 세조 때에 일어난 폐불사건과 관련이 있을 것으로 보인다(唐長孺, 「魏晉至唐官府作場及官府工程的工匠」, p.44). 여하튼 이것은 이후 북위왕조가 민간의 百工伎巧에 대한 엄정한 관리뿐만 아니라 관영수공업자에 대한 통제도 강화되는 하나의 계기가 되고 있다(자세한 것은 본서 제4장 제1절 참조].
130) 辛聖坤, 『南北朝時期 官私隷屬民에 관한 硏究』, p.124.
131) 『魏書』 卷4下, 世祖紀下, 太平眞君 5年(444) 正月 庚戌條.

지하고 있는 것도[132] 기작호에 대한 국가의 엄정한 관리·통제의 일환일 것이다. 여하튼 이상의 점을 고려할 때 기작호 중심의 백공기교는 백민보다 낮은 신분에 있었고, 따라서 이들은 잡호 속에 포함되는 존재였다고 하겠다.

太常民과 樂戶는 그 명칭에서 보듯 국가가 필요로 하는 가무 등 妓樂의 일을 전문적으로 제공하는 호를 말한다. 이들에 대하여는 당대와 달리 북위시대의 경우 관련사례가 적기 때문에 그 실상은 명확하지 않다. 우선 악호에 대하여는 후대의 사례이지만 앞서 든 『隋書』 卷27, 百官志 북제의 官制를 기록한 부분에 尙書省에 속하는 六尙書 안의 五兵尙書의 한 부서인 都兵曹에 대하여, "鼓吹·太樂의 잡호 등의 일을 관장한다"라고 하여 북제시대에 잡호가 鼓吹나 太樂에 소속되어 있다. 그렇다면 이들 양 부서에 악호가 소속되었을 가능성이 있다. 이것은 북제시대의 악호가 국가에 직속하였음을 말해 준다. 북제시대의 악호가 이러하다면 북위시대의 악호도 북제와 동일하게 이들 부서에 직속하면서 국가에 가무 등을 제공하였을 가능성은 매우 크다. 더욱이 앞서 인용한 『北史』 卷5, 魏本紀, 西魏文帝 大統5年에 "妓樂雜役의 무리를 방면하여 모두 편호에 따르게 하였다"라고 하여, 기악은 국가의 방면이 있어야만 편호민이 될 수 있었다. 그렇다면 이들은 일반 군현민보다 낮은 신분이고, 따라서 이들이 잡호에 속하였던 것은 어느 정도 확실해 보인다.

태상민은 그 명칭에서 보듯 太常寺에 소속된 민 내지 호구였을 것으로 판단된다. 이 태상민에 대하여는 특히 다음의 사례가 주목된다.

> 孝義里의 동쪽, 市의 북쪽 殖貨里에는 太常民 劉胡가 있는데, 형제 네 사람이 도살을 업으로 삼고 있다.[133]

---

132) 『魏書』 卷5, 高宗紀, 和平4年(463) 2月 壬寅條.
133) 『洛陽伽藍記』 卷2, 城東, 景寧寺條: "孝義里東 市北殖貨里 有太常民劉胡 兄弟四人 以屠爲業."

곧, 洛陽의 貨殖里에 거주하는 태상민 劉胡의 형제들은 도살업에 종사하면서 살아가고 있다. 이들 태상민은 악호와 소속관청이 다르고, 또 호로써 파악된 악호와는 달리 民으로 파악되어 있기 때문에 주현에 호적이 있었을 가능성이 크다. 이 점에서 북위시대에 이미 음악가무 등을 담당하는 호의 경우 악호와 태상민의 분화가 예상된다.134) 그렇더라도 이들이 평소 도살업에 종사하고 있는 점, 그리고 일반 민호와는 달리 太常寺에 복역하는 점 등을 볼 때 태상민은 악호와 마찬가지로 백민보다 낮은 신분에 있었다고 생각된다. 이들이 신분적으로 백민보다 낮았다면 일단 잡호에 들어가는 존재였다고 하겠다.

둘째, 특정한 직역에 종사하는 호를 보기로 한다. 여기에 속하는 것으로는 목호·둔호·역호·염호 등이 있다. 이 가운데 牧戶는 국가의 관영목장에서 목축에 종사하던 호를 말한다. 『魏書』 卷1, 序紀에 "廣漠之野 牧畜遷徙 射獵爲業"으로 기술되어 있듯이 북위건국의 주체인 선비 탁발부는 塞外시대부터 목축을 주된 생활양식으로 하는 민족이었고, 이러한 목축위주의 경제생활은 중국 내지에 들어온 이후에도 기본적으로 변함이 없었다.135) 이것은 북위 초기까지는 여전히 탁발왕조에서 유목경제

---

134) 堀敏一, 「北朝雜戶制の再考察」, p.310에서는 태상민은 태상에서 복역하는 악호라 하여 태상민을 악호와 동일시하고 있다. 그러나 비록 후대의 사례이지만 당대의 경우 국가에 음악가무를 제공하는 천민에는 太常音聲人과 악호의 구분이 있고, 양자는 모두 천민의 범주에 속하더라도 태상음성인이 악호보다 사회적인 지위가 높은 것으로 되어 있다[당대 태상음성인과 악호의 신분적 차이에 대하여는 尾形勇, 「良賤制の展開とその性格」(『岩波講座·世界歷史』 5, 岩波書店, 1970 ; 『中國古代の'家'と國家』, 岩波書店, 1979), p.328의 「表 1」賤民の種類と性格 참조]. 물론 당대의 경우를 바로 북위시대에 적용시키는 것은 곤란하겠지만, 북위시대에도 태상민의 경우는 민이라는 호칭을 띠고 있고, 또 일반 민호와 같은 생활공간에서 생업에 종사하고 있는 것을 고려하면, 소속관청에 호적이 등재되고 또 호로 파악된 악호와는 다른 위치에 있었다고 보아야 할 것이다.

135) 앞서 언급한 바와 같이 태조가 건국(386) 직후 단행한 부락해산에 의해 代都를 중심한 경기 주변의 八國[八部]이라는 특별거주지역에 배치된 舊部落民에 대한 戎馬징발을 보면 소유축산의 두수를 기준으로 삼고 있다[『魏書』 卷3, 太宗紀, 太常6年 3月 乙亥條]. 이를 통하여 볼 때 선비·탁발족이 중원에 들어온 이후에도 여전히 목축위주의 경제생활을 영위했음을 알 수 있다.

의 비중이 상당히 높았음을 말해 준다.136)

북위왕조에서의 牧地와 목축은 형성 당초에는 씨족이 공동으로 소유하는 재부였으나 이후 점차 국유화하여 실질적으로 국왕과 그 정부의 소유가 되었다.137) 이러한 국유목장은 특히 북위가 화북을 정복·통일하는 과정에서 대규모의 축산을 획득함으로써138) 이후 계속 증가해 가는 추세에 있었다.139)

이러한 방대한 국유목장에서 목축에 종사하던 호구가 목호였다. 이들 목호는 북위시대에 牧子·費也頭 혹은 皁隸로도 불렸는데, 대체로 부락취거의 형식을 보유하였으며, 호로써 계산되었다.140) 이것은 그들이 집단적으로 국가의 지배를 받고 있었음을 의미한다. 그러면 북위시대 목호의 수는 어느 정도였을까? 세조 태무제가 夏國을 평정한(431) 뒤 河西에 국유목장을 설치하였을 때 馬는 2백만 필에 이르렀고, 낙타는 그 반이었으며, 牛羊은 무수히 많았다고 하고,141) 또 고조 효문제가 즉위한 (471) 뒤에 河陽에 목장을 건설하였을 때도 경사를 경비하기 위해 戎馬 십만 두를 恒置하였으며, 그 뒤에 河西의 목축은 더욱 증가하였다고 한다.142) 이와 같이 국유목장의 가축수가 방대하였다면 여기에 투입된 목호의 수도 엄청났을 것으로 생각된다.

---

136) 북위 전기 선비족을 포함한 유목민의 경제기반에 대하여는 金鐸敏,「北魏 太和 이전의 胡族의 編制와 經濟的 基盤」(『中國土地經濟史硏究』 제2장 제1절 수록)』; 졸고,「北魏 均田制의 成立과 그 性格」 참조.
137) 唐長孺,「拓跋國家的建立及其封建化」, p.210.
138) 북위왕조의 정복전쟁을 통한 馬牛羊 등 축산의 획득 모습에 대하여는 [표 3] 북위 전기 생구획득 실태 참조.
139) 북위의 국유목장은 『魏書』 卷110. 食貨志에 의하면 세조 태무제가 夏國을 평정한 후 (431)에 대규모로 발전하였고, 고조 효문제가 즉위한 후에도 크게 설치되고 있다.
140) 唐長孺,「拓跋國家的建立及其封建化」, pp.210~216.
141) 『魏書』 卷110. 食貨志.
142) 『魏書』 卷110. 食貨志. 또 『魏書』 卷44. 宇文福傳에 의하면 효문제 시기 宇文福이 시찰한 목장의 규모는 石濟 이서에서 河內 이동, 黃河로 막힌 남북 1천리였다고 한다〔辛聖坤,『南北朝時期 官私隸屬民에 관한 硏究』, p.121, 주 73) 참조〕.

북위는 이들 국유목장에서 목축에 종사하던 목호를 관리하기 위해 국가건설 이전부터 목축을 관장하는 관을 두었고,143) 국가를 건설한 이후에도 都牧主와144) 太僕卿145) 등 관직을 두어 목축을 총괄하고 있다. 그렇다면 국유목장에서 목축에 종사하던 이들 목호도 도목주와 태복경의 통제를 받았을 것이다.

북위 전기 국가에 대한 목호의 복역형태는 명확하지 않지만, 국가에 의해 특별관리 되고 있는 이상 그 노역의 정도는 일반백민보다 가혹하였을 것으로 생각된다.146) 더욱이 이들은 '新免牧戶'라고 하여,147) 목호에서

---

143) 『魏書』 卷28, 庚業延傳에 "其父及兄和辰 世典牧畜"이라 하거나, 또 『魏書』 卷29, 奚斤傳에는 "奚斤代人也 世典馬牧"이라 하여, 庚業延과 奚斤의 집안이 대대로 목축을 관장하던 직책을 역임하고 있다.

144) 『周書』 卷1, 文帝紀에 "九世祖俟豆歸慕容晃所滅 其子陵仕燕… 魏道武帝將攻中山… 陵率甲騎五百歸魏 拜都牧主"라고 하여, 于文陵은 태조 도무제가 中山을 정벌하였을 때 북위에 귀속된 뒤 都牧主에 임명되고 있기 때문에 도목이라는 직책은 북위 초기에 이미 있었던 것이 된다. 그런데 『魏書』 卷113, 官氏志에 의하면 도목은 고조 효문제 太和15년(491) 12월에 太倉·太樂 등과 함께 설치되고 있기 때문에 『周書』 文帝紀의 내용과 약간의 차이가 있다. 이것은 북위 초기에서 고조 효문제 시기에 이르는 동안에 목축을 관장하던 직관에 변화가 있었음을 말해 준다. 이와 관련하여 『魏書』 卷7下, 高祖紀下, 太和14年 7月 甲辰條에 "詔罷都牧雜制"라 하여, 일시 都牧雜制가 폐지되고 있는 사례에 주목하면 아마 고조 효문제의 일련의 관제개편과정에서 북위 초기 이래의 도목제는 일단 폐지되었다가 太和15년에 太倉·太樂 등과 함께 다시 목축담당의 직관으로 등장한 것은 아닐까 생각된다. 그런데 官氏志의 太和23년(499) 이전 고조시기의 직관을 보면 도목은 보이지 않고 새로 典牧都尉[從第5品中]라는 직책이 보인다. 그렇다면 목축을 관장하던 직관은 도목에서 다시 전목도위로 이행되었을 가능성이 있나.

145) 『魏書』 卷94, 李堅傳에는 "高祖遷洛 轉被委授 爲太僕卿 檢課牧産 多有滋息"이라 하여, 고조 효문제가 낙양으로 천도한 이후 李堅이 太僕卿이 되어 牧産을 검과했다는 사례가 있다. 태복이라는 관직은 『魏書』 卷113, 官氏志에 의하면 고조 효문제 시기의 職官表에는 보이지 않고, 太和23년(499) 職令을 그대로 시행한 세종시기의 직관표에 보인다. 따라서 李堅이 임명된 태복경은 효문제가 낙양천도 이후에 단행한 관제개혁 속에서 국유목장의 목축을 총괄하던 직관으로 등장하였음을 알 수 있다.

146) 당대의 경우 『唐六典』 卷17, 太僕寺 諸牧監條의 주에 "牧者 謂長上專當者"라 하여 牧人이 장기 상번하고 있음을 볼 수 있다. 唐長孺, 「拓跋國家의 建立及其封建化」, p.216에서는 북조시기의 목호도 국가에 대하여 복역하는 것 외에는 자신의 노동시간을 가짐과 아울러 개인적 경제부분이 존재하며, 따라서 그들의 지위는 반자유적 牧奴로서 農奴에 상당한다고 하고 있다.

147) 『魏書』 卷10, 孝莊帝紀, 建義元年 6月條.

벗어나기 위해서는 국가에 의한 방면조치가 필요한 이상 신분적인 지위는 백민보다 낮았을 것으로 보인다. 이상을 통하여 볼 때 이들은 국가에 직속하면서 세습적으로 목축에 종사하는 전문직역호로서, 국가의 신분질서상 보면 잡호에 속한다고 하겠다.

屯戶는 주지하듯 국가가 설치한 둔전에서 농업생산에 종사하던 호를 말한다. 북위에서 둔전은[148] 이미 태조 도무제 시기(394)에 河北의 五原 일대에 설치하였다는 기록이 보인다.[149] 이 당시 둔전의 상황에 대하여는 "分農稼 大得人心"[150]이라고 하거나, 또 북위가 五原일대에 둔전을 설치한 직후 後燕의 군대가 이 지역에 이르러 북위의 別部 3만여 가를 항복시키고 稑田 百萬餘斛을 노획하고 있는 것을[151] 볼 때, 북위가 하북일대에 설치한 둔전은 民屯에 속하고 그 규모도 상당히 컸음을 알 수 있다.[152] 이러한 둔전은 북위 초기에 실시된 計口受田조치와 함께 계속된 화북의 전란으로 농업이 피폐된 상황에서 군량미 조달을 해결하기 위해 마련된 것으로 보인다. 그러나 이 때의 경작자가 일반민이었다고 해도 실시지역이 변경지역임을 감안하면 둔전민은 군사적인 방위의 성격도 아울러 지녔을 것으로 보인다.

북위시대 둔전의 관리조직이나 둔전민의 신분에 대하여는 관련사료가 적어 분명하지 않다. 다만, 고조 효문제 시기에 시행된 다음의 사례에서 둔호의 신분적 지위를 어느 정도 엿볼 수 있다.

---

148) 북위시대 둔전의 실태에 대하여는 高敏, 「北魏屯田制之考略」, (『魏晉南北朝社會經濟史探討』, 人民出版社, 1987) ; 張澤咸, 「東晉南北朝的屯田述略」(復印報刊資料 『K2 中國古代史』 1981-13) ; 張澤咸 等, 『中國屯墾史』 中(農業出版社, 1990) 참조. 본서에서는 북위 둔전제의 일반적인 실태에 대하여는 생략하고 둔전의 경작자인 屯戶의 신분적 성격에 한정하여 살펴보기로 한다.
149) 『魏書』 卷2, 太祖紀, 登國9年(394) 春3月條 ; 『魏書』 卷110, 食貨志 ; 『北史』 卷15, 魏諸宗室 昭成子孫 秦王翰傳附衛王儀傳 등 참조.
150) 『北史』 卷15, 魏諸宗室 昭成子孫 秦王翰傳附衛王儀傳.
151) 주 149) 참조.
152) 唐長孺, 「拓跋國家的建立及其封建化」, pp.220~221.

또 달리 農官을 세워 주군의 호 가운데 10분의 1을 취하여 屯民으로 삼고 수륙의 적당한 땅을 가려 면적을 헤아려 할당하고, 장물로서 몰수하거나 臟罪로 납입한 잡물과 기타 재물을 가지고 소를 사서 지급하고 힘을 다하여 경작시키십시오. 그리고 1夫의 토지에는 매년 60斛을 납부케 하고 대신 그 正課와 征戍·雜役을 면제시키십시오.[153]

곧, 太和12년(488)에 李彪가 上表하여 州郡戶의 10분의 1을 취하여 屯民으로 삼고 수륙의 적당한 곳을 살펴 둔전을 실시할 것을 제안하였고, 고조 효문제는 얼마 뒤에 그것을 모두 시행하였다고 되어 있다.[154] 이 때 둔전을 경영하기 위해 별도로 農官이 두어지고 있기 때문에 둔전을 경작하기 위해 차출된 둔전민 곧, 둔호는 주군의 관리에서 농관의 소관으로 옮겨졌을 것으로 보인다. 또한 이 때 李彪가 둔전의 실시를 상주하면서 세부적으로 몰수한 臟物·臟罪로 납입한 잡물과 기타 재물을 가지고 소를 사서 지급할 것을 건의하고 있는 것을 보면 이들 둔전민에게는 국가에서 토지 외에 耕牛도 지급되었음을 알 수 있지만, 더욱이 국가가 이들을 민간에서 차출하고 있는 이상 이들에게는 耕牛 외에 종자 등 일체의 생산수단이 지급되었을 것이다. 이와 같이 둔호가 특별 관리되고 있고, 또 국가로부터 일체의 생산수단을 지급받고 있다고 하면 이 당시 둔호가 주군민 속에서 차출되었다고 하더라도 국가에 대한 예속도는 일반 주군민보다 강했을 것으로 보인다.

특히 둔호의 신분적 지위와 관련하여 주목되는 것은 그들이 국가에 대하여 지고 있는 부담이다. 곧 앞서 인용한 李彪의 상표에 의하면 이 때 둔전을 경작하던 둔호는 매년 60斛의 粟을 국가에 납부하는 것으로 되어 있고, 그밖의 정과와 잡역은 면제되고 있다. 그런데 둔호가 부담한 이 60곡이라는 수는 후술하듯이 승기호가 僧曹에 납부한 수와 일치하고 있다. 승기호는 세조 태무제의 폐불사건 이후 문성제 때 沙門統이었던 담요가

---

153) 『魏書』卷62, 李彪傳.
154) 『魏書』卷62, 李彪傳.

불교교단의 재건을 위해 평제호와 諸民의 일부를 여기에 충당하였다.155) 이 가운데 제민의 성격은 불명확하지만 평제호 가운데 일부는 잡호의 일종인 병호 등에 충당되고 있다. 또 승기호에는 양주군호가 충당된 사례가 있는데,156) 이 양주군호와 승기호는 후술하듯이 잡호에 속하고 있다. 만약 그렇다면 승기호와 같은 부담을 지는 둔호도 일반 주군민에서 징발되었더라도 일단 징발되어 둔전의 경작자가 된 뒤에 그 신분은 저하되었을 가능성은 있다. 특히 북제 文宣帝 天保2年(551) 9月에 둔호가 잡호의 일종인 기작호·목호 등과 함께 국가의 방면에 의해 白戶[白民]가 되고 있는 사례에157) 주목하면 둔호가 잡호에 속하였던 것은 확실해 보인다.

　이밖에 전문직역호에 속하는 것으로는 역호와 염호·금호·은호 등이 있다. 驛戶는 국가가 설치한 驛站에서 잡역에 종사하는 호일 것으로 보이는데, 이들에 대한 기록이 부족하기 때문에 구체적인 존재모습은 알기 어렵다. 다만, 비록 후대의 사례이지만 북제의 경우 도적질하거나 살인한 뒤에 도망한 자를 역호에 충당하고 있는 것에서158) 이들의 신분이 백민의 아래임을 알 수 있다. 북위에서의 역호도 이와 유사하였을 것으로 본다면 이들의 신분은 잡호에 속하는 것으로 보아도 되지 않을까 한다.

　鹽戶의 경우 염전에서 소금을 전문적으로 생산하는 직역호일 것이다. 그런데 이들의 경우에도 소금의 생산에 종사하고, 일이 있을 때 병사가 되고 있는 사례를 보면,159) 그 직역은 세습되었고 또 관부에서 장악하였을 가능성이 있다.160) 그밖에 북위시대에는 광산에서 銀官을 두어 은을 채굴하였다는 기록이 있다.161) 아마 여기에 투입된 자도 銀戶로서 국가에

---

155) 주 114) 참조.
156) 주 111) 참조.
157) 『北齊書』 卷4, 文宣帝紀, 天保2年 9月 壬申條: "免諸伎作屯牧雜色役隷之徒 爲白戶."
158) 『隋書』 卷25, 刑法志.
159) 『魏書』 卷57, 崔挺傳附崔游傳.
160) 韓國磐, 「北朝的手工業和商業」(『南北朝經濟史略』, 厦門大學出版社, 1990), p.310.
161) 『魏書』 卷110, 食貨志.

의해 특별관리 되었을 것으로 보인다. 또한 漢中에는 金戶 천여 가가 항상 漢水에서 沙金을 채취하였다는 기록이 있다.162) 그런데 이들이 생산한 금에 대하여는 매년 말에 전부를 납부토록 하고 있기 때문에163) 이들 금호에 대하여도 은호와 마찬가지로 국가에서 담당관서를 두어 특별관리했을 것으로 보인다.164) 따라서 이들 금호·은호도 염호와 마찬가지로 국가가 설치한 광산 등에서 다양한 생산에 종사하고 있는 이상 국가에서 그 직장에 대하여 세습을 강제하였을 가능성은 상당히 높다. 그러한 의미에서 이들도 잡호에 속하는 것으로 보이지만, 그밖에 다른 기록이 없기 때문에 이들의 신분을 분명히 하는 데는 어려움이 따른다.

세번째는 군영[군부]에 직속하는 호이다. 여기에 속하는 것으로는 영호·병호·군호·부호·성민·진민 등이 있다. 이 가운데 營戶는 군영에 배속되어 잡다한 노동에 종사하던 호를 말한다. 이 영호는 동진과 남조에서도 그 존재가 확인되고 있고,165) 또 북위 이전 5호16국 시대에도 보인다.166) 북위시대의 경우에도 영호는 초기부터 그 사례를 남기고 있다. 곧, 앞서 언급한 바와 같이 태조 天興 년간(398~403)에 漏戶를 검괄하여 수공업에 종사시켰으나 뒤에 逃戶가 여기에 많이 투탁하여 이에 雜營戶帥가 천하에 편재하게 되었고 守宰에 예속되지 않음으로써 부역이 미치지 않고 호구가 착란하여 始興3년(426)에 모두 폐지하고 군현에 속하게 하였다는 기사가 있다.167) 이에 의하면 북위 초기의 영호는 누호를 주된 구성원으로 하고 있고, 또 그 담당직역은 수공업 생산이 중심이었으며, 그리고 이들은 주군의 지배를 받지 않고 영호수의 지배를 받고

---

162) 『魏書』 卷110, 食貨志.
163) 『魏書』 卷110, 食貨志.
164) 韓國磐, 「北朝的手工業和商業」, p.309.
165) 濱口重國, 「魏晉南朝の兵戶制度の研究」(『秦漢隋唐史の研究』上), pp.352~459 ; 「官賤人の由來についての研究」, pp.330~331.
166) 『晉書』 卷111, 慕容暐載記.
167) 『魏書』 卷110, 食貨志.

있었음을 알 수 있다.

여기서 주목되는 것은 후자인 영호수의 존재이다. 우선 帥를 보면 태조 도무제가 天興 초기에 京畿를 제정하였을 때 "그밖에 四方四維에는 八部帥를 두어 감독하였다"는168) 사례에서 보듯 帥는 북위 초기에는 관직의 하나였다.169) 그렇다면 영호수는 군영에 직속하는 영호를 관장하는 직책이었음을 알 수 있다. 따라서 북위 초의 영호는 주군의 지배를 받지 않고 오로지 영호수의 관할하에 있던, 특수한 목적으로 설정된 호구였다고 할 수 있고, 또 이들의 직역을 보면 軍役이 아니라 수공업 생산인 점에서 군영에서 필요로 하는 각종 수공업품을 생산하던 전문직역호라 할 수 있을 것이다.170) 그렇다고 하더라도 이들이 군영에 배속되어 있는 이상 군영체제하에 군사조직으로 편성되었다고 생각된다.171)

그런데 이러한 영호수의 통제를 받은 영호는 始興3년에 폐지되었지만, 그 뒤에도 영호는 계속 존재하고 있다. 물론 이후 영호의 경우 내원의 변화가 보이는 것172) 외에는 사료가 부족하여 이들의 존재형태를 밝히기에는 곤란한 점이 있다. 다만, 이들이 군영체제하에 군사조직으로 편성되어 국가가 필요로 하는 각종 직역에 종사하고 있는 점에서 기존의 영호와 성격 면에서 변함이 없었을 것으로 보인다.

지금까지 북위 일대를 통하여 군영에 속하였던 영호의 성격을 대략 살펴보았지만, 이들의 신분과 관련하여 주목되는 것은 영호는 다른 직역호와 마찬가지로 국가에 의해 방면되지 않는 한 본래의 신분에서 벗어날 수 없었다는 점이다.

---

168) 『魏書』 卷110, 食貨志.
169) 張維訓, 「略論雜戶的形成和演變」(『中國史研究』 1983-1), p.100.
170) 辛聖坤, 『南北朝時期 官私隷屬民에 관한 硏究』, p.87.
171) 張維訓, 「略論雜戶的形成和演變」, pp.100~102.
172) 앞서 살펴본 바와 같이 북위 초의 영호는 漏戶가 주된 구성원이었지만, 始興3년에 폐지된 이후 영호의 주된 구성원은 사민에 의해 이루어지고 있는 점에서 북위 초와는 차이를 보인다.

壽春의 營戶를 방면[免]하여 揚州의 민으로 하였다.173)

곧, 이에 의하면 영호를 민으로 하는데 免이라는 용어를 사용하고 있다. 이것은 영호가 일반민이 되기 위해서는 국가에 의해 해방될 필요가 있고, 따라서 그들의 신분은 일반 민호와 차별되었음을 보여준다. 더욱이 앞서 언급한 바와 같이 북위 초기 영호는 잡호와 연칭되는 존재였다. 이상과 같은 점에서 볼 때, 영호의 신분은 백민 아래인 잡호의 일종이었다고 하겠다.

병호·군호·부호·성민·진민은 모두 호적이 민적이 아닌 군적에 있으면서 오로지 군역을 지던 병역전문호를 말한다. 우선 兵戶의 경우에는 평제호출신의 高聰과 蔣少游가 雲中에 배속되어 병호가 된 사례가 있다.174) 이외에 병호에 대하여는 사례가 적어 분명하지 않지만, 아마 이들은 각 州鎭에 소속되어 병역의 의무를 지고 있었다고 생각되며, 그러한 점에서 후술할 군호·부호와 동일하게 군적·兵貫을 가지고 대대로 병역을 담당하는 호로서 그 사회적인 지위는 일반 민호보다 낮았을 것으로 보인다.175)

軍戶에 대하여도 관련사료가 적어 이들의 존재형태나 통속관계를 밝히기에는 어려움이 따른다. 다만『魏書』卷114, 釋老志에 실려 있는 尙書令 高肇의 말에 "沙門統 曇曜가 承明元年(476)에 涼州軍戶 趙苟子 등 2百 家를 僧祇戶로 삼아 立課積粟케 하였다"라고 하여, 고조 효문제 시기에 沙門統 담요에 의해 양주출신의 군호가 승기호로 전환되고 있다.176)

---

173) 『魏書』卷8, 世宗紀, 景明2年(501) 9月 乙卯條: "免壽春營戶爲揚州民."
174) 『魏書』卷68, 高聰傳;『魏書』卷91, 蔣少游傳 및 주 105)·106) 참조.
175) 북위를 포함한 위진남북조 시기 兵戶 및 軍戶·府戶의 일반적인 성격에 대하여는 谷霽光,『府兵制度考釋』(上海人民出版社, 1962);濱口重國,「魏晋南朝の兵戶制度の研究」(『秦漢隋唐史の研究』上);唐長孺,「北朝の兵」(『魏晉南北朝史論拾遺』) 등 참조.
176) 담요가 군호를 승기호로 삼아 立課積粟케 한 시기는 고조 효문제 때이다(『魏書』卷114, 釋老志]. 주지하듯 효문제 시기는 북위 초기 이래의 군사적 군국지배 방식에서 중국적 군현지배 방식으로 전환되는 시기이다. 이러한 체제전환은 당연히 군영체제에 대한

그런데 앞서 언급하였듯이 승기호가 잡호의 일종이라고 하면 군호가 승기호가 된 것은 양자가 신분적인 면에서 서로 호환이 가능한 동일한 지위에 있었음을 말해 준다. 특히 군호라는 명칭에서 생각하면 이것은 군영에 직속하는 병역전문호인 병호와 그 성질 면에서 큰 차이가 없었을 것으로 보인다. 그렇다면 이들 군호도 신분적으로 병호나 승기호와 마찬가지로 백민의 아래일 가능성이 크고, 따라서 잡호의 일종으로 보아도 크게 지장은 없을 것이다.

城民(人)은 용어상으로는 城內人・城中人과 동의어로서 州城・郡城・鎭城 등의 내부에 있는 사람을 가리키지만, 일반 주군민과 구별된 특수한 병사신분으로 알려져 있다.[177] 그런데 이 성민의 사회적 신분과 관련하여 다음의 사례가 주목된다. 곧, 세조의 北涼정복으로 성민에 충당된 劉昞의 자손에 대하여 훗날 尙書 李沖(490)과 太保 崔光(522)이 방면을 청원하고 있는데,[178] 특히 이충의 청원에 대하여 북위 말 六鎭起義 토벌에 참가한 元深의 上奏에는,

> 太和 년간이 되어 [尙書]僕射 李沖이 일을 맡고 나서 涼州출신자를 모두 厮役에서 해방시켰다.[179]

라고 하여, 敦煌의 儒者인 劉昞의 자손이 성민이 된 뒤에 방면을 거쳐 그

정비도 수반되었을 것이다. 이와 아울러 당시 중앙의 고위관료에 의하여 양주출신의 군호를 해방시키는 노력이 진행되고 있었다. 이러한 상황에서 담요는 군호를 승기호로 삼아 농경에 종사시켜 그 생산물을 불교교단의 빈민구제사업에 사용하고자 한 것으로 보인다 [주 115)・116)에 든 논고 참조].

177) 谷川道雄, 「北魏末の內亂と城民」, pp.188~198. 북위 성민의 성격에 대하여는 이 谷川道雄 논문 외에 谷霽光, 「城民與世兵」(『府兵制度考釋』) 및 唐長孺, 「北魏南境諸州的城民」(『山居存稿』, 中華書局, 1989) 등에서 일반 주군민과 구별되는 특수한 형태의 병사신분이라 주장한 이래 이러한 견해는 최근까지 답습되고 있다(辛聖坤, 「北朝 兵戶制의 變遷과 丁兵制의 性格」(『慶尙史學』 11, 1995, pp.68~69)).
178) 『魏書』 卷52, 劉昞傳.
179) 『魏書』 卷18, 廣陽王深傳: "深上書曰… 及太和在歷僕射李沖當官任事涼州土人悉免厮役."

신분에서 해방되고 있다. 이것은 城民이 郡縣이 아닌 州鎭 계통의 예속하에 있었음을 의미하고, 또한 이들은 방면을 거치지 않고는 일반 民戶가 될 수 없었던 것에서 이들의 신분이 세습되었음을 알 수 있다.[180] 특히 이들에 대하여 廝役에서 해방시켰다는 표현을 쓰고 있는 것은 성민이 잡호의 하나임을 말해 주는 것이다.[181]

鎭民(人)은 鎭 소속의 민이라는 의미이지만 대체로 鎭戌의 병사를 가리킨다.[182] 북위시대 육진의 구성원은 선비족을 주체로 하는 北人 귀족 자제, 한인 豪族 자제, 有罪人, 高車·柔然의 降民 등 다양하였다.[183] 이들은 모두 일반 민호와 달리 호적이 군적에 올려져 있고 진의 통치를 받았지만, 그 구성에서도 보듯 이들의 신분이 모두 낮았던 것은 아니었다. 그러나 고조 효문제 시기에 낙양으로 천도함에 따라 북진의 중요도가 떨어지면서 진민과 성민은 동류로 취급되기 시작하였다. 때문에 두 신분은 유사한 지위에 처하게 되어 구별이 없을 정도가 되었으며,[184] 더욱이 府戶 곧 군부에 예속된 호와도 동일시되기에 이르렀다.[185] 북진의 부호는 군부에 예속된 호를 의미하며, 이들은 국가가 방면해야 일반 민호가 될 수 있는 신분이었다. 따라서 진민이 성민과 동류로 취급되거나 부호와 동일시되었다는 것은 이들도 신분적으로 잡호의 하나임을 의미한다고 하겠다.

마지막으로 담당지역이 불분명한 호에 대하여 살펴보기로 한다. 여

---

180) 辛聖坤,『南北朝時期 官私隷屬民에 관한 硏究』, p.87 ;「北朝 兵戶制의 變遷과 丁兵制의 性格」, pp.68~69.
181) 唐長孺,「北魏南境諸州的城民」, p.96에는 성민을 府戶나 鎭民과 동일한 신분으로 보고 있다.
182) 진민의 존재에 대하여는 병사신분으로 보는 것이 일반적이지만, 북진통치하의 주민이고 또 생산자라는 견해도 있다[直江直子,「北魏の鎭人」(『史學雜誌』 92-2, 1983)].
183) 濱口重國,「正光四五年の交に於ける後魏の兵制に就いて」, pp.119~126 ; 谷川道雄,「北魏末の內亂と城民」, p.209.
184) 辛聖坤,『南北朝時期 官私隷屬民에 관한 硏究』, pp.88~89.
185)『北齊書』卷23, 魏蘭根傳.

기에 속하는 것으로는 평제호·예호·별호 등이 있다. 우선 平齊戶는 현조 헌문제 시기에 산동지방을 정복하고 그 지방의 民을 북방의 桑乾河 부근으로 사민시키고 平齊郡을 세웠는데,[186] 북위는 이 평제군 소속의 사람을 특별히 평제호라고 불러 일반 군현민과 구별하고 있다. 이들 평제호의 신분과 지위에 대하여는 다양한 견해가 있지만, 그 명칭에서 볼 때 특수군현적인 성격이 강하고, 또 평제호 가운데 일부가 병호 및 승기호로 전환된 점에서 이들의 신분은 잡호의 하나였을 가능성이 상당히 크다.[187]

隷戶에 대한 사례는 노비와 같이 개인에게 반사되는 것이 대부분이다.[188] 이것은 북위가 노비 이외의 관부에 예속된 호구를 개인에게 하사하였음을 보여주는 것이고, 따라서 예호의 신분은 노비와 유사했다고 볼 수도 있다. 그러나 예호는 口로 계산된 노비와는 달리 戶로 계산되어 있기 때문에 노비와는 구별된 존재였다.[189] 더욱이 예호가 잡호와 동일시되어 厮役에 종사했다는 사례가[190] 말해 주듯이 이들은 잡호의 일종으로 보는 것이 타당하다. 別戶의 경우에도 예호와 마찬가지로 개인에게 반사되고 있기 때문에 그 신분은 예호와 유사했을 것으로 보인다.[191]

이상 북조 전기 잡호 신분의 범주와 담당직역을 살펴보았지만, 이들은 국가에 대한 예속도에 약간의 차이가 있다 해도 관부에 직속하면서 국가가 지정한 여러 부서에서 다양한 직역에 종사하였던 것이다. 따라서 이들 관부예속민의 대량존재는 이 시대 특유의 산물로서 이 시기 대민지

---

186) 『魏書』 卷50, 慕容白曜傳.
187) 師道剛, 「北魏の都, 平城の建設と蔣少游」(滕維藻·王仲犖·奧崎裕司·小林一美 編, 『東アジア世界史探究』, 汲古書院, 1986), p.130에서는 평제호를 농노라 하고 있다.
188) 堀敏一, 「中國古代における良賤制の展開」(『均田制の研究』), p.387, 주 20). 또한 예호를 개인에게 반사한 사례에 대하여는 [표 5] 북위 전기 노비의 班賜(개인) 참조.
189) 唐長孺, 「拓跋國家的建立及其封建化」, p.229.
190) 『隋書』 卷25, 刑法志.
191) 濱口重國, 「官賤人の由來についての硏究」, p.315에서는 별호를 예호의 異稱이라 하고 있다.

배 체제의 원리가 그 이전인 진한시대와는 근원적으로 달랐음을 말해 준다.192) 아울러 이 시기 다양한 하층신분을 포괄한 잡호라는 국가직속의 특수한 신분의 출현은 5호16국 이래 전란에 따른 인구격감과 그로 인한 상품·화폐 경제의 퇴조 등에서 비롯되었음을193) 무시할 수 없겠지만, 지금까지 살펴보았듯이 무엇보다도 정복왕조라는 국가권력의 성격과 밀접한 관련이 있었다. 이러한 점에서 이들의 존재는 북위의 정복왕조로서의 성격이 잘 드러난다고 하겠다.

제3절 노비의 내원과 직역

1. 노비와 生口

북위왕조의 대외 정복전쟁에서 볼 수 있는 또 하나의 특징은 馬牛羊 등 축산뿐만 아니라 생구라 불리는 인신을 대량으로 획득한 점이다. 북위왕조의 정복전쟁 진행에 따른 생구의 획득을 시대순으로 나타낸 것이 [표 3] 북위 전기 생구획득 실태이다. 이 [표 3]에 의하면 북위왕조가 최초로 생구를 획득한 것은 367년 昭成帝시기에 劉衛眞을 격파한 때로 되어 있다. 따라서 이로써 볼 때 북위는 중국 내지에 국가체를 건설하기 이전인 부족연맹체 단계부터 이미 생구를 획득하고 있음을 알 수 있다. 이후 생구의 획득사례는 제국건설로 나아가는 태조시기부터 세조의 화북통일 시기까지 집중되어 있다.194) 이것은 생구획득이 북위의 화북통일 과정과 그대로 맞물려 있음을 말해 준다고 하겠다.

---

192) 북조시기 대민지배 체제, 특히 신분제 지배의 원리에 대하여는 본서 제2장 제2절 참조.
193) 嚴耀中, 『北魏前期政治制度』, p.104.
194) [표 3]에 의하면 정복전쟁에 따른 生口의 획득으로 보이는 총 19건의 사례 가운데 태조~세조 시기가 16건을 차지한다.

[표 3] 북위 전기 생구획득 실태

帝名	年號[西曆]	部族名	民族	生口數	其他鹵獲物
昭成帝	26(363)	高車	高車		馬牛羊百餘萬頭
	27(364)	沒歌部			馬牛羊數百萬頭
	30(367)	劉衛辰	匈奴	[俘獲]生口及馬牛羊數十萬頭	
太祖	登國1(386)	窟咄	鮮卑	[悉收其衆]	
	登國2(387)	劉顯	匈奴	[盡收其部落]	
	登國3(388)	庫莫奚	東胡		其四部雜畜十餘萬
		解如部		[獲]男女雜畜十數萬	
	登國4(390)	袁紇	高車	[虜獲]生口馬牛羊二十餘萬	
	登國10(395)	慕容寶	鮮卑	[生擒]其陳留王紹等文武將吏數千人器甲輜重軍資雜財十餘萬計	
	天興2(399)	高車	高車	[獲]七萬餘口	馬三十餘萬匹, 牛百餘萬頭
		高車	高車	[獲]三萬餘口	馬五萬餘匹, 牛羊二十餘萬
		南燕	鮮卑	[收]慕容德宮人府藏	
		侯莫陳	鮮卑		馬牛羊十餘萬頭
	天興5(402)	斛弗	高車		馬三千餘匹, 牛羊十餘萬頭
		社崙	柔然		鎧馬二千匹
		大易干 屈丐	高車 匈奴	[獲]其輜重庫藏, 餘口	馬四萬餘匹, 駱駝槖牛三千餘頭,牛羊九萬
		姚興	氐	俘其餘衆三萬餘人	
	天賜1(404)	姚興	氐	[獲]三千餘口	
太宗	永興5(413)	越勤			馬五萬匹牛二十萬頭
	太常3(418)	蠕蠕	柔然		牛馬二萬餘頭
世祖	始光1(424)	蠕蠕	柔然		馬萬餘匹
	始光4(427)	赫連昌[夏]	匈奴	[虜]昌群弟及其諸母姊妹妻妾宮人萬數府庫珍寶車旗器	馬三十餘萬匹, 牛羊數十萬頭
	神䴥2(429)	蠕蠕	柔然	[獲]其種落馬牛羊雜畜方物萬計	
	神䴥3(430)	赫連定	匈奴	[簿]生口	
	延和1(432)	北燕	鮮卑	[虜獲]生口	
	延和2(433)	北燕	鮮卑	[收]其民三千餘家	
	延和3(434)	白龍	山胡	[虜]其妻子	
	太延5(439)	沮渠牧犍	匈奴		牛馬畜産二十餘萬
高宗	興光1(454)	蠕蠕	柔然		馬千餘匹
	和平1(460)	吐谷渾	羌	[收]其人口畜産二十餘萬	
高祖	太和5(480)	齊	漢	[俘獲]三萬餘口	

* 본 표는 『魏書』本紀를 중심으로 작성하였다.
* 본 표는 高祖期까지 한정하였다.
* 수나 규모가 작은 것 및 내용이 불명확한 것은 생략하였다.
* 본 표의 작성에는 古賀昭岑,「北魏における徙民と計口受田について」, pp.39~40에 있는 第1表 掠奪戰爭의 進行과 俘獲 및 徙民을 참조하였다.

또한 일부 사례를 제외하면 생구의 획득은 거의 모든 정복전쟁에 수반되고 있다. 더욱이 대부분의 정복전쟁에는 생구 이외에도 마우양 등 많은 축산도 함께 획득하고 있기 때문에 북위의 대외전쟁은 유목적 군사행동으로서 약탈전쟁의 성격을 띤다고 할 수 있다.195)

이 생구라는 용어는 이미 전한시기부터 사서에 자주 등장하고 있고, 이후 후한·위진시기를 거치면서 증가추세를 보이고 있으며, 게다가 [표 3]에서 보듯 대외정복 전쟁에도 거의 빠짐없이 수반되는 특징을 나타내고 있다. 그러면 이러한 특징을 보이는 생구는 어떠한 의미를 띠고 있을까. 다시 말하면 생구의 사회적 신분은 어떻게 규정할 수 있을까. 우선 청대의 趙翼은 생구에 대하여 다음과 같이 말하고 있다.

> 생구는 본래 군대가 사로잡은 사람이다. 『漢書』 蘇武傳·王莽傳, 『後漢書』 袁安傳, 『魏略』에는 太祖가 楊沛에게 생구를 하사하였는데, 모두 捕獲한 生人이다. 지금 북방 사람들은 驢馬 같은 것을 생구라고 한다. 이 또한 근거가 있다. 『三國志』 魏志 王昶傳 주에 任嘏는 항상 사람과 함께 생구를 구입할 때 각각 8匹을 지급하였는데, 뒤에 생구의 가에서 와서 贖할 때는 가치가 60필이었다. [任]嘏는 이에 단지 본래의 값인 8필만을 받았다. [이로써 볼 때] 곧, 우마를 생구라고 하는 것은 삼국시대에 이미 이 말이 있었던 것이다.196)

이것에 의하면 조익은 생구를 군대가 생포한 사람, 곧 전쟁포로와 우마 등 축산이라는 두 가지 입장을 취하고 있다. 그런데 이 가운데 전쟁포로라는 설에 대하여는 필자도 기본적으로 동의하지만, 생구가 우마 등 축산을 가리킨다는 견해에 대하여는 다소 의문이 든다. 위의 내용에 의하면 조익은 『三國志』 卷27, 魏書 王昶傳의 주에 생구가 匹로 계산되고 있는 점에 주목하여, 이 필이라는 것이 우마 등 축산을 세는 단위이기 때

---

195) 朴漢濟, 『中國中世胡漢體制硏究』, pp.150~162.
196) 『陔余叢考』 卷43, 生口條.

문에 임하가 구입한 생구를 축산으로 보고 있는 것 같다.

　그러나 여기서 생구에 대하여 사용하고 있는 필은 생구를 絹의 가치로 환산하여 나타낸 것이다. 더욱이 [표 3]에 있는 '馬畜生口'·'生口馬牛財物'·'生口牛羊財物'·'牛馬生口'·'生口兵器牛羊' 등의 표현에서 보듯 생구는 축산·재물과 명확하게 구별되어 있다. 실제, 필자가 보는 한 당대까지 축산이 생구로 나타난 사례는 찾기가 어렵다. 따라서 조익의 시대인 청대에는 생구가 축산을 가리키는 경우가 있었는지 모르지만, 적어도 당대까지는 이러한 견해가 성립되기는 어렵다고 생각한다.

　최근 范傳賢은 생구의 사회적 신분 내지 지위를 노예라고 하여 앞의 조익이 전쟁포로라고 한 설을 부인하고 있다.[197] 그는 그 근거로서 생구는 축산·재물처럼 주인의 재산으로서 사람에게 償賜되며, 또 상품으로서 노예시장에서 매매되고 있는 점을 들고 있다. 실제 생구에 대하여는 '貴買生口'[198] 또는 '略賣生口'[199]라고 하여, 생구가 매매의 객체가 되는 경우도 있다. 그러나 이들 사례에 보이는 생구를 바로 노비로 간주하는 것도 문제지만, 생구는 전한·후한대를 걸쳐 특히 흉노나 선비 등 이민족과의 전쟁에서 대량으로 발생하고 있고, 또 '捕得生口'[200]·'捕虜生口'[201]·'遮略生口'[202]·'大獲其生口'[203]·'悉獲其生口'[204]·'盡還得所掠生口'[205]라는 표현에서 보듯 생구의 앞에는 대체로 捕得·獲虜·捕虜 등의 용어를 붙이고 있는 점에 주의해야 한다. 이 점은 북위의 경우도 마찬가지이다. 곧 [표

---

197) 范傳賢, 「關于'生口'的社會身分問題」(『中國古代社會探微』, 中州古籍出版社, 1993), pp.149~156.
198) 『三國志』 卷3, 魏書 明帝紀의 주에 인용된 『魏略』.
199) 『魏書』 卷59, 蕭寶寅傳.
200) 『漢書』 卷54, 李陵傳;『漢書』 卷69, 趙充國傳 등.
201) 『漢書』 卷99, 王莽傳中.
202) 『後漢書』 卷89, 南匈奴傳.
203) 『後漢書』 卷90, 鮮卑傳.
204) 『後漢書』 卷90, 鮮卑傳.
205) 『後漢書』 卷47, 梁慬傳.

3]에서 보듯, 생구는 대체로 口로 헤아려지고, 또 이들에 한하여 특히 收・俘獲・獲・虜 등의 용어를 사용하고 있다. 따라서 이러한 용례에 주목할 때 생구는 조익이 말한 대로 실질적으로 전쟁포로의 범주에 들어가는 존재로 보는 것이 가장 타당할 것이다.

이상 생구의 사회적 지위를 검토하였지만, 그러면 북위왕조는 생구라 불리는 전쟁포로를 어떻게 처리하였을까? 북위는 전쟁포로인 생구 가운데 관료로 발탁하여 국정에 참여시킨 경우도 있다.[206] 이 점은 사민의 경우와 마찬가지로 북위왕조의 생구에 대한 처리도 상당히 자의적이었음을 느끼게 한다. 그러나 이러한 경우는 해당사례에서 보듯 俘虜 가운데 일부 才識者에 한정되었기 때문에 일반적이라고 보기는 어렵다. 본서가 문제시하는 것은 생구에 대한 북위왕조의 일반적인 처리모습이다.

이와 관련해서 주목되는 것은 [표 4] 북위 전기 생구의 班賜[일반]이다. 이 [표 4]는 전쟁에 참가한 有功將士나 群臣 등에게 생구 및 마우양・포백 등을 班賜한 사례를 열거한 것이다.

이를 보면 알 수 있듯이 생구 등의 반사는 거의 예외없이 정복전쟁에서 귀환한 뒤에 시행되고 있다.[207] 이것은 북위왕조의 대외전쟁이 정복→약탈→분배라는 형식을 취하고 있었음을 말해 준다.[208] 이와 같이 정복전쟁의 종결에 따라 약탈품의 분배가 수반되고 있는 것은 유목민족의 전통적인 약탈품의 분배에 그 연원을 두고 있음은 말할 나위도 없다.

그런데 이들 생구의 분배는 철저하게 반사의 방식을 거쳐 분배되었

---

206) 『魏書』 卷2, 太祖紀, 登國10年(395) 11月條: "於俘虜之中擢其才識者賈彝・賈閨・晁崇 等與參謀議 憲章故實."
207) [표 4]에 의하면 生口의 班賜는 太宗 永興5년(413)에 처음 실시되고 있고, 그 이전에는 보이지 않는다[물론 그 이전에도 馬牛羊 등 축산의 반사는 시행되고 있었다]. 그러나 [표 3]에서 보듯 413년 이전에도 대외전쟁 과정에서 生口의 획득은 상당수에 이르고 있기 때문에 太宗 이전에도 生口의 반사는 행해졌을 것으로 생각된다.
208) 朴漢濟, 『中國中世胡漢體制研究』, pp.150~162.

[표 4] 북위 전기 생구의 班賜[일반]

帝名	年號[西曆]	受賜者	班賜內容	備考
太宗	永興5(413)	征還將士	生口·馬牛羊	越勤部 討伐하여 馬牛羊 獲得
世祖	始光4(427)	留臺文武	生口·馬牛·繒帛	車駕 西伐[夏]에서 이름
		將士	生口·布帛·珍寶	夏의 統万城 陷落
	神䴥2(430)	將士	生口·財畜	赫連定의 夏 陷落
	延和1(432)	將士	生口	北燕 攻擊 後
	延和3(434)	將士	生口	山胡의 討伐에서 돌아옴
	太平眞君10(449)	從臣?	所獲 및 布帛	北伐에 따라 行宮에서 班賜
	太平眞君11(450)	從者 및 留臺郞 以上	生口	懸瓠 親征
	正平1(451)	留臺文武	所獲軍資 및 生口	南朝 降民 五萬餘家 近畿에 分置
高宗	興安2(453)	從臣	生口	叛民 討伐
高祖	太和4(480)	王公 以下	紳綾絹布百萬匹 및 南伐所俘	
	太和5(481)	群臣	南俘萬餘口	

* 본 표는 『魏書』本紀에 의해 작성하였다.
* 본 표는 高祖期까지 한정하였다.
* 生口 이외에 馬牛羊·布帛만을 班賜한 경우는 제외하였다.
* 본 표의 작성에는 古賀昭岑,「北魏における徙民と計口受田について」, pp.41~43에 있는 第2表 一般的班賜를 참조하였다.

고, 개인적인 분배는 허락되지 않았다. 예를 들어 세조 太平眞君 초에 周觀이 군대를 거느리고 서쪽으로 가서 禿發保周를 정벌하고 그 무리를 크게 획득하고는 그 민 수백 가를 경사로 천사토록 하였으나 武威에 이르러 여러 장수와 사사로이 분배하였고, 그 결과 세조는 크게 성내어 그의 관작을 강등시키고 있다.[209] 이 사례는 정벌에 참여한 장수들이 徙民을 사사로이 분배한 경우이지만, 생구의 경우도 마찬가지였을 것이다. 이로써 보면 생구 등 약탈물은 최고통치자의 직접적이고 엄격한 통제와 처리하에 분배되었고, 그 분배형식은 반사가 일반적이었다고 하겠다. 이와 같이 생구의 분배가 사적인 분배가 아닌 국가권력에 의한 엄격한 통제하

---

209) 『魏書』卷30, 周觀傳.

에 반사라는 형식을 띠고 있었다는 것은 다음에 살펴볼 노비·僮隷 및 축산·재물의 반사 등과 아울러 북위왕조가 이러한 절차를 통하여 황제권 내지 왕조의 지배체제를 강화해 가는 수단으로 삼았음을 의미하는 것으로 주목된다.

한편, 생구의 본래 성격이 전쟁포로라고 하더라도 국가에 의해 개인에게 반사된 이후 이들은 신분적으로 사노비가 되었을 것임은 쉽게 추측된다. 또한 생구는 사노비로 하사된 경우 외에도 많은 부분이 국가에 적몰되어 관노비가 되었을 것으로 보인다. 따라서 생구는 대체로 노비화되었다고 생각되는데, 이 생구의 노비화를 잘 보여주는 것으로는 북위의 山東정벌이다. 곧, 북위는 현조시기에 산동의 靑·齊지역을 정벌하고 그 民望 수백 가를 경사지역으로 사민한 뒤 平齊郡을 설치하였음은 잘 알려진 사실이지만 이 때 "그 나머지는 모두 奴婢로 삼아 百官에게 分賜하였다"210)라고 하여, 산동 歷城방면의 민 가운데 사민된 民望 수백 가를 제외하고는 모두 노비로 삼아 백관에게 분사하고 있다. 이 때 노비가 된 자들은 북위의 군대에 완강하게 저항한 降卒이 중심을 이루고 있고, 그러한 의미에서 이들은 生口와 성격상 동일한 존재였다고 판단된다. 이 산동정벌 사례에 주목할 때, 북위왕조가 정복전쟁에서 획득한 대량의 생구는 대부분 노비화되었다고 보아도 지장이 없을 것이다. 따라서『北史』卷95, 獠傳에 "생구를 사로잡아 이로써 賤隷에 충당하였다"고 한 기사는 당시 생구가 노비로 전환되어 갔음을 단적으로 나타내는 것이라 하겠다.

또한 이 생구의 노비화를 유추하는 데 참고가 되는 것은 [표 5] 북위 전기 노비의 班賜[개인]이다. 이 [표 5]는 부락연맹체 단계에서부터 고조시기까지 북위왕조가 개인에게 隷戸·僮隷를 포함하여 노비를 하사하고 있는 사례를『魏書』열전에 기초하여 표로 묶은 것이다. 이 예호나 노비의 하사는 [표 4] 생구의 班賜와 마찬가지로 남조와 비교할 때 북위왕조

---

210)『魏書』卷50, 慕容白曜傳: "自餘悉爲奴婢分賜百官."

[표 5] 북위 전기 노비의 班賜[개인]

帝名	受賜者	數量	其他	備考
昭成帝	許謙	僮隸三十戶		劉衛辰征伐에 從軍
太祖	王建	奴婢數十口 僮隸五千戶	雜畜數千	諸國征伐에 從軍 劉衛辰征伐에 從軍
	安同	隸戶三十	馬二匹·羊五十口	商人으로 太祖에 봉사
	張濟	奴婢百口	馬牛數百·羊二十餘口	南燕滅亡 後 歸屬
	長孫肥	奴婢數百口	畜物以千計	大臣, 太祖의 心腹
	李先	奴婢三口	馬牛羊五十頭	車駕北伐하여 柔然大破
	赫連文陳	奴婢數十口		赫連屈子의 弟, 兄을 背信하고 歸屬
	宿石	奴婢十七戶		和龍討伐에 從軍
	東平公元儀	僮僕	馬牛羊·布帛	太祖의 甥으로 創業功臣
太宗	姚黃眉	隸戶二百		駙馬都尉
	王洛兒	僮隸五十戶		太宗擁立
	李先	隸戶二十二		安東將軍, 壽春侯
世祖	南平王元渾	僮僕數十人	馬百匹	世祖의 寵愛에 의함
	司馬楚之	隸戶一百		涼州征伐에 從軍
	李順	奴婢十五戶	帛千匹	統萬征伐의 功
	陳建	戶二十		山胡白龍討伐의 功
	盧魯元	僮隸前後數百人	布帛以萬計	征伐의 功
	豆代田	奴婢十五口 奴婢六十口	黃金百斤·銀百斤	戰功 和龍討伐에 從軍
	于洛拔	奴婢四十口		涼州征伐에 從軍
	奚斤	僮隸七十戶		涼州平定의 戰功
	車伊洛	奴婢	妻·妾田宅·牛羊	歸屬
	毛脩之	奴婢	牛羊	和龍討伐
顯祖	陸香友	奴婢十口		刺史로서 淸廉
	房法壽	奴婢	田宅	歸降
	劉尼	別戶		先朝에 大功
	抱嶷	前後奴卑牛馬數百千		宦官
高祖	高麗	奴婢	牛馬·綵帛·田宅	入國
	楊播	奴婢十口		柔然征伐
	蔞萱	奴婢十口	衣服二十具·綵絹十匹 等	從軍
	王遇	前後數百口	馬牛羊	宦官

* 본 표는 『魏書』 列傳을 참고하였다.
* 본 표는 高祖期까지 한정하였다.
* 奴婢[隸戶 등 포함] 외에 馬牛羊과 布帛만을 하사한 경우는 제외하였다.
* 본 표의 작성에는 古賀昭岑, 「北魏における徒民と計口受田について」, pp.44~46에 있는 第3表 個人への班賜를 참조하였다.

의 특질로서 이해되고 있다.211)

　우선 이 [표 5]에서 보듯 고조시기까지 노비 등의 하사는 총 30건에 이르지만, 그 가운데 태조·태종·세조기가 21건으로 대부분을 차지하고 있다. 또한 [표 5]에 의하면 이들 노비 등을 하사한 직접적인 이유는 귀속한 경우, 황제옹립이나 총애에 의한 경우 창업공신 등 다양하지만, 정벌에 의한 戰功이 14건으로 전체의 절반 가량에 미치고 있다. 이러한 점에서 북위왕조가 실시한 개인에 대한 반사도 시기 면이나 그 배경 면에서 정복전쟁에 수반되는 약탈품의 분배방식이 어느 정도 관철되었다고 하겠다.

　또한 개인에게 반사된 노비 등의 수적인 면으로 눈을 돌리면, 적게는 3口가 있는가 하면 많게는 수백 구에 이르는 경우도 있다. 따라서 노비 등의 하사건수나 숫자 면을 아울러 고려할 때, 이들 개인에게 반사된 노비는 정복전쟁에 수반되는 생구라는 대량의 전쟁포로를 노비화함으로써 가능하였다고 생각된다.212) 더욱이 [표 3]에서 보듯 북위왕조가 정복전쟁에서 사로잡은 생구는 상당한 숫자에 이르고 있다. 이러한 점에서 북위시대 노비의 내원은 전대 이래 노비의 자손, 약탈[抑良爲奴], 기근에 의한 自賣 등 다양하지만, 전쟁포로가 주된 내원이었다고 할 수 있을 것이다.

　한편 노비를 하사받은 사람들의 종족적 구성을 보면 [표 5]의 경우 전체 30건 가운데 한족이 16건이고, 선비·흉노 등 이민족이 14건으로 되어 있다. 이로써 보면 북위왕조가 실시한 노비 등의 하사는 종족적 차

---

211) 佐久間吉也, 「北魏朝における隷戶·奴婢の下賜について」(『中國史上よりみた中國文化の傳播と文化變容』, 昭和58年度科學硏究費補助金〔總合硏究A〕硏究成果報告書, 1984), p.22.
212) 북위시대 王族이나 大臣 가운데는 노비의 소유수를 千으로 헤아리는 자들이 다수 있는데, 대표적으로는 노비가 천으로 헤아려지고 있는 咸陽王 禧를 들 수 있다(『魏書』 卷21 上, 咸陽王禧傳). 이와 같이 개인이 대량의 노비를 소유할 수 있었던 것은 정복전쟁에서 획득한 생구의 노비화가 그 배경이 되었다고 생각된다.

이를 고려하지 않고 북위왕조에 공적이 있는 자를 주된 대상으로 한 것으로도 보인다. 그러나 이것은 개인에 대한 특별반사의 경우이다. 따라서 이를 가지고 노비의 반사에 종족적 차이가 없었다고 속단하는 것은 곤란하다. 이와 관련해서는 [표 4]의 일반 班賜의 경우가 주목된다. 이에 의하면 일반 반사의 경우 그 受賜者는 征還將士・留臺文武・將士・從臣・從者 및 留臺郎 이상・王公 이하・群臣 등 다양하다. 이 가운데 將士의 士(병사)를 제외한 대부분은 일반민과는 거리가 있는 대체로 지배계층에 속한다. 그러면 여기서 북위 전기 지배계층의 종족적 구성을 살펴볼 필요가 있다. 이에 대하여 참고가 되는 것은 다음의 [표 6]이다.

[표 6] 北魏前期胡漢將相大臣表

時 代	人 數	鮮卑人	漢 人
太祖[道武帝]	25	19	6
太宗[明元帝]	新增 13	12	1
世祖[太武帝]	新增 47	31	16
高宗[文成帝]	新增 37	28	9
顯祖[獻文帝]	新增 13	10	3
高祖[孝文帝 前期]	新增 41	29	12
總 計	176	129	47
%	100%	73%	26.7%

* [표 6]은 朴漢濟, 『中國中世胡漢體制研究』, p.157에서 본서의 논지전개에 필요한 부분만 차용하였다.

이 [표 6]에 의하면 북위 전기에 재임한 將相과 大臣의 구성은 선비인이 전체 176명 가운데 129명으로 73%를 차지하고, 그에 비해 한인은 47명으로 26.7%에 지나지 않는다. 그렇다면 앞의 [표 4]에서 受賜者의 위치에 있는 文武大臣이나 群臣 등으로 표기된 자들은 대부분 선비족이었던 것이 된다. 이 점은 이들 지배층 외 수사자의 위치에 있는 士(병사)의 경우를 보면 더욱 명확하다. 북위 전기 병사의 구성은 북위건국의 주체인 선비족 등 북족계가 주류를 이루고 있었다.213) 따라서 이들 병사의 경우도 주된 수사자는 선비족 등 북족계였음을 알 수 있다. 이상의 점을 통하여 볼 때, 북위 전기에 실시된 생구반사의 주된 수사자는 선비족을 포함한 유목민족이었다고 하겠다. 그러한 의미에서 북위시대 노비의 주된 소유계층은 북족계라 할 수 있을 것이다.

이상 살펴본 바와 같이 북위왕조는 정복전쟁에서 생구라 불리는 전쟁포로를 대량으로 획득하였고, 또 이들 생구를 국가에 적몰하여 관노비화하는 이외에 전쟁에 참가한 將士나 百官 등에게 집단적으로 또는 개인적으로 하사하여 사노비화하였던 것이다. 결국 이러한 생구의 노비화정책은 앞서 살펴본 사민을 통한 잡호의 창출과 마찬가지로 북위의 정복왕조적인 측면을 잘 보여주는 것이라 하겠다.

2. 노비의 직역

노비는 북조시기 국가적 신분제인 양천제에서 천민으로 규정되었을 뿐 아니라 계층적인 위계질서에서 최하층 신분에 위치하고 있다. 노비는 그 발생단계에서 官府나 私家에 예속되어 가내노동이나 토지경작 등 온갖 잡역에 종사하였음은 주지의 일이지만, 북위에서도 노비제를 지배층 중심의 정치·사회 질서유지에 적극 이용하였다. 특히 북위시대는 앞서 살펴본 바와 같이 정복전쟁에서 획득한 대량의 생구를 노비화하는 정책을 통하여 후한 이래 계층분화에 의해 출현한 다양한 사적 예속민을 제도적으로 부정하고214) 사가의 소유를 노비에만 한정함으로써 기존의 이

---

213) 谷川道雄, 「拓跋國家の展開と貴族制の再編」, p.215.
214) 앞서 살펴보았듯이 북위왕조가 시행한 생구의 노비화정책은 정복→약탈→분배라는 유목민 특유의 재부의 분배방식에 그 연원을 두고 있음은 말할 나위도 없다. 그러나 북위왕조가 이러한 정책을 통하여 위진 이래 성행하였던 민간에서의 노비 이외의 사적인 人身 依附關係를 부정하고 국가권력에 의한 일원적인 지배체제를 구축하고자 한 정책적 의도

들 예속민이 담당하던 다양한 기능과 역할이 노비에게 전가되었고, 그 결과 노비제는 이전 시대에 비해 더욱 발달하였을 뿐 아니라 노비의 담당직역도 확대되었다.

북위시기 노비는 僮僕・皂隷・婢妾・侍婢・蒼頭・官口 등 다양한 명칭으로 불리고 있다.215) 이 가운데 관노비는 소속 관부에 직속하였지만, 사노비의 경우에는 양인과는 달리 독립된 호적을 갖지 못하고 주인의 호적에 부적되었다. 따라서 이들은 가축 등과 마찬가지로 소유・상속・매매・증여의 객체가 되는 물적 존재로 취급되어 주인이 謀叛 이상의 죄를 범한 경우에는 국가에 적몰되었다.216) 그러나 이들에 대한 모든 권리는 그 소유주에게 맡겨진 것이 아니라 국가의 법질서에 의해 통제되고 제한되었다. 이와 관련하여는 다음의 사례가 주목된다.

　　晉이 江南으로 옮겨온 이후 무릇 노비・마우・田宅을 매매할 때에는 文券을 만들어 매매가격의 1만 錢마다 4백 전을 관청에 납부하는데, [4백 전 가운데] 파는 자가 3백 전, 사는 자가 1백 전을 부담한다. 文券이 없는 경우에도 부담이 가능하면 역시 백분의 4를 거둔다. 이것을 散估라고 부른다. 宋・齊・梁・陳을 거치면서도 이렇게 하는 것이 일반적이었다.217)

이것에 의하면 동진・남조에서는 우마・전택과 마찬가지로 노비를 매매할 때에는 文券이라는 매매계약서를 작성하고, 관청에서는 이것에 의거하여 세금을 거두고 있고, 또 매매증서가 없는 경우에도 적정액을 과세하는 것으로 매매를 공인하고 있다. 唐代에도 노비나 가축을 매매하려면 관청에 신고하여 市券이라는 매매계약서를 작성해야 했는데, 이럴

도 있었을 것으로 생각된다. 그렇다면 이것은 제2장 제2절에서 살펴본 북조시기 신분편성의 원리에서 국가가 추구하였던 의도와 기본적으로 동일한 방향에 있었다고 하겠다.
215) 高敏, 『魏晉南北朝經濟史』 下, p.673.
216) 『魏書』 卷21, 咸陽王禧傳에 "資産奴婢"라는 표현에서 보듯 이 시기 노비는 재산으로 취급되었고, 따라서 주인이 謀叛 이상의 죄를 범한 경우에는 국가에 적몰되었다.
217) 『隋書』 卷24, 食貨志.

경우 5인의 보증인이 필요하였다.218) 남조나 당대가 이러하다면 북조에서도 이와 유사한 법규정이 있었다고 생각된다.

이와 같이 노비를 매매할 경우 관청에 신고하여 매매계약서를 작성하게 하고 그에 따라 일정액을 과세하는 것을 文券稅라 하여 중국에서 契約稅의 기원으로 보기도 하고 동시에 이것을 상품유통에 세금을 부과하는 일종의 流通稅로 보는 견해도 있지만,219) 여하튼 노비를 매매할 때에 이러한 절차가 필요하다는 것은 노비가 우마나 전택과 마찬가지로 국가에 의해 관리·통제되고 있었던 예증으로 보아도 될 것이다. 따라서 국가는 당대와 마찬가지로 주인의 자의에 의해 저질러지는 노비형살을 금지하였을 뿐만 아니라, 소유주의 謀叛 이상의 범죄에 대하여는 국가에 告言을 허용하였다.220) 이러한 점에서 볼 때 노비는, 주인과의 관계에서는 물적인 존재였지만 국가의 법질서 내에서는 제한적이긴 하지만 인격성이 어느 정도 인정되었다.

그렇지만, 북위시대 노비는 양인과 혼인이 원칙적으로 금지되었다. 세종시기에 繼라는 자가 靑州刺史로 재직할 때 백성의 기근을 이용하여 家僮에게 백성의 여식을 婦妾으로 삼도록 하였는데, 이 일로 繼가 御使에게 탄핵을 받아 관작을 삭탈당한 일은221) 노비가 良人과 혼인하는 것

---

218) 『唐律疏議』 卷26, 雜律 34, 買奴婢牛馬不立券 ; 『唐六典』 卷20, 京都諸市令條 참조. 池田溫, 『中國古代籍帳硏究-槪觀·錄文』, 東京大學東洋文化硏究所, 1979, p.490·564에는 敦煌과 吐魯番에서 발견된 당대 노비의 매매에 따른 계약문서인 市券이 수록되어 있다. 이들 노비매매문서에 대한 검토는 山根淸志, 「唐代の奴婢賣買と市券」(唐代史硏究會編, 『東アジア古文書の史的硏究』, 唐代史硏究會報告 第Ⅶ集, 刀水書房, 1990) 참조.
219) 鄧海波 編著, 『中國歷代賦稅思想及其制度』 上(正中書局, 1984), p.403.
220) 당대의 경우 노비(이 경우 부곡도 포함된다)는 주인의 일반적인 범죄를 숨겨주어도 죄가 되지 않고 오히려 관청에 告言(고소·고발)하는 것이 금지되었지만(告言하면 교수형), 謀叛·謀大逆·謀反과 같은 국가권력에 대한 심대한 반역행위는 告言이 허용되었다 (『唐律疏議』 卷6, 名例 46, 同居相爲隱 및 『唐律疏議』 卷24, 鬪訟 48, 部曲奴婢告主). 당대 노비·부곡을 포함한 친족간의 相隱 및 告言에 대하여는 西田太一郞, 『中國刑法史硏究』 (岩波書店, 1973), 第7章 「家族制度と刑罰」, pp.173~181 참조.
221) 『魏書』 卷16, 京兆王黎傳附繼傳.

이 금지되었음을 잘 보여준다.

또한 북위시대의 노비는 국가에 租調를 납부하고 있는 점이 주목된다.222) 이는 노비가 균전제하에서 양인과 차별없이 토지를 지급받는 데 따른 의무규정일 것이다. 그러나 그 租調額은 양인 부부가 부담하는 세액의 8분의 1에 지나지 않았기 때문에223) 이들이 부담하는 租調는 일시적·한정적인 의미를 띠고 있고, 또 租調 이외의 征戍[병역] 및 잡역 등을 부담했다는 사례가 없기 때문에 노비는 양인이 부담하는 국역체계에서는 제외되었다고 하겠다. 노비가 국가의 요역체계에서 제외된 이상 이들에게는 관리로 진출할 수 있는 자격도 주어지지 않았음은 말할 나위도 없다.

이상은 북위시기 노비의 일반적인 법률규정이다. 그런데 이러한 성격을 지닌 이 시기 노비제와 관련하여 특히 주목되는 것은 실생활 면에서 노비가 가내노동뿐 아니라 산림수택의 점유와 개간을 중심으로 전개된 이 시기의 대토지 소유제하에서 다양한 생산활동에 驅使되고 있는 점이다.

① 恭宗이 말년이 되어 자못 측근자들을 가까이 하여 田園을 경영해서 그 이익을 취하였다. [이에 高]允이 간언하여 "天地는 사사로움이 없기 때문에 능히 덮고 실을 수가 있으며 왕노릇하는 자는 사사로움이 없기 때문에 능히 [천하를] 包養할 수 있습니다.… 지금 전하는 나라의 황태자로서 四海人의 촉망을 받으며 언행거동은 만방이 모범으로 삼는 바입니다. [그런데도] 私田을 영립하여 鷄犬을 기르고 심지어 市廛에서 販沽하여 민과 이익을 다투니 [이를] 비난하는 소리가 [천하에] 널리 퍼져 좇아서 가릴 수가 없습니다. 대저 천하는 전하의 천하로서 부유함이 사해에 가득한데 무엇을 구하여도 얻지 못할 것이며 무엇을 하고자 하면 따르지 않겠습니까.… 근래 좌우에서 侍御하는 자들은 아마 조정에서 선발하지 않은듯 하

---

222) 『魏書』 卷110, 食貨志.
223) 『魏書』 卷110, 食貨志. 균전제하의 租庸調制를 다룬 최근의 논고로는 김성한, 『중국 토지제도사연구-중세의 균전제-』(신서원, 1998), 第6章 「均田制와 租庸調制」가 있다.

므로 원컨대 전하께서는 愚言을 조금이라도 살피시어 망령되고 사악한 자들을 내치고 충직하고 선량한 자들을 가까이 하십시오. 지금 있는 전원은 貧下에게 분급하고 축산은 판매하여 이로써 때에 맞게 거두고 흩으소서. 이와 같이 하면 비방하는 소리를 없앨 수가 있습니다"라고 하였다. [그러나] 공종은 그의 간언을 받아들이지 않았다.224)

② 僞太子의 궁은 동쪽에 있는데… 婢妾들은 모두 土屋에서 산다. 婢使는 천여 인인데 모두 綾錦을 짜서 판매하고 술을 팔며 猪羊을 기르고 牛馬를 치며 채소를 심어 利를 좇았다.… 僞太子는 달리 창고가 있었다.225)

③ [元]禧는 성품이 교만하고 사치하며 재색을 탐음하여 姬妾이 수십인데도 뜻에 아직 차지 않았으며… 이로 말미암아 貨賂를 탐하였다. 노비는 千으로 헤아리고 田業・鹽鐵은 遠近에 편재하였으며 臣吏・僮隷가 [서로] 이어 경영하였다.226)

이들 사례는 북위왕조에서 선비 귀족층이 莊園을 조성・경영하고 있는 모습을 보여주고 있다. 이 가운데 ①②는 440년경 세조의 황태자였던 공종이 田園을 영립하여 민과 이익을 다투는 모습인데,227) 내용적으로 볼 때 공종이 경영한 전원은 농업생산을 위한 단순한 경지와 采園의 집합체가 아니라 목축업을 위해 우마를 위시한 각종 축산을 방목하는 토지를 포함하고 있다. 이러한 전원의 모습에서 연상되는 것은 그것이 산림수택의 배타적인 점유에 의해 가능하다는 점이고, 또 그 경영형태도 상품생산을 목적으로 이루어지고 있는 점이다. 사료 ③은 고조의 長弟이자 世宗의 숙부인 元禧가 농업뿐만 아니라 영리사업의 일환으로 鹽鐵 등을 다각적으로 경영하고 있는 모습을 연상시킨다. 따라서 이들 여러 장원은 산림수택을 배타적으로 독점하고 더욱이 그 경영은 自家의 소비를 목적으로 행해

---

224) 『魏書』 卷48, 高允傳.
225) 『南齊書』 卷57, 魏虜傳.
226) 『魏書』 卷21上, 咸陽王禧傳.
227) 이 가운데 ②의 僞太子가 바로 恭宗을 가리키는 것인지에 대하여는 확실하지 않다. 다만, 『南齊書』 卷57, 魏虜傳에는 이것이 佛狸[世祖]시기의 사건 속에 기술되어 있고 또 ①의 기사와 내용이 유사한 점 등에서 僞太子를 恭宗으로 보아도 무방할 것이다.

지지 않고 영리사업의 일환으로 행해지고 있었다고 하겠다.228)

또한 이들 사례에서는 婢使·노비 등으로 불리는 많은 예속민이 장원에서 다양한 생산활동에 驅使되고 있는 점이 눈에 띈다. ②에 의하면 태자의 동궁에 예속되어 있던 1천여의 비사가 비단의 생산과 판매 그리고 방직·양조·목축·채소재배 등에 驅使되고 있고, ③에서는 원희가 조성한 장원에서 수천의 노비가 농경 외에 염전과 광산 등에 사역되고 있다. 더욱이 이들 노비는 상업[판매]활동에도 종사하고 있다. 이것은 한편으로는 북위에서의 장원의 경영형태가 자가 소비 외에도 영리사업의 일환으로 상품생산을 목적으로 이루어졌음을 말해 주고 있기도 하지만,229) 다른 한편으로는 俸祿制가 시행되기 전 북위에서 관료의 상업활동이 공인되었던 점을 생각하면230) 왕공·귀족 및 문무백관 등에 예속된 많은 노비들이 상업에도 종사했을 것은 쉽게 알 수 있다.231)

이와 같이 북위시대 노비는 상업활동뿐 아니라 방직·양조·염전·광산 등 다양한 생산활동 등에 종사하고 있음을 알 수 있다. 여기서 특히 주목되는 것은 이들 사례에서 보듯 노비가 목축 및 농업노동에서 비중이 상당히 높았다는 점이다. 우선 목축의 경우를 보면, 유목민족에서 일어난 북위왕조는 중국 내지로 들어온 이후에도 여전히 목축 위주의 경제생활을 영위하였음은 주지의 일이지만, 북위왕조가 화북통일과정에서 획득한 마우양 등을 왕공·귀족이나 有功將士 등에게 하사하고 있는 것도[[표 4] 북위 전기 생구의 班賜 및 [표 5] 북위 전기 노비의 班賜 참조] 북위 전기에

---

228) 북위시대 山林藪澤의 점유와 그 경영형태에 대하여는 谷川道雄, 「均田制の理念と大土地所有」(『中國中世社會と共同體』, 國書刊行會, 1976) ; 關尾史郎, 「北魏における勸農政策の動向－均田制發布以前を中心として」(『史學雜誌』91-11, 1982) ; 졸고, 「北魏 均田制의 成立과 그 性格」 참조.
229) 졸고, 「北魏 均田制의 成立과 그 性格」, p.176.
230) 북위 전기 관료의 상업활동을 통한 영리행위의 실태에 대하여는 주 63) 참조.
231) 『魏書』 卷65, 邢蠻傳에 "蠻之初至漢中… 藉爲奴婢二百餘口 兼商販聚斂"이라 하여, 邢蠻이 소유한 노비 2백여 명이 상업활동에 종사하고 있는 것을 볼 때, 북위시대 私家에 속한 노비의 상업활동이 상당히 대규모로 진행되고 있었음을 엿보게 한다.

는 경제구조 면에서 여전히 목축의 비중이 상당히 높았음을 말해 준다.

실제 북조시기를 통하여 경기 주변과 북변일대에서 선비족을 중심으로 하는 유목민족에 의한 대규모적인 목축이 행해졌음이 확인되고 있다.232) 일례로 세조 태무제 시기 婁提의 경우 소유한 축산은 계곡으로 헤아리고, 또 이들 축산에 구사된 家僮은 천단위로 헤아릴 정도로 대규모적이었다.233) 이 사례는 당시 목축경제와 노비가 긴밀하게 결합되어 있음을 보여준다. 따라서 이러한 사례 등을 통하여 볼 때, 당시 선비족의 대규모적인 목축경영은 많은 노비를 소유함으로써 가능하였다고 하겠다.

이러한 점은 농업노동에서도 마찬가지이다. 특히 북위시기 대토지소유하에서의 농업경영은 노비의 노동력과 긴밀하게 결합된 형태를 띠고 있다. 앞서 든 ①②③의 사례에서도 대량의 노비가 농업노동에 종사하고 있는 점이 보이지만, 노비가 농경과 긴밀하게 결합되어 있는 모습은 북조 전기에는 일반화되어 있다. 우선 이 점은 북위가 초기 이래 문무신하 등에게 하사한 반사품의 변화에 의해서도 확인된다. 곧, [표 5] 북위 전기 노비의 班賜에 의하면 세조시기까지의 상사물은 노비 외에 마우양 등 축산이 중심이었고, 이에 비해 토지의 상사는 매우 드물다. 그러나 세조시기에 들어오면 마우양 등의 반사는 그 이전에 비해 급격히 감소하는 대신 포백, 그리고 토지의 반사가 증가하고 있다. 이러한 반사품목의 변화는 종래 馬匹의 私貿易이 인정된 것과는 달리 세조시기부터 관영무역이 전개된 결과 국가에 의한 무역독점과 아울러 마필에 대한 국가관리가 강화되어 정복전쟁에 수반되는 馬牛羊 등의 약탈품이 국가로 公收된 것에 원인이 있다는 지적도 있다.234)

그런데 한편으로 주목되는 것은 이러한 반사품목 속에 토지의 반사가 증가함과 아울러 노비·생구 등의 하사도 계속되고 있는 점이다. [표

---

232) 『魏書』 卷18, 廣陽王深傳;『魏書』 卷74, 尒朱榮傳.
233) 『北齊書』 卷15, 婁昭傳.
234) 古賀昭岑,「北魏における徙民と計口受田について」, pp.35~36.

4] 북위 전기 생구의 班賜에 의하면 일반적인 반사로서 전쟁포로인 생구의 하사는 세조 이후 고조시기까지 계속되고 있다. 또 [표 5] 북위 전기 노비의 班賜에서도 개인에 대한 노비의 하사가 계속되고 있고, 그 수도 상당할 정도이다. 따라서 이러한 생구·노비의 하사는 노비와 토지를 긴밀하게 결합시킴으로써 자연히 노비노동의 비중을 증가시켰을 것으로 생각된다.

또한 노비가 토지와 긴밀하게 결합되어 있는 모습은 북위 균전제에서 노비에 대한 급전규정을 보면 더욱 명확하다. 북위 균전제에서는 위진 이래 私家에 국가가 제도적으로 그 소유를 인정한 佃客 등 다양한 예속민에 대한 토지의 지급은 소멸되고 노비에게만 토지가 지급되고 있다.235) 이 노비로의 給田의 의미에 대하여는 다양한 견해가 제시되어 있지만,236) 여하튼 노비에 대한 급전은 수적인 면에서 노비의 증가와 농업노동에서 노비의 비중이 상당히 높았음을 말해 준다.

이러한 농경에서 노비노동의 비중이 증가해 가는 모습은 북조시기 사대부들의 이에 대한 인식에도 잘 나타나고 있다. 곧, 顔之推는 『顔氏家訓』에서 안정적인 가정생활을 영위하는 데 필요한 최소한의 노비수와 토지양을 20여인의 식구와 노비는 20인, 良田은 10頃 정도라 하여,237) 당시 농업경영에서 노비노동이 필수불가결한 것으로 인식하고 있다. 안지추는 북조 말 사대부를 대표하는 인물로 알려져 있기 때문에,238) 그의 이러한 견해는 당시 사대부들의 공통된 생각이라 해도 될 것이다.

또한 북주시기의 蕭大圜은,

---

235) 『魏書』 卷110, 食貨志, 均田令.
236) 이에 대하여는 金鐸敏, 「均田制下에서의 奴婢受田과 官人永業田」(『金俊燁教授華甲記念中國學論叢』, 서울, 1984) ; 金裕哲, 「均田制와 均田體制」(講座中國史 Ⅱ-門閥社會와 胡·漢의 世界』), pp.171~172 ; 졸고, 「北魏 均田制의 成立과 그 性格」, pp.189~191 참조.
237) 『顔氏家訓』 卷5, 止足篇.
238) 안지추에 대하여는 朴漢濟, 「南北朝末 隋初의 過渡期的 士大夫像-顔之推의 『顔氏家訓』을 中心으로-」(『東亞文化』 16, 1979) 참조.

과수원은 뒤에 있어서 창을 열고 꽃을 접할 수 있고, 채소밭은 앞에 있어서 처마에 앉아 물이 흐르는 도랑을 볼 수가 있다. 2頃의 토지는 죽을 제공하고 10畝의 땅은 絲麻를 제공한다. 侍兒 5·3명이면 베 짜는 데 충분하고, 家僮 4명이면 밭 갈고 김매는 것을 대신할 수 있다.[239]

라고 하여, 여기서도 농경에 노비가 필수적임을 서술하고 있다. 따라서 『魏書』卷110, 食貨志에서 "奴는 경작을 맡고 婢는 방적을 맡는다"라고 기술되어 있는 것은 이 시기 농경에서 노비노동의 비중이 높았음을 잘 말해 주고 있다.

한편, 앞서 인용한 사료 ③을 보면 함양왕 원희가 조성한 장원에서는 그 경영을 담당하는 자로서 臣吏·僮隷 등의 명칭이 보인다. 이 가운데 동예는 국초 이래 노비·예호와 함께 개인에게 반사되고 있기 때문에 이들이 국가의 반사에 의해 私家에 예속되어 장원의 경영을 담당하였을 것은 일견 명료하다. 그런데 동예는 구로 계산되는 노비와는 달리 호로써 계산되고 있다. 앞서 잡호의 일종으로 보았던 예호도 호로써 계산되고 있어 동예와 예호는 유사한 성격일 것으로 생각된다. 더욱이 『魏書』卷77, 高崇附子謙之傳에는 동예와 노비가 구별되어 있다.[240] 그렇다면 북위시대 동예의 용법에는 노비는 포함되지 않았고 따라서 양자는 어느 정도 구별되는 존재였음을 짐작케 하지만,[241] 그밖에 자료가 없기 때문에 현재 자세한 것은 알 수 없는 실정이다.

臣吏에 대하여는 다음의 기사가 주목된다.

> 조서하여 처음으로 王·公·子國에 臣吏를 내렸는데, 大郡王에 2백인, 次郡王·上郡公에 백 인, 次郡公에 50인, 侯에 25인, 子에 12인

---

[239] 『周書』卷42, 蕭大圜傳.
[240] 『魏書』卷77, 高崇附子謙之傳: "居家僮隷 對其兒不撻其父母 生三子便免其一 世無髡鉗奴婢 常稱俱廩人體 如何殘害."
[241] 노비와 동예의 구별에 대하여는 濱口重國,「官賤人の由來についての硏究」, p.315 참조.

이다. 모두 典師를 세웠는데 〔그〕 직책은 家丞에 비견되고 群隷를 총통시켰다.[242)]

이것에 의하면 신리는 국가에 의해 왕・공 등에게 지급되었음을 알 수 있는데, 그 성격은 家臣 혹은 家兵으로 파악되고 있다.[243)] 또 왕・공 등은 모두 典師를 두어 群隷를 총괄하고 있는데, 여기의 군예 속에는 私家에 예속된 동예 및 노비도 포함될 것이다.

끝으로 주목되는 것은 앞서 인용한 사료 ①②③에서 보듯 이들 장원의 주된 조성자는 탁발왕족이라는 점이다. 북위시대는 이들 왕족 외에도 정권의 유력자나 관료층이 그들의 정치적 지위를 이용하여 산림수택을 점유한 사례가 산견한다.[244)] 이것은 선비족이 중국 내지에 정착한 뒤 산림수택을 장원화하여 다각적인 경영을 통한 영리활동을 전개하고 있음을 말해 준다. 특히 앞서 노비의 내원에서 살펴본 바와 같이 북위 전기 노비의 주된 소유계층이 선비족인 것을 감안하면 이들 노비는 선비족이 조성한 대토지소유하에서 직접 생산자로서 광범위하게 생산활동에 종사하였을 것으로 생각된다. 이것을 달리 표현하면 선비족은 중국 내지에 정착한 뒤 산림수택의 배타적인 점유와 정복과정에서 분배받은 대량의 노비를 결합하여 다각적인 영리활동을 전개하였고, 이에 그들은 앞서 언급한 바와 같이 신리나 전사를 두어 이들 노비를 포함한 군예를 총괄하였다고 하겠다.

일반적으로 한대 이래 노비는 궁정・왕후백관을 위시한 일반 豪族의 가내노예로서 상당히 대량으로 사역되고 또 대토지소유하에서 농업노동에도 종사하는 것이 많았던 것은 주지의 일이지만, 북조시대의 노비는 앞서 살펴본 바와 같이 산림수택의 점유의 형태로 전개된 이 시기의 대

---

242) 『魏書』 卷114, 官氏志 天賜元年(404) 12月條.
243) 唐長孺, 「拓跋國家的建立及其封建化」, p.238.
244) 관료가 산림수택을 배타적으로 점유하여 영리활동을 전개하고 있는 모습에 대하여 일례를 들면 『魏書』 卷94, 閹官 劉騰傳 참조.

토지 소유제하에서245) 다양한 생산활동에 종사하였으며, 특히 목축 및 농업노동에서 비중이 상당히 높았음을 알 수 있다. 그리고 이것은 무엇보다도 북위왕조의 생구라 불리는 전쟁포로의 노비화 정책의 결과라 하겠다.

---

245) 위진남북조 시기 대토지 소유와 경영 전반에 대하여는 唐長孺,「南朝的屯・邸・別墅及山澤佔領」(『歷史硏究』3, 1954 ;『山居存稿』); 大川富士夫,「東晉南朝時代における山林叢澤の占有」(『六朝江南の豪族社會』, 雄山閣, 1980); 渡邊信一郎,「二世紀から七世紀に至る大土地所有と經營」(『中國古代社會論』, 靑木書店, 1986); 米田賢次郞,「華北乾地農法と莊園像-「齊民要術」の背景」(『中國古代農業技術史硏究』, 同朋舍, 1989) 등 참조.

제 4 장

북조 후기 잡호의 추이와 신분질서의 변화

　　이 장에서는 북위왕조의 피정복민 정책에 의해 출현한 다양한 하층신분을 포괄하는 신분적 범주인 廝役, 곧 雜戶의 추이를 검토하여 북조 전기에 성립한 하층신분 질서가 북조 후기에 해체되어 가는 모습을 추적해 보았다. 곧, 북조 전기 양천제하에 양인으로서 잡호에 속하던 이들 하층신분은 북조 후기에 이르면 來源이 범죄연좌인만으로 되어 있고, 그 종류도 급격히 줄고 있으며, 법제적 지위도 천민으로 규정될 정도로 저하되는 등 신분적으로 상당한 변화를 보이고 있다.
　　따라서 여기서는 이들 하층신분의 신분적 변화는 어떠한 과정을 거쳐 이루어졌고 또 그것은 어떠한 의미를 지니는가 하는 북조 후기 잡호의 추이를 살핌으로써 이들 문제에 답해 보고자 한다. 구체적으로는 우선 정복전쟁 종결 이후 잡호의 내원 변화 및 그에 따른 신분적 변화를 살펴보고, 이어 북위 말의 내란 속에서 잡호의 움직임을 검토한 뒤, 끝으로 북조 말에 단행된 일련의 신분해방 조치 속에서 잡호의 신분적 변화모습을 살펴보기로 한다. 이를 통하여 본 장에서는 북조 전기 신분질서 속에서 하나의 신분층으로 자리하였던 잡호가 천인화되어 가는 과정을 분석해 보고자 한다.[1]

---

[1] 본 장과 관련해서는 졸고, 「北朝後期 廝役 身分의 推移와 그 性格」(『釜山史學』 30, 1996) 참조.

제1절 잡호의 내원과 신분의 변화

1. 잡호의 내원 변화

북조 후기 시역, 곧 잡호의 추이와 관련하여 우선 주목되는 것은 잡호의 내원에 변화가 일어나고 있는 점이다. 곧,『隋書』卷111, 刑法志에는 종래의 잡호와는 다른 모습을 보여주는 사례가 있다.

① 도적질하거나 사람을 죽이고 도망한 자는 이름을 드러내어 호적에 주기하고 그 一房을 들어 驛戶에 배속시킨다.2)
② 도적질하거나 謀反・大逆・降叛・惡逆을 범하여 죄가 流刑에 해당하는 자는 모두 그 一房을 들어 雜戶에 배속시킨다. 그리고 도적질한 일이 발각된 뒤에 도망한 자는 이름을 드러내어 [호적에] 주기하여 배속시킨다. 만약 다시 徒刑을 범하거나 세번에 걸쳐 笞刑・杖刑을 범한 자는 一身을 영원히 下役에 배속시킨다.3)

이 가운데 ①에 의하면 북제에서는 도적질과 살인을 범하고 도망한 자를 驛戶에 배속시키고 있다. 그리고 ②를 보면 북주에서는 도적질 및 謀反・大逆・降叛・惡逆을 범하여 죄가 流刑에 해당하는 자, 도적질이 발각된 뒤에 도망한 자, 재차 徒刑을 범한 자, 세번에 걸쳐 笞刑・杖刑을 범한 자를 잡호에 충당하고 있다.

이와 같이 북제・북주시기의 잡호에는 사민을 주된 구성원으로 하던 북조 전기와는 달리 새로이 특정한 죄를 범한 犯罪人 및 그 緣坐人[이하 이 양자를 犯罪緣坐人으로 약칭함]이 충당되고 있음을 알 수 있다. 그러면

---

2)『隋書』卷25, 刑法志, 北齊 河淸3年 律:"盜及殺人而亡者 卽懸名注籍 甄其一房配驛戶."
3)『隋書』卷25, 刑法志, 北周 保定3年 律:"盜賊及謀反大逆降叛惡逆罪當流者 皆甄一房配爲雜戶 其爲盜賊事發逃亡者 懸名注配 若再犯徒三犯鞭者 一身永配下役."

잡호에 범죄연좌인을 충당한 것은 언제부터였을까? 종래 이에 대하여는 북위시대부터 존재했다고 하는 견해와[4] 북위시대에는 그러한 제도가 없었고 북위가 동위·서위로 분열된 이후로 보는 견해가 있다.[5] 이렇게 견해가 대립되어 있는 것은 近世魏律의 성립시기를 언제로 볼 것인가 하는 문제와 결부되어 있다.

이 이른바 근세위율은 『春秋左氏傳』 襄公23年條의 "初裴豹隷也 著於丹書"에 대한 당 孔穎達의 注疏에,

> 近世魏律에서는 緣坐에 의해 [官에] 몰입되어 工·樂·雜戶가 된 자는 모두 붉은 종이로 호적을 만들고, 그것을 마는 데는 鉛을 軸으로 삼았다. 이것은 역시 옛 사람이 丹書하는 遺法이다.[6]

라고 한 것에 근거를 두고 있다. 이것은 연좌에 의해 관청에 몰입되어 공호·악호·잡호가 된 자에 대하여 붉은 종이로 호적을 만들어 일반 군현민과 구별했음을 보여주는 사례로서 관심을 끈다.

여기서 문제가 되는 것은 맨 앞에 보이는 '근세위율'의 위가 어느 위를 가리키는가 하는 점인데, 이 공영달의 주소만으로는 근세위율의 위가 북위와 동위·서위 가운데 어느 국가를 가리키는지 확정하기란 쉽지 않다. 이에 대하여는 일찍이 이 위를 북위로 보고, 이에 북위시대부터 범죄연좌인을 공호·악호·잡호 등에 충당했다는 견해가 있었다.[7] 그런데 그 이후의 연구는 이 위를 반드시 북위가 아니라 동위·서위 가운데 어

---

4) 주 7) 참조.
5) 주 8) 참조.
6) "近世魏律 緣坐配沒爲工樂雜戶者 皆用赤紙爲籍 其卷以鉛爲軸 此亦古人丹書之遺法."
7) 이러한 견해는 程樹德이 『九朝律考』(中華書局, 1963)에서 근세위율을 북위율로 간주한 이래[卷5. 後魏律考上. 魏律佚文, p.360], 張維訓, 「略論雜戶的形成和演變」(『中國史研究』 1983-1) ; 朱祖延, 『北魏佚書考』(中州古籍出版社, 1985)에 이르기까지 이어져 오고 있다(史部 刑法類 後魏律, p.76). 이는 중국학자의 대부분이 近世魏律을 北魏律로 여기고 있음을 말해 준다. 참고로 高敏, 「雜戶考」(『魏晉南北朝社會經濟史探討』, 人民出版社, 1987)에서는 이를 근거로 범죄연좌인을 잡호에 충당한 것은 남북조 중기 이후로 보고 있다.

느 한 국가로 보고, 따라서 북위시대까지는 범죄로 인한 범죄연좌인이 잡호의 내원에 포함되지 않았다는 견해가 대두되었다.8) 그리고 후자의 견해를 뒷받침하는 것으로는 다음에 열거하는『魏書』卷111, 刑罰志에 나오는 사례인데, 내용이 다소 길지만 논의의 편의상 전문을 옮기면 다음과 같다.

③ 鄴으로 천도한 뒤 경기지역에 도적떼가 자못 일어나서 담당관리〔有司〕는 엄격한 제도를 세울 것을 상주하였다. "무릇 강도짓하다가 사람을 살해한 경우는 수범·종범 모두 참수형에 처하고, 그 처자나 같은 호적에 있는 자는 配隷하여 樂戶로 하십시오. 그리고 강도는 했지만 사람을 살해하는 데 이르지 않은 자, 〔및〕 강도하여 사람을 살해하였지만 그 장물이 5필 미만인 경우, 주범은 참수형, 종범은 사형, 처자는 또 악호로 하십시오. 절도하여 장물이 10필 이상인 경우, 주범은 사형, 처자는 驛〔戶〕에 配隷하고 종범은 유형에 처하십시오."9)

④ 侍中 孫騰이 상주하였다. "삼가 살피건대, 법은 한 일자를 긋는〔畫一〕 것과 같아야 하며, 도리는 두 가지가 아닌 것을 숭상합니다. 따라서 희노가 감정에 말미암아서 죄를 가볍게도 무겁게도 적용해서는 안됩니다. 율문에 의하면 公私를 불문하고 모든 강도의 경우 그 죄는 유형을 최고형으로 규정하고 있습니다. 그런데 근래 당국에서는 이것을 어기고 천착하기를 매우 좋아하여 다시 율령 이외에 더욱 여분의 조문을 마련하여 규찰의 길을 넓혀서 범인체포에 대한 포상을 시행하고자 하고 있습니다. 이것은 바로 형법전이 한갓 마련되어 있어도 재판은 더욱 번거롭게 되고, 법령이 점점 명확해질수록 도적은 더욱 많게 된다는 것입니다.… 청컨대, 모든

---

8) 이 견해는 濱口重國,「官賤人の由來についての硏究」(『唐王朝の賤人制度』, 東洋史硏究會, 1966) 이래, 越智重明,「北朝の下層身分をめぐって」(『九州大學東洋史論集』8, 1980) ; 堀敏一,「北朝雜戶制の再考察」(『中國古代の身分制―良と賤―』, 汲古書院, 1987) 등 일본학자에 의해 계승되어 있고, 국내에서도 辛聖坤,「雜戶 身分의 變遷과 그 性格」(『歷史學報』115, 1987 ;「北朝時期 官私隷屬民에 관한 硏究」, 서울대박사학위논문, 1995)에 받아들여지고 있다.

9)『魏書』卷111, 刑罰志: "至遷鄴 京畿群盜頗起 有司奏立嚴制 諸强盜殺人者 首從皆斬 妻子同籍 配爲樂戶 其不殺人 及贓不滿五匹 魁首斬 從者死 妻子亦爲樂戶 小盜贓滿十匹以上 魁首死 妻子配驛 從者流."『魏書』刑罰志의 우리말 번역은 全永燮,「『위서(魏書)』「형벌지(刑罰志)」역주」(『中國史硏究』, 11, 2000)에 따랐고, 이하 동일하다.

도둑죄를 범한 자는 모두 정해진 율령만으로 일정불변한 법을 백성에게 명시하시기 바랍니다. 그렇게 하면 형벌살육의 타당함을 얻을 수 있을 것입니다. 그 근본을 버리고 말에 따르는 일이 있어서는 안될 것입니다."
[이에] 조서를 내려 이것에 따랐다.[10]

③은 北齊의 창업자인 高歡이 鄴으로 천도하여 東魏를 세웠을 때, 京畿지역에 群盜가 성행하자 有司가 엄형으로써 이들 도적떼를 다스릴 것을 上奏하여 범죄연좌인을 악호나 역호에 충당할 것을 주장한 것이다. 그러나 ④에서 보듯 유사의 상주는 侍中인 孫騰의 반대 上言에 의해 시행되지 못하고 있다. 따라서 이를 근거로 동위가 창건되기 이전인 북위 말까지는 적어도 범죄연좌인을 잡호에 충당하는 제도는 실시되지 않았다고 보는 것이다.

그런데, ③의 유사의 이 상주는 내용 면에서 크게 세 부분으로 구성되어 있다. 첫째 강도로서 살인한 경우 수범과 종범은 모두 사형, 그 妻子 및 同籍인 자는 악호에 충당하고, 둘째 [강도로서] 살인하지 않았거나 또 장물이 5필에 차지 않은 경우 괴수는 참수형, 종범은 사형, 그 처자는 악호에 충당하며, 셋째 小盜로서 장물이 10필 이상인 경우 괴수는 사형, 그 처자는 역호에 충당하고 종범은 유형에 처한다는 것이다. 따라서 이 유사의 상주는 죄가 사형에 해당하는 자의 처자를 연좌하여 악호나 역호 등에 충당해야 한다고 주장한 점이 특징적이라 할 수 있다.

문제는 이러한 특징을 보이는 유사의 주장이 범죄연좌인을 잡호에 충당하는 종래의 제도를 도적의 성행으로 盜罪에까지 확대 적용한 것인가 아니면 종래에는 없던 규정을 새로 마련한 것인가 하는 점이다. 이 문제와 관련하여 관심을 끄는 것은 ④의 孫騰의 견해이다. 그의 견해는 대략

---

10) 『魏書』卷111, 刑罰志: "侍中孫騰上言 '謹詳 法若劃一 理尚不二 不可喜怒由情 而致輕重 案律 公私劫盜 罪至流刑 而比執事苦違 好爲穿鑿 律令之外 更立餘條 通相糾之路 班捉獲之賞 斯乃刑書徒設 獄訟更煩 法令滋彰 盜賊多有… 請諸犯盜之人 悉准律令 以明恒憲 庶使刑殺折衷 不得棄本從末' 詔從之."

다음과 같이 정리할 수 있다. 곧, 당시 법률적으로 규정하고 있는 公私의 盜에 대한 법정최고형은 流刑이기 때문에 일시적으로 군도가 횡행한다고 하여 다시 다른 조목을 만들어 가혹한 형벌을 시행해서는 안되고 법률에 명시하고 있는 규정을 그대로 준수할 것을 주장하고 있는 것이다.

그런데 여기서 주목되는 것은 손등은 盜에 대한 일반적인 규정만을 언급하고 있을 뿐 살인부분에 대하여는 문제삼고 있지 않은 점이다. 이로써 유추하면 손등은 살인에 의한 범죄연좌인을 악호나 역호에 충당하는 제도 그 자체를 반대하고 있지는 않은 것으로 보인다. 따라서 유사가 살인죄에 대하여 연좌되는 범죄연좌인을 악호나 역호로 할 것을 상주하고 있는 점이나 손등이 살인죄 부분에 대하여는 문제시하고 있지 않은 점 등을 아울러 고려하면 이 ③④의 사례는 오히려 당시 범죄연좌인을 악호나 역호로 하는 제도가 존재했음을 말해 주는 것은 아닐까? 이러한 논점이 타당하다면 동위가 창시될 시점인 북위 말에는 범죄연좌인을 잡호에 충당하는 제도가 있었던 것이 된다. 이러한 점에서 공영달의 주소에 나오는 '근세위율'의 위를 북위로 보아도 조금도 이상하지 않다. 물론 범죄연좌인을 역호·악호 등의 잡호에 충당하는 제도가 북위시대부터 시행되었다고 하더라도 앞서 든『隋書』刑法志나『魏書』刑罰志의 경우에서 보듯 북위 말 이후에 그러한 사례가 빈번하게 출현하기 때문에 북위가 동위·서위로 분열된 이후 그것이 일반화되어 갔을 가능성은 크다고 하겠다.

이상 범죄연좌인을 역호나 공호·악호 등 잡호에 충당하는 제도가 북위 말에 이미 존재했음을 논증하였다. 그런데 더욱이 북위 말 이전에 이미 범죄연좌인을 잡호에 충당했다는 사례가 있다.

〔李〕訢의 다스림이 모든 州에서 최고여서 더하여 의복이 내려졌다. 이로부터 마침내 교만하고 自得하는 뜻이 있었다. 이에 민의 재물과 商胡의 珍寶를 受納하였다.… 조서를 내려 訢의 貪冒를 열거하게 하니 죄는 死刑

에 해당하였다. [訴는] 李敷형제[의 죄상을] 糾明하였기 때문에 降免되어 100대의 杖刑과 髡刑에 처해지고 厮役에 배속되었다.[11]

곧, 현조 헌문제 때에 李訴이 賄賂사건으로 死刑을 받게 되었지만, 尙書 李敷 형제의 죄상을 밝힌 것에 의해 사형이 면제되어 100대의 杖刑과 髡刑에 처해진 뒤에 厮役에 배속되고 있다. 이로써 볼 때, 현조시기에 범죄 연좌인을 시역 곧 잡호에 충당하였음을 알 수 있다.[12]

그런데 李訴은 얼마 지나지 않아 복권되고 있기 때문에,[13] 이 점을 중시하여 북위시대에 범죄연좌인을 잡호에 충당하는 것은 항상적인 제도가 아니라는 견해가 있다.[14] 그러나 李訴이 곧 복권된 것은 현조의 총애를 받은 총신으로서의 특혜였다. 그러므로 李訴의 복권을 가지고 범죄 연좌인을 잡호에 충당하는 것이 항상적인 제도가 아니라고 단정할 수는 없다. 물론 역으로 이 사례만으로 북위시대에 刑徒의 일부를 잡호에 충당하는 것이 항상적인 제도라고 할 수도 없다. 그러나 이혼의 경우 이외에도 고조 효문제 太和12年(488)과[15] 18年(494)의[16] 조서에는 北鎭의 城民에 대하여 恩赦를 베푸는 내용을 담고 있는데, 그 내용이 주로 범죄 연좌인을 대상으로 하고 있다. 따라서 당시 북진의 성민 속에는 범죄연좌에 의해 배속된 자가 상당수 존재하였음을 알 수 있다. 실제 북위 말 六鎭의 병사[兵戶] 가운데에는 범죄연좌인도 중요한 구성요소의 하나였음이 지적되고 있다.[17] 또한 고조 효문제 시기에 불교부흥에 힘쓴 曇曜의

---

11) 『魏書』 卷46, 李訢傳: "以訴治爲諸州之最 加賜衣服 自是遂有驕矜自得之志 乃受納民財及 商胡珍寶… 詔列訴貪冒 罪應死 以糾李敷兄弟 故得降免 百鞭髡刑 配爲厮役."
12) 厮役=雜戶에 대하여는 본서 제2장 제2절 참조.
13) 『魏書』 卷46, 李訢傳「未幾而復爲太倉尙書 攝南部事」.
14) 辛聖坤, 「雜戶 身分의 變遷과 그 性格」, p.162.
15) 『魏書』 卷7下, 高祖紀下, 太和12年 正月 乙未條.
16) 『魏書』 卷7下, 高祖紀下, 太和18年 8月 丙寅條.
17) 濱口重國, 「正光四年五年の交における後魏の兵制に就いて」(『秦漢隋唐史の硏究』 上, 東京大學出版會, 1966), pp.123~124 ; 谷川道雄, 「北魏末の內亂と城民」(『隋唐帝國形成 史論』, 筑摩書房, 1971), pp.209~211. 그리고 이들 城民이나 兵戶가 일반 편호민보다 신

주청으로 민 가운데 중죄를 범한 자나 官奴가 佛圖戶에 충당되고 있다.[18] 따라서 이상의 사례를 종합하면 북위시대에 이미 범죄연좌인을 잡호에 충당하는 것은 항상적인 제도였을 가능성이 크다고 생각된다.

그러면 범죄연좌인을 잡호에 충당하는 제도는 어디까지 거슬러 올라갈까? 사형이 면제된 이혼이 잡호에 충당된 것은 현조 헌문제 시기(465~471)로 되어 있다. 또 이와 관련하여 『魏書』 卷111. 刑罰志에는 다음과 같은 기사가 있다.

　　和平 말년(465)에 冀州刺史 源賀가 상주하여 "大逆罪나 손으로 사람을 살해한 경우가 아니면 청컨대 그 목숨을 살려서 변경의 수비에 보내십시오"라고 하니 [황제는] 조서를 내려 이것에 따랐다.[19]

이는 고종 문성제 和平 말에 冀州刺史 源賀가 상주하여 大逆罪나 손으로 사람을 살해한 경우 이외의 범죄인을 변방의 수자리로 보낼 것을 건의한 것인데, 그 이전인 恭宗 監國시기에도 이와 유사한 상주가 있었으나 시행되지 못하다가,[20] 이에 이르러 받아들여지고 있다. 이후 고조 효문제 시기가 되면 '생명을 온전히 하여 변방으로 보내진 자가 해마다 千으로 헤아리게 되는'[21] 상태가 되고 있다.

그런데 源賀의 상주에 의해 대역죄 이외의 범죄로 변방의 수자리로 보내진 자의 신분은 어떠할까. 이는 명확하지 않지만 그 성격 면에서 대체로 잡호의 일종인 城民이나 兵戶가 되었을 가능성이 크다고 여겨진다. 따라서 이 사례는 범죄연좌인을 잡호에 충당한 것으로 보아도 무방하다

분적으로 낮은 잡호의 일종인 것에 대하여는 본서 제3장 제2절 참조.
18) 『魏書』 卷114. 釋老志. 曇曜에 의한 佛圖戶의 창설과 그 의미에 대하여는 본서 제3장 제2절 참조.
19) 동일한 내용은 『魏書』 卷41. 源賀傳에도 보인다.
20) 『魏書』 卷111. 刑罰志. 太平眞君 5年(444) 少傅 游雅의 上疏.
21) 『魏書』 卷111. 刑罰志.

고 생각한다. 결국 앞의 『魏書』李訢傳과 『魏書』刑罰志의 내용을 종합하면 범죄연좌인을 잡호에 충당하는 제도는 늦어도 고종 문성제 말이나 현조 헌문제 시기에는 실시되었을 것으로 보인다. 더욱이 『魏書』卷51. 皮豹子傳에는 세조 때에 皮豹子가 官財를 훔친 것에 연좌되어 統萬으로 遷徙되고 있다. 종래 이 皮豹子의 경우를 들어 북위에서 범죄연좌인을 병호에 충당하는 것은 세조 태무제 때부터라는 견해가 있다.22) 만약 그렇다면 범죄연좌인을 잡호에 충당하는 것은 세조시대까지 거슬러 올라가게 된다.23)

다음으로 그러면 세조시기 이후 범죄연좌인을 잡호에 충당하게 된 것은 어떤 연유에서일까? 여기에는 아마 화북통일에 따른 대규모 정복전쟁의 종결과 밀접한 관련이 있을 것으로 보인다. 앞서 논급하였듯이 북위왕조는 화북을 통일하는 정복전쟁 과정에서 사민을 통하여 대량의 잡호를 창출하였다.24) 그러나 이 사민을 통한 잡호의 창출은 북위가 화북을 통일한 이후에는 자연히 제한되었을 것으로 보인다. 물론 북위가 화북을 통일한 이후에도 일부 잔존하던 주변지역의 적대세력에 대한 토벌과 대치하고 있던 남조와의 전쟁이 행해지고 있고, 그 과정에서 사민도 부분적으로 실시되고 있다. 그러나 그 횟수나 수는 그 이전에 비해 상당히 감소하고 있다.25)

이러한 상황에서 북위왕조는 새로이 범죄연좌인을 잡호에 충당하는 제도를 통하여 잡호신분을 확보·유지하고자 하였을 것이다.26) 더욱이

---

22) 辛聖坤, 「北朝 兵戶制의 變遷과 丁兵制의 性格」,(『慶尙史學』11, 1995), p.71.
23) 張維訓, 「略論雜戶的形成和演變」, p.106에서는 범죄연좌인을 잡호에 충당한 시기를 世祖 太武帝 이후로 보고 있다.
24) 사민에 의한 잡호의 창출에 대하여는 본서 제3장 제2절 참조.
25) 이에 대하여는 본서 제3장 제2절에 있는 [표 2] 북위 전기 사민의 실태 참조.
26) 張維訓, 「略論雜戶的形成和演變」, p.106에서는 화북통일 이후 잡호는 기존의 약탈피압박예속호구 이외에 범죄(연좌)인과 빈곤파산자까지도 포함하는 등 그 내원이 확대되었다고 한다. 본문에서 검토한 바와 같이 범죄연좌인이 잡호가 되었다는 점은 인정하지만, 빈곤파산자의 경우는 명확한 사례가 있는 것이 아니기 때문에 다소 의문이 든다.

고조 효문제 이후가 되면 남조를 제외한 주변민족과의 전쟁은 거의 종결되어 종래와 같이 사민에 의한 잡호 신분의 창출은 급격하게 감소하였고, 이와 아울러 李沖이나 高允 등 한인 관료들에 의해 사민으로서 잡호가된 자들에 대한 신분해방운동이 적극적으로 전개되고 있다.27) 이로 인해종래 사민을 내원으로 하는 잡호의 감소추세는 더 한층 진행되었을 것임은 쉽게 짐작된다. 고조시기에 이르러 기존 잡호 신분에 대한 고정화 경향이 두드러지고[잡호의 신분고정화 경향에 대하여는 후술], 동시에 범죄로 인해 변방으로 옮겨진 자가 해마다 千으로 헤아리게 되었다고 하는 것은 바로 사민에 의한 잡호의 수가 급격하게 감소됨으로써 새로이 범죄연좌인을 잡호에 충당하지 않을 수 없는 상황을 잘 말해 주는 것이라 하겠다.

끝으로, 북위시대 범죄연좌인은 잡호 가운데 어떤 신분에 많이 충당되었을까 하는 점을 살펴보기로 한다. 위에서 든 이흔의 경우 단순히 厮役에 충당하였다고 할 뿐 그가 잡호 가운데 어떤 신분에 충당되었는지는 분명하지 않다. 그러나 앞서 언급한 바와 같이 북위시대에는 범죄연좌인을 주로 잡호의 일종인 城民이나 兵戶 등에 충당하는 사례가 특히 많고, 또 성민이나 병호 등에 범죄연좌인이 다수 포함되어 있음을 짐작케 하는 사례가 적지 않다. 이는 북위 말 이전의 경우 범죄연좌인은 잡호 가운데 성민이나 병호·府戶 등 대부분 군대와 관련된 신분에 충당되었음을 말해 준다.

그런데 앞서 살펴보았듯이 북위 말 이후가 되면 범죄연좌인은 잡호 가운데 역호·악호 등에 충당되고 있어, 그 이전과는 상당한 변화를 보이고 있다. 이로써 유추하면 북위시대의 경우 범죄연좌인은 잡호 가운데 성민·병호 등 군대와 관련된 신분에 많이 충당되었고, 북위 말 이래 혼란스런 정국을 거치면서 轉變하여 공호·역호·악호 등에 충당되어 갔

---

27) 谷川道雄, 「北魏末の內亂と城民」, p.213.

다고 여겨진다. 이러한 변화는 북위 말 이후 범죄연좌인이 잡호의 주된 내원이 되었음을 나타냄과 동시에 북위 말 이래 신분해방 속에서 잡호의 종류가 축소되어 갔음을 보여주기도 하는데, 후자에 대하여는 뒤에서 다시 서술하기로 한다.

지금까지 살펴본 바와 같이 북위왕조는 대규모 정복전쟁의 종결에 따라 사민을 통한 잡호 신분의 창출이 제한되자, 이에 대처하기 위하여 일부 범죄연좌인을 잡호에 충당시키는 제도를 통하여 이들 신분의 확보·유지를 꾀하고 있고, 그것이 북위 말 이후 혼란스런 정국을 거치면서 잡호의 주된 내원이 되어 갔다고 하겠다. 잡호를 둘러싼 이러한 내원의 변화는 잡호의 신분적 고정화의 중요한 계기가 되었다고 할 수 있는데, 이에 대하여는 다음절에서 살펴보기로 한다.

2. 잡호 신분의 이중경향

앞에서는 정복전쟁의 종결에 따른 잡호의 내원변화와 그 의미를 살펴보았다. 여기에서는 이러한 내원의 변화와 아울러 전개된 잡호의 신분적 고정화 및 그것과 배치되는 신분상승 경향에 대하여 살펴보기로 한다. 먼저 잡호 신분에 대한 고정화 경향이다. 잡호 신분에 대한 고정화 경향은 일찍이 세조 태무제가 화북을 통일한 직후부터 나타나기 시작한다.

> 조서하여 王公에서부터 이하 庶人에 이르기까지 沙門·師巫 및 金銀工巧人을 집에서 私養한 자는 모두 官府에 보내어 이르게 하고 숨겨서는 안된다. 올해 2월 25일을 기한으로 하고, 기한을 넘겨도 내지 않는 경우 師巫·沙門은 一身을 死刑에 처하고 주인은 一門을 주살한다.[28]

---

28) 『魏書』卷4下, 世祖紀下, 太平眞君 5年 正月 戊申條.

곧, 세조는 화북을 통일한 수년 뒤인 太平眞君 5년(444)에 王公에서 庶人에 이르기까지 沙門·師巫와 함께 金銀工巧人의 私養을 금지하는 조서를 내리고 있다. 이 조서는 시기적으로 세조 태무제의 廢佛事件과 때를 같이하고 있고, 또 沙門·師巫 등의 명칭이 거론되고 있는 것을 볼 때, 여기의 金銀工巧人은 佛像·佛具 등의 제작과 관계가 있을 것이다.29) 여하튼 국가에서 沙門이나 師巫뿐만 아니라 민간에서 사양되고 있던 금은세공인을 관부에 이르게 하고 있는 것은 국가가 工巧人, 곧 기작호를 강력하게 통제 내지 장악하려는 의지의 표현으로 보인다.

또한 같은 太平眞君 5년에는,

百工伎巧·騶卒의 자식은 그 父兄의 직업을 익혀야 하고 사사로이 학교를 세우는 것을 허락하지 않는다. 어기는 자는 師는 一身을 사형에 처하고 주인은 一門을 주살한다.30)

라고 하여, 잡호의 일종인 百工伎巧(伎作戶)나 騶卒(牧戶) 등에게 父兄의 직업을 세습하게 하고, 또 학교를 사사로이 세우는 것을 금지하고 있다. 이 가운데 기작호나 목호에게 사사로이 학교를 세우는 것을 금지한 조치는 학교의 입학을 제한하려는 의미도 포함하고 있을 것이다.

후진적인 유목민족에서 일어나 화북지역을 정복·지배한 북위는 수공업 인구의 파악을 특히 중시한 것으로 알려져 있다.31) 이에 북위는 정복전쟁 과정에서 대규모 수공업 인구를 사민하여32) 국가가 필요로 하는 각종 職役에 종사시키고 있다. 또 이와 아울러 북위는 국초부터 河西지

---

29) 唐長孺, 「魏·晉至唐官府作場及官府工程的工匠」(『魏晉南北朝史論叢續編』, 三聯書店, 1959), p.44 ; 堀敏一, 「北朝雜戶制의 再考察」, p.296.
30) 『魏書』 卷4下, 世祖紀下, 太平眞君 5年(444) 正月 庚戌詔.
31) 堀敏一, 「北朝雜戶制의 再考察」, p.292.
32) 대표적으로는 398년 舊後燕지배하에 있던 산동 6주의 民吏 및 徒何·高麗·雜夷 36만과 백공기교 10만여 口를 경사로 사민한 경우를 들 수 있다(『魏書』 卷2, 太祖紀, 天興元年 正月條 및 본서 제3장 제2절의 [표 2] 북위 전기 사민의 실태 참조).

역에 대규모 관영목장을 설치하였고, 여기에는 많은 수의 牧戶가 목축에 종사하였음이 지적되고 있다.[33] 따라서 기작호나 목호 등에게 직업의 세습을 강요하거나 학교의 설립이나 입학을 금지한 것 등은 결국 유목민이었던 북위왕조가 수공업 인구와 목축에 필요한 인구를 확보·유지하려는 조치의 일환이라 할 수 있다.

그리고 이들 조치가 시기적으로 세조 太平眞君 5년(444)경에 나오고 있는 것은 그것이 화북통일과 밀접한 관련이 있음을 말해 준다. 곧, 북위왕조는 화북통일에 따른 대규모 정복전쟁의 종결로 사민을 통한 잡호의 창출이 제한되자, 이에 앞서 살펴본 범죄연좌인을 잡호에 충당하는 제도의 창출과 함께 이들에 대한 직업의 세습이나 학교입학 금지 등 여러가지 제한조치를 통하여 이들을 확보·유지하고자 하였다고 하겠다.

또한 북위 말 莊帝시기의 入粟에 의한 정치적 신분을 부여하고 있는 사례를 보면,

> 장제 초에 喪亂의 뒤를 이은 터라 倉廩이 고갈되어 마침내 入粟의 제도를 반포하였다. 粟 8천 석을 바치면 散侯를 내리고 6천 석이면 散伯, 4천 석이면 散子, 3천 석이면 散南을 내린다. 職人의 경우는 7백 석을 바치면 1大階를 상으로 내리고 實官을 제수한다. 白民의 경우는 5백 석을 바치면 第에 의한 出身을 허락하고 1천 석이면 1大階를 더한다. 無第者의 경우는 5백 석을 바치면 正9品官으로의 出身을 허락하고 1천 석이면 1大階를 더한다.[34]

라고 하여, 백민의 아래에는 無第者가 보인다. 이것을 『魏書』 卷111, 刑罰志에 尙書三公郎中 崔纂의 상주에 보이는 劉輝의 체포에 따른 포상규정과[35] 대응시키면 無第者는 바로 시역 곧 잡호를 가리키고 있음을 알

---

33) 唐長孺, 「拓跋國家的建立及其封建化」(『魏晉南北朝史論叢』, 三聯書店, 1955), pp.209~215 ; 辛聖坤, 「雜戶 身分의 變遷과 그 性格」, pp.151~154.
34) 『魏書』 卷110, 食貨志.
35) 『魏書』 卷111, 刑罰志: "尙書三公郎中崔纂執曰 伏見旨募若獲劉輝者 職人賞二階 白民聽

수 있다. 여기서 잡호를 無第者[36]라고 표현하고 있는 것은 잡호가 본래 관직으로의 出仕가 금지되어 있었음을 나타내는 것이다.[37]

그리고 이 잡호에 대한 신분적 고정화 경향은 고종시기에 들어오면 앞서 언급한 일련의 조치 외에 士·民과의 혼인제한이 더해지고 있다.

> 조서를 내려… 지금 皇族·師傅·王公侯伯 및 士·民의 家는 百工伎巧인 卑姓과 혼인하지 못하며 어기는 경우에는 죄를 더한다.[38]

곧, 고종 和平4年(463)에는 조서를 내려 백공기교 등 卑姓과 일반 士·民 이상과의 혼인을 금지시키고 있고, 이를 어긴 경우에는 형벌에 처하고 있다.

이상 살펴본 바와 같이 북위왕조는 화북을 통일하고 난 세조시기 이후 잡호의 확보와 유지를 위하여 이들에 대하여는 직업의 세습강요, 학교의 설립 및 입학의 제한, 관직으로의 출사금지, 일반 士·民과의 혼인의 금지 등 여러가지 신분적 고정화 조치를 취하고 있다. 그러면 이상을 염두에 두고 북위사회의 전환점이 되는 고조 효문제 시기 이후 잡호 신분의 추이를 살펴보기로 한다.

주지하듯 고조 효문제의 재위기간은 북위왕조가 遊牧的인 軍國的 지배체제에서 중국적 군현지배체제로 전환하는 시기로서, 사회 전 분야에 걸친 체제개혁의 시기였다.[39] 이러한 체제개혁은 신분제 방면에도 나타

出身進一階 厮役免役 奴婢爲良."
36) 이 第는 9品 이상의 관직에 나아갈 수 있는 권리 혹은 자격을 말한다(宮崎市定,『九品官人法の研究-科擧前史-』(同朋社, 1956 : 中央公論社, 1997), p.414 및 본서 제3장 제1절 주 58) 참조).
37) 물론 雜戶를 無第者라고 부르는 것은 高祖 孝文帝의 姓族詳定 이후 士庶의 구별이 중시되면서 이러한 표현이 등장했다고 할 수 있다. 그러나 앞서 보았듯이 북위 전기에 이미 잡호에 대한 여러가지 차별조치가 나오고 있기 때문에 잡호의 관직으로의 出仕는 북위 전기에도 금지되었을 것으로 생각된다.
38)『魏書』卷5, 高宗紀, 和平4年 12月 壬寅條:"詔曰… 今制皇族·師傅·王公侯伯及士民之家 不得與百工伎巧卑姓爲婚 犯者加罪."

나고 있다.⁴⁰⁾ 이것은 크게 두 가지로 대별되는데, 하나는 균전제의 시행에 따라 국가적 신분으로서 양천제가 법제적으로 강화된 것이고,⁴¹⁾ 또 하나는 洛陽으로의 천도를 전후하여 단행된 한화정책에 의해 남조의 귀족제가 이식됨으로써 사회적 신분으로서 士庶制가 채용된 것이다.⁴²⁾ 전자인 양천제의 강화로 북위왕조는 천[노비] 이외의 모든 민을 동질적으로 양이라는 하나의 신분범주에서 파악하고자 하는 경향이 있는 반면, 후자와 같이 사서제가 채용됨으로써 북위 전기 이래 계층화된 분단적인 신분질서가 더욱 고착화되는 흐름도 강하게 작용하였다. 따라서 고조 효문제 시기 이후 신분제는 양천제의 강화와 사서제의 채용이라는 서로 모순되는 이중적인 상황이 전개되고 있는 점이 특징적이다.⁴³⁾

이러한 신분제의 이중적인 상황은 잡호도 예외가 아니었다. 곧, 한편

---

39) 고조 효문제의 개혁정책을 전론한 논고로는 중국의 경우 陳漢玉,「也談北魏孝文帝的改革」(『中國史研究』, 1982-4) ; 薛登,「北魏改革再探討」(『中國史研究』, 1984-2) ; 王明信,「北魏孝文帝完成改革的戰略措置」(復印報刊資料, 『K22 三國兩晉隋唐史』, 1984-10) ; 馬君實,「對近年來孝文改制研究的評議」(復印報刊資料, 『K22 魏晉南北朝隋唐史』, 1985-10) ; 孫祚民,「論北魏太和改革的幾個問題」(復印報刊資料, 『K22 魏晉南北朝隋唐史』, 1988-1) 등이 있고, 일본에서는 川本芳昭,「北魏高祖の漢化政策についての一考察」(『東洋學報』 62-3·4, 1981) ;「北魏高祖の漢化政策の理解について」(『九州大學東洋史論集』 9, 1981) ; 田村實造,「北魏孝文帝の政治」(『東洋史研究』 41-3, 1982) 등이 있다.
40) 고조 효문제의 개혁을 신분제와 관련시킨 논고로는 楊historia龍,「北魏孝文帝改革前後奴婢, 隷戶身分變化考」(復印報刊資料, 『K22 魏晉南北朝隋唐史』 1985-2) 참조.
41) 북조시기 양천제에 대하여는 본서 제2장 제1절 참조.
42) 북위에서 사서제의 성립을 언제로 보아야 할 것인가?『魏書』卷60, 韓顯宗傳에 실려 있는 그의 上言에서는[주 46) 참조] 태조시대부터 士庶가 구별되었음을 말하고 있다. 그러나 그의 상언 바로 뒷부분에서는 "그러나 科禁이 정해진 것이 없는데다 매매가 자유로이 허락되어 귀한 자의 거처가 팔려 천한 자의 거처로 바뀌게 되어 이제는 貴賤이 雜居하는 상태가 되었습니다"라고 하여 사서의 잡거상태를 말하고 있는 것을 보면 국초부터 사서의 구별이 엄격하게 지켜지지 않았음을 알 수 있다. 따라서 낙양에서의 거주지역이 사서차별을 원칙으로 한 것에서 알 수 있듯이(朴漢濟,「胡漢體制의 展開와 그 構造」,『講座 中國史Ⅱ-門閥社會와 胡·漢의 世界-』, 지식산업사, 1989), p.117]. 북위에서의 사서제는 洛陽으로의 천도를 전후하여 단행된 姓族詳定으로 대표되는 한화정책에 의해 귀족제가 채용되는 고조 효문제 시기에 이르러 그 본래의 기능을 하게 되었다고 여겨진다.
43) 효문제 이후 국가의 신분제 방면에서의 이중성에 대하여는 越智重明,「北朝の下層身分をめぐって」참조.

으로 양천제의 강화로 천[노비] 이외의 모든 신분이 양으로 규정됨으로써 잡호는 白民 이상과 동질적으로 양의 신분에 들어가는 존재로 규정되었지만, 다른 한편으로 사서제가 채용됨으로써 사회적인 지위 면에서 이들은 신분적으로 종래보다 더욱 고착화되고 저하되어 갔던 것이다.

그러면 구체적으로 고조 효문제 시기 잡호와 관련된 정책을 살펴보기로 한다. 우선 주목되는 것은 종래 잡호에 대한 혼인에서의 제한조치가 그대로 답습되고 있는 점이다.

> 조서를 내려… 또 皇族貴戚 및 士·民의 家는 氏族을 생각하지 않고 아래로 卑類와 혼인하고 있다. 先帝가 친히 밝은 조서를 반포하여 [이것을] 금지하였으나 백성이 종래 풍속에 익숙하여 고치지 않는다. 짐은 지금 憲章·舊典과 삼가 선대의 制를 살펴 율령으로 드러내어 영원히 정해진 준칙으로 삼고자 한다. 어기는 자는 制를 어긴 것으로 논죄한다.[44]

곧, 종래 士·民의 가 이상에 대해 卑類와의 혼인을 금지시켰으나 백성의 습속이 오래되어 잘 고쳐지지 않으므로 이를 율령으로 명시하여 금지시키고 있다. 이는 고종 때 혼인 제한조치를 다시 한번 확인한 것이지만, 그것을 율령에 명시하고 있는 것은 국가의 강력한 의지를 엿볼 수 있다.

더욱이 효문제 太和17年(493)에는, "또 조서를 내려 厮養의 戶는 士·民과 혼인할 수 없다"[45]라고 하여, 시양의 호는 사·민과 혼인을 금지시키고 있다. 앞서 인용한 사례에서는 사·민과 혼인이 금지된 그 아래 신분에 대하여는 卑類라는 다소 모호한 명칭을 사용하였지만, 여기에 이르러 명확하게 '시양의 호'라 표현되어 있는데, 이 '시양의 호'가 시역, 곧 잡호를 가리킴은 말할 나위도 없다. 이와 같이 고조 효문제 시대에 이르면 잡호와 士·民과의 통혼금지가 구체적인 형태를 띠고 있음을 알 수 있다.

또한 효문제 시기 이후 잡호는 거주지가 지정되어 가는 경향을 보이

---

44) 『魏書』 卷7上, 高祖紀上, 太和2年(478) 5月條.
45) 『魏書』 卷7下, 高祖紀下, 太和17年 9月 戊辰條.

제4장 북조 후기 잡호의 추이와 신분질서의 변화 169

고 있다. 이에 대하여는 다음에 인용하는 韓顯宗의 上言을 통하여 어느 정도 엿볼 수 있다.

> 삼가 수도 洛陽의 제도를 보면 주민은 官位에 따라 거주하고 族類에 의거하지 않습니다. 생각건대, 太祖 道武皇帝께서는 새로이 戰亂을 다스리고자 날마다 겨를이 없었습니다만, 그런데도 오히려 士庶를 분별하여 雜居시키지 않았고, 伎作·屠沽 등은 각각 거처가 정해져 있었습니다.[46]

이것에 의하면 태조 도무제 시대부터 士와 庶는 잡거시키지 않았을 뿐 아니라 더욱이 伎作·屠沽 등 잡호는 따로 거주지역이 정해져 있었다고 한다. 그러나 韓顯宗의 上言에는 바로 이어서,

> 그러나 科禁이 정해진 것이 없는데다 매매가 자유로이 허락되어 귀한 자의 거처가 팔려 천한 자의 거처로 바뀌게 되어 이제는 貴賤이 雜居하는 상태가 되었습니다.

라고 하여, 貴賤의 잡거상태를 서술하고 있다. 이것은 북위 초기 국가가 잡호에 대한 거주지를 지정하려는 정책에도 불구하고 그것이 엄격하게 시행되지 않았음을 말해 준다. 그런데 북위가 낙양으로 천도한 뒤 수도 낙양의 거주현황은 사서차별을 원칙으로 하고 있었을 뿐 아니라,[47] 이에 더하여 일반민의 거주지역도 직업에 따라 구분되어 있었다.

> 市의 동쪽에는 通商·達貨 두 里가 있고, 里 안의 사람은 모두 工巧와 屠販으로 살아간다.… 시의 남쪽에는 調音·樂律 두 里가 있고, 里 안의 사람은 실이나 대나무로 된 악기를 연주하고 노래를 부르며, 천하의 명기는 여기에서 나온다.… 시의 서쪽에는 退酤·治觴 두 里가 있고, 里 안의 사람은 대부분 주조를 업으로 삼는다.… 시의 북쪽에는 慈孝·奉終 두 里

---

46) 『魏書』 卷60, 韓顯宗傳.
47) 朴漢濟, 「胡漢體制의 展開와 그 構造」, p.117.

가 있고, 里 안의 사람은 棺과 槨을 파는 것을 업으로 삼기도 하고 영구를 대여하는 것을 업으로 삼는다.… 달리 準財·金肆 두 里가 있는데, 부자가 거기에 산다. 무릇 이 열 개의 里에는 工商貨殖의 민이 많다.[48]

곧, 이것은 낙양시의 경우 그 가운데를 중심으로 동서남북 사방에 산재하는 민의 거주지역인 각각의 里가 직업을 단위로 구별되어 있었음을 말해 준다.[49] 그러면 낙양 안의 잡호의 거주지역은 어떠하였을까? 이와 관련하여는 다음 사례가 주목된다.

孝義里의 동쪽, 市의 북쪽 殖貨里에는 太常民 劉胡가 있는데, 형제 네 사람이 도살을 업으로 삼고 있다.[50]

여기에 의하면 식화리에 거주하는 태상민 유호의 형제들은 도살업에 종사하면서 살아가고 있다. 그런데 앞에서 살핀 대로 낙양의 거주지역이 직업에 따라 구별되어 있기 때문에 유호형제의 거주지인 식화리의 사람들은 유호의 형제들과 동일한 직종에 종사하였을 가능성이 높다. 그렇다면 식화리에 거주하는 자들은 신분적으로 태상민과 동일하거나 유사했을 것이다. 따라서 이로써 볼 때, 북위시대에 다양한 형태로 존재하던 잡호들도 태상민의 경우와 같이 거주지역이 지정되어 있었다고 여겨진다.

또한 효문제 시기 잡호에 대한 통제책과 관련하여 주목되는 것에 다음 사례가 있다.

---

48) 『洛陽伽藍記』 卷4, 城西, 法雲寺條: "市東有通商·達貨二里 里內之人 盡皆工巧·屠販爲生… 市南有調音·樂律二里 里內之人 絲竹謳歌 天下妙伎出焉… 市西有退酤治觴二里 里內之人 多醞酒爲業… 市北慈孝·奉終二里 里內之人 以賣棺槨爲業 貨轜車爲業… 別有準財·金肆二里 富人在焉 凡此十里 多諸工商貨殖之民."
49) 북위의 천도 이후 낙양의 직업에 따른 주거상황에 대하여는 朴漢濟, 「北魏 洛陽社會와 胡漢體制－都城區劃과 住民分布를 중심으로－」(『泰東古典硏究』 6, 1990) 참조.
50) 『洛陽伽藍記』 卷2, 城東, 景寧寺條: "孝義里東 市北殖貨里 有太常民劉胡 兄弟四人 以屠爲業."

乞養雜戶 및 戶籍의 제도 5條를 반포하였다.[51]

여기의 걸양잡호의 의미에 대하여는 민간에서 잡호의 걸양을 허용한 조치라고 보기도 하고,[52] 또는 종래 이것이 호적제도와 나란히 이름이 거론되고 있는 점에 주목하여 이들 호가 주군현과는 달리 파악되는 것이고, 일반의 호적과는 다른 등록제도를 필요로 했음을 나타낸다는 견해가[53] 있다. 만약 후자의 견해에 따른다면 이러한 호적의 차별제도는 앞서 언급한 거주지의 지정과 아울러 잡호에 대한 통제책의 일환이라 할 수 있다.

이와 같이 효문제 시기 잡호에 대한 정책으로는 종래 사서와의 혼인 금지 조치 외에 거주지역의 제한, 호적제도의 차별 등의 조치가 더해지고 있다. 이것은 잡호에 대한 국가의 통제력이 더욱 강화되었음을 말해준다. 특히 효문제 시기 잡호에 대한 이들 조치는 앞서 언급한 바와 같이 이 시기 귀족제의 채용으로 사서의 구분이 중시된 상황과 밀접한 관련이 있을 것이다. 따라서 사서의 구분이 중시된 상황 속에서 나온 이들 조치에 의해 이후 잡호는 신분적으로 더욱 고정화되고 저하되어 갔을 것으로 보인다.

한편, 효문제 시기 이후 잡호와 관련하여 두드러진 특징 가운데 또 하나는 잡호 자신들에 의한 신분상승 노력도 상당히 활발하게 전개되고 있는 점이다. 이 잡호의 신분상승 노력은 그들이 주로 淸流에 들어가는

---

51) 『魏書』 卷7上, 高祖紀上, 太和5年(481) 7月 甲戌條: "班乞養雜戶及戶籍之制五條."
52) 濱口重國, 「官賤人の由來についての硏究」, pp.291~295에서는 乞養雜戶를 "잡호를 걸양하는 곧, 私家에서 잡호를 기른다거나 부린다는 의미이다"고 하고, 구체적으로 太和5년의 "班乞養雜戶及戶籍之制五條"의 조치는 "잡호의 걸양을 까다롭게 금지하는 것만으로 효과가 없기 때문에 오히려 새로운 규정을 마련하여 그것에 따라 걸양하는 것을 허용하는 쪽이 실제적이라 보고, 호적의 법 5조를 내리는 기회에 잡호걸양에 관한 규정을 정하는 데 이른 것으로 판정해야 한다"고 하여, 민간에서 잡호의 걸양을 허용한 조치로 보고 있다.
53) 堀敏一, 「北朝雜戶制の再考察」, pp.296~297.

형태로 나타나고 있다.

> ① 조서를 내렸다. "工商皂隷는 각각 그 분수가 있는데도… 혹 淸流에 들어
> 가기도 한다. 지금부터 戶內에 工役이 있는 자는 本部의 丞 이하에 신고
> 하고 서열에 따라 官을 除授하라. 만약 位階가 元勳에 올라 있는 자는
> 이러한 제도를 적용하지 말라."54)
> ② 庚申에 조서를 내렸다. "雜役의 戶가 혹 淸流에 함부로 들어가기도 하므
> 로, 소재의 職人은 모두 서로 보증인을 세우도록 하고, 보증하는 사람이
> 없으면 관직을 박탈하고 [본래의] 役으로 돌려보내라."55)

이 두 사례는 공상 및 조예·잡역의 호 등이 士人이 나아가야 할 청류9품관에 나아가는 자가 발생하자, 국가가 조서로 그들의 관계진출을 제한하고 있는 모습을 보여준다. ①의 경우 조정에서는 잡호의 관계진출을 부당한 것으로 보는 시각이 있음에도 다시 ②와 같은 조서가 나오고 있는 것은 당시 잡호 등 하층신분의 관계진출 흐름이 상당히 강하였음을 말해 준다.56) 따라서 고조시기 이후 잡호가 관계로 진출하는 사례가 계속 나오고 있는 것은 국가의 통제책에도 불구하고 이들이 신분상승을 적극적으로 꾀하고 있는 한 단면을 나타낸다고 하겠다.

그런데 이와 같이 고조시기 이후 잡호에 대한 국가의 강력한 통제책에도 불구하고 잡호 자신들에 의한 신분상승 노력도 활발하게 전개되자, 국가측에서도 잡호의 신분상승 욕구를 완전히 차단하지 않고 제한적이기는 하지만 어느 정도 신분상승의 길을 열어주고 있다. 곧, 고조 효문제 延興2年(472)에는 "조서를 내려 工商雜伎는 모두 赴農을 허용하라고 하였다"57)라고 하여, 수공업자와 상인 및 잡호 등에게 농업에 나아가는 것을 허용하고 있고, 또 太和11年(487)에는 "조서를 내려 尙方의 錦繡綾羅

---

54) 『魏書』 卷7上, 高祖紀上, 太和元年(477) 8月條.
55) 『魏書』 卷9, 肅宗紀, 神龜元年(518) 正月條.
56) 越智重明, 「北朝の下層身分をめぐって」, p.13.
57) 『魏書』 卷7上, 高祖紀上, 延興2年 夏4月 庚子條: "詔工商雜伎 盡聽赴農."

의 工人을 폐지하고, 四民이 [금수능라 등을] 만들고자 하면 허락하고 금하지 말라고 하였다"58)라고 하여, 궁정 안의 尙方에 소속하고 있던 工人 곧 기작호을 폐지하고 四民에게 자유영업을 허락하는 등 국가측에서 수공업자나 상인 및 잡호 등 비농업 인구에 대하여 신분완화조치를 취하고 있다.

이러한 일련의 조치가 비농업인구에 대한 국가의 통제력 완화로 보는 견해도 있지만,59) 이들 비농업인구의 轉業이 농업에 한정되어 있고,60) 또 이들 조치를 전후하여 군현민에게는 菜果를 더 많이 심도록 독려하고,61) 牛馬의 살상을 금지하며,62) 범죄자를 赴農시키고 있고,63) 그리고 지방의 牧民官에게는 농업생산을 독려하기 위한 권농조령을 빈번하게 반포하고 있다.64) 이러한 점 등을 고려하면 상인이나 工人·잡호 등에 대한 신분완화조치는 고조 효문제 시기에 전 국가적 차원에서 전개된 권농정책과 관련이 있을 것이다.65) 따라서 앞서 인용한 두 개의 조치는 균전제 시행을 전후하여 농업인구의 확보를 위해 행해진 일시적인 현상으로 보이지만, 이러한 일련의 조치에 의해 잡호의 사회적인 지위가 향상될 수 있는 가능성이 커진 것은 사실이다.

이와 같이 고조 효문제 시기 이후 잡호에 대한 강력한 통제와 이와는 상반되는 신분완화라는 이중적인 정책은 다음의 사례에서도 잘 나타나

---

58) 『魏書』 卷7下, 高祖紀下, 太和11年 11月 丁未條 : "詔罷尙方錦繡綾羅之工 四民欲造 任之無禁."
59) 唐長孺, 「魏晉至唐官府作場及官府工程的工匠」, p.47.
60) 辛聖坤, 『南北朝時期 官私隸屬民에 관한 硏究』, p.129.
61) 『魏書』 卷7上, 高祖紀上, 延興2年 4月 庚子條 : "諸州郡民益種菜果."
62) 『魏書』 卷7上, 高祖紀上, 延興5年(475) 6月 庚午條.
63) 『魏書』 卷7上, 高祖紀上, 太和4年(480) 4月 己卯條.
64) 고조 효문제 시기 勸農詔令 가운데 대표적으로는 『魏書』 卷7上 高祖紀上, 延興3年 (473) 2月 癸丑條 ; 太和元年(477) 正月 辛亥條 ; 太和6年(482) 12月 丁亥條 등이 있다.
65) 고조 효문제 시기의 권농정책에 대하여는 關尾史郞, 「北魏における勸農政策の動向」 (『史學雜誌』 91-11, 1982) 및 졸고, 「北魏 均田制의 成立과 그 性格」(『釜山史學』 22, 1992) 참조.

고 있다. 곧, 太和원년(477)의 조칙에 의하면 청류에 들어간 공상조예에 대하여는 서열에 따라 관직을 제수하였고,66) 또 太和17년(493)에 잡호와 士·民 이상과의 혼인을 금지한 조치에서도 바로 이어서 잡호라도 文武의 재능이 있는 자는 庶族과 동일하게 하는 것을 허락하였으며,67) 더욱이 숙종 神龜원년(518)의 조칙에서는 청류에 들어간 잡호 가운데 보증인을 세운 자에게는 그 관직을 인정하고 있다.68) 이러한 일련의 사례는 국가측에서 잡호에 대한 통제를 강화하면서도 다른 한편으로는 현실적으로 이들 잡호의 신분상승욕구를 완전히 차단하고 있지 않음을 말해 준다. 그러나 앞서 열거한 이들 조치에서 보듯 그 내용이 매우 일시적이거나 제한적이기 때문에 이 시기 국가의 잡호에 대한 신분상승이나 해방의지는 미약하였을 것으로 보인다.

　　이상 살펴본 바와 같이 북위왕조는 화북통일 이후 대규모의 정복전쟁의 종결에 따라 잡호 신분을 확보·유지하고자 그들의 신분을 세습시키고 학교로의 입학을 제한하며 관직으로의 출사를 금지하는 등의 조치를 취하였고, 더욱이 한화정책이 시행되는 고조 효문제 시기 이후 잡호에 대하여는 종래 사서와의 혼인금지 조치 이외에 거주지역의 제한, 호적제도의 차별 등 조치가 더해졌다. 이로 인해 잡호의 신분고정화 경향은 더욱 가속화되었다. 그러나 한편으로는 이러한 신분고정화 경향에도 불구하고 청류9품관으로의 진출 등 잡호 자신들에 의한 신분상승 노력도 활발하게 전개되고 있고, 국가측에서도 이러한 잡호의 신분상승욕구를 완전히 차단하지 않고 어느 정도 허용하고 있다.

　　이러한 국가가 잡호에 대하여 취한 이중적인 정책은 고조 효문제 시기에 전개된 전 국가적인 지배체제의 전환 속에서 북위 전기 이래의 신분질서가 내부적으로 모순을 드러낸 것이라 할 수 있다. 그리고 잡호신

---

66) 주 54) 참조.
67) 『魏書』 卷7下, 高祖紀下, 太和17年(493) 9月 戊辰條.
68) 주 55) 참조.

분을 둘러싼 이러한 모순된 상황은 위에서 열거한 일련의 사례에서 보듯 기본적으로 북위멸망의 직접적인 계기가 되는 六鎭起義에 이르기까지 계속되어 갔다.

제2절 북조 말 잡호의 해방과 신분질서의 변화

1. 북위 말 내란과 잡호

지금까지는 화북통일 이후, 특히 고조 효문제 시기 이후 잡호의 내원변화와 신분고정화 및 그것과 배치되는 신분상승이라는 이중적인 경향에 대하여 살펴보았다. 여기서는 육진기의로 시작되는 북위 말의 내란 속에서 잡호 신분의 움직임과 국가의 대응모습에 대하여 살펴보기로 한다.

고조 효문제 시기 이후 급속하게 진행되던 국가에 의한 잡호의 신분 고정화 경향과 잡호 자신들에 의한 신분상승 추세 및 이에 따른 국가의 신분완화조치라는 모순된 상황은 육진기의로부터 시작되는 북위 말의 혼란스러운 정국 속에서 변화를 보이기 시작하였다. 곧, 육진기의 이후 계속된 북위 말의 혼란 속에서 城民·牧戶 등 잡호가 여기에 주체적으로 가담함으로써 이후 그들의 신분이 상승되는 중요한 계기가 되었던 것이다.

이른바 육진기의는 柔然을 방비하기 위하여 장성지대에 설치된 여섯 鎭의 병사들이 고조 효문제의 한화정책 이후 그 지위가 급격하게 저하됨으로써 正光5년(524) 3월 沃野鎭 소속의 破落汗拔陵이란 자가 진장을 살해하고 궐기한 것이 그 시초가 되어 있고,[69] 이후 그 여파는 육진뿐만

---

69) 『魏書』 卷9, 肅宗紀, 正光5年 3月條: "沃野鎭人破落汗拔陵聚衆反 殺鎭將 號眞王元年." 『魏書』 卷18, 廣陽王深傳에는 破六韓拔陵으로 되어 있다.

아니라 북위 전역에 미치고 있다.70)

이 육진기의는 중앙에서 靈太后의 태후파와 孝明帝의 황제파 사이의 권력다툼과 맞물려 북위왕조의 지배력을 근저에서 붕괴시켰다. 이에 따라 기존의 신분질서도 붕괴상태에 놓이게 되었을 것으로 보이는데, 이와 관련하여는 다음의 조서에 잘 나타난다.

> 근래 舊京[平城]이 함락되고 중원도 喪亂상태에 빠지게 되었다. 이러한 상태에서 7廟의 범위 안에 호적이 있으면서 잡호 등 천한 집에 잡혀 능욕된 종실의 자녀들은 모두 離絶할 것을 허락한다.71)

이 사례는 육진기의 이후 계속된 대란 속에서 잡호 등 천한신분에 잡혀 혼인한 종실의 자녀를 국가에서 구제하고자 내린 조칙으로 보인다. 종실의 자녀가 이러한 처지에 있었다면 그밖에 지배층에 있는 자들은 말할 나위도 없을 것이다. 아울러 이 사례는 잡호 등 하층신분이 북위 말의 혼란스런 정국을 틈타 종실의 자녀 등 상층신분과 혼인을 통하여 신분상승을 적극 꾀하고 있는 모습도 엿보게 한다. 따라서 이 사례는 혼인의 제한이 필수적으로 수반되는 북조 전기 이래의 신분질서가 북위 말에 이르러 거의 붕괴상태에 빠졌음을 단적으로 보여주는 것이라 할 수 있을 것이다.

한편, 육진기의 이후 전개된 북위 말의 대란 속에서 잡호의 추이와 관련하여 주목되는 것은 이 기의의 초기 단계에서부터 행동의 주체는 城民[人] 또는 鎭民[人]이라는 것이다.72) 이들 성민과 진민의 구성이나 성격에 대하여는 대체로 호적이 軍貫에 附籍되어 대대로 군역에 종사하며

---

70) 육진기의로 시작되는 북위 말 내란의 전개과정에 대하여는 谷川道雄, 「北魏末の內亂と城民」; 唐長孺, 「試論魏末北鎭鎭民暴動的性質」(『山居存稿』, 中華書局, 1989); 李啓命, 「北魏末의 亂政과 叛亂－尒朱氏政權을 중심으로－」(『全南史學』 9, 1995) 등 참조.
71) 『魏書』卷9, 肅宗紀, 孝昌2年(526) 閏11月條:"頃舊京淪覆 中原喪亂 宗室子女 屬籍在七廟之內 爲雜戶濫門所拘辱者 悉聽離絶."
72) 谷川道雄, 「北魏末の內亂と城民」, p.187.

방면이라는 절차를 거치지 않고는 편호민이 될 수 없었기 때문에 신분적으로 일반 주군민보다 낮은 府戶와 성격상 별다른 차이가 없는 잡호의 범주에 들어가는 존재였다.73) 더욱이 화북통일 이후 이들 성민과 진민에는 모두 그 구성원에 범죄연좌인이 충당되어 북위 말에는 그 신분이 급격하게 저하하여 부호와 같은 존재로서 鎭將의 주된 수탈대상이 되었고,74) 이에 이들은 파락한발릉이 궐기하자 여기에 호응하여 각지에서 폭동을 일으켰던 것이다.

파락한발릉의 기의 이후 성민·진민이 각지에서 폭동을 일으키는 모습을 『魏書』 卷9, 肅宗紀에 의거하여 열거하면 다음과 같다.75)

① 正光5年(524) 6月, 秦州 城人 莫折太提가 城을 근거로 반란을 일으켜 스스로 秦王이라 일컫고 刺史 李彦을 살해하였다.
② 同年 同月, 南秦州 城人 孫掩·張長命·韓祖香이 城을 근거로 반란을 일으켜 刺史 崔遊를 살해하고 太提에 호응하였다.
③ 同年 冬10月, 營州 城人 劉安定·就德興이 城을 근거로 반란을 일으켜 刺史 李仲遵을 사로잡았다. 城人 王惡兒가 安定을 참수하고 항복하였다.
④ 이 달에[同年 12月], 莫折念生이 병사를 보내어 涼州를 공격하자 城人 趙天安이 다시 刺史를 사로잡고 호응하였다.
⑤ 孝昌元年(525) 秋8月, 柔玄 鎭人 杜洛周가 무리를 거느리고 上谷에서 반란을 일으켜 眞王이라 年號하고 郡縣을 공격하여 함락시키고 남으로 燕州를 포위하였다.
⑥ 孝昌2年(526) 夏4月, 朔州 城人 鮮于阿胡·庫狄豊樂이 城을 근거로 반란을 일으켰다.
⑦ 孝昌3年(527) 正月, 高平이 적을 사로잡고 岐州를 핍박하자 城人이 刺史 魏蘭根을 사로잡고 城으로써 호응하였다.

---

73) 城民과 鎭民의 신분에 대하여는 본서 제3장 제2절 참조.
74) 북위 말 六鎭起義 직후 北鎭의 성민 및 진민의 신분저하의 실상에 대하여는 『魏書』 卷18, 廣陽王深傳 ; 『北齊書』 卷23, 魏蘭根傳 및 진민에 대한 解放詔書인 『魏書』 卷9, 肅宗紀 正光5年(524) 8月 丙申條 등 참조.
75) 『魏書』 卷9, 肅宗紀에는 524년 破落汗拔陵의 기의 이후 지방관이나 民의 반란사례가 적지 않지만, 여기서는 城民·鎭民으로 명기되어 있는 것만을 열거하였다.

⑧ 同年 9月. 秦州 城民 杜粲이 莫折念生을 죽이고 자신이 州의 일을 행하였다. 南秦州 城民 辛琛이 스스로 州의 일을 행하였다.

여기에 열거한 일련의 사례에서 보듯 성민·진민은 파락한발릉의 기의 직후인 효명제 正光5년(524) 6월 이에 호응한 이래 孝昌3년(527) 9월까지 계속해서 기의에 참가하고 있다[총 8건]. 아울러 숙종시기 성민·진민 기의의 지역적 분포를 보면 榮州·涼州 등 동서의 북변일대뿐만 아니라 秦州·崎州 등 서남의 변경에 이르기까지 광범위한 지역을 포괄하고 있다. 이를 통하여 볼 때, 북위 말의 내란에는 변방지역 대부분의 성민·진민이 여기에 참가하였을 것으로 생각된다.[76]

또한 육진기의 이후 계속된 전란에는 성민·진민 이외에 牧戶도 여기에 적극적으로 가담하고 있다.

南秀容 牧子 于乞眞이 반란을 일으켜 太僕卿 陸延을 살해하였다.[77]

곧, 파락한발릉의 기의직후인 正光5年(524) 8월에는 南秀容의 牧子 于乞眞이 반란을 일으켜 太僕卿 陸延을 살해하고 있다.[78] 태복경은 고조 효문제 이후 국유목장의 목축을 총괄하던 직관이기 때문에,[79] 남수용 목자 우걸진이 국가의 관영목장에서 목축에 종사하던 목호임은 쉽게 짐작된다. 또 孝昌2年(526) 3월에는 西部勅勒 斛律洛陽이 桑乾의 서쪽에서 반란을 일으켜 河西의 목자와 연결을 꾀하고 있고,[80] 조금 뒤의 일이지만

---

76) 이밖에 破落汗拔陵의 起義 이후 城民이나 鎭民이 여기에 호응하여 각지에서 폭동을 일으키는 모습에 대하여는 谷川道雄, 「北魏末の內亂と城民」 참조.
77) 『魏書』 卷9. 肅宗紀, 正光5年 8月 丁酉條: "南秀容牧子于乞眞反 殺太僕卿陸延."
78) 이 사례는 『魏書』 卷30. 陸眞子延傳에도 실려 있는데, 여기에는 "[陸延] 正光初 拜金紫光祿大夫 復除太僕卿 受使綏慰秀容 爲牧子所害"라고 하여, 육연이 태복경으로서 사명을 받고 수용을 위무하는 중에 목자에게 살해된 것으로 기술되어 있다.
79) 太僕卿에 대하여는 본서 제3장 제2절 주 145) 참조.
80) 『魏書』 卷9. 肅宗紀, 孝昌2年 3月 甲寅條: "西部勅勒斛律洛陽反於桑乾 西與河西牧子通連." 西部勅勒 斛律洛陽이 河西의 목자와 연합을 꾀한 것은 후술하듯이 河西에는 북위의

出帝 永熙3年(534) 正月에는 齊獻武王이 河西 苦洩河에서 費也頭를 토벌하여 격파하고 있다.[81] 이 두 사례에 공통적으로 보이는 하서지역은 북위 전기 이래 대규모의 관영목장이 설치된 지역이고,[82] 그 지역에서 반란을 일으킨 목자나 비야두는 모두 목호의 다른 이름으로 알려져 있다.[83] 그렇다면 앞서 인용한 南秀容 牧子 于乞眞의 반란사례는 관영목장에서 목축에 종사하던 많은 목호들이 육진기의에 적극적으로 가담하였음을 나타낸다고 하겠다.

이상 북위 말기의 내란 속에서 성민·진민·목호 등 잡호가 적극적으로 여기에 가담하여 반정부투쟁을 벌이고 있는 모습을 살펴보았다. 더욱이 이들 외에도 이 시기의 내란에는 일반 州郡民 및 山胡·勅勒 등 이민족뿐만 아니라,[84] 降戶[85]·流民[86] 등도 가담하고 있다. 그렇다면 파락

대규모 관영목장이 설치된 곳이고, 여기에는 목축에 종사하는 많은 목호뿐만 아니라 대량의 官馬도 있었기 때문에 이것을 반란에 이용하고자 하였을 것으로 보인다.

81) 『魏書』 卷11, 出帝紀, 永熙3年 春正月 壬辰條: "齊獻武王討費也頭於河西苦洩河 大破之."
82) 『魏書』 卷110, 食貨志.
83) 牧子를 목호와 혼동해서는 안된다는 견해도 있지만[堀敏一, 「北朝雜戶制の再考察」, p.316, 주 6) 참조], 목자는 관영목장에서 목축에 종사하던 牧人을 지칭하는 것으로, 部落聚居의 형태를 띠고 있었기 때문에[唐長孺, 「拓跋國家的建立及其封建化」, pp.213~215] 목호의 異稱으로 보아도 큰 잘못은 없을 것이다. 그리고 費也頭에 대하여는 고유명사로서 匈奴系의 부족을 의미한다는 견해도 있지만[石見清裕, 「唐の建國と匈奴の費也頭」(『史學雜誌』 91-10, 1982), pp.85~86], 匈奴·鮮卑·勅勒 등 多種族으로 이루어진 皂隸 혹은 목자를 의미한다는 견해가 주류를 이루고 있다[唐長孺, 「拓跋國家的建立及其封建化」, p.213 ; 川本芳昭, 「北魏太祖の部落解散と高祖の部族解散」(『佐賀大教養部研究紀要』 14, 1982), p.10]. 후자의 견해가 타당하다면 비야두도 목호의 이칭이라 할 수 있다. 참고로 『魏書』 卷74, 尒朱榮傳에는 孝昌2年 3月에 西部 勅勒 斛律洛陽이 桑乾의 서쪽에서 반란을 일으키고 있는 사례를 싣고 있는데, 여기에는 斛律洛陽이 연합하고자 했던 河西의 목자를 '費也頭牧子'로 연칭하고 있다.
84) 북위 말기의 내란 속에서 山胡·勅勒의 起義에 대하여는 唐長孺, 「北魏末期的山胡勅勒起義」(『山居存稿』) 참조.
85) 降戶가 기의에 참가한 일례를 들면 『魏書』 卷9, 肅宗紀, 孝昌2年 春正月壬子條: "五原降戶鮮于修禮反於定州 號魯興元年"이 있다.
86) 流民의 반란사례는 빈번하지만 일례를 들면 『魏書』 卷10, 孝莊帝紀, 建義元年 6月條 "幽州平北府主簿河間邢杲 率河北流民十餘萬戶反於青州之北海 自署漢王 號年天統"가 있다.

한발릉의 기의로부터 시작되는 북위 말의 내란에는 북위의 지배 아래에 있던 하층신분 대부분이 가담하였다고 할 수 있을 것이다.

이러한 점에서 북위 말 내란은 북위사회가 내부적으로 안고 있던 계급모순이 적나라하게 표출된 것으로 사려된다. 그 가운데서도 성민·진민·목호 등 잡호가 여기에 적극적으로 가담하고 있는 것은 이들이 관부에 직속하면서 다양한 직역에 구사되는 등 국가에 의한 착취와 수탈의 주된 대상이었음을 말해 주고, 동시에 내란을 자신들의 신분상승 내지는 신분해방의 좋은 기회로 삼고자 한 것으로도 이해된다. 이러한 이해가 어느 정도 성립된다면 육진기의 이후 전개된 북위 말의 내란은 잡호 등 하층신분에게 신분적 질곡에서 벗어날 수 있는 절호의 기회를 제공하였다고 할 수 있다. 이 점은 특히 육진기의 이후 북위왕조의 이들에 대한 대응책에 잘 나타나 있다.

북위왕조는 우선 파락한발릉의 기의직후 토벌군을 파견하였으나 진압하지 못하였다. 그러나 반란이 빠른 속도로 북변일대로 확산되어 가자, 사태의 심각성을 깨달은 왕조는 正光5年(524) 8月에 성민을 해방하는 조칙을 내렸다.

太祖 道武皇帝께서는 천하의 난을 진압하여 中夏를 크게 건설하였고, 世祖 太武帝께서는 이러한 큰 업적을 이어받아 王業을 드러내고 몸소 6군을 거느리고 잔당을 섬멸하였다. 모든 州鎭의 城人은 본래 국가의 爪牙로 충당되어 정벌에 복무하여 함께 괴로움을 같이 해왔다. 顯祖 獻文帝에 이르러 그 판도가 남방에까지 확대되었기 때문에 豪族의 일부를 잘라 方鎭을 나누어 지키게 하였다. 高祖 孝文帝께서는 洛陽천도에 즈음하여 良家 酋帥를 선발하여 변방을 증강시켰다. 국가의 군사력으로서 의지할 것은 확실히 이러한 사람들이다. 先帝〔世宗 宣武帝〕께서는 그 충성에 상을 내리고 그 공로에 보답하고자 하였지만 河南·淮北방면이 소란하게 되어 매년 출병했기 때문에 지금까지 하지 못하고 있다. 조정을 원망하여 반란을 일으킨 것도 이러한 사정 때문이다. 짐은 지금 선제의 뜻을 받들어 은혜를 베풀고자 한다. 모든 州鎭의 軍貫에 속하는 자는 본래 범죄에 의해

配流된 자를 제외하고 모두 해방하여 민으로 하고, 鎭은 州로 고쳐 옛 이름을 사용토록 하라. 이들은 대개 武勇에 뛰어나기 때문에 지원자를 선발하여 關隴지방의 반란토벌에 힘을 다하도록 하라. 武勳이 있으면 규정의 포상을 내리도록 하라.87)

이 조칙은 문장이 다소 길지만 전체적인 내용은 크게 두 부분으로 이루어져 있다. 우선 전반부에서는 여러 州鎭의 성민을 해방하는 배경을 설명하고 있다. 곧, 여러 주진의 성민은 원래 국가의 爪牙로서, 여기에는 주로 豪族의 일부나 良家酋帥를 선발하여 충당하였고, 이들은 국가에 충성을 다하였음에도 보답이 없어 조정을 원망하여 반란을 일으켰음을 말하고 있는 것이다. 여기서 반란의 주된 원인으로 보고 있는 조정에 대한 성민의 원망이란 이 조칙이 반포되기 직전에 육진기의의 사정을 잘 전하고 있는 元深의 상주나88) 이 상주의 배경이 되고 있는 魏蘭根의 견해를89) 종합하면 여러 주진의 軍貫에 속하는 자들의 지위저하를 의미하는 듯하다. 따라서 이들에 대한 해방도 저하된 지위를 본래의 상태로 되돌리는 방향을 취하는 것은 당연할 것이다.

다음으로 후반부는 성민해방에 대한 구체적인 내용을 기술하고 있다. 그 내용은 대략 여러 주진의 軍貫에 속한 자 가운데 본래 범죄에 의해 配流된 자를 제외하고 모두 해방하여 일반민으로 하고, 또한 진은 주로 고치며, 끝으로 해방된 자들 가운데 반란토벌에 참가하여 무공을 세운 자에게는 포상을 내린다는 것이다. 이러한 성민해방 조치는 내용적인 면에서 볼 때 이들이 품고 있던 불만을 해소한다는 측면도 있지만, 아울러 다분히 기의의 초기단계에서부터 행동의 주체인 성민 또는 진민의 지위를 향상시킴으로써 그들이 기의에 참가하는 것을 사전에 차단하고자 한 의도도 내포되어 있는 것으로 보인다.

---

87) 『魏書』 卷9, 肅宗紀, 正光5年 8月 丙申條.
88) 『魏書』 卷18, 廣陽王深傳.
89) 『北齊書』 卷23, 魏蘭根傳.

더욱이 여기서 주목되는 것은 말미의 주진의 성민을 해방하면서 이들을 다시 병사로 모집하여 반란토벌에 참가시키고 군공을 세운 자에게는 포상을 내리는 조치이다. 여기에는 이들 성민을 이용하여 반란을 진압하려는 국가의 의도가 잘 드러나고 있는데, 여하튼 성민해방에는 모병의 성격도 겸하고 있는 점에서 흥미롭다.

북위왕조는 북위 말의 내란 속에서 다양한 신분을 병사로 모집하는 募兵令을 빈번하게 내리고 있다.[90] 북위의 모병사례는 이미 고조 효문제 시기까지 거슬러 올라간다.[91] 다음의 세종 선무제 시기에는 將帥에게 천하의 건장하고 용감한 자를 모병하여 수천 명을 얻은 사례가 확인되고 있다.[92] 그러나 숙종 효명제 이후 빈번하게 모병령이 시행된 것은 북위 말의 내란 속에서 北族軍隊가 와해된 사정과 밀접하게 관련되어 있다.[93]

육진기의 이후 북위왕조가 시행한 모병의 실태를 구체적으로 보면, 建義元年(528) 6月에는 職人과 민(백민)을 모집하는 조칙을 반포하여 응모자에게는 각각 신분과 능력에 따라 관직에 나아갈 수 있는 出身의 자격뿐만 아니라 實官을 除授하는 특전 등을 부여하였다.[94] 이외에도 북위왕조는 忠勇・驍勇 등의 이름으로 병사를 모집하기도 하였고,[95] 도망자나 유민 등을 사면하거나 회유한 뒤 병사에 충당하여 반란토벌에 참가시

---

90) 북위 말 募兵의 실태에 대하여는 谷川道雄, 「北朝後期の鄕兵集團」(『隋唐帝國形成史論』), pp.236~245 ; 耿敬, 「關于魏晉南北朝時期募兵制度的探討」(『中國史硏究』 1994-3) 참조.

91) 『魏書』卷7下, 高祖紀下, 太和17년(493) 10月詔: "又詔 京師及諸州從戎者賜爵一級 應募者加二級 主將加三級."

92) 『魏書』卷59, 蕭寶夤傳: "〔景明四年〕四月 除使持節都督東揚南徐兗三州諸軍事・鎭東將軍揚州刺史・丹陽郡開國公・齊王 配兵一萬 令且據東城 待秋冬大擧… 又任其募天下壯勇 得數千人 以文智三人等爲積弩將軍 文榮等三人爲彊弩將軍 並爲軍主."

93) 谷川道雄, 「北朝後期の鄕兵集團」, p.238.

94) 『魏書』卷10, 孝莊帝紀, 建義 元年 6月 己酉條. 직인 및 백민을 병사로 모집한 사례는 『魏書』卷10, 孝莊帝紀, 永安2年(529) 5月 辛酉條에도 보인다.

95) 『魏書』卷9, 肅宗紀, 孝昌2年(526) 6月 戊子條 ; 『魏書』卷10, 孝莊帝紀, 建義元年(528) 6月 癸卯條 ; 『魏書』卷10, 孝莊帝紀, 永安3年 9月 庚子條.

키기도 하였다.96)

　더욱이 북위왕조는 이들 이외에도 목호·기작호 등 잡호를 모집하여 반란토벌에 참가시키고자 하였다. 곧, 앞서 언급한 직인과 백민을 모집하는 조칙을 반포하기 직전인 建義元年(528) 6月에,

　　直寢의 紀業에 조서를 내려 持節로써 새로 해방된 목호를 모집하여, 이름을 드러내고 능력을 다하는 자에게 9품관을 제수토록 하였다.97)

라고 하여, 이전 목호에서 해방된 자로서 모집에 응하여 공을 세운 경우에는 9品官을 제수하고 있다. 또 普泰元年(531) 3月에는,

　　右衛將軍 賀拔勝 및 尙書 1인에게 조서를 내려 伎作 및 잡호 가운데 정벌에 종사하려는 자를 모집하여 바로 出身을 부여하고 모두 實官을 제수토록 하였다. 私馬를 가진 자는 우대하여 1大階를 내리도록 하였다.98)

라고 하여, 기작호 등 잡호가 정벌에 참가하면 出身의 자격 외에 實官을 제수하였고, 이 때 私馬를 가진 자는 우대하여 관품 1階를 올려주어 從8品에서 出身하는 특전을 부여하고 있다. 특히 잡호 가운데 私馬를 소유한 자에 대한 특전을 규정하고 있는 것은 이들이 사마를 소유할 수 있을 정도로 경제력이 신장되었음을 엿보게 하는 것으로 흥미롭다.
　이상 살펴본 바와 같이 성민·진민·목호 등을 중심으로 하는 잡호는 육진기의로 시작되는 북위 말의 내란에 적극적으로 가담하여 반정부 투쟁을 전개함으로써 자신들의 신분에서 벗어나고자 하였고, 국가도 혼

---

96) 도망자를 모집한 사례는 『魏書』卷9, 肅宗紀, 孝昌 元年 12月 壬午條 참조. 유민을 모집한 사례는 『魏書』卷10, 孝莊帝紀, 建義 元年 7月 己未條 참조.
97) 『魏書』卷10, 孝莊帝紀, 建義 元年 6月 戊申條: "詔直寢紀業 持節募新免牧戶 有投名效力者 授九品官."
98) 『魏書』卷11, 前廢帝紀, 普泰 元年 3月 己卯條: "詔右衛將軍賀拔勝幷尙書一人 募伎作及雜戶從征者 正入出身 皆授實官 私馬者優一大階."

란스런 정국을 수습하는 과정에서 잡호를 이용하여 내란을 진압하고자 이들에게 여러가지 특전을 부여하였던 것이다. 그리고 이러한 일련의 흐름은 잡호가 신분적으로 상승하는 계기를 마련해 주었을 것으로 생각되는데, 북위 말 잡호의 신분상승 모습을 단적으로 보여주는 사례로는 다음을 들 수 있다.

百雜의 戶에게 民名을 하사하고 관의 일은 종전과 같이 하도록 했다.[99]

곧, 普泰元年(531) 2月에는 백잡의 호에게 민의 名籍을 하사하고 있다. 잡호가 민의 명적을 부여받았다는 것은 소속관서에서 이들을 관장하지 않고 일반 주군민과 동일하게 주현계통의 부서에서 관장하게 되었음을 의미할 것이다.[100] 그렇더라도 이들의 복역형태는 종전과 다름없기 때문에 국가에 대한 예속도는 일반 주현민보다는 다소 높았을 것으로 보인다.

그런데 이 조서는 尒朱氏가 前廢帝를 옹립했을 때 사람들의 환심을 사고자 내린 것이고,[101] 또한 시기적으로 북위 말의 혼란스런 정국에서 나온 조치이기 때문에 그 실현가능성이 매우 희박하였을 것이라는 견해도 있다.[102] 그러나 이 조치가 북위왕조가 그 말기의 혼란스런 정국을 수습하기 위해 내린 여러 정책과 같은 시기에 나오고 있는 점을 고려하면 잡호에 대한 편호화는 오히려 실현가능성이 꽤 높다고 보아야 할 것이다. 그리고 여기에는 고조 효문제 이후 잡호의 신분상승 경향이 그 배경에 자리하고 있음은 말할 나위도 없다. 그러한 의미에서 북위 말 이래 계속된 정국의 혼란은 고조 효문제 시기 이후 잡호의 신분상승 경향에 상승작용을 일으켜 마침내 이들에 대한 편호화로 귀

---

99) 『魏書』 卷11, 前廢帝紀, 保泰元年(531) 2月條:"百雜之戶 貸賜民名 官任仍舊."
100) 辛聖坤, 「南北朝時期 官私隷屬民에 관한 硏究」, p.130.
101) 越智重明, 「北朝の下層身分をめぐって」, p.7.
102) 堀敏一, 「北朝雜戶制の再考察」, p.316, 주 8) 참조.

결되었다고 하겠다.

2. 북조 말 잡호의 해방과 신분질서의 변화

육진기의로 시작되는 북위 말의 내란으로 북위가 동위·서위, 북제·북주로 분열되면서 국가의 대민통제력은 급격하게 이완되었고, 이에 따라 기존의 신분질서도 붕괴되었을 것임은 쉽게 짐작할 수 있다. 따라서 북위 이후 각 왕조에 주어진 과제는 남조뿐만 아니라 동서로 대치된 국면 속에서 강력한 대민지배 체제를 확립하는 것이고, 그 속에는 육진기의 이후 붕괴된 신분질서를 새로이 재편하는 일도 포함될 것이다.

앞서 육진기의로 시작되는 북위 말의 혼란 속에서 성민·진민과 목호 등 잡호가 이에 적극적으로 가담하여 신분상승을 꾀하고 있고, 국가도 혼란을 수습하는 과정에서 이들에 대한 신분상승을 적극 추진하는 모습을 살펴보았는데, 잡호가 신분적으로 상승되어 가는 모습은 북위가 동위·서위로 분열된 이후에도 계속되고 있다.

> 宮奴婢·閹人·商人·胡戶·雜戶·歌舞人·見鬼人으로서 함부로 부귀를 얻은 자는 萬으로 헤아리고, 庶姓으로 王에 봉해진 자는 百으로 헤아렸다.[103]

이 사례는 북주에 멸망당하기 직전(577) 북제에서 庶姓 이외에 宮奴婢·商人·歌舞人 등 다양한 하층신분이 왕조 말기의 혼란 속에서 신분상승하는 모습을 보여주고 있다. 이를 통하여 볼 때, 북위 말의 내란 이후 동위·서위, 북제·북주의 쟁란기를 틈탄 하층신분의 신분상승 노력은 상당히 광범위하게 전개되고 있고, 여기에 잡호도 포함되어 있는 것에서

---

103) 『北齊書』 卷8, 幼主紀.

이들의 신분상승 노력도 다른 하층신분과 마찬가지였음을 알 수 있다.

한편, 이러한 잡호의 신분상승 노력과 아울러 북위 이후의 각 왕조에서도 잡호에 대한 신분해방조치를 계속해서 반포하고 있다. 곧, 서위는 大統5年(539) 2月에 妓樂 등 잡역의 무리를 방면하여 모두 편호로 하는 조칙을 내리고 있고,104) 북제는 天保2年(551) 9月에 伎作戶·屯戶·牧戶 등 雜色役隸의 무리를 백호로 하는 조칙을 내렸으며,105) 天統3年(567) 9月에는 관청에서 관리하고 있는 잡역호 가운데 姓이 高氏인 자가 天保 초의 방면조치에도 불구하고 방면되지 않은 자가 있다고 하여 재차 이들 잡호를 방면하여 모두 군현에 속하게 하고 平人에 준하도록 하는 조칙을 내리고 있다.106) 그리고 북주는 建德6年(577) 8月에 저 유명한 잡호 해방 조칙을 내리고 있다.

> 형벌로써 형벌을 방지하고 가벼운 형벌로써 무거운 형벌을 대신하며〔世輕世重〕죄가 후손에게 미치지 않게 하는 것은 모두 옛날부터 정해진 법의 원칙이다. 〔그런데〕雜役의 무리만은 유독 이 법규에 어긋나고 한번 범죄에 의해 처벌되면 百代에 이르도록 면치 못한다. 형벌이 이와 같이 끝이 없으면 형벌을 어찌 둘 수가 있겠는가. 사람의 道에는 沿革이 있기 때문에 관대한 법률에 따라야 한다. 무릇 모든 雜戶는 모두 放免하여 民으로 하라. 잡호에 배치하는 科目은 이로 인하여 영원히 사라지게 되었다.107)

이 사례는 북주가 북제를 정복하여 화북을 다시 통일하고 난 직후에 내린 잡호해방 조칙이다. 후반부의 '잡호에 배치하는 科目' 이하는 조칙의 문장이 아니고 편자가 더한 것으로 보인다.108)

---

104) 『北史』 卷5, 魏本紀, 文帝紀, 大統5年 2月條.
105) 『北齊書』 卷4, 文宣帝紀, 天保2年 9月條.
106) 『北齊書』 卷8, 後主紀, 天統3年 9月條.
107) 『周書』 卷6, 武帝紀下, 建德6年 8月條. 『北史』 卷10, 周本紀의 해당기사에는 본문 가운데 '世輕世重'이 '以輕代重'으로 되어 있다. 여기서는 후자에 따랐다.

이상 열거한 바와 같이 서위 大統5年(539)에서 북주 建德6年(577)에 이르기까지 계속해서 잡호에 대한 신분해방을 실시하고 있다. 특히 북조 말에는 잡호의 해방 이외에도 노비에 대한 일련의 해방조치가 병행되고 있다.108) 따라서 북조 말은 하층신분에 대한 전면적인 해방시기라 할 수 있다.

그런데 여기서 잡호와 관련하여 문제가 되는 것은 잡호의 해방범위가 어디까지인가 하는 점이다. 이 점은 특히 북주 건덕6년의 잡호해방조칙을 둘러싸고 다양한 해석이 나왔는데, 종래의 연구에서는 이 조칙으로 인해 기존의 잡호는 완전히 해방되고 그 이후의 잡호는 수대나 당대에 부활했다는 견해와,110) 이 잡호 해방조치는 철저하게 시행되지 않았고 따라서 그 일부가 수당으로 계승되었다는 견해111) 및 잡호에 대한 某種의 체계적인 조치로 보는 견해112) 등이 있다.

---

108) 堀敏一,「北朝雜戶制の再考察」, p.303.
109) 북조 말 특히 북주시기 노비에 대한 일련의 신분해방 조치를『周書』卷5上・卷6下, 武帝紀에 있는 사례를 열거하면 保定5年(565) 6月 辛未詔; 建德元年(572) 冬10月 庚午詔; 建德6年(577) 正月 庚子詔; 建德6年 2月 癸丑詔; 宣政元年(578) 3月 丁亥詔 등이 있다. 이들 노비해방의 사례분석과 그 의미에 대하여는 본서 제5장 제2절에 자세하다.
110) 북주 建德6년의 잡호방면 조치를 전면적인 해방으로 보는 관점은 玉井是博 이래 濱口重國을 거쳐 최근 堀敏一에 이르기까지 일본학계에서 대체적으로 받아들여지고 있다. 다만, 그 부활시기에 대하여는 차이를 보이고 있는데, 濱口重國은 그 시기를 武則天이 神龍年間(705~706)으로 보는데[「官賤人の由來についての硏究」, p.323] 반해, 玉井是博과 堀敏一은 隋代로 보고 있다[玉井是博,「唐の賤民制度とその由來,『支那社會經濟史硏究』, 岩波書店, 1942, p.198 ; 堀敏一,「北朝雜戶制の再考察」, pp.316~317]. 일본학자의 이러한 견해에 대한 비판으로는 辛聖坤,「雜戶 身分의 變遷과 그 性格」, pp.168~169 참조.
111) 唐長孺,「拓跋國家의 建立及其封建化」, p.230 ; 張維訓,「略論雜戶의 形成和演變」, p.107 ; 高敏,「雜戶考」, p.309 ; 朱紹侯,「北魏的戶籍制度和階級關係(下)」(『魏晉南北朝土地制度與階級關係』, 中州古籍出版社, 1988), p.210 ; 韓國磐,「北朝的均田制和賦役制度」(『南北朝經濟史略』, 厦門大學出版社, 1990), p.300 등 중국의 학자는 대체로 이러한 견해를 취하고 있다.
112) 辛聖坤,「雜戶 身分의 變遷과 그 性格」, p.169에서는 577년의 잡호제 개혁을 크게 두 가지 조치로 요약하여, 舊來의 내원을 가진 잡호를 모두 해방시켰다는 것, 잡호가 담당하고 있던 職役을 유지하기 위해 이후 범죄연좌인을 주체로 하였다고 한다.

먼저 북주 건덕6년에 잡호는 전부 해방되고 당대에 부활했다는 근거로는, 당대 잡호에 대하여 언급하고 있는『唐律疏議』가 開元律疏라는 점113) 또 당대 잡호라는 명칭이 문헌으로 증명되는 것이 페리오 漢文文書 3608號의 武則天시대 神龍 년간에 書寫된 戶婚律斷簡으로 그 이전에는 잡호가 어떤 문헌에도 보이지 않는다는 점 등이고, 이를 근거로 그 부활시기를 武則天의 神龍 년간으로 보고 있다.114) 그러나『唐律疏議』를 永徽律疏로 보는 견해도 있고,115) 또 페리오 漢文文書의 경우도 永徽律로 추정되고 있기 때문에,116) 잡호가 武則天 이전에 이미 존재했다고 보는 것이 자연스럽다.

수대에 잡호가 부활했다는 견해는『唐律疏議』卷3, 名例律에 있는 疏議의 "雜戶는 前代 이래 여러 官司에 예속된 자를 말하며, 그 職掌과 課役은 백성과 동일하지 않다"117)라는 내용 가운데 '前代'라는 용어에 주목하여 이를 수왕조로 보고 따라서 잡호는 수대에 부활했다는 것이다. 그러나 '前代'를 굳이 수왕조로 한정할 이유도 없지만, 이를 수왕조로 보더라도 수대에 다시 잡호가 부활했다는 논거로도 보기 어렵다.

더욱이 앞서 열거한 일련의 잡호 해방조치에서 알 수 있듯이 대체로 동일한 내용이 반복되고 있는 점에서 그 실효성에 상당히 의문이 가기 때문에 유독 建德6년의 조칙에 의해 기존의 잡호가 전부 해방되었다고 보는 것은 선뜻 수긍하기 어렵다. 오히려 이 건덕6년의 조치는 시기적으로 북주가 북제를 정복한 직후라는 점을 감안하면 다분히 상징적인 면이 강한 것은 아닐까. 따라서 이러한 몇 가지 점을 고려할 때, 이 북주 건덕6년의 조치를 전면적인 해방으로 보는 것은 다소 무리가 있는 것 같다.

---

113) 仁井田陞・牧野巽,「故唐律疏議製作年代考」, 上・下(『東方學報』1・2, 1931).
114) 濱口重國,「官賤人の由來についての研究」, pp.318~323.
115) 楊廷福,「唐律疏議製作年代考」(『唐律初探』, 天津人民出版社, 1982).
116) 辛聖坤,「雜戶 身分의 變遷과 그 性格」, p.166.
117) 金鐸敏・任大熙 主編,『譯註 唐律疏議(Ⅰ)-名例篇-』卷3, 20條, 名例 20, 免所居官 條. pp.188~189.

그렇다면 후자의 두 견해가 어느 정도 타당성을 지닌다고 볼 수 있는데, 본서에서는 그 가운데서도 일단 잡호에 대한 某種의 체계적인 조치로 보는 견해에 따르고자 한다.

앞서 북조 전기 잡호의 내원은 주로 사민이 중심을 이루었고, 화북통일 이후 대규모 정복전쟁이 종결되자 이에 더하여 새로이 범죄연좌인이 여기에 충당되었음을 언급하였다. 그런데, 앞서 살펴본 바와 같이 육진기의 직후인 正光5年(524) 8月에 잡호의 하나인 성민을 해방하는 조칙을 내렸을 때, 각 州鎭의 軍貫에 속한 자 가운데 본래 범죄에 의해 配流된 자는 제외되고 있다.118) 이는 북위가 잡호를 해방하면서 적어도 일정한 원칙하에서 실시하였음을 말해 준다. 그 원칙은 바로 범죄에 의해 잡호가 된 자는 신분해방의 대상에서 제외하는 것은 아니었을까. 그것은 국가가 일반민과 달리 관부에 직속하면서 각종 직역에 구사할 수 있는 잡호를 필요로 하는 이상 이들을 어느 정도 확보·유지할 수 있는 보장책을 마련하지 않을 수 없기 때문이다. 그러한 관점에서 보면 국가의 이러한 조치는 오히려 당연한 것처럼 여겨진다. 그리고 이러한 원칙은 이후 잡호에 대한 일련의 신분해방조치에도 그대로 이어졌다고 보아야 할 것이다.

그런데, 이 建德6年에 시행된 잡호해방 조치의 내용을 보면 대체로 범죄연좌에 의해 잡호가 된 자를 대상으로 하고 있는 것처럼 보이기 때문에 범죄연좌에 의해 잡호가 된 자들은 제외되었다는 본서의 논점과는 차이가 있다. 그러나 이와는 다른 모습을 엿보게 하는 사례가 있다. 곧, 『隋書』卷25, 刑法志에는 북주 건덕6년의 조칙을 다음과 같이 기술하고 있다.

[북]위는 西涼의 사람을 포로로 삼아 몰입하여 이름을 隸戶라 하였는데, 서위의 孝武帝가 入關하였으나 隸戶는 모두 동위[의 땅]에 있었고, 뒤에

---

118) 주 87) 참조.

〔북〕제가 이를 답습하여 원래대로 厮役에 종사케 하였다. 建德6年 북제를 평정한 뒤에 〔武〕帝는 新國에 가벼운 법률을 시행하고자 하여 이에 조서를 내려 무릇 모든 雜戶는 모두 방면하여 百姓으로 하였다. 이로부터 다시 雜戶는 없게 되었다.[119]

우선 앞에 있는 西涼의 사람이라는 것은 세조 태무제 太延5年(439)에 西涼의 沮渠牧犍을 정복한 뒤 수도 平城방면으로 사민한 城內의 3만여 戶 20여만 人을 가리킨다.[120] 이 사례는 세조시기에 사민된 양주 출신자들이 모두 예호가 되었고 또 이들이 시역에 종사하였음을 말하고 있지만, 양주 사민 가운데 일부는 軍戶에도 충당되고 있기 때문에 이 조칙에서 말하듯이 이들이 모두 예호가 된 것은 아니고, 더욱이 북위의 잡호가 모두 양주 사민만으로 구성된 것도 아니다.[121]

그러나 형법지의 내용은 북주 무제 건덕6년에 시행된 잡호해방의 주된 대상이 양주 사민임을 밝히고 있는 점에서 시사하는 바가 크다. 만약 그렇다면 북위 말 이래 계속된 일련의 잡호에 대한 신분해방조치의 대상은 범죄연좌인이 아닌 사민이었다고 해야 할 것이고, 이는 잡호의 전면적인 해방으로 알려져 있는 북주 건덕6년의 조칙에도 적용되었다고 생각한다. 따라서 이 건덕6년의 조칙에 의해 종래 사민을 주된 내원으로 하던 잡호는 해방되어 白民이 되고, 이후 잡호에는 범죄연좌인만이 남게 되어 잡호의 주된 구성이 되었다고 보는 것이 타당하다고 하겠다.

또한 잡호해방과 관련하여 건덕6년 조칙 말미에는 "잡호에 배치하는 과목은 이로 인하여 영원히 사라지게 되었다"라고 하여, 범죄인을 잡호에 배치하는 과목, 곧 配雜之科가 폐지되었다고 기록하고 있다. 이를 근

---

119) 『資治通鑑』 卷173, 陳紀 7, 宣帝 太建7年 8月條에는 "初 魏西涼之人 沒入隸戶 後齊因之 仍供厮役 周主滅齊 欲施寬惠 詔曰 罪不及嗣 古有定科 雜役之徒 獨異常憲 一從罪配 百代不免 罰旣無窮 刑何以措 凡諸雜戶 悉放爲民 自是無復雜戶"라고 하여, 『周書』 武帝紀와 『隋書』 刑法志의 내용을 하나의 일로 기록하고 있다.
120) 『魏書』 卷4上, 世祖紀上, 太延5年 8月~10月條 및 『魏書』 卷99, 沮渠牧犍傳.
121) 이상 사민과 잡호의 관계에 대하여는 본서 제3장 제2절 참조.

거로 이후 配雜之科의 폐지는 확실히 시행되었다고 하는 견해가 있다.122) 그러나 『周書』卷21, 司馬消難傳에는 "陳이 평정되는 데 이르러 消難은 수도로 이송되어 특히 사형을 사면받아 樂戶에 배속되었지만 20일이 지나 방면되었다"라고 하여, 수대에 범죄연좌인을 악호에 배치하고 있다. 그리고 당대의 경우를 보면,

> 太常의 樂人은 본래 죄에 의해 관에 몰입된 자들로 그 기예는 일반의 樂官과 같이 전대 이래 서로 전승되어 왔다.… 名籍이 편호민과 달라 크게 치욕이 되니 가히 슬퍼할 만하다. 太樂・鼓吹 소속의 여러 舊樂人은 年月이 오래되고 시대도 바뀌었기 때문에 모두 면제하여 일반민의 예와 같이 해야 한다. 단 음률의 기능은 학습을 쌓아 이루어지는 것으로 전수하는 사람을 갑자기 결할 수는 없기 때문에 지금까지대로 本司에 番上토록 하라.… 武德원년 이후 樂戶에 配充된 자는 이 규정을 적용하지 않는다.123)

라는 사례가 있다. 이것은 당대 초기 전대 이래 계승되어 온 악호를 해방하여 태상음성인을 설치했을 때의 조칙으로 알려져 있는데,124) 이 때 武德원년 이후 악호에 배충된 자는 해방에서 제외되고 있기 때문에 당대 초기에도 범죄연좌인을 악호에 충당하는 제도가 존재하였음을 알 수 있다. 이와 같이 수당시기에도 악호에 범죄연좌인이 충당되고 있는 이상 잡호도 역시 이와 유사했다고 보아야 하지 않을까. 그렇다면 건덕6년의 조칙에 의해 配雜之科가 확실히 폐지되었다는 견해는 재고되어야 할 것이고, 이 제도는 적어도 당대 초기까지는 시행되었다고 보는 것이125) 타당하다고 생각한다.

한편, 북조 후기의 잡호는 이러한 구성의 변화와 아울러 이 시기에 단행된 일련의 해방을 거치면서 신분적으로도 상당한 변화를 보이고 있

---

122) 辛聖坤,「雜戶 身分의 變遷과 그 性格」, p.169.
123) 『唐會要』卷34, 論樂, 武德4年(621) 九月 29日詔.
124) 堀敏一,「北朝雜戶制の再考察」, pp.314~315.
125) 張維訓,「略論雜戶的形成和演變」, p.106.

다. 우선 북위 말 이래 잡호에 대한 일련의 신분해방 추세 속에서 그 종류가 크게 줄고 있는 점이다. 곧, 북조 전기 잡호는 관부에 직속하는 다양한 하층신분을 거의 다 포괄하고 있었지만, 동위·서위, 북제·북주를 거치면서 兵戶·營戶·府戶·城民·鎭民 등 세습적인 성격을 띤 다양한 병사신분과[126] 둔호·목호 등이 해방에 의해 소멸됨으로써 그 종류는 급격하게 줄어들고 있다.

둘째, 종류의 축소와 발맞추어 북위 이래 소멸하지 않고 남아 잡호를 형성하였던 일부의 호가 북조 후기에 전개된 일련의 신분해방 과정을 거치면서 점차 잡호에서 분리되고 있는 점이다. 그 대표적인 것이 工戶·樂戶 등이다. 이들은 앞서 살펴본 대로 북조 전기에는 잡호에 속하였고 북조 후기에도 잡호의 일종이었음은 여러 사례에서도 확인되고 있다. 따라서 북조 전 시기를 통하여 공호·악호 등이 잡호의 하나였음은 부정하기 어렵다. 그런데 앞서 언급한 孔穎達의 注疏에 있는 近世魏律에서는 공·악·잡호가 병기되어 있다.[127] 그리고 근세위율의 이러한 표현형태는 주지하듯 당대와 동일하다.[128] 그렇다면 근세위율에서 공호·악호가 잡호와 병기되어 있다는 것은 이들 호가 북위 말 이후 점차 잡호에서 분리되어 하나의 전문직역호가 되어가고 있음을 연상시킨다. 더욱이 이와 함께 위에서 살펴본 잡호구성의 변화와 종류의 축소라는 점을 아울러 생각하면 잡호는 이미 북조 말에 단일신분으로서의 성격을 띠지 않았나 여겨진다.

셋째, 북조 말 잡호의 경우 국가에 대한 복역방식이 番役의 형태로 전환되고 있는 점이다. 잡호의 번역은 북위시대에 이미 太常民이 上番형태를 취하였음이 논증되어 있고,[129] 또 伎作戶의 경우에도 고조 효문제

---

126) 북조 말 병역전문호의 소멸에 대하여는 辛聖坤, 『南北朝時期 官私隷屬民에 관한 硏究』, pp.83~106 참조.
127) 주 6) 참조.
128) 일례를 들면 『唐律疏議』 卷3, 名例 28, 工樂雜戶及婦人犯流決杖 참조.
129) 唐長孺, 「拓跋國家的建立及其封建化」, p.232.

의 낙양천도 이후에 輪番制가 시행되었다는 견해가 있다.130) 그러나 이 제도가 북조에서 확실히 시행되었다는 기록은 북주시기로 알려져 있다. 곧, 수의 楊堅이 즉위한 직후(581) 丁匠을 징발하면서 "山東의 丁을 징발하여 宮室을 毁造하였는데, 이에 북주의 제도를 모방하여 丁役은 12番, 匠은 6番으로 하였다"131)라고 하여, 기작호의 경우는 6番 곧 1년에 2개월을 복역하고 있다.132)

이상 살펴본 바와 같이 잡호는 북조 말 일련의 신분해방 속에서 그 구성과 종류 및 복역방식 등에서 상당한 변화를 보이고 있다. 그리고 변화된 이후의 잡호는 그 성격상 당대 잡호와 거의 유사한 면을 지니고 있는 듯하다. 이러한 점에서 당대 잡호의 기본적인 형태는 이미 북조 말에 갖추어졌다고 할 수 있을 것이다.

그러면 잡호 신분을 둘러싸고 전개된 이러한 여러가지 변화를 어떻게 이해하면 좋을까? 이는 무엇보다도 북조 전기 이래 신분질서가 재편되는 결과를 가져왔다. 곧, 북조 전기 하층신분의 계층적 질서는 出身의 자격을 가지고 있던 유외관인 職人을 제외하면 백민—시역[잡호]—노비로 되어 있었고, 이 시기 국가적[법제적] 신분제인 양천제하에서 천인 노비를 제외한 잡호 이상은 良人이었다. 이 가운데 잡호는 관부에 직속한 다양한 하층신분을 포괄하는 신분적인 명칭으로 사용되었지만,133) 잡호를 둘러싼 이러한 구성과 종류의 변화로 잡호는 더 이상 관부에 직속하던 이들 하층신분을 포괄하던 신분명칭으로는 부적절한 것이 되었다. 더욱이 이러한 잡호의 변화와 아울러 잡호의 직역의 성격을 나타내는 시역이라는 명칭도 소멸해 가고 있다. 이에 따라 북위 말 이후 해체과정에 있던

---

130) 唐長孺, 「魏晉至唐官府作場及官府工程的工匠」, pp.50~58.
131) 『隋書』 卷24, 食貨志.
132) 북조 말 잡호의 番役에 대하여는 辛聖坤, 『南北朝時期 官私隷屬民에 관한 硏究』, p.131 참조.
133) 이상 북조시기의 신분질서 및 잡호의 범주와 종류 등에 대하여는 본서 제2장 및 제3장 제2절 참조.

북조시기의 백민-시역[잡호]-노비라는 하층신분질서도 자연히 붕괴되어 갔다.

한편, 북조 말의 신분해방 속에서 잔존하였던 공호·악호·잡호 등은 범죄연좌인을 주된 구성요소로 함으로써 양인에서 천민으로 전환될 가능성을 내포하였지만, 건덕6년 11월에 백민과 노비의 중간신분으로서 부곡·객녀라는 새로운 신분의 설정으로 이어지는 신분재편 속에서[134] 이후 잡호는 이들 부곡·객녀와 함께 천민신분으로 자리하게 되었다. 이러한 점에서 북조 말은 하층신분에 대한 해방시기임과 동시에 새로운 신분재편 시기라 할 수 있고, 또한 수당시대 신분제의 端初를 연 시기로서 위치지을 수 있다.

---

134) 북조 말 部曲·客女 신분의 설정과 그 의미에 대하여는 다음의 제5장 제2절 참조.

제 5 장

부곡・객녀 신분의 출현과 신분질서의 변화

이 장에서는 북조 말 부곡・객녀 신분의 출현에 따른 신분질서의 변화를 살펴보고자 한다. 북조 말의 신분재편은 크게 두 개의 방향으로 전개되는데, 그 하나는 앞서 제4장에서 다룬 雜戶 신분의 천인화의 흐름이고 또 하나는 이 장의 고찰대상인 부곡・객녀라는 새로운 신분의 창출이다.[1]

북조 말 부곡・객녀 신분의 출현은 민간에서 사적인 예속민으로 존재하는 다양한 하층신분을 국가측에서 공인했다고 할 수 있는데, 그것은 결국 종래의 신분질서와는 다른 새로운 신분질서를 형성하게 되었다. 그런데 이러한 새로운 신분의 형성에는 민간에서의 다양한 예속민의 존재가 전제되어야 하겠지만, 무엇보다도 이들 다양한 예속민에 대한 국가의 인식이 전환되어야 가능한 것이었다고 생각한다.

따라서 본 장에서는 북조 말 부곡・객녀 신분의 출현에 대하여 민간에서의 계층분화에 주목하면서 국가의 역할을 중시하는 관점을 취하고, 그 접근방식으로서 위진남북조 시기의 인신매매에 주목하고자 한다. 이 인신매매는 위진남북조 시기 대토지소유화의 진행과 국가의 대민지배 체

---

[1] 북조 말 이전 부곡・객녀가 나란히 언급된 사례가 없고, 또 이후 당대의 율령에 양자는 종종 병칭되어 있기 때문에〔일례를 들면 『唐律疏議』 卷12, 戶婚 11, 放部曲爲良의 疏議: "依戶令 放奴婢爲良部曲・客女者 竝聽之."〕여기의 부곡・객녀가 당대의 선구를 이루는 것임은 분명해 보인다.

제의 이완이 맞물려 良人이 노비 내지 사적인 예속민으로 전락해 가는 여러 형태 가운데 대표적인 것이라 할 수 있고, 또 국가도 인신매매에 대한 대응모습을 상대적으로 많이 남기고 있기 때문에 국가의 이에 대한 인식과 그 변화를 이해하는 데 도움이 되기 때문이다.

이에 이 장에서는 인신매매에 대한 실태를 위진남북조 시기 전반에 걸쳐 분석하여 남조와 북조의 인신매매상에서 보이는 차이점을 분명히 하고, 나아가 북조 말 부곡·객녀 신분의 설정에서 문제시되었던 주인권이 어떻게 행사되고 있는가를 살펴보고, 아울러 이를 기초로 특히 인신매매에 대한 국가의 대응양상을 시대의 흐름에 따라 고찰함으로써 그것이 어떻게 북조 말 부곡·객녀 신분의 설정으로 이어지는가를 검토하였다. 이 장에서는 이러한 국가의 인식전환의 결과로서 설정된 부곡·객녀 신분은 궁극적으로 국가적[법제적] 신분제인 양천제의 내용적 변화를 가져왔을 뿐 아니라 새로운 하층신분질서의 출현이라는 점도 밝히고자 한다.

제1절 인신매매의 유형과 국가의 대응

1. 인신매매의 유형과 주인권

위진남북조 시기 良人의 인신매매는[2] 여러가지 형태로 나타나는데,[3]

---

2) 종래 위진남북조 시기의 인신매매를 다룬 논고로는 仁井田陞,「漢魏六朝の質制度」(『中國法制史研究 土地法·取引法』, 東京大學東洋文化硏究所, 1960); 竹浪隆良,「漢六朝期における人身の賣買と質入れ」(『歷史學硏究』 564, 1987); 堀敏一,「部曲·客女身分成立の前提-六朝期隸屬民の諸形態」(『中國古代の身分制-良と賤-』, 汲古書院, 1987) 등이 있다. 그런데 이들 논고는 대체로 현실에 존재하는 인신매매의 실태분석에 그치고 있고, 본서에서 다루는 신분제 지배와의 관련은 충분히 고려되고 있지 않다.

3) 참고로 노비의 매매는 전국시대 이후 국가의 공인하에서 각 지역에 노예시장이 개설되어 행해지고 있고, 이는 진한시대뿐만 아니라 위진남북조 시대를 거쳐 당대에도 계속되고

이를 유형별로 보면 대략 自賣・略賣・和賣 등으로 나눌 수 있다.

우선, 자매이다. 위진남북조 시기 빈궁한 민이 기근이나 채무 등에 의해 토지・가옥 등을 팔거나 혹은 처분할 가산이 없는 경우 가족 전체의 몰락을 방지하기 위하여 자신 이외에 자손 등 가족구성원을 身賣하기도 하였는데, 그 가운데 일반적인 형태가 자매였다. 이 자매는 일찍이 춘추전국 및 진한시대에도 그 사례가 확인되고 있다.[4] 더욱이 진한교체기라는 특수한 상황에서 나온 임시의 정책이긴 하지만, 한왕조는 성립 초에 기근으로 생계가 막힌 백성을 위하여 일시 자손을 파는 것을 허용하고 있다.[5] 이를 통하여 볼 때, 기근이나 채무 등에 의해 자손을 파는 것은 빈궁민이 선택할 수 있는 최후의 방편이었음을 알 수 있다. 그리고 이러한 모습은 후한대에 들어와서도 그대로 이어지고 있다.[6]

또한, 전국・진한시대에는 자매와 유사한 형태로서 자신의 처를 시집보내거나[嫁妻][7] 자식을 타인의 집에 데릴사위로 보내는[贅子][8] 사례도 나타난다. 이 嫁妻나 贅子도 인신매매의 일종으로서 법으로 금지되어 賣人法이나 略人法의 적용을 받을 만큼 어느 정도 인신의 구속이 수반되었을 것이지만, 그 성격상 사적인 예속신분으로 보기는 어렵다. 따라서 전국・진한시대의 자매는 자신이나 자손 등을 身賣하여 노비로 하는 형

있다. 남조의 경우 노비의 매매에는 일반적으로 文券을 만들고 매매가격의 萬錢마다 4百錢을 관청에 납부하도록 되어 있고(『隋書』 卷24, 食貨志 및 본서 제3장 제3절), 唐代에는 관청에 신고하여 市券을 세우지 않으면 안되고 동시에 5인의 보증인을 갖추어야 했다(『唐律疏議』 卷26, 雜律 34, 買奴婢牛馬不立券 및 『唐六典』 卷20, 京都諸市令條). 이와 같이 노비매매는 일반적으로 국가가 공인하고 있는 점에서 불법적인 인신매매라 볼 수 없고, 따라서 일반 양인의 매매와는 그 성격이 확연히 구별되었다.

4) 竹浪隆良, 「漢六朝期における人身の賣買と質入」, pp.1~2 ; 堀敏一, 「中國における奴隷制の起源」(『中國古代の身分制-良と賤-』), pp.73~87 참조.

5) 『漢書』 卷24上, 食貨志: "漢興 接秦之弊 諸侯幷起 民失作業 而大饑饉 凡米石五千 人相食 死者過半 高祖乃令民得賣子 就食蜀漢."

6) 『後漢書』 卷1, 光武帝紀, 建武2年(26) 癸未條: "民有嫁妻・賣子 欲歸父母者 恣聽之 敢拘執 論如律."

7) 위의 주 6) 및 『漢書』 卷64下, 買捐之傳 등 참조.

8) 일례를 들면 『漢書』 卷64上, 嚴助傳.

태가 일반적이고.⁹⁾ 그밖에 일반민이 노비 이외의 사적인 예속신분으로 전락하는 사례는 거의 볼 수 없다. 다만 고용노동자로서 傭保의 존재가 확인되고 있을 뿐이다.¹⁰⁾ 이는 아마 진한시대에는 대민지배 체제의 확립과 대토지소유화에 따른 민간에서의 계층분화가 그다지 심화되지 않았기 때문으로 여겨진다.

그러나 위진남북조 시기가 되면 자매는 이전 시대와는 달리 더욱 다양한 형태를 띠고 등장한다.

가① 郡國에 班命하여 백성 가운데 흉년으로 自賣하여 노비가 된 자는 모두 해방하여 良人으로 하라.¹¹⁾
② 大旱·隕霜으로 가을 곡식을 해쳐 關中에 기근이 들어 米 1斛이 萬錢에 이르렀다. 조서하여 骨肉을 서로 파는 것은 금하지 않는다.¹²⁾
③ 臣 스스로 州疆을 돌아다니며 困乏한 것을 보니, [백성은] 流移하여 사방으로 흩어져 10에 2가 있지 않으며, 노인을 끼고 어린이를 데리고 가는 것이 길에 끊이지 않습니다. 그 생존한 자도 妻子를 鬻賣하거나 살아가면서 서로 버립니다.¹³⁾
④ 가난한 자는 妻兒를 팔고 심한 이는 혹 스스로 縊死한다.¹⁴⁾
⑤ 조서하여 이전 민이 기한을 만나 스스로 살아갈 수 없어 남녀를 판 자는 모두 그 본래의 집으로 돌려보내라. [그런데] 혹은 세력에 의하여 혹은 私行으로 청탁하여 함께 서로 밀통하여 때로 檢校하지 않아 여전히 良家子로 하여금 奴婢가 되게 한 경우가 있다. 지금 정밀히 조사하되 取贖을 허락하지 않는다. 범함이 있으면 죄를 더한다. 만약 검교하여 귀환시키지 않으면 父兄의 상소를 허락하며, 사람을 약탈한 죄로 논한다.¹⁵⁾

---

9) 『後漢書』卷34, 梁統傳附冀傳의 "冀又起別第於城西 以納姦亡 或取良人 悉爲奴婢 至數千人 名曰自賣人"이라는 사례에서 보듯 梁冀가 민간의 良人을 略取하여 노비로 삼고는 이것을 自賣人이라고 했다는 것은 당시 自賣가 노비의 형태를 취한 것이 일반적이었음을 말해준다.
10) 『史記』卷86, 刺客列傳.
11) 『晉書』卷117, 姚興載紀上: "班命郡國 百姓因荒自賣爲奴婢者 悉免爲良人."
12) 『晉書』卷4, 惠帝紀, 元康7年(297) 7月條.
13) 『晉書』卷62, 劉琨傳.
14) 『宋書』卷82, 沈懷文傳.

위에 인용한 사례는 위진남북조 시기 민이 가난이나 흉년·기한으로 자신이나 처자·남녀 등을 자매하고 있는 모습을 열거한 것이다. 이 가운데 가-②에 의하면 국가도 기근으로 생계가 곤란한 민에게 자매를 용인하고 있다. 이는 위진남북조 시기에도 국가가 自賣를 빈궁민이 자신 및 처자를 처분하는 기본적인 방법으로 인식하였음을 말해 준다. 또한 가-①⑤에 의하면 자매는 노비의 형태를 취하고 있다. 이러한 점은 앞서 살펴본 전국·진한시대와 큰 차이가 없다.[16] 그렇다면 가난이나 기근으로 빈궁한 민이 자신이나 처자를 노비로 자매하는 것은 생존을 위해 취하는 일반적인 방식이었다고 하겠다.[17]

또한 이 시기의 자매에는 인신을 노비로 처분하는 것 이외에 다른 형태도 보인다.

나① 吳達之는 義興 사람이다. 형수가 사망하여 장례 치를 비용이 없자 자매하여 十夫客이 되어 塚槨을 만들었다.[18]
 ② 父가 사망하자… 또 스스로 十夫를 팔아 모든 비용에 충당하였다.… 장례가 끝나자 자신을 산 주인의 집에 가서 게으름 피우지 않고 일하였다. 여러 노비와 일을 분담하는 경우에는 매양 편안한 일을 사양하고 힘든 일을 맡았다. 주인은 그를 차마 사역시키지 못하고 매번 돌려보냈다. 原平은 힘써 일을 하고 잠시라도 교대하지 않았으며, 남은 私夫를 이용하여 사람에게 고용되어 모친을 봉양하였고, 그 나머지는 모아서 자신의 몸을

---

15) 『魏書』 卷5, 高宗紀, 和平4年(463) 8月 壬申條: "詔曰 前以民遭飢寒 不自存濟 有賣鬻男女者 盡仰還其家 或因緣勢力 或私行請託 共相通容 不時檢校 令良家子息仍爲奴婢 今仰精究 不聽取贖 有犯罪 若仍不檢還 聽其父兄上訴 以掠人論."
16) 竹浪隆良, 「漢六朝期における人身の賣買と質入」, p.3.
17) 唐代에도 역시 곤궁한 민이 자신이나 자손을 자매하고 있는 사례가 다수 존재한다[당대 일반민이 자매에 의해 노비가 되는 모습에 대하여는 李季平, 『唐代奴婢制度』, 上海人民出版社, 1986, pp.126~142 참조]. 그렇다면 그 연원적으로나 방식 면에서 人身의 구속이 강하게 미치는 이러한 방식이 민간에서는 상당히 널리 행해졌고, 따라서 그것이 인신매매 가운데 가장 일반적인 형태였음을 알 수 있다.
18) 『南齊書』 卷55, 孝義傳吳達之傳: "吳達之 義興人也 嫂亡 無以葬 自賣爲十夫客 以營塚槨."

贖하였다.[19]

③ 延壽4년(627) 丁亥의 해 某月 18일 趙明兒는 主簿 趙懷祐로부터 나이 20□세된 作人 胳奴를 銀錢 380文에 구입했다. 그날 280문을 지불하고 잔액 100문은 子歲 정월 2일에 지불을 마치도록 하였다. 만약 마치지 않으면 1개월 10錢마다 1[錢?]의 이식을 붙인다. 뒤에 작인의 소유를 주장하는 자가 나오면 옛 소유주가 보증한다. 賣主・買主가 합의하여 계약서를 만든다. 이후 각각 취소할 수 없고 취소하려는 자는 두 배의 위약금을 상대에게 지불한다. 민간의 관례에 따라 계약서를 만든다. 계약은 양 주인 사이에서 체결하고 각각 서명하여 증거로 삼는다.[20]

이들 사례 가운데 나-①은 吳達之는 형수가 사망하여 장사지낼 비용이 없자 자매하여 十夫客이 되었다고 한다. 이 십부객에 대하여 조금 자세하게 전하는 것이 나-②이다. 이것에 의하면 郭原平은 아버지가 사망하여 장사지낼 비용이 없자 스스로 十夫를 팔고 있다. 그런데 곽원평은 여러 노비와 함께 주인의 직영지에서 일을 분담하고 있기 때문에 佃客[小作人]과는 구별되는 존재였고,[21] 또 私夫가 있어 그 여가에 傭賃을 내고 있으며, 미약하나마 資財 및 사유의 토지를 가지고 있었던 점에서 노비와도 구분되었다.[22] 더욱이 그 자신 傭賃으로써 어머니를 봉양하고 있기 때문에 일반 고용노동자와도 구별되는 존재였다. 그러나 客의 신분에서 벗어나기 위해서는 贖할 필요가 있었기 때문에 身賣임에는 분명하다.[23]

十夫의 의미에 대하여는, 십부의 부가 성년남자를 가리킴과 동시에 노동력의 뜻을 가지고 있으며, 그 일정한 노동력을 보수로 계산한 것

---

19) 『宋書』卷91, 孝義傳郭世道傳附郭原平傳: "父亡… 又自賣十夫 以供衆費… 葬畢 詣所買主 執役無懈 與諸奴分務 每讓逸取勞 主人不忍使 每遣之 原平服勤 未曾暫替 所餘私夫 傭賃養母 有餘 聚以自贖."
20) 『吐魯番出土文書』5(文物出版社, 1984), p.134. 번역은 堀敏一, 「部曲・客女身分成立の前提-六朝期隸屬民の諸形態」, p.264를 참조하였다.
21) 堀敏一, 「部曲・客女身分成立の前提-六朝期隸屬民の諸形態」, p.263.
22) 蔣福亞, 「南朝三吳地區的十夫客」(江蘇省六朝史研究會編, 『古代長江下游的經濟開發』, 三秦出版社, 1989), p.269.
23) 堀敏一, 「部曲・客女身分成立の前提-六朝期隸屬民の諸形態」, p.263.

이 夫直이고, 당시 夫直은 날을 단위로 계산되는 것이 일반적이라는 해석에24) 따르면 십부란 한달 가운데 10일의 노동력을 주인에게 바치는 의미로 이해된다. 이 십부객이 행하는 노동력의 형태에 대하여는 채무의 消却勞動이라는 견해와25) 노예적인 無償勞動이라는 견해가26) 있고, 또 그 신분과 지위에 대하여는 勞動消却債奴制의 일종이라는 견해,27) 農奴와 유사하다는 견해,28) 編戶齊民으로서 佃客보다 지위가 높은 依附民과 編戶齊民 사이에 있는 노동자라는 견해29) 등 다양하다. 여하튼 십부객이 객의 신분에서 벗어나기 위해서는 贖할 필요가 있는 점에서 주인에 대한 의존성과 인신의 구속이 상당히 강하였음은 확실해 보인다. 다만, 십부객의 사례가 남조에서만 등장하기 때문에30) 일반화할 수는 없으나 십부객 그 자체는 이 시대 자매에 의한 사적 예속 관계의 다양성을 보여주는 점에서 주목할 만하다.31)

나③은 麴氏高昌國時代에 특수한 신분인 作人의 매매를 나타내는 문서인데, 이것에 의하면 작인은 姓을 가지지 않고 또 합법적인 계약절차에 의해 매매되고 있다. 또한 작인은 주인의 재산으로서 증여되는 사례도 확인되고 있다.32) 이로써 볼 때, 작인의 신분은 노비와 동일한

---

24) 蔣福亞,「南朝三吳地區的十夫客」, pp.269~273.
25) 仁井田陞,「漢魏六朝の質制度」, pp.480~485.
26) 堀敏 ,「部曲・客女身分成立の前提−六朝期隷屬民の諸形態」, p.263.
27) 仁井田陞,「漢魏六朝の質制度」, pp.480~485.
28) 姜伯勤,「中國佃客制, 部曲制與英國維蘭制的比較硏究」(『歷史硏究』1984-4), p.91.
29) 蔣福亞,「南朝三吳地區的十夫客」, p.273.
30) 蔣福亞,「南朝三吳地區的十夫客」, p.275에서는 십부객을 三吳지역 상품경제의 발전과 부곡・佃客制가 대량 존재하는 정황하에서의 산물로 보고 있다.『晉書』卷78, 陶回傳에 "이 때 사람이 굶주리고 곡식이 귀하였는데, 三吳가 가장 심하였다. 조서를 내려 서로 鬻賣하는 것을 허락하고 이로써 일시 급한 것을 구하라"고 한 사례에서 보듯 三吳지역은 晉代부터 기근이 심하여 국가가 일시 조서로 인신매매를 허용할 정도이다. 이것은 일시적인 것이라 해도 三吳지역의 이러한 상태가 십부객과 같은 다양한 사적 예속민의 출현으로 이어졌을 가능성은 있다.
31) 辛聖坤,『南北朝時期 官私隷屬民에 관한 硏究』(서울대박사학위논문, 1995), p.180.
32)『吐魯番出土文書』5, p.70.

듯하다. 그러나 이들은 일반 편호와 같이 田畝에 따라 정부에 銀錢을 납부하고,33) 高昌國 특유의 臧錢이라는 세금이나34) 徭役을 부담하고 있으며,35) 타인의 토지를 빌려 소작하는 경우도 있고,36) 더욱이 국가의 호적명부에 등재되고 있는37) 등 거의 일반 편호민와 다름없는 모습을 보이고 있다.

작인의 내원에 대하여는 편호민의 지위저하와 노비의 지위상승을 모두 상정할 수 있으나,38) 당시 양인의 인신매매가 다양한 형태를 띠고 널리 행해지고 있는 점을 감안하면 자매에 의한 편호민의 지위저하에서 구하는 것이 자연스럽다. 또한 작인의 신분과 지위에 대하여는 부곡이나 십부객에 비견되기도 하지만,39) 이처럼 천민적인 신분이 일반 편호와 나란히 국가의 세역을 부담하는 사례는 그다지 알려져 있지 않기 때문에 이는 高昌國 특유의 상황을 나타내는 것으로 보인다.40)

이상 살펴본 바와 같이 위진남북조 시기의 자매에는 인신의 구속이 강한 노비에서부터 그보다 느슨한 客의 형태에 이르기까지 실로 여러 형태를 띠고 있다. 이것은 이 시기 자매의 구체적인 내용이 다양하였음을 말해 준다고 하겠다.

자매의 다양성과 관련하여 주목되는 것은 이 시기 자매의 경우에는 토지의 매매와 같이 償還條件附賣買와 永代賣買의 구별이 있는 점이다.

다① 淮南의 풍속에서는 子를 팔아 사람에게 주어 노비로 하는 것을 贅子라

---

33) 『吐魯番出土文書』 4(文物出版社, 1983), p.68 이하.
34) 『吐魯番出土文書』 2(文物出版社, 1981), p.207 ; 『吐魯番出土文書』 4, p.153.
35) 『吐魯番出土文書』 3(文物出版社, 1981), p.216 이하.
36) 『吐魯番出土文書』 5, p.240.
37) 『吐魯番出土文書』 3, p.135 이하.
38) 堀敏一, 「部曲・客女身分成立の前提－六朝期隷屬民の諸形態」, p.266.
39) 朱雷, 「論麴氏高昌國時期的作人」(唐長孺 主編, 『敦煌吐魯番文書初探』, 武漢大學出版社, 1983), p.32.
40) 堀敏一, 「部曲・客女身分の前提－六朝期隷屬民の諸形態」, p.266.

고 부른다. 3년이 되어 贖하지 못하면 마침내 노비가 된다.41)
② 단 費羊皮는 그의 여식을 팔아 婢가 되게 하면서 되사겠다는〔追贖〕말을 하지 않았고 張回는 그것을 眞買하여〔여식을〕家財와 동일하게 생각하였으며,〔이에〕 다른 사람에게 되파는〔轉鬻〕날까지도 주저하거나 의심하지 않았다.42)

다-①은 한대의 사례이지만 淮南의 풍속에서는 자식을 3년 기한으로 노비로 신매한 뒤 기한 안에 贖하지 못하면 완전한 노비로 전락시켰다. 다-②는 북위 말 궁정에서 인신매매 사건의 처리를 두고 행해진 논의의 일부분인데〔자세한 내용소개는 후술〕, 費羊皮가 그의 여식을 자매하면서 追贖을 말하지 않았고, 또 張回는 비양피의 여식을 眞買한 것이라 여기고 다시 다른 사람에게 轉賣할 때 의심하지 않았다고 한 것으로 보아 이 때의 인신매매는 영대매매에 속한다고 할 수 있지만, 내용 속에 언급하고 있는 추속은 상환조건부매매를 말할 것이다.

따라서 이 두 사례에서 보듯 이 시기 인신매매에는 자식이나 노비를 신매할 때 계약으로 일정한 기한 안에 상환을 정하고 있는 상환조건부매매와 추속의 조건없는 영대매매의 구별이 있었던 것은 확실하다. 물론 자매는 영대매매가 일반적이었을 것이지만, 여기에 상환조건부매매가 가미된 것은 이 시기 인신매매가 성행함에 따라 인신의 처분방식도 다양해졌음을 말해 주는 것이다.

한편, 이 시기에는 빈궁민이 인신을 처분하는 방식으로서 자매 외에 貼・質・雇傭 등의 형태도 나타나고 있다.

라① 公孫僧遠은… 弟가 사망하여 장례 치를 비용이 없자 자신을 이웃 里의

---

41) 『漢書』 卷64上, 嚴助傳注如淳曰: "淮南俗賣子與人作奴婢 名爲贅子 三年不能贖 遂爲奴婢."
42) 『魏書』 卷111, 刑罰志: "但羊皮賣女爲婢 不言追贖 張回眞買 謂同家財 至於轉鬻之日 不復疑慮." 『魏書』 刑罰志의 우리말 번역은 全永燮, 「『위서(魏書)』「형벌지(刑罰志)」 역주」 (『中國史硏究』 11, 2000)에 따랐다〔이하 동일〕.

사람에게 販貼하여 斂送의 비용에 충당하였다. 몸소 흙을 지고 손으로 松栢을 심었다. 兄姉가 아직 혼인하지 않았기 때문에 自賣하여 이들의 혼례를 치르게 하였다.43)

② 百姓 楊元孫은 그 婢 采蘭을 같은 里의 黃權에게 貼與하고 子가 태어나면 乳哺의 값을 지불하기로 약속하였다. 權이 죽은 뒤 元孫은 權의 妻 吳氏에게서 婢의 母子 5人을 贖하고자 하였지만 吳氏는 약속을 어기고 반환하지 않았다.44)

③ 당시 尹嘉라는 자가 있었는데, 집이 가난하였기 때문에 母인 熊이 자신을 貼하고 돈을 얻어 嘉를 위해 부채를 상환하고자 하였다. 그 때문에 嘉는 不孝罪에 의해 사형에 처해지게 되었다.… 嘉의 母는 스스로 質이 되어 돈을 얻어 자식을 위해 부채를 상환한 것이라고 하였다.… 처음에는 不孝로 탄핵되었으나 결국에는 和賣罪로 처벌되었다.45)

④ 집이 가난하여 母가 근심하였기 때문에 羊으로 해결하고자 하였으나 구입할 도리가 없었다. 溫이 이에 沖을 質로 삼고자 하였다. 羊의 주인은 매우 부유하였기 때문에 質로 하고자 하지 않고 다행히 買德郞을 기르고자 하였다. 매덕랑은 沖의 어릴 적 字이다.46)

⑤ 작년의 徵責을 마련하지 못하여 혹은 田宅을 貨易하기도 하고, 妻를 質로 하며 子를 賣하기도 하여, 도로에서 신음하는 소리를 차마 들을 수가 없다.47)

⑥ 나이 15세에 江陵이 멸망하자 運은 예에 따라 長安으로 천사되었고, 그 親屬들은 대부분 被籍되었으며, 運은 여러 해 남의 傭保가 되었는데, 모두 贖免하였다.48)

---

43) 『南齊書』 卷55, 孝義傳公孫僧遠傳: "公孫僧遠… 弟亡 無以葬 身販貼與隣里 供斂送之費 躬負土 手種松栢 兄姊未婚嫁 乃自賣爲之成禮."

44) 『南史』 卷29, 蔡撙傳: "百姓楊元孫 以婢采蘭 貼與同里黃權 約生子酬乳哺直 權死後 元孫就權妻吳贖婢母子五人 吳背約不還."

45) 『宋書』 卷64, 何承天傳: "時有尹嘉者 家貧 母熊自以身貼錢 爲嘉償責 坐不孝爲死…嘉母辭 自求質錢 爲子還責… 始以不孝爲劾 終於和賣結刑."

46) 『晉書』 卷74, 桓沖傳: "家貧 母患 須羊以解 無由得之 溫乃以沖爲質 羊主甚富 言不欲爲質 幸爲養買德郞 買德郞 沖小字也."

47) 『魏書』 卷44, 薛野月者傳附子虎子傳: "去年徵責不備 或有貨易田宅 質妻賣子 呻吟道路 不可忍聞."

48) 『周書』 卷40, 顔之義傳附樂運傳: "年十五 而江陵滅 運隨例遷長安 其親屬等多被籍 而運積年爲人傭保 皆贖免之."

⑦ 鄆州 司法의 關某는 성이 鈕라는 婦人을 고용하였는데, 關은 그에게 衣食을 지급하고 驅使하였다.[49]

　라-①에 의하면 公孫僧遠은 동생이 사망하여 장사지낼 비용이 없자 자신을 이웃 里에 販貼하여 장례비에 충당하고 있고, 라-②는 楊元孫이 자신의 婢를 같은 향리의 黃權에게 상환을 조건으로 販帖하였는데, 문제가 된 것은 黃權의 처 吳氏가 계약을 어기고 婢와 그 자식들을 돌려주지 않았기 때문에 소송사건으로 비화한 사례이다. 라-③은 尹嘉라는 자의 어머니가 집이 가난하여 자신을 貼한 경우이다. 이와는 달리 라-④는 桓溫이 자신의 동생인 沖을 質로 한 경우이고, 라-⑤는 민간에서 妻를 質로 한 경우이다.

　이와 같이 이 시기에는 빈궁민이 인신을 처분하는 방식으로서 帖·質이라는 형태도 보이고 있음을 알 수 있다. 그런데 이 첩과 질은, 라-①에 의하면 동생의 장례를 위해 첩하였던 公孫僧遠이 혼인하지 못한 兄姉를 위하여 다시 자매하였다고 하고, 또 라-⑤에 "妻를 質로 하며 子를 賣한다"는 표현에서 보듯 賣와 구별되어 있다. 이 가운데 첩은 상환조건부 매매의 의미와 함께 담보의 한 형식인 질에 가깝다는 견해가 있다.[50] 실제 라-③에 윤가의 어머니가 첩을 스스로 질로 표현하고 있는 것에서 이 시기 첩은 질과 거의 유사했을 것으로 보인다.[51]

　또한 이들 사례 가운데 라-⑥은 樂運이라는 자가 그의 친속이 被掠되자 여러 해 동안 남의 傭保가 되어 이들을 贖免한 경우이고, 라-⑦은 關某라는 자가 雇傭된 다른 사람의 婦人에게 의식을 지급하여 구사한 경우

---

49) 『太平廣記』 卷286, 幻術篇, 關司法條: "鄆州司法關某 有傭婦人姓鈕 關給其衣食 以充驅使."
50) 仁井田陞, 「唐宋時代の保證と質制度」(『中國法制史研究 土地法·取人法』), pp.511~513.
51) 賣·貼·質에 대한 여러가지 사례와 그 차이점에 대하여는 竹浪隆良, 「漢六朝期における人身の賣買と質入」 참조. 이들 貼·質의 경우 그 사회적 신분은 명확하지 않지만, 그 성격 면에서 보면 대체로 客的인 존재와 유사했을 것으로 보인다.

이다. 여기에 보이는 용보와 傭婦는 고용노동자를 말할 것이지만, 그러나 용보의 신분에서 벗어나기 위하여 贖免의 형태를 취하고 있거나, 의식을 지급하여 구사하고 있는 모습은 그것이 단순히 일반적인 고용의 형태가 아닌 傭客 내지 衣食客[52] 등 객적인 존재일 가능성이 높다. 이것은 이 당시 고용노동자에도 단순한 일용적 성격에서 인신매매와 유사한 성격에 이르기까지 다양한 형태가 있었음을 말해 주는 것으로 흥미롭다.

이상과 같이 위진남북조 시기는 민이 가난이나 기근・채무 등으로 인하여 자매하는 사례가 적지 않고, 인신의 처분형태도 노비・객 등 다양하다. 또한 이 시기에는 자매 외에 첩・질・고용도 행해지는 등 빈궁민의 인신처분 방식은 실로 다양한 형태를 띨 뿐만 아니라, 또 각각의 방식은 人身依附面에서도 상당한 차이를 보이고 있다. 이러한 인신처분의 다양성과 인신의부 면에서의 차이는 결국 이 시기 사적 예속민이 다양한 모습을 띠게 된 중요한 요인이 되었다고 하겠다.

아울러 이들 인신매매 가운데 부모의 장례[53]나 형제・자매의 혼인을 위해 인신을 자매하거나 첩・질・고용되는 모습은 이 시기의 정사 속에 많은 족적을 남기고 있고, 특히 그러한 사례가 주로 정사 가운데 孝義傳에 다수 열거되어 있는 것을 보면 민간에서는 그러한 행위를 칭찬하는 분위기임을 알 수 있다. 후술하듯이 국가에서도 자매를 포함한 모든 인신매매를 불법적인 것으로 간주하고 있지만, 한편으로는 부모나 형제의 장례・혼인을 위하여 자매하는 경우에는 법규정대로 처벌하지 않고 어느 정도 관용적인 태도를 취하고 있다. 이러한 민간의 분위기나 국가의 관용적인 태도는 불법적인 인신매매를 더욱 조장하였을 것이고, 그에 따라 양인의 몰락도 가속화되어 갔을 것으로 보인다.

---

52) 衣食客에 대하여는 濱口重國, 「唐の部曲・客女と前代の衣食客」(『唐王朝の賤人制度』, 東洋史研究會, 1966) 참조.

53) 북조시기 부모의 葬禮를 위해 자손을 自賣한 일례를 들면 『周書』 卷17, 王德傳: "子慶 小名公奴 性謹厚 官至開府儀同三司 初德喪父 家貧無以葬 乃賣公奴幷一女以營葬事 因遭兵亂 不復相知 及德在平涼始得之 遂名曰慶"가 있다.

다음으로 略賣에 대해 살펴보기로 한다. 약매는 자손이나 처첩 및 노비 등을 자신의 자의에 의해 매매하는 자매와는 달리, 강제적으로 인신을 구속 내지 약탈하여 매매하는 것이다.

마① 從祖弟 敬伯夫妻가 흉년에 江北으로 약매되자 達之는 가지고 있던 10畝의 토지로 贖하였고, 이들과 재산과 저택을 함께 하였다.54)
② 臣이 일찍이 듣건대, 魯軌가 姚興에게 荊州를 구하러 갈 것을 말하였는데, 이르자 散敗하였고, 이에 蠻賊에게 掠賣당하여 奴가 됨을 면치 못하였고, 그 禍가 姚泓에게 미친 것이 이미 그러한 증거입니다.55)
③ 蕭衍이 建業을 극복한 뒤 兄弟을 살해하고 장차 寶夤을 살해하고자 군대로 지켰다.… 景明2년 壽春의 東城戍에 이르렀는데, 戍主 杜元倫가 推檢하여 蕭氏의 자식임을 알고 예로써 대하였다.… 이 때 나이 16세로 탈 것 없이 걸어서 이르렀고 초췌하였기 때문에 보는 이가 掠賣生口로 여겼다.56)

여기에 든 일련의 사례는 남북조 시기 일반민이 약탈에 의해 신매되는 경우이다. 우선 마-①은 오달지의 從祖弟 敬伯 부부가 흉년에 江北으로 약매되자 吳達之가 가지고 있던 10畝의 토지로 이들을 贖한 사례이다. 이에서 보듯 아마 흉년에 인신을 강제로 약탈하여 매매하는 행위가 적지 않았음을 짐작케 한다. 마-②는 북위 세조시기의 인물인 崔浩가 한 말 가운데 일부인데, 이것에 의하면 5호16국시기 姚興군대가 荊州 정벌과정에서 패퇴한 뒤 蠻族에게 약매당하여 노비로 전락하고 있음을 보여준다. 그러나 중원의 국가가 소수민족에게 약매되어 노비로 전락했다는

---

54) 『南齊書』 卷55, 孝義傳吳達之傳: "從祖弟敬伯夫妻 荒年被略賣江北 達之有田十畝 貨以贖 與之同財共宅."
55) 『魏書』 卷35, 崔浩傳: "臣嘗聞魯軌說姚興求入荊州 至則散敗 乃不免蠻賊掠賣爲奴 使禍及姚泓 已然之效."
56) 『魏書』 卷59, 蕭寶夤傳: "蕭衍旣克建業 殺其兄弟 將害寶夤 以兵守之… 景明二年至壽春之東城戍 戍主杜元倫推檢 知實蕭氏之子也 以禮延待… 時年十六 徒步憔悴 見者以爲掠賣生口也."

기사는 드물고 오히려 당시 소수민족이 약매에 의해 한족의 노비가 된 사례가 적지 않다.57) 또한 마-③에 북위에 귀화한 남조 梁의 왕족인 蕭寶寅이 북위에서 略賣生口로 여겨졌다고 한 것을 보면, 당시 국가간의 전쟁 속에서 약매에 의해 노비가 되는 경우가 적지 않았음을 알 수 있다.

따라서 이러한 사례는 국가간의 전쟁이나 주변민족에 대한 정복과정에서 또는 기근에 의해 민이 약매되어 노비로 전락하는 일이 이 시기에 빈번하게 일어나고 있음을 잘 보여준다. 더욱이 남북조시기 계속된 전란으로 국가통제력이 이완됨에 따라 약매는 상당히 성행하였을 것으로 보인다. 이러한 약매의 성행은 자매와 같은 인신매매의 성행과 무관하지는 않을 것이지만, 그러한 모습은 결국 이 시기 양인이 몰락하여 노비가 되는 일이 많았음을 단적으로 나타낸다고 하겠다.

다음으로 和賣를 보기로 한다. 화매는 양자의 합의에 의해 인신매매가 이루어지는 경우이다. 이에 대하여는 앞서 든 라-③에 의하면 자식을 위해 자신을 販貼한 모친으로 인해 尹嘉는 화매로 형벌이 결정되었다고 하고, 또 이 시기 법률에서도 화매에 대하여 처벌을 규정하고 있기 때문에58) 당시 화매도 있었을 것으로 보이지만, 그 사례가 많지 않기 때문에 정확한 실상은 알기 어렵다. 본서는 이 시기 인신매매의 일반적인 형태와 남북조의 인신매매상의 차이를 살피는 데 주된 목적이 있기 때문에 화매에 대하여는 그 존재만 확인하고 자세한 것은 생략하기로 한다.

이상 살펴본 바와 같이 위진남북조 시기 인신매매는 여러가지 형태를

---

57) 일례를 들면 5호16국시대에 後趙를 세운 羯族 石勒의 경우가 있다.『晉書』卷104, 石勒載記上에 의하면 石勒은 部落小率의 집에 태어났으나 뒤에 팔려 노비가 되고 있다. 이 외에도 魏晉時期 太原(并州)에는 노예시장이 개설되어 있었고, 洛陽의 貴人들은 그곳에서 노비를 구입하였는데, 이 태원지방이 흉노의 중심 거주지인 점에서 이들 노비의 대부분은 흉노계 민중이었을 것으로 추측되고 있다[谷川道雄,「拓跋國家の展開と貴族制の再編」(『岩波講座 世界歷史』5, 岩波書店, 1970), p.202]. 이러한 점에서 당시 소수민족이 略賣에 의해 漢族의 노비가 된 경우는 적지 않았을 것으로 보인다.

58)『魏書』卷111, 刑罰志에 和賣는 自賣·略賣와 함께 처벌조항이 규정되어 있다[뒤의 주 80) 참조].

띠면서 전개되고 있고, 또 이러한 인신매매의 여러 형태는 그 결과로서 다양한 예속신분을 만들어내고 있음을 알 수 있다. 한편, 이 시기 인신매매의 여러 유형을 검토한 결과 다음과 같은 몇 가지 특징을 발견할 수가 있다.

우선 주목되는 것은 남조와 북조는 인신매매의 형태 면에서 다소 차이를 보이고 있는 점이다. 자매의 경우 남조와 북조에 모두 보이고 있지만, 남조에서는 일반적으로 자매라 하더라도 客의 형태가 많고, 노비가 되는 경우는 거의 없다. 더욱이 남조에서는 빈궁민이 인신을 처분하는 방식으로서 자매 외에 첩·질도 성행하고 있다. 이와는 달리 북조의 경우 빈궁민의 인신처분방식은 자매가 대부분이고, 또 자매의 방식도 노비가 일반적이다. 또한 북조에는 자매 외에 남조에서 성행하였던 첩이나 질과 같은 조건부 매매는 매우 적다. 이와 같이 남조의 경우 인신매매는 인신의 구속이 느슨한 대신 해방의 가능성이 상대적으로 높은 客의 형태가 일반적인 데 비해 북조의 경우에는 예속도가 높은 대신 해방의 가능성이 낮은 노비의 형태가 많다.

남조와 북조의 인신매매상에서 보이는 이러한 차이는 약매의 경우도 마찬가지다. 곧, 약매와 관련된 사례는 대부분 북조에 치우쳐 있고 남조에서는 매우 한정적으로 나타난다. 그러면 이러한 차이는 어디에서 기인하는 것일까? 여기에는 남조와 북조에서 전개된 계층분화의 차이 및 국가의 신분제적 지배방식의 차이를 고려해야 할 것이다. 후자에 대하여는 다음절에서 언급하기로 하고 여기서는 남조와 북조의 계층분화의 차이에 대하여 살펴보기로 한다.

먼저 남조의 경우를 보면 서진의 멸망 이후 많은 流民이 강남으로 남하하게 되었음은 주지의 일이다.[59] 그런데 이들 "都下人들은 대부분 왕

---

59) 『宋書』 州郡志에 기재되어 있는 僑州郡縣의 호구수에 의해 南渡人口의 수를 산출하면 永嘉의 난에서 劉宋시기까지 화북에서 강남으로 이동한 南渡人口는 약 90만으로, 이는 당시 북방 중원인구 총수의 8분의 1, 강남 전체인구의 6분의 1에 해당한다고 한다[王仲

공·귀족의 佃客·典計·衣食客 등이 되었는데, 이들은 모두 課役이 없었다"고 하여,60) 당시 화북에서 강남으로 남하한 민의 대부분은 호강층에 투탁하여 전객·의식객 등 客이 되었다고 한다. 이것은 위진 이래 계층분화가 남조에도 그대로 이어지고 있음을 보여준다. 더욱이 5호16국 이래 화북의 계속된 전란으로 대량의 유민이 남하하여 객이 되는 상황은 계속 이어지고 있다.61) 이들 客은 屬名이나 程蔭으로도 불리는 자들로서, 귀족·호족층 등에 의해 산림수택의 개발에 따른 대토지소유화의 현저한 발전 속에서 豪族의 비호하에 다양한 사역에 종사하고 있다.62) 이러한 상황이 결국 인신매매상에도 그대로 반영되어 남조의 경우 북조와 달리 다양한 형태의 객적인 존재가 출현하게 된 요인이 되었을 것으로 생각된다.

　서진 멸망 이후 5호16국의 전란을 거치면서 북위에서도 일반민이 호족에게 의부하는 蔭附戶가 다수 존재하였다.63) 이러한 음부호의 존재는 이 시기 종족·향리 등 기층사회를 중심으로 형성된 무수한 자위집단인 塢壁의 대량출현과64) 마찬가지로 중앙권력의 와해로 일반민이 소규모 집단으로 분해하여 자존을 모색하는 모습을 보여준다.65) 그 이면에는 서진 永嘉의 난 이후 북방의 지방조직이 파괴되고 새로운 통치기구가 아직 확립되지 않은 상황이 내재해 있을 것이지만, 더욱이 북위왕조에서는 화북통일 이후 왕공귀족이나 호강층에 의해 산림수택의 점유라는 형태로 대

鞏, 『魏晉南北朝史』上, 上海人民出版社, 1979, p.346]. 그러나 이것은 어디까지나 왕조가 파악한 등록인구에 지나지 않는다. 당시 인구이동은 그 파악이 매우 곤란할 뿐만 아니라 또한 후술하듯이 강남호족에 의한 불법적인 은닉호구가 상당수에 이르고 있기 때문에 실제의 유입인구는 이보다 훨씬 많았을 것으로 추측된다.
60) 『隋書』 卷24, 食貨志: "都下人多爲諸王公貴人左右佃客·典計·衣食客之類 皆無課役."
61) 『南齊書』 卷14, 州郡志上, 南兗州序: "時百姓遭難 流離此境 流民多庇大姓以爲客."
62) 唐長孺, 「魏晉南北朝時期的客和部曲」; 「魏晉南北朝の客と部曲」.
63) 『魏書』 卷110, 食貨志: "魏初不立三長 故民多蔭附 蔭附者皆無官役 豪强徵斂 倍於公賦."
64) 塢壁에 대하여는 趙克堯, 「論魏晉南北朝的塢壁」(『歷史研究』 1986-6) 참조.
65) 李成珪, 「中國帝國의 分裂과 統一」(『歷史上의 分裂과 再統一』上, 一潮閣, 1992], p.103.

토지소유화가 급속하게 진행되었고, 그에 따라 일반민이 국가의 과역을 피하기 위해 호강층에 대량으로 투탁한 상황도 충분히 예상된다. 이 점은 남조와 비교하여 큰 차이가 없다.

그런데 앞서 언급한 바와 같이 북위에서는 남조와 달리 인신매매가 양인을 자매하여 노비로 삼는 형태를 취하고 있다. 이러한 인신매매상의 특징은 북위왕조의 내재적인 요인이 작용하였을 것으로 보이는데, 그것은 다름 아닌 노비제의 발달이다. 곧, 북위왕조는 화북통일 과정에서 대량의 生口를 획득한 뒤 이들을 노비화함으로써 대량의 노비가 창출되었고, 이들 노비는 이 시기 전개된 대토지소유제하에서 다양한 노동에 종사하였다.66) 이러한 노비제의 발달은 자연히 민간에서의 계층분화를 둔화시켰을 것으로 보인다. 더욱이 북위에서는 균전제 시행 이후 향촌사회의 재건과 함께 양천제하에서 천(노비) 이외의 모든 客과 같은 사적 예속민이 부정되었고, 이에 민간에서는 노비 이외의 사적 예속민에 대한 신분적 지배를 위해서는 노비제의 외피를 이용하여 이들에게 천인의 굴레를 씌움으로써 신분적 지배를 관철하고자 하였다. 그것이 인신매매에도 그대로 투영되어 북조시기에는 불법적인 인신매매의 경우 대체로 양인의 노비화라는 형식을 취하였을 것으로 보인다.

한편, 이들 인신매매에서 또 한 가지 주목되는 특징은 그 본래의 신분을 회복하는 방법이다. 앞서 인용한 일련의 인신매매 사례 가운데 자매하여 객이 된 경우 및 자매와 유사한 帖이나 質·傭保의 경우 등은 대체로 상환조건부매매의 형식을 취하고 있다. 따라서 이러한 경우 예속신분에서 벗어나기 위해서는 당연히 追贖 곧, 원금과 이자를 지불해야 가능한 것임은 말할 나위도 없다. 그것은 처음 인신을 자매하여 객이 되거나 첩·질 등의 형식으로 인신을 전당잡힐 때는 계약당사자간에 먼저 금전의 수수가 따르므로 그 계약을 해소하기 위해서는 당연히 계약의 규정

---

66) 이상 북위시기 生口의 노비화와 노비노동의 다양성에 대하여는 본서 제3장 제3절 참조.

에 따라 원금이나 이자를 납부하지 않으면 안되기 때문이다.

그러면 자신이나 처자를 노비로 자매한 경우에는 어떠하였을까? 이것에 대하여는 명확한 사례는 없지만, 앞서 인용한 가-⑤의 자매하여 노비가 된 良家子의 방면조치에서 보듯 국가가 이들을 방면할 때 取贖을 허락하지 않고 父兄의 상소에 의존하고 있는 사례를 참조하면 자매의 경우에도 신분해방을 위해서는 贖免이 일반적이었을 것으로 보인다. 다음으로 약매의 경우는 어떠하였는지 보자. 이에 대하여는 다음이 참조된다.

> 처음 [索]敞이 州에 있을 때, 鄕人 陰世隆과 文才로써 서로 벗하였다. 세융이 京師에 이르러 죄를 받아 和龍으로 천사되었는데, 上谷에 이르러 곤란을 당하여 앞으로 나아가지 못하고 土人 徐能에게 抑掠되어 奴가 되었다. 5년 敞이 일 때문에 상곡으로 갔는데 우연히 世隆을 만나 그가 처한 상황을 듣고는 서로 울고 헤어졌다. 敞이 [世隆의 일을 법에] 호소하여 면할 수 있었다.67)

이에 의하면 유죄를 받고 유배지로 가던 陰世隆이 피략되어 노비가 되었지만 索敞이 그를 위해 법에 호소함으로써 노비신분에서 방면시키고 있다. 이는 소송을 통하여 신분을 회복한 경우이다. 이와 같이 약매의 경우는 자매와 달리 쌍방간에 계약이 수반되지 않고 오로지 인신을 강제로 약탈하여 매매한 이상 자신의 부당한 처지를 국가권력에 호소함으로써 그 본래의 신분을 회복하는 것이 유력한 방법임에 틀림없다.

그런데 이 당시 약매의 경우 신분해방으로서 이러한 국가권력에 호소하는 것과는 다른 모습을 보여주는 사례가 있다. 곧, 앞서 든 마-①을 보면 吳達之는 그의 從祖弟 敬伯부부가 江北으로 약매되자 자신이 소유하고 있던 10畝의 토지로 이들을 贖免하고 있다. 다음에 인용하는 사례도 이와 유사한 방식을 보이고 있다.

---

67) 『魏書』卷52, 索敞傳.

皇興(467~470) 초에 같은 郡의 2인이 함께 被掠되어 奴婢가 되었다. 뒤에 光에게 이르러 良이 되기를 구하였다. 光은 이에 두 사람을 贖免하니 高祖가 듣고는 이를 칭찬하였다.[68]

이 사례는 고조시기 崔光이라는 자가 피략에 의해 노비가 된 같은 군의 두 사람이 그에게 양인이 되기를 구하자 贖免시킨 경우이다. 이와 같이 약매의 경우에도 신분해방 방법으로는 국가권력에 호소하는 것 이외에 속면이 행해지고 있음을 알 수 있다. 특히 최광의 경우와 같이 북위의 고위관직에 있던 이가 피략된 자에 대하여 자신의 지위를 이용하여 법적으로 해결하기보다는 속면의 형태를 취한 것은 불법적인 인신매매를 용인한 것으로서 그 자체가 법에 저촉되는 행위라고 할 수 있다. 따라서 그러한 행위는 당연히 비난받아야 함에도 불구하고 오히려 고조가 가상히 여기고 있는 것을 보면 당시 민간에서는 약매에 대하여도 속면이 상당히 일반화되지 않았나 하는 느낌을 준다. 이 최광의 사례는 그러한 현실을 반영하고 있을 것이다.

이상의 사례에서 보듯 자매나 약매에 의해 노비가 된 자가 그들의 신분을 원래대로 회복하는 방법으로는 속면이 상당히 일반적이었다고 여겨진다. 이는 인신매매에 의해 한번 노비가 된 자는 속면이 아니면 원래 신분으로 돌아가는 것이 상당히 어려웠음을 말해 준다. 따라서 이들 인신매매에 의해 노비로 전락한 자는 법적 신분이 양인이라 하더라도 그것에 관계없이 속면되기 전까지는 법적 노비와 동일하게 취급되어 온갖 잡역에 무제한·무대가로 구사되었을 것이다. 앞서 십부객이 主家의 직영지에서 노비와 함께 무상노동에 종사하고 있는 사례를 보았는데,[69] 십부객이 이러한 이상 인신매매에 의해 노비가 된 자의 노동은 말할 나위도 없을 것이다.

---

68) 『魏書』 卷67, 崔光傳: "皇興初 有同郡二人竝被掠爲奴婢 後詣光求良 光乃以二口贖免 高祖聞而嘉之."
69) 주 19) 참조.

그렇다면 이들에 대한 주인권은 상당히 강하게 미쳤을 것으로 생각되는데, 특히 약매에 의해 노비가 된 자들의 경우 소유주는 이들에 대하여 법적 노비와 같이 온갖 잡역에 무제한·무대가로 구사하였을 것이고, 심지어 매매·증여·분할 등의 처분권도 가지는 등 거의 절대적인 권한을 가졌을 것으로 보인다. 물론 자매의 경우는 약매와는 달리 법적 노비처럼 취급되지는 않았을 것이다.

그러나 『魏書』 卷111, 刑罰志에 실려 있는 인신매매사건을 보면[자세한 내용설명은 후술함] 費羊皮가 그의 여식을 同城人인 張回에게 노비로 자매하였지만, 장회는 비양피의 여식을 轉賣[眞賣]하고 있다. 이 때 비양피가 그의 여식을 자매하면서 追贖을 말하지 않은 것이 문제가 되고 있지만, 그렇더라도 매입한 장회가 다시 전매하였다는 것은 실제 자매에 의해 노비가 된 경우에도 법적 노비와 같이 매매되었음을 보여준다. 상환조건부매매의 경우에는 기한을 정하고 있기 때문에 그것이 어느 정도 제약되었다고는 하더라도 기한이 경과되면 법적 노비와 같이 그 처분권은 주인이 제한없이 행사하였을 것으로 생각된다. 따라서 인신매매에 의해 노비로 전락한 양인의 경우에는 모든 인신매매가 불법인 이상 주인에게 법적 노비처럼 거의 절대적인 권한이 국법에 의해 보증되어 있지는 않았지만,70) 이들의 실제적 형태는 법적 노비와 다름없는 취급을 받았다고 하겠다.

---

70) 중국 전근대사회에서 노비에 대한 주인권 일반에 대하여는 仁井田陞, 「中國における奴隷の地位と主人權」(『中國法制史研究 奴隷農奴法·家族村落法』, 東京大學出版會, 1962) 참조. 당대의 경우 주인은 천민, 특히 노비에 대하여 무제한적이자 무상으로 잡역에 구사하였을 뿐만 아니라 物과 같이 매매·증여·분할 등의 처분권도 가지는 등 절대에 가까운 권한이 법에 의해 국가권력으로부터 보증되어 있었다. 또한 이러한 절대적인 권한은 특히 형벌규정에 잘 나타나 있다[당대 형벌규정에 보이는 노비에 대한 주인권 일반에 대하여는 尾形勇, 「良賤制の展開とその性格」(『岩波講座 世界歷史』 5, 岩波書店, 1970), p.338, 「表 2」 身分と刑罰에 자세하다].

2. 국가의 대응양상

앞서 위진남북조 시기 인신매매 유형을 통하여 남조와 북조의 인신매매상의 일반적인 특징과 그 차이점, 나아가 이러한 인신매매에 의해 발생된 사적인 지배·예속관계 속에서 주인권이 어떻게 행사되고 있는 지를 살펴보았다. 여기서는 이러한 인신매매에 대한 국가의 대응양상을 신분질서와 관련지어 살펴보기로 한다.

우선 남조의 경우이다. 曹魏는 후한 이래 대토지소유화의 진행과 계층분화에 따른 사적 예속민이 존재하는 상황을 국가가 현실적으로 인정하여 公卿 이하의 관인에게 제도적으로 客을 하사하는 給客制를 실시하고 있다.[71] 그런데 이러한 급객제의 시행은 오히려 客의 수를 증가시키는 역작용을 초래하였고, 이에 서진 武帝는 관인의 募客을 금지하였으며,[72] 또 조위를 계승하여 급객제를 시행하고는 있으나 성격 면에서는 客의 소유를 제한하는 限客制의 방향을 취하고 있다.[73]

서진을 계승한 동진에서도 계속해서 급객제를 시행하고 있는데,[74] 그 이면에는 앞서 언급한 바와 같이 당시 화북에서 강남으로 남하한 민들이 호강층에 투탁하여 대량으로 客이 된 상황과 관련이 있을 것이다. 이후 남조의 여러 왕조에서 국가가 관료에게 객을 하사한 기록은 보이지 않지만, 아마 이와 유사한 제도가 있었을 것으로 생각된다.

이와 같이 위진 이래 동진과 남조의 여러 왕조에서 시행한 급객제는 후한 이래 대토지소유화의 진행과 함께 현실적으로 대량의 사적 예속민이 존재하는 상황에서 국가가 그것을 공인한 것이지만, 국가의 이러한

---

71) 『晉書』 卷73, 外戚王恂傳: "魏氏給公卿以下租牛客戶 數各有差 自今小人憚役 多樂爲之 貴勢之門 動有百數 又太原諸部亦以匈胡人爲田客 多者數千 武帝踐位 詔禁募客."
72) 위와 같음.
73) 『晉書』 卷26, 食貨志.
74) 『隋書』 卷24, 食貨志.

정책은 오히려 현실에서의 계층분화를 더욱 촉진시키는 방향으로 작용하였고, 더욱이 5호16국 이래 화북의 계속된 전란으로 대량의 유민이 남하하는 과정에서 그러한 계층분화는 더한층 가속화되어 갔을 것이다. 이것이 앞서 살펴본 바와 같이 동진·남조의 경우 북조와 달리 인신매매상에서 다양한 형태의 예속민이 출현하게 된 중요한 요인 가운데 하나가 되었을 것으로 생각된다.

따라서 동진·남조의 여러 왕조에서는 국가권력이 귀족세력을 제압하지 못한 상태에서 호강층에 의부한 사적 예속민을 완전히 부정하지 못하고 급객제의 방향을 취함과 아울러 인신매매에 대하여도 강력하게 대체하지 못하고 어느 정도 용인하는 방향을 취하게 되었을 것으로 보인다. 이러한 상황에서 동진·남조에서는 모든 민을 양천으로 구별하기보다는 오히려 귀족제의 전개와 함께 士庶의 구별을 중시하는 방향으로 전개되어 갔다.[75]

한편, 앞서 언급한 바와 같이 서진의 멸망 이후 5호16국의 전란을 거치면서 화북지역에서도 위진 이래 대토지 소유화가 진행되었고, 이에 일반민이 호족에게 의부하는 蔭附戶가 다수 존재하였다. 이러한 음부호의 대량존재는 전란의 연속과 국가통제력의 이완에 따라 일반 민이 생존을 위하여 호강층에게 투탁함으로써 발생하는 필연적인 현상일 것으로 생각된다. 그런데 앞서 언급한 바와 같이 북위에서는 남조와 달리 인신매매의 형태가 양인이 노비로 전락하는 방향을 취하고 있고, 국가의 인신매매에 대한 대응도 이것에 집중되어 있다. 여기에는 당연히 인신매매에 의한 양인의 노비화가 상당히 광범위하게 진행된 현실이 존재하였음은 말할 나위도 없지만, 아울러 그 이면에는 북위왕조의 특수한 상황이 존재하였고, 그것은 다름 아닌 노비제의 발달이었음을 언급하였다. 이러한 노비제의 발달은 현실사회에서 인신매매상에서도 반영되어 양인의 노비

---

75) 西嶋定生,「良賤制の性格と系譜」(『中國古代國家と東アジア世界』, 東京大學出版會, 1983), p.166.

화로 나타났을 것으로 보이지만, 그러나 이것만으로 북위왕조에서 인신매매상에서의 일반적인 형태를 규정짓기는 어렵다. 여기에는 국가의 신분제적 지배방식 면도 고려해야 할 것이다.

북위는 국초 이래 국가적 신분제로서 양천제를 표방하였다. 이는 천민인 노비 이외의 모든 민은 양인으로서 국가의 편호민이 되어야 하는 존재임을 명확히 한 것이다. 그런데 균전제 시행 이전 화북지역에는 宗主督戶下에 일반민이 호족에게 의부하는 음부호가 다수 존재하여 30家·50家가 1호로 되어 있었다.76) 이것은 균전제·삼장제의 시행 이전 국가의 대민지배 체제가 아직 확립되지 않은 상황에서 국가에서는 이들이 노비로 전락하지 않는 한 어느 정도 용인하였던 것이 된다.

그러나 균전제에서 受田의 대상으로 인정된 것은 양인과 노비뿐이었다. 이는 북위왕조가 모든 민을 양인과 천민이라는 양대 신분으로 파악하려는 초기 이래의 양천제를 다시 한번 분명히 한 것이다. 따라서 균전제에서는 노비 이외에 위진남조에서 私家의 소유가 공인된 객을 포함한 어떠한 사적인 예속민에 대해서도 토지를 지급하고 있지 않다. 이것은 종래 연구에 의해서도 밝혀진 바와 같이 균전제를 통하여 위진 이래 화북에 존재하였던 음부호 등 사적 예속민을 제도적으로 명확하게 부정한 것이라 할 수 있다.77) 그렇다면 종래 호강층에게 투탁하여 국가의 課役 대상에서 벗어나 있던 음부호는 양천제하에서는 당연히 법적으로 양인의 범주에 들어가는 것이 되고, 그러한 이상 이들은 모두 국가의 公民으로서 편호제민이 되어야 함은 말할 나위도 없다.

북위가 균전제를 시행하면서 그것과 밀접한 관련이 있는 삼장제를 시행하여 향촌조직을 재건하고 있는 것은 결국 이러한 관점에서 보면 일반민이 私家에 예속하는 것을 부정하고 이들을 모두 국가의 편호민으로

---

76) 『魏書』 卷110, 食貨志.
77) 堀敏一, 「均田法體系の變遷と實態」(『均田制の研究』, 岩波書店, 1975) ; 越智重明, 「漢六朝史の理解をめぐって」(『九州大學東洋史論集』 5. 1977).

재편하려는 목적이 있었다고 짐작된다.[78] 이는 국가가 이들 사적 예속민을 양인으로 인식하고 있음과 동시에 白民으로 간주하고 있음을 말해 준다. 결국 국가의 사적 예속민에 대한 편호화 정책 속에는 국가적 신분제로서 양천제뿐만 아니라 양천제하의 白民-厮役(雜戶)-奴婢라는 층서적인 신분질서를 통한 집권적인 지배체제의 구축이라는 대민지배 체제상에서의 통치원리가 잘 반영되어 있다고 하겠다.[79]

따라서 국가가 노비 이외의 사적인 예속민의 존재를 제도적으로 부정하고 있는 이상 편호민이 되어야 할 양인의 몰락을 초래하는 인신매매에 관심을 기울이는 것은 당연하다. 이러한 국가의 인식은 북위왕조의 인신매매에 대한 법률적인 규정에 잘 드러나고 있다. 우선 약매의 경우를 보면, "사람을 약탈하거나 약매하거나 화매하여 노비로 삼은 자는 모두 사형에 처한다"고 하여,[80] 양인을 약매·화매하여 노비로 삼은 것에 대하여는 인신의 약탈행위와 함께 사형으로 규정하여 엄단하고 있다. 이에 비해 자매의 경우에는 '자손을 판 자는 1세형'[81] 또는 '자식을 팔면 1세형, 5服 이내의 親屬을 판 경우, 尊長者가 있으면 死刑, 期親 및 妾과 子의 婦를 판 자는 流刑'[82]이라 하여, 자손의 자매는 1세형, 期親 및 妾, 子의 婦 등 卑幼를 신매한 경우에는 유형, 5服 이내의 친족 가운데 존장자를 신매하면 사형으로 규정하고 있다.

이와 같이 인신매매라 하더라도 그 처벌규정을 보면, 약매(화매)와 자매는 처벌에서 근본적인 차이가 있고, 또 자매의 경우에도 존장과 비유에 따라 차등을 두고 있는 등 세부적으로 차이를 보이고 있다. 그러나

---

78) 均田制와 동시에 시행된 三長制에 의해 華北의 인구가 증가하였다는 것이 확인되고 있다[周一良, 「從北魏幾郡的戶口變化看三長制的作用」(『社會科學戰線』 1980-4) ; 『魏晉南北朝史論集續編』(北京大學出版社, 1991)]. 이는 종래 蔭附戶가 많이 編戶民이 되었음을 말해 준다고 하겠다.
79) 이에 대하여는 본서 제2장 참조.
80) 『魏書』 卷111, 刑罰志: "掠人·掠賣人·和賣人爲奴婢者 〔皆〕死."
81) 『魏書』 卷111, 刑罰志: "賣子孫者一世刑."
82) 『魏書』 卷111, 刑罰志: "賣子有一世刑 賣五服內親屬 在尊長者死 期親及妾子婦流."

약매・자매가 모두 처벌대상이 되고 있기 때문에 모든 인신매매가 법으로 금지되어 있었던 것은 확실하다. 이것은 국가가 인신매매를 불법적인 것으로 인식하여 강력하게 대처하고 있음을 말해 준다. 따라서 양인의 자매나 약매에 대한 법규정 이외의 국가의 대응도 기본적으로 인신매매에 대한 이러한 법률적인 규정에 기초해 있다고 할 수 있다. 이 점을 염두에 두고 이하 국가의 인신매매에 대한 구체적인 대응모습을 살펴보기로 한다. 이와 관련해서는 다음 일련의 사례가 주목된다.

바① 조서하여 이전 민이 기한을 만나 스스로 살아갈 수 없어 남녀를 판 자는 모두 그 본래의 집으로 돌려보내라. 〔그런데〕 혹은 세력에 의하여 혹은 사행으로 청탁하여 함께 서로 밀통하여 때로 검교하지 않아 여전히 良家子로 하여금 奴婢가 되게 한 경우도 있다. 지금 정밀히 조사하되 取贖을 허락하지 않는다. 범함이 있으면 죄를 더한다. 만약 검교하여 귀환시키지 않으면 父兄의 상소를 허락하며 사람을 약탈한 것으로 논죄한다.[83]
② 數州가 災水하여 기근이 거듭 이르러 남녀를 賣鬻하는 자 있게 한다. … 지금 太和6년 이래 定・冀・幽・相州의 饑民良口를 산 자는 모두 친족에게 돌려보내고 비록 妻妾으로 삼았더라도 도리에 어긋나거나 정에 즐거운 바가 없으면 역시 離絶하라.[84]
③ 조서하여… 만약 기근에 의해 본업을 잃고 天屬이 流離하며 남녀를 賣鬻하여 僕隷로 한 자가 있으면 각각 본래의 신분으로 귀환하는 것을 허락한다.[85]

---

83) 『魏書』 卷5, 高宗紀 和平4年(463) 8月 壬申條: "詔曰 前以民遭飢寒 不自存濟 有賣鬻男女者 盡仰還其家 或因緣勢力 或私行請託 共相通容 不時檢校 令良家子息仍爲奴婢 今仰精究 不聽取贖 有犯加罪 若仍不檢還 聽其父兄上訴 以掠人論."
84) 『魏書』 卷7上, 高祖紀上, 太和9年(485) 8月 庚申條: "詔曰 數州災水 饑饉荐臻 致有賣鬻男女者… 今自太和六年已來 買定・冀・幽相四州饑民良口者 盡還所親 雖娉爲妻妾 遇之非理 情不樂者 亦離之."
85) 『魏書』 卷9, 肅宗紀, 延昌4年(515) 9月條: "詔曰… 若引饑失業 天屬流離 或賣鬻男女以爲僕隸者 各聽歸還."

바-①②③은 기근에 의해 남녀를 신매하여 노비・僕隷 등으로 전락한 자를 국가가 조칙으로써 본래의 신분으로 되돌리는 사례들이다. 그런데 여기서 주목되는 것은 국가가 이들을 해방시키는 방식이다. 우선 바-①②③에서 보듯 국가는 기근에 의해 신매하여 노비가 된 자들에 대하여는 법률규정에 정해진 처벌조항을 적용하고 있지는 않지만, 그렇더라도 바-①에서 보듯 取贖, 곧 해방에 따른 대가도 허용하고 있지 않다. 다음의 바-②③에는 취속에 대하여 언급이 없지만 아마 바-①과 마찬가지로 취속이 허용되지 않았을 것이다. 따라서 이로써 볼 때 국가는 자매에 의해 노비가 된 자들에 대하여는 일방적이고 무조건적으로 본래의 신분으로 전환시키고 있다.

이러한 인신매매에 대한 국가의 무조건적이고 일방적인 해방은 국가가 양인의 몰락을 초래하는 인신매매를 불법적인 범죄행위로 규정한 이상 당연한 것으로 보인다. 더욱이 바-②에서 보듯 국가는 이러한 무조건적이고 일방적인 해방조치에 따르지 않는 경우에는 盜律의 掠人條를 적용하고 있다. 이는 국가가 양인의 매매에 의해 생기는 노비화를 저지하고자 하는 정책적 의도가 매우 강하였음을 말해 준다. 그러나 이 약인조를 적용하는 전제로서 父兄의 상소에 의지하고 있는 것을 보면 이러한 조치에 의해 매매된 양인이 전면적으로 해방되었다고 보기도 어렵지만, 앞서 살펴본 것처럼 현실사회에서 자매의 경우 신분해방은 대체로 贖에 의해 이루어지고 있는 점, 또 약매의 경우도 속금에 의한 신분해방이 행해지고 있는 점, 더욱이 속면되지 않는 한 자매된 자에 대한 주인권은 법적 노비와 동일하게 강하게 작용하고 있는 점 등을 고려할 때 국가의 일방적인 조치의 현실적인 실효성에 대하여는 상당한 의문이 간다.

더욱이 바-①②③에서 보듯 국가가 자매에 대하여 계속적으로 신분해방 조칙을 내리고 있는 것은 현실적으로 기근에 의한 인신매매가 성행하고 있음을 보여주는 것이기도 하지만, 다른 한편으로 국가의 이러한 조치에 의해 그것이 근원적으로 해결되지 않았음을 방증한다. 따라서 이것은 인신매매에 대한 국가의 조치가 민간에서의 신분해방 방식과는 상당한 괴리가 있음을 말해 준다고 하겠다.

한편, 북조시기 국가의 인신매매에 대한 대응과 관련하여 특이한 것은 국가의 인신매매에 대한 저지노력에도 불구하고 북위 말기에 이르면 양인의 약탈행위가 대거 등장하고 있는 점이다.

사① 처음 侍中 盧昶은 [邢]巒과 사이가 좋지 않았다. 창은 元暉과 함께 세종의 총애를 받았다. 御史中尉 崔亮은 창의 黨與이다. 昶·暉은 亮으로 하여금 巒을 규탄케 하였다.… 亮은 이에 상주를 올려 巒이 漢中에서 양인을 약탈하여 노비로 삼았다고 탄핵하였다.[86]

② [羊祉는] 또 本將軍으로서 秦·梁 두 州의 자사가 되었다.… 천성이 포학하고 잔인하였으며 또 청결하지 못하였다. 사람을 약탈하여 노비로 삼은 것에 죄좌되어 御史中尉 王顯에게 탄핵받아 면직되었다.[87]

③ [河間王 齊의 孫 志는] 세종 때에 荊州刺史에 제수되었다. 조정에 돌아오니 御史中尉 王顯이 志가 州에 있을 때 양인을 抑買하여 婢로 삼았고 아울러 請供을 더하였다고 상주하였다. [그러나] 사면되었다.[88]

④ [齊陰王 誕은] 齊州刺史에 제수되었다. 州에 있을 때 탐욕하고 포학하였다.… 家의 노예는 모두 강제로 양인을 취하여 아내로 삼게 하였다.… 뒤에 御史中尉 元纂에게 규탄을 받았지만 사면되었다.[89]

이들 사례는 북위왕조에서 고위관직에 있던 자들이 지방장관으로 재직하고 있을 때 양인을 약탈 내지 약매하여 노비로 삼는 불법을 자행하였기 때문에 御史에게 탄핵받은 경우이다. 앞서 언급하였듯이 인신의 약

---

86) 『魏書』 卷65, 邢巒傳: "初侍中盧昶與巒不平 昶與元暉俱爲世宗所寵 御史中尉崔亮 昶之黨也 昶·暉令亮糾巒… 亮於是奏劾 巒在漢中掠良人爲奴婢."
87) 『魏書』 卷89, 羊祉傳: "又以本將軍爲秦·梁二州刺史… 天性酷忍 又不淸潔 坐掠人爲奴婢 爲御史中尉王顯所彈免."
88) 『魏書』 卷14, 河間王齊孫志傳: "世宗時 除荊州刺史 還朝 御史中尉王顯奏 志在州日 抑買良人爲婢 兼剩請供 會赦免."
89) 『魏書』 卷19上, 齊陰王誕傳: "除齊州刺史 在州貪暴… 家之奴隷 悉迫取良人爲婦… 後爲御史中尉元纂所糾 會赦免."

탈에 대한 법률적 규정은 사형으로 되어 있지만, 이들에 대한 처벌은 대체로 관직을 박탈하는 선에서 사면받고 법규정대로 사형에 이르고 있지 않다. 이는 이들이 고위관료이기 때문에 일반민과 같이 법규대로 적용하지 않고 어느 정도 관용을 베풀었을 것으로 생각된다.

그런데 양인의 약탈 내지 약매는 북위 초기부터 나타나고 있지만 [마-③], 사-①②③④에서 보듯이 시기적으로 고조 효문제 이후 특히 세종 선무제 시기에 그 사례가 집중되어 있다.90) 이것은 균전제의 법규에서 노비에 대한 토지지급규정과 어느 정도 관련이 있을 것이다. 곧, 북위 균전제에서는 노비에 대하여 양인과 같이 토지를 지급함으로써 노비의 소유가 많을수록 더 많은 토지를 소유할 수 있는 상황이 전개되었고, 이것이 균전제 시행 이후 호강층이나 관료들이 그들의 정치적 지위를 이용하여 양인을 약탈 내지 약매하여 노비로 삼는 현상이 증가한 요인이 되었을 것으로 보인다. 결국 이러한 상황에서 현실사회에서는 관료들뿐만 아니라 호강층에 의해 양인을 약매하여 노비로 삼는 경우가 많았을 것으로 생각되지만, 여하튼 이들 사례가 고조 이후 빈번하게 출현하는 것은 약인행위의 전제가 된 양인의 몰락=노비화의 상황이 6세기 초기에 전 사회적으로 진행하고 있었음을 의미할 것이다.91) 따라서 세종 선무제 延昌2년(513)에,

> 근래 水旱이 거듭 침습하고 자주 기한하여 백성은 궁핍함으로써 대부분 죄에 빠진다. 이리하여 번거로운 형벌을 자주 내리니 짐은 심히 두렵다. 무릇 殺人·掠賣人·및强盜의 주모자는… 법에 의해 처결하고 그 나머지는 사형을 면제하라.92)

---

90) 이들 사례 외에『魏書』卷16, 京兆王繼傳 ;『魏書』卷15, 常山王成弟壽興傳 등에도 유사한 사례가 있다.
91) 竹浪隆良,「北魏における人身賣買と身分制支配-延昌三年(514)人身賣買論議を中心として」(『史學雜誌』93-3, 1984), p.26.
92)『魏書』卷8, 世宗紀 延昌2年 秋8月 辛卯條: "頃水旱互侵 頻年饑儉 百姓窘弊 多陷罪辜 煩刑之愧 朕用懼矣 其殺人·掠賣人·群强盜首… 依法行決 自餘恕死."

라고 하여, 약매에 대하여 살인·강도와 같이 취급하고 있는 것은 이 시기 약매라는 범죄행위의 증가에 따라 국가가 법규정을 조칙의 형식을 빌려 다시 한번 확인한 것이고, 그 이면에는 양인이 약탈 내지 약매에 의해 노비로 전락하는 현실이 존재함으로써 국가가 이것에 강력하게 대응하고자 한 것이라 하겠다.

이상 살펴본 바와 같이 북위왕조는 인신매매에 대한 금지를 법으로 엄격하게 규정함과 동시에 인신매매에 의해 노비로 전락한 자들을 일방적·무조건적으로 해방시키고 있다. 이것은 국가가 기본적으로 인신매매를 부당한 행위로 인식하고, 아울러 이러한 부당한 행위에 의해 양인이 노비로 전락하였더라도 그들은 본래 양인이라는 인식이 근저에 자리잡고 있음을 의미한다. 그러나 이러한 국가의 조치는 贖免의 형태가 일반적인 현실의 신분해방방식과는 상당한 거리가 있고, 따라서 전 사회적으로 전개되었던 양인의 몰락=노비화라는 상황을 근원적으로 해결하지 못하고 있다.

그런데 延昌3년(514) 북위조정에서 인신매매의 처리를 둘러싸고 행해진 논의를 보면[93] 종래와는 달리 인신매매에 대한 국가의 인식에 다소 변화가 있음을 느끼게 한다. 이 논의의 발단은 冀州 武邑郡 阜城縣의 民 費羊皮가 모친이 사망하자 집이 가난하여 장례를 치를 수가 없어 7세 된 자신의 여식을 同城人 張回에게 팔아 婢가 되게 하였는데, 장회가 이 아이를 다시 齊州 東淸河郡 鄃縣의 民 梁定之에게 轉賣한 것이 발각되었고, 이것이 조정의 논의로까지 비화되었다. 당시 비양피는 여식을 팔 때 追贖할 것을 말하지 않았고, 또 장회는 양인임을 알면서도 전매할 때 그

---

[93] 『魏書』 卷110, 刑罰志. 『魏書』 刑罰志에 실려 있는 인신매매 논의를 전론한 것으로는 竹浪隆郞, 「北魏における人身賣買と身分制支配-延昌3年(514)人身賣買論議を中心して-」가 있다. 이 竹浪의 논고는 인신매매와 신분제를 관련시킨 것으로 주목되지만, 부제에서 보듯 주로 북위 延昌3년 궁정에서 행해진 인신매매 논의를 분석하여 漢唐 사이의 北魏律의 위치를 구명하는 데 초점을 두고 있으며, 이 논의의 전제가 되는 사회적 실태에 대하여는 그렇게 많이 언급하고 있지 않다.

것을 말하지 않은 것이 문제가 되었던 것이다.

 이를 둘러싸고 북위조정에서는 다양한 의견이 제시되었는데, 이 논의에 참가한 사람들의 대체적인 입장은 여식을 판 비양피와 그것을 사서 다른 사람에게 다시 판 장회 모두 법의 규정대로 적용하자는 논지가 기조를 이루고 있다. 곧, 비양피의 경우는 자손을 판 행위에 해당되므로 1세형에 처해야 하고, 또 장회의 경우에는 비양피가 그의 여식을 신매할 때, 추속을 말하지 않았다고 하더라도 원래 양인인 자를 전매하면 다음에 추속할 수가 없고 완전히 노비로 전락해 버리기 때문에 비양피의 여식을 전매한 장회에게는 약매의 법규정을 적용하여 극형에 처해야 한다는 것이다.

 한편, 이러한 원칙적인 입장과는 달리 장회가 전매하였다고 하더라도 그 이전에 자식을 판 비양피가 극형을 받지 않기 때문에 형벌에 차이가 나서는 곤란하다고 하여 장회를 극형에 처해서는 안된다는 주장도 제기되고 있다. 이에 황제에 의한 조서는 비양피가 자식을 매매한 것은 위법이라고 해도 부모의 장례를 위한 점이 감안되어 특별히 사면되고, 전매한 장회만 5년형을 받고 있다. 물론 양정지는 정상적인 노비매매의 경우로 간주되어 처벌대상에서 제외되고 있다. 이를 통해서도 국가에서는 이 당시 빈궁민이 부모나 형제의 장례 등을 위하여 자손을 자매하여 노비가 되게 한 경우에 대하여는 어느 정도 관용적인 태도를 보이고 있고, 자매에 대한 이러한 입장은 그것을 산 경우에도 그대로 적용되고 있음을 알 수 있다. 다만 轉賣[眞賣]의 경우에는 강력하게 대응하고 있는 것이다.

 이러한 국가의 입장은 자매라 하더라도 전매하지 않으면 그 죄는 비교적 가볍게 보는 것 같은 느낌을 준다. 더욱이 이와 아울러 조정의 논의에서 주목되는 것은 인신매매에 의한 양인의 노비화를 현실적으로 인정하고자 하는 견해도 제시되고 있는 점이다. 곧, 이 인신매매 논의에 참가한 이 가운데 한 사람인 元雍은,

이미 한번 팔려 婢가 된 뒤는 그것을 팔았든 팔지 않았든 모두 양인이 아닌 것이다. 어찌 팔지 않았다고 하여 용서하고 다른 사람에게 轉賣했다고 하여 용서하기 어렵다는 것인가.94)

라 하고 있다. 당시 북위조정에서 행해진 인신매매 논의를 보면 논의에 참가한 자들은 대체로 신매된 비양피의 여식은 원래 법적 신분이 양인이기 때문에 身賣에 의해 노비가 되었더라도 역시 양인이라는 전제하에서 문제해결에 접근하고 있다. 여기에는 앞서 언급한 것처럼 모든 인신매매를 불법이라는 인식이 저변에 깔려 있음은 말할 나위도 없다.

이러한 일반적인 인식과는 상반되는 주장을 제기하고 있는 것이 바로 위에 든 太保 高陽王 원옹의 견해이다. 그가 여기서 말하고 있는 "이미 한번 팔려 婢가 된 뒤는 그것을 팔았든 팔지 않았든 모두 양인이 아닌 것이다"라는 주장은 노비로 전락한 양인을 양인으로 보지 않고 노비로 간주하고자 한 것으로 인신매매에 의해 양인이 노비로 전락하는 현실을 인정하고 있는 듯하다. 원옹의 인신매매에 대한 이러한 입장이 북위 궁정에서 행해진 인신매매 논의 속에서 나오고 있는 것은 단순히 원옹 개인의 견해라기보다는 당시 민간에서의 인신매매에 대한 일반적인 인식을 어느 정도 반영하고 있을 것이다.

따라서 인신매매에 의한 양인의 노비화를 현실적으로 인정하고자 하는 원옹의 견해에서 보듯 이 궁성에서 행해진 인신매매에 대한 논의는 전체적으로 법의 원칙과는 달리 인신매매에 의한 양인의 노비화가 꽤 일반적으로 행해짐으로써 그것을 어느 정도 용인하는 분위기를 엿보게 한다.95) 이러한 불법적인 인신매매를 용인하는 궁정의 분위기는 당시 국가의 인신매매에 대한 인식에 상당한 변화가 일어났음을 느끼게 한다. 결국 국가의 인신매매에 대한 이러한 인식변화는 북조 말 법제적 신분으로서

---

94) 『魏書』卷111, 刑罰志: "旣一爲婢 賣與不賣 俱非良人 何必以不賣爲可原 轉賣爲難恕."
95) 堀敏一, 「部曲・客女身分成立の前提-六朝期隷屬民の諸形態」, p.259.

부곡·객녀 신분의 설정과 관련지어 생각할 때, 주목되는 현상이다.

제2절 북조 말 부곡·객녀 신분의 설정과 신분질서의 변화

이상 북위를 중심으로 북조시기 인신매매의 유형과 거기에 보이는 주인권 및 국가의 대응양상에 대하여 살펴보았다. 여기서는 북조 말 일련의 노비방면조치 속에서 부곡·객녀 신분이 설정되어 가는 모습을 살펴보기로 한다. 이와 관련하여 우선 북조 말 노비방면 사례를 열거하면 다음과 같다.

아① 江陵人 가운데 나이 65세 이상으로서 官奴婢가 된 자는 이미 영으로 방면하였다. 그 公私奴婢로서 나이가 70세 이상인 자는 소재지의 官司가 마땅히 贖하여 庶人으로 하는 것을 허락한다.[96]
② 조서하였다. 江陵에서 획득한 俘虜 가운데 官口에 충당된 자는 모두 방면하여 민으로 하라.[97]
③ 北齊를 평정한 이후 조서를 내렸다.… 북제 武平3년(572) 이래 河南 여러 州의 민으로 북제에 被掠되어 奴婢가 된 자는 官私를 불문하고 모두 放免하라. 그 거주지가 淮南에 있는 자는 역시 곧장 귀환을 허락하며, 淮北에 살기를 원하는 자는 편한 바에 따라 安置하라.[98]
④ 조서를 내렸다. 永熙3년(534) 7월 이래 작년(576) 10월 이전 凍土〔북제〕의 민으로 초략되어 북주의 영내에서 노비가 된 자 및 江陵의 평정 뒤에 良人이 몰락하여 노비가 된 자는 모두 방면하고 거주지의 호적에 편입

---

96) 『周書』 卷6上, 武帝紀 上 保定5年(565) 6月 辛未條: "江陵人年六十五以上爲官奴婢者 已令放免. 其公私奴婢有年至七十以外者 所在官司 宜贖爲庶人."
97) 『周書』 卷5上, 武帝紀上, 建德6年(572) 冬10月條: "詔江陵所獲俘虜充官口者 悉免爲民."
98) 『周書』 卷6 下, 武帝紀 下, 建德6年(577) 2月條: "平齊以後詔曰… 自僞武平三年以來 河南諸州之民 僞齊被掠爲奴婢者 不問官私 並宜放免 其住在淮南者 亦卽聽還 願住淮北者 可隨便安置."

하여 모두 일반 민과 동일하게 하라. 만약 구주인이 함께 거주하기를 바
란다면 머물러 부곡·객녀로 하는 것은 허락한다.99)
⑤ 조서를 내렸다. 柱國 故豆盧寧이 江南의 武陵·南平 등의 郡을 정벌한
뒤에 그 지역의 民庶로서 남의 奴婢가 된 자는 모두 江陵의 放免에 의거
하여 방면하라.100)

  여기에 든 일련의 사례는 북조 말, 곧 565년에서 578년까지 약 13년 동안에 실시된 일련의 노비방면조치를 시대순으로 열거한 것으로, 이 과정에서 부곡·객녀라는 새로운 신분이 설정되고 있음을 보여주고 있다. 이 노비해방조치와 아울러 이 시기에는 잡호에 대한 해방조치도 병행되고 있기 때문에,101) 북조 말은 하층신분에 대한 전면적인 해방시기라 할 수 있다.

  그러면 먼저 이들 일련의 노비해방조치의 대상과 그것이 지니는 의미에 대하여 살펴보자. 종래 이 북주 말에 시행된 일련의 노비해방조치는 북주의 영역 안에 있던 모든 노비 일반 혹은 북제의 모든 관·사노비를 대상으로 한 것이 아니라 원래 북주의 지배영역 외곽에 있던 동위·북제나 남조에서 전쟁포로로 북주에 잡혀와 노비신분으로 전락했던 자들을 대상으로 하였다는 견해가 있다.102) 이는 부곡·객녀신분의 설정에서 그 대상을 전쟁포로에 한정지음으로써 거기에 무엇인가 국가측의 특별한 의도가 내포되어 있다는 점을 강조하려는 듯하다.

  그러면 과연 앞서 열거한 일련의 노비해방조치의 대상과 그 의의는 무엇일까? 우선 아-①은 내용상 두 부분으로 나뉘어져 있는데, 전반부와

---

99) 『周書』卷6 下, 武帝紀 下, 建德6年(577) 11月條: "詔自永熙三年七月以來 去年十月已前 凍土之民 被抄略在化內爲奴婢者 及平江陵之後 良人沒爲奴婢者 幷宜放免 所在附籍 一同民伍 若舊主人猶須共居 聽留部曲客女."
100) 『周書』卷6 下, 武帝紀 下, 宣政 元年(578) 3月條: "詔柱國故豆盧寧征江南武陵·南平等郡 所有民庶爲人奴婢者 悉依江陵放免."
101) 북조 말 잡호해방에 대하여는 본서 제4장 제2절 참조.
102) 辛聖坤, 『南北朝時期 官私隷屬民에 관한 硏究』, pp.186~192.

후반부의 내용이 다소 모순되어 있다. 그 점에 대하여는 뒤에서 살펴보기로 하고, 우선 해방의 대상이 된 江陵人을 보자. 주지하듯 서위는 恭帝원년(554) 11월에 于謹·宇文護·楊忠 등이 梁의 지배하에 있던 양자강 중류의 강릉을 침공하여 함락시키고 왕공 이하 십여 만 인을 부획하였으며,[103] 이들 가운데 남녀 수만 구가 노비로써 장사들에게 하사되었을 뿐 아니라 전공을 세운 장수들에게도 많은 수의 노비가 하사되었다.[104] 그렇다면 아-①의 북주가 保定5年(565) 6월에 해방의 대상으로 한 이 강릉인은 아마 서위가 강릉을 침공하여 함락시킨 뒤에 부획되어 관사노비가 된 전쟁포로를 말할 것임은 어느 정도 확실해 보인다.[105] 그러나 당시 서위가 강릉을 함락하는 과정에서 약탈도 심했음을 볼 때,[106] 이 강릉인의 해방에는 약탈에 의해 노비로 전락한 자도 포함되었을 것이다.

그런데 여기서 문제가 되는 것은 아-①의 경우 전반부와 후반부의 내용이 다소 모순되어 있다는 점이다. 곧 전반부에서는 65세 이상의 관노비를 영을 내려 해방하였다고 했는데, 후반부에서는 70세 이상의 사노비를 방면하면서 이미 전반부에서 방면된 公奴婢도 포함하고 있다. 이러한 내용상 모순 때문인지 종래 이와 관련하여 강릉인으로서 관노비가 된 자

---

103) 서위가 강릉을 함락한 뒤에 포로로 한 口數에 대하여는 다양한 견해가 있으나 대체로 십여 만 구로 보고 있다(王仲犖, 『魏晉南北朝史』下, p.623 및 辛聖坤, 『南北朝時期 官私隷屬民에 관한 硏究』, p.187, 주 152) 참조].

104) 『資治通鑑』卷165, 元帝 承聖3年 12月 辛未條에 "盡浮王公以下及選百姓男女數萬口爲奴婢 分賞三軍 驅歸長安 城中小弱者皆殺之"라고 하여, 수만 구의 남녀가 노비가 되어 3軍에 상으로 분사되고 있다. 또한 당시 江陵토벌에 참여한 于謹[노비 1천구]·長孫儉[노비 3백구]·楊紹[노비 1백구] 등에게 많은 노비가 하사되고 있다(『周書』卷15, 于謹傳; 卷26, 長孫儉傳; 卷29, 楊紹傳 참조]. 따라서 이들 사례는 西魏의 강릉침공으로 대량의 인수가 관사노비가 되었음을 말해 준다. 서위 때의 노비반사에 대하여는 졸고, 「北魏後期~隋代 신분제 지배의 변화양상-捕虜의 실태와 班賜의 내용을 중심으로-」(『釜大史學』23, 1999) 참조[본서 추가논문 1에 수록].

105) 이밖에 서위·북주시대에 강릉과 관련하여 전쟁포로나 약탈사례가 보이지 않는 점도 이를 뒷받침한다.

106) 『周書』卷32, 唐瑾傳: "江陵旣平… 軍還 諸將多因虜掠 大獲財物 瑾一無所取 唯得書兩車 載之以歸."

를 해방하고, 그 뒤 북주 영내의 모든 관사노비 가운데 70세 이상을 해방하였다고 하여, 전반부는 강릉인, 후반부는 북주 영내의 모든 노비를 대상으로 했다는 견해가 있다.107) 이렇게 보면 전반부와 후반부의 모순점이 어느 정도 해소된다. 그러나 아-②③④⑤를 보면 모두 그 대상과 시기가 순차적으로 명확하게 규정되어 있기 때문에 아-①도 일단 전체적으로 강릉인을 그 대상으로 했다고 보는 것이108) 자연스럽다.

그렇다면 전반부에서 강릉인 가운데 65세 이상의 관노비를 해방하였는데 후반부에서 70세 이상의 사노비 외에 공노비를 포함하고 있는 모순을 어떻게 이해해야 할 것인가? 우선 생각할 수 있는 것은 후반부는 전반부를 다시 한번 확인한 것이고, 그 때 사노비를 더했다고 볼 수도 있다. 그러나 아-②③④⑤를 보면 그 대상이 중복되지 않은 점에서 이러한 가능성도 적다. 본서에서는 公私奴婢라는 표현에 주목하여 위진남북조 시기(물론 당대도 포함하여) 국가의 관청에 예속되어 있는 노비는 대체로 관노비란 표현이 일반적이고 공노비란 표현은 거의 사용하지 않는 점, 또 말미에 보이는 "所在官司 宜贖爲庶人"에서 국가가 관노비의 해방에 贖金을 거두는 일은 상당히 드물다는 점 등을 고려할 때 公私奴婢에서 公字는 衍字일 가능성이 높다고 생각한다. 그렇다면 아-①에 대한 해석은 전반부는 강릉인 가운데 65세 이상의 관노비에 대한 해방조치이고 후반부는 강릉인으로서 70세 이상의 사노비에 대한 해방조치로 이해된다.

이 아-①에 이어 강릉에서 포로로 잡혀와 북주 영내에서 관노비가 된 자들에 대한 전면적인 해방이 아-②이다. 그리고 아-③은 武平3년(572) 이래 河南지역의 민으로 북제에 초략되어 노비가 된 자에 대한 해방조치이다. 572년부터 이 조칙이 반포되던 577년까지는 북주 무제가 북제에 대한 통일전쟁을 치르던 시기이고, 그 대상지역은 주로 하남일대였다.109)

---

107) 劉精誠, 「北魏末年人民起義與東魏北齊·西魏北周的改革」(中國魏晉南北朝史學會編, 『魏晉南北朝史研究』, 四川省社會科學院出版社, 1986), p.373.
108) 辛聖坤, 『南北朝時期 官私隷屬民에 관한 硏究』, p.189.

따라서 이 6년간 하남인으로서 북제에 초략되어 노비가 된 자는 관·사를 불문하고 해방시키고 있는 것이다.

아-④의 경우 해방의 대상이 된 자들은 두 부분으로 되어 있다. 하나는 북위가 동서로 분열된 永熙3년(534) 10월부터 576년까지, 곧 북위가 멸망하고 동위·서위 및 북제·북주가 대립하던 시기에 동위·북제의 민으로 초략되어 북주의 영내에서 노비가 되어 있던 자, 그리고 또 하나는 앞서 말한 서위가 강릉을 평정한 뒤에 그 지역의 양인으로서 몰락하여 노비가 된 자이다. 따라서 이 아-④는 남조[梁]치하의 민과 옛 동위·북제의 민으로서 초략되어 노비로 전락한 자 모두를 그 대상으로 하고 있다.110) 특히 강릉인 가운데 관노비가 된 자는 앞의 아-①②에서 해방되었기 때문에 이 때는 사노비의 해방이 많았을 것으로 보인다.111) 마지막으로 아-⑤는 豆盧寧이 江南의 武陵과 南平 등의 군을 정복했을 때 그 지역의 民庶로서 노비가 된 자를 강릉인에 의거하여 방면시킨 것이다. 따라서 이들에게도 아-④와 동일한 조치가 처해졌을 것이지만, 그 대상은 전쟁포로가 대부분이었을 것으로 보인다.

이상 살펴본 바와 같이 앞서 열거한 일련의 노비해방사례는 서위·북주가 동위·북제 및 남조와 전쟁을 벌이는 기간에 획득한 전쟁포로가 중심을 이루고 있다. 따라서 이러한 일련의 조치가 북주 영내에 있는 모든 노비를 대상으로 한 것이 아님은 확실하다. 그러나 원래 이들은 양인이었던 자들이고 또 사료상에서도 알 수 있듯이 전쟁포로 이외의 良人으로서 약탈되어 노비로 전락한 사람들도 대거 포함하고 있다[아-③④].

---

109) 辛聖坤, 『南北朝時期 官私隷屬民에 관한 硏究』, p.191.
110) 董克昌, 「北周武帝的統一」(復印報刊資料 『K2 中國古代史』 1981-19), p.71에 의하면 강릉지역 민들의 반항을 완화하려는 의도가 있었다고 한다.
111) 萬繩楠, 『魏晉南北朝史論稿』(安徽敎育出版社, 1983), p.310에서는 永徽3년에서 建德 6년까지는 43년으로 永熙3년 출생한 노비는 43세가 되고, 또 범위는 북제의 민과 미석방된 江陵 良人을 포괄하고 있기 때문에, 이것은 북방 관사노비 전부의 석방과 같다는 견해를 제시하고 있다.

따라서 앞서 열거한 일련의 노비해방 조치는 비록 전쟁이라는 특수한 정치적 상황에 의해 몰락하여 노비로 전락한 양인을 대상으로 하고 있기는 해도 이들을 다시 본래의 양인신분으로 되돌리는 것은 인신매매에 의해 초래된 '몰락양인을 재차 양인으로'라는 기존의 노비방면조치의 연장선상에 있는 것으로 이해해도 되지 않을까 한다.112) 그렇다면 북조 말에 단행된 일련의 노비해방조치에는 적어도 이전 인신매매[자매 및 약매를 포함하여]에 의해 노비가 된 양인을 재차 양인화하는 과정에서 대두된 기존의 인신매매에 대한 사회[민간]의 인식과 국가의 대응모습이 어느 정도 반영되었을 것으로 생각한다.

이 점을 염두에 두고 부곡·객녀 신분이 설정되어 가는 과정을 구체적으로 살펴보기로 한다. 여기서 우선 주목되는 것은 아-①의 말미에 있는 贖이라는 표현이다. 곧, 국가는 포로로 잡혀와 노비가 된 강릉인 가운데 사노비가 된 자들에 대하여는 贖免의 형태를 취하고 있다. 이는 아-②의 江陵人으로서 관노비가 된 자들에 대하여 국가가 일방적으로 방면한 것과는 사뭇 대조적이다. 관노비의 경우는 국가에 의하여 어느 정도 일방적 내지 무조건적인 해방이 가능할 것이지만, 사노비의 경우는 비록 전쟁포로라 하더라도 하사되어 노비가 된 이상 주인이 있음은 말할 나위도 없다. 따라서 국가가 이들 사노비를 방면하는 과정에서 이들에 대하여 행사되고 있던 주인권이 문제가 되었을 것이고, 이에 이를 해결하기 위하여 소재의 관사가 代贖하는 형태를 취했던 것으로 생각된다.113)

그러면 아-③의 경우는 어떠한지 보자. 이 아-③은 앞서 본 대로 그 해방의 대상은 북제에 초략되어 노비가 된 河南民이다. 이 조서는 북주가 북제를 멸망한 직후 내려진 조치이므로 북제 영내에 있던 하남민의

---

112) 林炳德, 「魏晉南北朝의 良賤制」, p.207.
113) 사노비의 경우 贖免은 사노비 측에서 贖金을 내어[自贖] 해방되는 것이 일반적이다. 그러나 당대의 경우이지만 사노비에 대해 국가가 대신 속금을 내어[代贖] 방면시킨 예가 있다[李季平, 『唐代奴婢制度』(上海人民出版社, 1986), pp.239~240]. 여기의 贖免도 문맥상 소재의 관사가 代贖하여 사노비를 방면시켰을 가능성이 상당히 크다.

경우에는 북주가 강제적으로 해방시키는 것이 가능하다. 따라서 아-③에서 이들을 해방할 때 아무런 조건[예를 들어 아-①과 같은 贖免 등]이 없는 것은 지극히 당연할 것이다.

이 아-③과 대조적인 경우가 아-④의 建德6년의 조칙이다. 이 건덕6년의 조칙은 크게 두 부분으로 이루어져 있다. 첫째는 몰락하여 노비가 된 양인의 재차 양인화이고, 둘째는 舊主人에 의한 동거의 요청시 노비의 부곡·객녀화이다. 전자의 경우 몰락하여 노비가 된 자들을 다시 양인으로 방면하는 데 국가의 일차적인 목적이 있었음은 말할 나위도 없다.[114] 특히 북주 무제는 위에서 열거한 일련의 노비해방조치와 거의 시기를 같이 하여 잡호를 해방시키는 일 이외에 불교·도교 소속의 승려를 환속시키거나,[115] 사원에 은닉된 약 3백만에 이르는 대량의 蔭附戶를 국가의 호적에 등재하였으며,[116] 또 이 때 처음 시행하였다고 되어 있는 『刑書要制』에 正長이 戶·丁이나 토지를 은닉하면 사형으로 규정하고 있는[117] 등의 조치도 병행하고 있다. 무제의 이러한 조치는 내용적인 면에서 보면 편호민을 증가시키려는 의도를 강하게 풍긴다. 그렇다면 무제에 의해 단행된 이 일련의 노비해방조치도 결국 편호민을 증가시켜 부병의 기초가 되는 균전농민을 확보하려는 의도가 있었다고 생각된다.[118]

---

114) 堀敏一,「部曲·客女身分成立の前提-六朝期隷屬民の諸形態」, p.248.
115) 『周書』卷5上, 武帝紀上, 建德3年 5月 丙子條.
116) 張祥光,「論北周武帝」(『K2 中國古代史』 1981-3), p.108.
117) 『周書』卷6下, 武帝紀下, 建德6年 11月條.
118) 萬繩楠,『魏晉南北朝史論稿』, p.312. 이와 아울러 화북지역의 경우 서진 말부터 전쟁포로를 노비로 하사하는 역사현상이 북주가 북제를 멸망시킨 577년 이후 북주와 수에서 거의 보이지 않는 점에 주목하여[王永興 編,『隋唐五代經濟史料彙編較注』第1篇 上册, 中華書局, 1987, pp.5~10], 그 이유를 사적인 무장세력를 약화시키고자 한 때문이라는 견해도 있다[辛聖坤,『南北朝時期 官私隷屬民에 관한 硏究』, p194]. 그의 이러한 입장은 이를 통하여 부곡·객녀의 설정을 사적 무장세력의 약화 내지 소멸에 있음을 주장하기 위한 하나의 근거로 삼고자 한 것이지만, 이것은 어디까지나 추론에 지나지 않는다. 따라서 그 이유에 대하여는 오히려 그것보다 북주 무제의 일련의 노비방면조치나 잡호의 해방 및 사원에 속한 蔭附戶의 석출 등과 마찬가지로 균전농민을 확보하려는 국가의 편호화 정책과 관련지어 그 연장선상에서 이해하는 것이 좋을 듯하다.

그런데, 무제가 단행한 일련의 노비해방조치를 편호민 증가책의 일환이라 할 때, 국가가 이들 노비를 해방하는 과정에서 부곡·객녀로 한 것은 이러한 국가의 정책과 근원적으로 배치되는 것이다. 그럼에도 불구하고 부곡·객녀라는 새로운 신분을 설정하지 않을 수 없었던 것은 무엇 때문일까? 이 점과 관련하여 주목되는 것은 후자의 舊主人과의 관계이다. 앞서 언급하였듯이 아-④에서 해방의 대상이 된 자 가운데 서위·북제의 민은 534년에서 576년까지 43년, 강릉의 민은 554년 이래 24년이라는 세월 동안 서위·북주의 영내에서 이미 노비가 되어 있던 자들이다. 그렇다면 이들은 원래 양인이었다고 하더라도 시기적인 면에서 오랜 기간 동안 법적 노비와 다름없는 존재였던 것이 된다. 따라서 국가가 이들을 해방하여 편호민으로 삼고자 하였더라도 오랜 기간 동안 노비였던 이상 이들에게는 원래의 주인이 있는 것이고, 이에 국가는 이들을 해방하는 과정에서 현실적으로 이들에 대하여 행사되고 있던 주인권을 무시할 수 없었을 것으로 보인다.

더욱이 북조 말의 노비해방에는 북위 이래 국가에 의한 노비해방에서 노정된 모순점도 고려되었을 가능성이 있다. 다시 말하면 북주 무제는 앞서 살펴본 바와 같이 북위시대에 인신매매를 불법으로 규정하면서도 현실사회에서는 노비로 전락한 양인에 대하여는 주인권이 상당히 강하게 작용하여 그들의 신분해방에는 속면이 주된 형태를 취하고 있었던 반면 국가의 일방적인 신분해방조치는 현실적으로 잘 시행되지 않았다고 하는, 곧 '몰락 양인의 재차 양인화'라는 국가의 정책 속에 보이는 인신매매에 대한 인식과 현실사회의 인식과의 괴리에 당연히 직면하였을 것으로 생각한다. 이러한 괴리 속에서 북주 무제는 종래 인신매매상에서 노정된 문제점을 합리적으로 해결하고자 하였을 것이고, 그것은 기존의 인신매매상에서 중심문제였던 주인권을 인정하는 방향을 취하였다고 하겠다.

이상 살펴본 바와 같이 북조 말 부곡·객녀라는 새로운 신분은 기본적으로 국가가 몰락하여 노비가 된 양인을 재차 양인화하여 편호민으로 재편하는 과정에서 이들을 소유하고 있던 주인과의 관계를 고려하여 설정되었음을 알 수 있다. 이는 결국 북위 이래 인신매매상에서 문제가 되었던 주인권을 용인하였다고 할 수 있을 것이다. 이러한 점에서 부곡·객녀 신분의 출현을, 몰락농민을 양인화하려는 국가측의 정책적 목적과 당시 이들을 사역시키고 있던 주인과의 타협의 산물로 이해하려는 것은119) 기본적으로 인정해도 좋을 듯하다.

그런데 종래 북주 말의 신분재편이 노비일반에 대한 조치가 아니라 어디까지나 전쟁포로를 내원으로 하는 사노비에 한정되어 있었던 이상, 민간의 노비 일반에 대해 아무런 단서없이 이 조치를 확대 적용할 수 없다는 견해가 있다.120) 이러한 논리가 성립하기 위해서는 이 조치가 북주만에 한정된 임시정책이고 이후 일반 노비를 해방하여 부곡·객녀로 하는 사례가 없어야 할 것이다. 그러나 실제 당대에도 노비를 방면하여 부곡·객녀로 하는 것이 법률에 명시되어 있는 이상,121) 이 북주 건덕6년의 조치는 일반 노비에 대하여도 그대로 적용되었다고 보는 것이 타당하다고 생각한다.

한편, 비록 국가가 노비의 해방과정에서 문제가 된 주인권을 의식하여 이를 용인하였다고 하더라도 앞서 인용한 아-①에서 보듯 贖免, 다시 말하면 주인에게 속금을 지불하여 이들을 양인화하는 방향을 취하지 않고 부곡·객녀라는 별개의 신분을 설정한 국가측의 궁극적인 의도는 무엇인가 하는 것이 여전히 문제점으로 남는다. 이에 대하여는 사적 예속 관계의 발전에 대한 국가의 정책적 대응으로서 이들 사적 예속민을 공권력 아래로 흡수·통합하려는 의도에서 부곡·객녀신분이 설정되었다고

---

119) 堀敏一,「隋唐の部曲·客女身分をめぐる諸問題」(『中國古代の身分制-良と賤-』), pp.325~332.
120) 辛聖坤,『南北朝時期 官私隸屬民에 관한 硏究』, pp.194~195.
121) 『唐律疏議』卷12, 戶婚 11, 放部曲奴婢還壓: "疏議曰 依戶令 放奴婢爲良及部曲客女者 聽之."

하거나,122) 양인의 몰락을 방지하기 위한 과도적 내지는 완충적 신분형 태로서 설정되었다고 주장하기도 하고,123) 또는 부곡・객녀 신분의 설정을 사적 무장력 곧 병사로서의 속성을 지닌 부곡을 없애고 客적 존재의 법제적 표현으로 규정된 것에 그 의의를 두는124) 등 다양한 견해가 제기되어 있다.

이들 견해 가운데 전자의 두 견해는 당시 민간에서의 사적 예속관계의 발전을 그 배경으로 하지만, 한편으로는 그러한 상황에서 혼란된 신분체계의 재건을 꾀하는 국가의 적극적인 역할도 강조하고 있는 점에서 어느 정도 설득력을 지닌다. 후자의 군사적 속성의 소멸이라는 측면을 강조하는 견해는 북주 무제의 개혁의 방향이 중앙집권적인 국가권력을 창출하는 데 있고,125) 이러한 방향에서 부곡・객녀 신분설정을 중앙집권화에 걸림돌이 되는 사적 무장세력을 약화 내지 소멸시키고자 한 의도가 있었다는 것이다.

그러나 만약 그러한 의도가 있었다면 이들을 양인화해야 하는 것이 바람직하고, 따라서 노비를 해방하는 과정에서 부곡으로 했다는 것은 사적인 무장력을 공인한 것이 되므로 오히려 이들을 약화 내지 소멸했다는

---

122) 山根淸志,「唐における良賤制と在地の身分的諸關係」(歷史學硏究 別冊,『民族と國家』, 1977), p.49.
123) 竹浪隆良,「北魏における人身賣買と身分制支配-延昌三年(514)人身賣買論議を中心として」, p.30.
124) 辛聖坤,「魏晉南北朝時期 部曲에 대한 再考察」;「北周期 部曲・客女身分의 再編과 唐代 部曲의 性格」및 『南北朝時期 官私隷屬民에 관한 硏究』, 제4장「南北朝時期 部曲의 身分과 役割」. 그는 위진남북조 시기의 부곡을 '役屬民'이란 개념으로 이해하려는 입장에서, 이 시기에는 국가에 예속하는 官府役屬民뿐만 아니라 私家에 예속하는 私的役屬民도 존재한다는 전제하에서 북조 말의 部曲・客女 신분의 설정은 바로 이러한 다양한 사적 역속민 가운데 국가의 집권화에 걸림돌로 작용하고 있던 兵客的인 속성을 지니고 있던 부곡을 법제화함과 아울러 새로운 속성을 가미하고 내원을 다양화함으로써 부곡의 병객으로서의 속성을 약화 내지 소멸시키려고 한 조치가 바로 북조 말 국가신분으로서 部曲・客女 신분설정의 의의가 있다고 한다.
125) 북주 무제의 중앙집권적 국가권력 창출을 위한 개혁전반에 대하여는 張祥光,「論北周武帝」참조.

주장과는 거리가 있게 된다. 더욱이 서론에서 언급한 바와 같이 국가에 그러한 의도가 있었다고 하더라도 부곡과 병렬되어 있는 객녀를 정합적으로 설명하기 어려운 점이 있다. 여하튼 이들의 견해도 명확한 사례에 의거한 것이 아니기 때문에 추론에 지나지 않을 뿐이다. 필자도 여기에 대하여 현재로서는 명확한 해답을 제시할 수는 없지만, 북주가 처한 시대적 상황을 고려하여 약간의 견해를 더해 보기로 한다.

부곡・객녀 신분의 설정과 관련하여 우선 들 수 있는 것은 노비해방의 문제점으로서 해방된 노비의 자립도가 매우 낮다는 점이다. 곧, 앞서 든 사례 가운데 아-③의 河南民을 방면하는 조칙의 말미에는 다음과 같이 기록되어 있다.

> [해방된 자 가운데] 그 癃殘・孤老하고 기근으로 식량이 끊겨 自存할 수 없는 자는 刺史・守令 및 親民長司가 몸소 檢校하라. 친속이 없는 자는 소재[의 관사]가 의식을 지급하고 힘써 存濟토록 하라.126)

곧, 노비에서 해방되어 새로이 양인이 된 자들 가운데 기근이나 질병 등으로 자존할 수 없는 경우에는 국가에서 의식을 지급하여 구제하고 있다. 해방된 노비의 경우에는 생산수단이 거의 전무한 실정이고 따라서 이들은 기근 등으로 인해 생계수단이 막히면 다시 신매 등에 의해 노비로 전락할 위험이 크다. 따라서 국가도 이들의 자립도가 낮다는 것을 인식하고 이와 같은 대비책을 강구한 것으로 보인다. 그러나 국가에서 의식 등을 지급하는 방법은 국가의 입장에서도 상당한 부담으로 작용하였을 것이고, 이에 새로운 대안을 모색하였을 것으로 보인다.

둘째, 북조시기 부곡이나 객과 같은 사적 예속민에 대한 예속성이 강화된 점이다. 앞서 언급한 바와 같이 북위왕조는 양천제라는 신분제 속에서 민간에 존재하는 노비 이외의 사적인 예속민을 부정하는 방향을 취

---

126) 『周書』 卷6下, 武帝紀下, 建德6年 2月 癸丑條.

하였고, 이에 신분질서에서 이탈된 자에 대하여는 법으로 강력하게 대응함과 동시에 계속적으로 노비화된 양인을 재차 양인으로 회복시키고 있다. 그러나 국가의 이러한 조치에도 불구하고 현실사회에서 사적인 지배 예속관계는 끊임없이 전개되고 있고,127) 실제 부곡이나 객에 대한 소유권은 대체로 세습되는 양상을 띠고 있다. 따라서 이들이 양천제하에서 신분적으로 양에 속한다고 해도 주인에 대한 예속도는 상당히 강하였고, 이에 사회적으로도 노비와 다름없는 존재였다고 생각된다.

셋째, 특히 여기서 주목하고 싶은 것은 북조 말에 이르면 북위의 분열 이래 화북지역의 계속된 상란으로 인하여 국가의 신분질서에서 이탈된 대량의 객적인 존재가 출현하고 있는 점이다.

> 그 때 西魏의 喪亂을 이어 北周·北齊가 分據하여 暴君과 慢吏가 賦役을 무겁게 하여 부리니 사람들은 명령을 견디지 못하고 대부분 豪室에 의부하였는데, 禁網이 문란하여 姦僞가 더욱 들끓었다.… 이에 그 이름을 정하고 그 수를 가벼이 하여 사람들로 하여금 浮客이 되게 하였는데, 이들은 強家에게 태반의 賦稅를 내었다.…〔原註 浮客은 公稅를 피하여 強家에 의부하여 佃家가 된 자들을 말한다〕128)

이것은 서위 이후 북주·북제의 쟁란기에 豪族에게 의부한 대량의 浮客이 존재하였음을 보여준다. 더욱이 이들은 強家에게 태반의 부세를 납부하고 있기 때문에 호족에 대한 예속도가 상당히 강하였음을 알 수 있다.

이와 같이 노비의 해방과정에서 오는 문제점으로서 해방한 자들의 경우 국가가 의식을 지급해야 할 정도로 자립도가 매우 낮다는 점, 국가

---

127) 唐長孺, 「魏晉南北朝的客和部曲」(『魏晉南北朝史論拾遺』, 中華書局, 1983), pp.11~15.
128) 『通典』卷7, 食貨 7, 丁中條: "其時承西魏喪亂 周齊分據 暴君慢吏 賦重役勤 人不堪命 多依豪室 禁網隳紊 姦僞尤滋… 於是定其名輕其數 使人知爲浮客被強家 收大半之賦…〔原註 浮客謂避公稅依強家 作佃家也〕."

의 사적 예속민에 대한 통제책에도 불구하고 부곡이나 客에 대한 소유권이 강화되고 있는 점, 그리고 북위의 분열 이래 계속된 상란으로 국가의 호적에서 이탈한 많은 客이 존재하는 상황 등 여러가지 복합적인 요인으로 북주왕조는 새로이 신분체계의 재편을 통하여 이들의 신분적인 위치를 규정할 필요성이 제기되었고, 그것이 북주 건덕6년의 노비해방과정에서 부곡·객녀신분의 설정으로 나타난 것은 아닐까? 이 건덕6년의 조치에서 국가가 노비로 전락한 良人에 대한 주인권을 인정함과 동시에 기존의 부곡·객녀에 대한 주인권도 공인된 점, 아울러 부곡·객녀의 신분적인 지위가 노비의 상급신분으로서 명확하게 규정되어 있는 점은 국가의 이러한 의도가 잘 드러난 것이라 여겨진다.[129]

지금까지 북조 말 부곡·객녀 신분의 설정에 대하여 살펴보았는데, 결과적으로 이 부곡·객녀 신분의 출현은 북위 이래 신분제와 신분질서에 변화를 가져왔다. 그것은 우선 양천제의 구성 면에서의 변화를 들 수 있다. 북위는 국가적 신분제로서 양천제를 표방하여 노비 이외의 모든 민을 양인으로 파악하여 국가가 이들 양인을 직접 장악하는 지배체제를 마련하였지만, 북조 말에 부곡·객녀가 노비의 상급신분으로 설정됨으로써 천의 범위가 확대되었다.

또한 이 부곡·객녀 신분의 출현은 기존 양천제하의 내부적인 신분질서에도 변화를 가져왔다. 곧, 북조시기에는 사적인 예속민이 줄곧 존재했다고 하더라도 법에 의해 민간에서 소유가 허용된 신분은 노비뿐이었고, 그 이외에는 어떠한 신분도 소유가 법적으로 불가능하였다.[130] 그

---

129) 越智重明,「唐時代の部曲と魏晉南北朝時代の客」(『古代東方研究』 11, 1963), p.7에서는 建德6년의 조칙에 나오는 부곡과 객녀를 북조에서 客의 남성과 여성의 명칭을 대표하는 것으로 보고 있다.

130) 물론 북조시기에는 국가에서 노비 이외에 隸戶·僧隸 등도 하사하고 있기 때문에 이들도 개인의 소유가 허용되었을 것으로 보인다. 그러나 그 受賜者는 일부 유력 관료층에 한정되어 있고 그 수도 많지 않기 때문에 실제 민간에서 소유가 허용된 것은 노비만이라고 보아도 지장이 없을 것이다.

러나 북조 말 일련의 신분재편 과정에서 민간의 잡호에 대한 소멸과 아울러 새로이 부곡·객녀 신분이 설정됨으로써 이후 수·당대에 보이는 사노비의 상급신분으로서 부곡·객녀가 자리하게 되는 새로운 신분질서가 형성되었던 것이다. 이렇게 보면 북조 말은 국가적 신분제의 재편기임과 동시에 양천제하의 하층신분질서에도 변화가 일어난 시기로 자리매김할 수 있다.

제 6 장

결 론

　　본서는 진한과 수당의 통일제국 사이에 위치하는 정치적 분열의 시대인 위진남북조, 그 가운데 이민족 지배기인 북조시기 국가에 의한 인민지배의 한 형태인 신분질서의 형성과 그 변화에 대하여 살펴보았다. 북조시기에는 민과 노비 사이에 다양한 하층신분이 출현하였고, 그 결과 이 시기에는 진한 및 수당과는 다른 독특한 신분질서가 형성되었다. 이러한 신분제 면에서의 변화는 진한이라는 통일제국의 붕괴에 따른 신분질서의 변동과 맞물려 있지만, 그 변화의 중심에는 무엇보다도 북위 이래 화북지역에 강력한 국가체를 건설한 여러 정복왕조의 호족적 에네르기가 강하게 작용하였을 것이라는 시각에서 북조시기의 신분제를 검토하였다. 더욱이 본서는 이들 다양한 하층신분의 출현과 새로운 신분질서의 형성에는 불가분의 관계가 있다는 입장에서, 이들 하층신분에 대한 접근방식으로서 종래와 같은 개별적인 연구방법에서 탈피하여 진한에서 수당으로 이어지는 지배체제의 변화를 염두에 두면서 대민지배 체제의 한 축을 이루는 신분제 지배의 구조적인 면과 그 변화에 주목하였던 것이다. 이하 지금까지 논술한 내용을 종합·정리함으로써 결론에 대신하고자 한다.

　　제2장에서는 북조시기 국가적[법제적] 신분제와 그 내부적인 신분질서의 구조 및 신분편성의 원리에 대하여 살펴보았다. 종래 진한에서 수당까지를 전제군주에 의한 일원적인 소농민지배체제·제민제 혹은 개별인

신적 지배체제 시대라는 전제하에서 진한에서 수당에 이르는 신분제의 변천을 추구한 연구에 의하면 북조시기 국가적 내지 법제적 신분제는 양노제였다는 것이 대체로 일치된 견해이다. 그 근거로는 이 시기 양인과 노비가 법제적 신분용어로 대비되어 사용되고 있는 점이었다.

그런데, 이 시기에는 양인에 대비된 법적 신분용어로서 노비 외에 천[민]도 사용되고 있었다. 문제는 양자 가운데 어느 쪽이 국가적 신분제로서의 의미를 띠고 있는가 하는 점이다. 이와 관련해서 주목되는 것은 이 시기 일반적인 용법으로서 '노비는 천'이라는 표현이다. 이는 노비의 법제적 신분이 천임을 명시한 것이다. 그런데 이러한 표현은 양천제로 알려진 당대에도 동일하게 보인다. 이러한 점에서 북조시기 국가적 신분제도 당대와 마찬가지로 양천제였다. 특히 敦煌에서 출토된 서위 大統13년의 計帳文書 殘卷에 호구가 양과 천으로 대별되어 있는 것은 북조시기 국가적 신분제가 양천제였음을 단적으로 뒷받침해 준다.

그런데 북조시기 양천제하의 천은 부곡・객녀 및 관호・잡호 등 노비의 상급신분이 천으로 규정된 당대와는 달리 노비만에 한정되었다. 이와는 달리 민간에서는 사적 예속관계의 발전으로 노비 이외의 사적인 예속민도 천민신분에 포함하고 있어 국가의 신분제적 지배원리와는 차이를 보인다. 이러한 천의 범주를 둘러싼 법제적 측면과 현실사회의 괴리는 이 시기 양천제가 법제적으로 완전히 정착하지 못하고 불완전한 상태에 있었음을 말하며, 양자의 이러한 모순은 잡호의 천인화 및 부곡・객녀가 법제적 신분으로 설정되는 북조 말에 이르러 어느 정도 해소되었다.

한편, 국가적 신분제로서의 양천제가 전제주의적 지배체제를 확립・유지하기 위해 국가측에서 설정한 기본적인 신분질서이긴 하지만, 국가에 의한 계급적 지배라는 측면과 사회적 분업이라는 측면에서 보면 이 양천제도 내부적으로는 지배의 주체와 객체로서의 계급관계뿐만 아니라 층서적인 계층관계를 형성하고 있다. 북조시기 국가에서 설정한 양천제하의 신분질서는 吏와 民이 대립된 이민질서와 王公・官人・職人・白

民・厮役・奴婢의 층서적인 위계질서라는 이중적인 구조로 되어 있었다. 이들 각각의 신분질서는 관리에 의한 민의 지배라는 계급구도를 신분적으로 편성하거나, 또는 재지사회에 존재하는 사회내부의 다양한 인적 구성을 법적 내지 제도적인 신분체계 속에 포섭한 것이었다. 이들 각각의 신분질서는 현실사회의 다양한 인적 관계에 규제되면서도 그것을 뛰어넘어 국가권력에 의해 정치적 신분질서로 편성되었다. 따라서 북위왕조는 이러한 이중적인 신분질서를 통하여 전 인민을 국가적 차원에서 조직하고 편제함으로써 단단한 지배체제를 구축・확립하고자 하였던 것이다.

이러한 구조를 보이는 북조시기의 이중적인 신분질서 가운데 가장 특징적인 것은 층서적인 신분질서 속에 보이는 백민ㅡ시역ㅡ노비라는 하층신분질서이다. 이 하층신분질서는 그 이전인 진한・위진이나 당해 시대 남조뿐만 아니라 이후의 수당과도 구별된 독특한 형태를 띠고 있다. 그리고 그 가운데 특히 주목되는 것은 백민과 노비 사이에 시역이라는 특이한 신분층이 자리하고 있는 점이다.

이 시기 시역은 『위서』 형벌지 등 북조시기의 여러 정사에 그 용례가 적지 않게 보일 뿐만 아니라 『안씨가훈』과 같은 이 시기 대표적인 지식인이 남긴 기록 속에도 그 용례를 볼 수 있다. 이런 점에서 보면 이 시기 시역은 제도적으로도 또 사회적으로도 그 실체가 인정되는 신분이었다. 이들은 양천제에서 양의 신분에 들어가지만, 양천제하의 내부적인 신분질서상에서 보면 양민의 최말단에 위치하고, 국가에 의한 해방조치가 없으면 본래의 신분에서 벗어나지 못하며, 백민인 편호민과는 달리 호적이 관부에만 있는, 곧 국가에 직속하고, 직업의 전환, 학교의 입학, 사서와의 혼인, 관계의 진출, 거주이전 등이 금지되고 있다. 따라서 이들은 호적이 관부에만 있고 국가가 필요로 하는 여러가지 잡다한 직역에 종사하는 자들에 대한 총칭이었다. 이런 점에서 이들은 신분적으로는 양민에 속하나 그 직역이 천시된 자들을 지칭하는 이른바 身良役賤層으로 규정할 수 있다. 이러한 시역의 범주에 속하는 것으로는 伎作戶[百工伎巧]·綾羅戶·細繭戶·屯戶·牧戶·營戶·兵戶[軍戶]·府戶·隸戶·別戶·城民·驛戶·樂戶·太常民·僧祇戶·平齊戶·鹽戶·金戶·銀戶 등 非編戶 일반으로서, 종래 이 시기 특수한 하층신분으로 연구자들 사이에 주목된 雜戶와 그 신분적 범주가 대략 일치한다.

이러한 특징을 보이는 시역이 북조시기에 이르러 하나의 신분층으로 등장하게 된 것은 무엇보다도 북위의 정복왕조적 측면과 관련이 깊다. 곧, 북위왕조는 피정복민 가운데 사민을 통하여 국가직속의 하층신분을 대량으로 창출함으로써 시역이라는 용어가 빈번하게 사용됨과 동시에 이 시역이 하나의 신분층으로 자리하게 된 중요한 요인이 되었다. 그리고 시역이 신분질서상에 하나의 신분으로 자리하는 것은, 이 시기 신분편성의 중요한 원리가 내포되어 있는데, 그것은 바로 국가에서 그들이 담당하는 직역을 신분편성의 일차적인 기준으로 삼았음을 말해 주는 것이다. 그리고 그 이면에는 국가가 부과한 직역만을 인정하고 현실의 다양한 인적인 결합관계, 곧 민간에서 성행한 사적인 지배-예속관계를 초극하고 황제에 의한 일원적인 지배체제를 구축하려는 국가측의 강한 의지를 담고 있는 것이다.

제3장에서는 북조시기 독특한 형태를 보이는 백민-시역[잡호]-노비라는 하층신분질서에 규정되어 있는 각 하층신분의 형성과 국가에 대한 담당직역을 특히 북위왕조에서 시행된 피정복민 정책과 관련지어 검토하였다. 일반 편호민을 의미하는 백민의 내원으로 주목되는 것에 內屬民이 있다. 이 내속민은 부락이나 가족을 거느리고 집단적·자발적으로 북위왕조의 지배하에 귀부해 온 자들이다. 따라서 북위왕조의 내속민에 대한 정책은 기본적으로 억압이 아닌 덕으로 위무하는 '撫之在德' 방식을 취하였다. 그런데 이들에 대한 실제의 편제는 한족, 넓게는 농경민족에 대하여는 군현제로 편제하고, 유목민족에 대하여는 그들 본래의 부락체제를 유지하는 이중적인 지배방식이 특징적이다. 이는 본래 북위왕조를

따랐던 유목민족과 한족을 구별하여 지배하는 이중적인 지배구조가 내속민에게도 그대로 관철되었음을 말해 준다. 그러나 이러한 종족의 특성을 고려한 이중적인 지배방식은 고조 효문제 이후 국가의 대민지배 방식이 종래 군사력에 의한 유목적 군국지배체제에서 중국적 군현지배체제로 전환함에 따라 내속한 유목민은 군현제라는 단일지배체제로 재편되어 갔다.

한편, 내속민은 북위왕조의 지배체제에 들어온 뒤에 정치적으로 차별을 받거나 심지어 노비로 전락하는 등 신분적으로 상당히 불안정한 상태에 두어짐으로써 도망·반란 등을 꾀하는 경우도 있다. 그러나 신분적인 면에서 내속민이 노비로 전락한 사례가 있다고 해도 이들은 국가적 신분제에서는 양인으로 규정되었고 아울러 계층적 신분질서에서도 일반 군현민과 다름없는 백민의 범주에 들어가는 존재였다.

백민은 호적에 편성된 모든 편호민을 총칭하지만, 계급적으로는 관인과 職人 등 관직에 있는 자를 제외한 피지배층을 가리키고 있고, 종족적으로는 한족을 중심으로 하지만 선비족이나 그밖에 북족민도 포함하였다. 또한 사회적 분업에 기초한 구분에서 보면 백민은 士人을 제외한 농공상과 유목민을 포함하는 포괄적인 신분이었다. 그리고 이들은 기본적으로 국가에 課役을 담당하는 중심계층인 점에서 국가 계급지배의 근간을 이루는 신분층으로 규정할 수 있다.

잡호의 내원으로 주목되는 것에 徙民이 있다. 북위왕조가 실시한 사민은 적대세력에 대한 정복 내지 토벌 이후 그 餘民·殘黨을 대상으로 특정한 지역으로 강제로 천사시키는 특징을 보이고 있다. 이러한 점에서 사민은 전쟁포로의 성격이 강하게 내포되어 있으나 가나 호를 단위로 하고 있는 점에서 일단 口로 계산되는 전쟁포로인 生口와는 구별되었다.

북위의 사민에 대한 편제방식은 사민 가운데 일부는 군현제로 편제되었으나 사민의 대부분을 차지하는 鮮卑·匈奴·高車 등 유목민은 사민된 뒤에도 본래의 편제방식인 부락체제를 유지하였고 또 이들은 전통

적인 생활방식인 목축을 생업으로 하고 있었다. 이러한 점에서 사민에게
도 내속민의 경우처럼 종족의 특성을 고려한 이중적인 지배방식이 적용
되었음을 볼 수 있다. 그러나 사민이 군현제로 편제되었건 본래의 부락
체제를 유지하였건 이들은 모두 북위왕조하에서 일반 군현민과는 다른
계통에서 특별관리되고 있었다.

이들 국가에 의해 특별관리된 사민의 상당부분은 厮役 곧 잡호에 충
당되었다. 사민을 내원으로 하는 잡호는 크게 두 부분으로 이루어져 있
었다. 하나는 사민을 직접 잡호에 충당한 경우이다. 여기에 속하는 것으
로는 營戶・隷戶・百工伎巧〔伎作戶〕・牧戶・平齊戶 등이 있다. 또 하나
는 2차 사민에 의한 잡호의 창출이다. 북위왕조는 적대세력에 대한 정복
전쟁의 결과 그 여민・잔당을 일정한 지역에 사민한 뒤에 이들을 재차
각지로 사민하여 잡호에 충당시켰다. 여기에 속하는 것으로는 兵戶・城
民・鎭民・軍戶・僧祇戶 등이 있다.

이러한 점에서 북위가 실시한 사민정책의 주된 목적은 적대세력에
대한 철저한 부정이라는 측면을 내포함과 동시에 이들을 국가가 필요로
하는 각종 직역에 종사시키기 위한 잡호의 창출이라는 측면도 내포하고
있었다. 특히 사민 가운데 특별한 재능이 없거나 북위왕조에 아무런 연
고가 없는 사람들은 북위왕조의 정치적・군사적 필요에 의해 일반 주군
민과는 다른 편제하에 두어지고 아울러 특수한 신분에 강제로 편입되었
다. 결국 사민을 통한 잡호의 대량창출은 후술할 생구의 노비화와 마찬
가지로 북위의 정복왕조적 성격을 단적으로 보여주는 것이다.

이 사민을 주된 내원으로 하는 북조시기 시역 곧 잡호는 북위왕조가
필요로 하는 다양한 직역에 구사되었는데, 여기에는 앞서 언급한 바와
같이 비편호일반인 다양한 하층신분을 거의 다 포괄하고 있다. 이들을
편의상 담당직역의 성격에 따라 분류하면, ① 특수한 기술을 필요로 하
는 호〔기작호・능라호・세견호・나곡호・태상민・악호 등〕, ② 특정한 직역에
종사하는 호〔목호・역호・둔호・승기호・염호・금호・은호 등〕, ③ 군영〔군부〕에

직속하는 호[성민·영호·병호·군호·부호], ④ 기타 그 담당직역이 불분명한 호[평제호·예호·별호 등]로 나눌 수 있다. 이러한 성격을 보이는 잡호의 대량존재는 이 시대 특유의 산물로서 북조의 대민지배 체제의 원리가 진한시대와는 근원적으로 달랐음을 말해 준다.

　북위왕조는 정복전쟁 과정에서 마우양 등의 축산뿐만 아니라 生口라 불리는 대량의 전쟁포로를 획득하였다. 북위왕조는 이들을 몰입하여 관노비로 삼은 이외에 정복→약탈→분배라는 유목민족의 전통적인 약탈품의 분배방식에 따라 왕공·귀족·群臣 및 전쟁에 참가한 有功將士 등에게 반사하는 등 정복전쟁 과정에서 획득한 이들 생구를 노비화하는 정책을 취하였다. 이러한 점에서 북위 전기 노비의 주된 내원은 전쟁포로였다.

　또한 북위 전기에 실시된 생구반사의 주된 受賜者는 선비족을 포함한 유목민족이었다. 이들 생구들은 노비가 된 뒤 북위왕조가 중국 내지에 들어와서 설치한 대규모 관영목장이나 선비족에 의한 산림수택 경영에서 주된 노동자로서 종사하였다. 탁발왕조를 포함한 선비족들의 대규모 산림수택의 경영은 이들 생구라 불리는 전쟁포로를 노비화함으로써 가능하였다. 따라서 생구라 불리는 전쟁포로의 노비화정책은 북위의 정복왕조적인 측면을 적나라하게 보여주는 것이다.

　노비는 이 시기 양천제하에서 천민으로 규정되었을 뿐 아니라 층서적인 신분질서에서 최하층에 위치하고 있다. 북조시기는 생구라는 전쟁포로를 노비화함으로써 위진 이래 계층분화에 의해 민간에서 발생한 사적인 예속민을 제도적으로 부정하고 私家의 소유를 노비만에 한정하였다. 이에 종래 이들 예속민이 담당하던 다양한 기능과 역할이 노비에게 전가됨으로써 노비제는 이전 시대에 비해 더욱 발달하였을 뿐 아니라 노비의 담당직역도 더욱 확대되었다. 북조시기의 노비는 상업활동뿐 아니라 방직·양조·염전·광산 등 다양한 생산활동에 종사하였지만, 특히 선비 상류층이나 관료층에 의해 산림수택의 점유와 개간을 중심으로 전개된 이 시기 대토지소유제하에서 다양한 생산활동에 종사하였으며, 특히 목축 및 농업노동에서 비중이 상당히 높았다. 북위가 화북통일과정에서 마우양, 토지 등과 함께 노비를 하사하고 있는 점, 균전제에서 노비에 대한 토지의 지급, 당시 농업경영에서 노비노동이 필수불가결하다는 지식인층의 인식, 典師라는 노비관리제도의 등장 등 여러 현상은 이 시기 노비제가 발달한 증거이다.

이상에서 볼 때, 북조 전기 하층신분질서로서 백민-시역[잡호]-노비라는 위계질서는 북위의 피정복민 정책 속에서 대두되었음을 알 수 있다. 북위왕조의 피정복민에 대한 이러한 차별적인 정책으로 다양한 하층신분이 대량으로 출현하였고, 이에 이들이 국가의 신분질서 속에 포섭되고 규정됨으로써 새로운 신분질서를 형성하였던 것이다.

제4장에서는 북조 후기 관부에 예속된 시역 곧 잡호 신분의 추이 속에서 북조 전기 성립하였던 하층신분질서가 변화되어 가는 과정을 살펴보았다.

북위왕조는 대규모 정복전쟁의 종결에 따라 사민을 통한 잡호 신분의 창출이 제한되자, 이에 대처하기 위하여 범죄연좌인을 잡호에 충당시키는 제도를 통하여 이들의 확보·유지를 꾀하였다. 더욱이 고조 효문제 이후 일부 한인관료에 의한 잡호의 해방노력이 더해져 사민을 내원으로 하는 잡호가 감소됨에 따라 범죄연좌인을 통한 잡호의 창출은 상대적으로 더욱 증가하여 북위 말 이후에는 잡호의 주된 내원이 되었다.

잡호의 내원변화와 아울러 북위왕조는 화북통일 이후 대규모 정복전쟁의 종결에 따라 기존의 잡호를 확보·유지하고자 그들의 신분을 세습시키고 학교로의 입학을 제한하거나 관계로의 진출을 금지하는 등의 조치를 취하였다. 더욱이 한화정책이 시행되는 고조 효문제 시기 이후 종래 사서와의 혼인금지 조치 이외에 거주지역의 제한, 호적제도의 차별 등 조치가 더해졌다. 이로 인해 잡호에 대한 국가의 통제력은 더욱 강화되었고, 동시에 이후 잡호는 신분적으로 더욱 고정화되어 갔다.

한편, 국가의 신분고정화 정책에도 불구하고 淸流 9품관으로의 진출 등 잡호 자신들에 의한 신분상승 노력도 활발하게 전개되었고, 국가측에서도 이러한 잡호의 신분상승 욕구를 완전히 차단하지 않고 제한적이지만 허용하였다. 국가의 잡호에 대한 이러한 이중적인 정책은 고조 효문제 이후 전 국가적인 지배체제의 전환 속에서 북조 전기 이래의 신분질서가 내부적으로 모순을 드러낸 것이었다. 그리고 잡호 신분을 둘러싼 이러한 모순된 상황은 북위멸망의 직접적인 계기가 되는 六鎭起義에 이르기까지 기본적으로 계속되었다.

북위가 육진기의 이후 전국적으로 내란에 휩싸이자 잡호는 혼란스런 정국을 틈타 종실의 자녀 등 상층신분과 혼인을 통하여 신분상승을 적극 꾀하였고, 아울러 성민·진민·목호 등은 북위 말의 내란에 적극적으로 가담함으로써 자신들의 신분에서 벗어나고자 하였다. 국가도 혼란스런 정국을 수습하기 위하여 잡호에 대하여 신분해방 조치를 내림과 아울러 이들 잡호를 이용하여 내란을 진압하고자 이들에게 관직으로 나아갈 수 있는 자격을 부여하는 등 잡호에게 신분적으로 상승하는 길을 마련하였다. 이러한 신분상승의 추세 속에서 잡호는 마침내 民名을 부여받기에 이르렀다. 이는 북위의 화북통일 이후, 특히 고조 효문제 시기 이후 그들이 직업·교육·관직·통혼·거주지역·호적제도 등 거의 모든 점에서 일반 편호민과 차별되고 그 신분이 고정화되던 경향과는 사뭇 대조적이다. 그리고 이러한 잡호의 신분상승 경향은 이후 동위·서위, 북제·북주의 쟁란기를 통하여 지속되었다.

잡호의 신분해방을 위한 노력은 북위가 동위·서위로 분열된 이후에도 계속되었고, 이와 아울러 북위 이후의 각 왕조에서도 기존의 잡호에 대한 신분해방 조치가 이어지고 있다. 이러한 북조 후기 이래 계속된 신분해방 조치를 거치면서 잡호는 여러가지 점에서 신분적 변화를 보이고 있다. 우선 구성의 변화를 들 수 있다. 북조 말 잡호에 대한 해방은 기존의 사민을 주된 내원으로 하던 자들을 대상으로 함으로써 이후 잡호에는 범죄연좌인만이 남게 되어 잡호의 주된 구성이 되었다.

　이러한 구성의 변화와 아울러 잡호는 신분적 성격 면에서도 상당한 변화를 보이고 있다. 첫째, 북위 말 이래 잡호에 대한 일련의 신분해방의 추세 속에서 그 종류가 크게 줄고 있는 점이다. 북조 전기 잡호는 관부에 직속하는 다양한 하층신분을 포괄하고 있었으나, 북위 말 이래의 쟁란을 거치면서 병호・성민 등 세습적인 성격을 띤 다양한 병사신분과 둔호・목호 등이 해방에 의해 소멸됨으로써 그 종류는 급격하게 줄어들고 있다. 둘째, 종류의 축소와 아울러 북위 이래 소멸하지 않고 남아 잡호를 형성하였던 일부의 호가 북조 후기에 전개된 일련의 신분해방 과정을 거치면서 점차 잡호에서 분리되어 하나의 전문직역호가 되고 있다. 그 대표적인 것이 공호・악호 등이다. 더욱이 일부 호가 분리된 이후의 잡호는 단일신분으로서의 성격을 띠어 갔다. 셋째, 북조 말에 이르러 잡호의 국가에 대한 복역방식이 番役의 형태로 전환되고 있는 점이다. 따라서 이러한 변화를 거친 이후의 잡호는 당대의 잡호와 유사한 성격을 지니고 있는 점에서 당대 잡호의 기본적인 형태는 이미 북조 말에 갖추어졌다고 하겠다.

　잡호를 둘러싼 이러한 구성과 종류・복역형태 등 여러가지 신분적 변화로 잡호는 더 이상 이들 관부에 직속하던 하층신분을 포괄하는 신분적 명칭으로 기능하지 못하였고, 이에 따라 북조 전기에 형성된 이 시기 특유의 백민-시역[잡호]-노비라는 하층신분질서도 자연히 붕괴되어 갔다. 이와 아울러 북조 말의 신분해방 속에서 남아 있던 공호・악호・잡호 등은 범죄연좌인을 구성요소로 함으로써 신분적으로 더욱 천시되어 양인에서 천민으로 전환될 가능성을 내포하였지만, 북조 말에 단행된 신분재편 속에서 천민의 구성이 다양해짐으로써 이후 부곡・객녀와 함께 천민신분으로 전환되어 갔다. 이러한 점에서 북조 말은 하층신분에 대한 해방시기임과 동시에 새로운 신분재편 시기라 할 수 있고, 또한 수당시대 신분제의 端初를 연 시기로서 위치지을 수 있다.

　제5장에서는 위진남북조 시기에 성행하였던 인신매매에 대한 국가의

대응양상 속에서 북조 말 부곡·객녀 신분이 설정되어 가는 과정을 검토하고, 그 결과 이 시기의 독특한 하층신분질서가 변화하는 모습을 논증하였다.

위진남북조 시기 인신매매는 여러가지 형태를 띠면서 전개되었고, 또 이러한 인신매매의 여러 형태는 그 결과로서 다양한 예속신분을 만들어내었지만, 남조와 북조에는 인신매매상에서 약간 차이를 보인다. 곧, 남조의 경우 인신매매는 客의 형태가 일반적인 데 비해 북조의 경우에는 예속도가 상대적으로 높은 노비의 형태가 많다. 이러한 인신매매상의 차이는 남조와 북조에서 전개된 계층분화의 차이와 관련이 있다. 남조의 경우에는 서진의 멸망 이후 남하한 많은 유민이 호강층에 투탁하여 佃客·衣食客 등으로 전환되고, 이것이 인신매매상에도 반영되어 다양한 형태의 객적인 존재가 출현하게 되었다. 북위에서도 남조와 같이 일반민이 호족에게 의부하는 蔭附戶가 다수 존재하였다. 그러나 북위왕조는 화북통일 과정에서 획득한 生口를 노비화하는 정책을 통하여 많은 노비를 창출하였다. 이러한 노비의 대량창출은 자연히 민간에서의 계층분화를 둔화시켰고, 더욱이 민간에서 노비 이외의 사적 예속민에 대한 지배를 관철하기 위해서는 노비제의 외피를 이용하게 되었다. 이것이 인신매매에도 반영되어 양인의 노비화라는 형식을 취하게 되었다.

그런데, 이 시기 인신매매의 경우 그 본래의 신분을 회복하는 방법으로는 贖免이 일반적이었다. 이는 인신매매에 의해 한번 노비로 전락한 자는 속면이 아니면 원래의 신분으로 돌아가기가 상당히 어려웠음을 말해준다. 따라서 인신매매에 의해 노비가 된 자는 법적 신분이 양인이라 하더라도 속면되기 전까지는 법적 노비신분과 동일하게 취급되어 온갖 잡역에 무제한·무대가로 구사되었고, 그 소유주는 이들에 대하여 매매·증여·분할 등의 처분권도 가지는 등 거의 절대적인 권한을 행사하였다.

한편, 이러한 인신매매에 대한 국가의 대응양상도 남조와 북조는 차이를 보인다. 우선 위진·남조의 경우는 후한 이래 대토지소유화의 진행과 계층분화에 따른 사적 예속민이 대량으로 존재하는 현실을 인정하여 給客制를 시행하였다. 이것은 오히려 현실에서의 계층분화를 더욱 촉진시키는 방향으로 작용하였다. 더욱이 동진·남조의 여러 왕조에서는 국가권력이 미약하여 호강층에 의부한 사적 예속민을 완전히 부정하지 못하고 어느 정도 용인하는 방향을 취하였다.

북위왕조는 국초 이래 국가적 신분제로서 양천제를 표방하여 노비 이외의 모든 민을 양인으로서 국가의 편호민으로 파악하고자 하는 체제를 마련하였다. 특히 균전제를 통하여 수전의 대상을 양인과 노비에 한정함으로써 위진 이래 화북에 존재하였던 음부호 등 사적 예속민을 제도적으로 부정하였다. 이러한 북위왕조의 대민지배 방식에 의해 종래 호강층에게 투탁하여 국가의 課役대상에서 벗어나 있던 음부호는 법적으로 양인으로 규정됨과 아울러 국가의 편호제민으로 규정되었다. 이러한 점에서 국가의 사적 예속민에 대한 편호화 정책 속에는 국가적 신분제로서 양천제뿐 아니라 양천제하의 왕공·관인·직인·백민·시역〔잡호〕·노비라는 층서적인 신분질서를 통한 집권적인 지배체제의 구축이라는 대민지배 체제상의 통치원리가 잘 반영되어 있다.

국가가 노비 이외의 사적인 예속민을 제도적으로 부정하고 있는 이상 편호민이어야 할 양인의 몰락을 초래하는 인신매매에 관심을 기울이는 것은 당연하다. 이에 북위왕조는 음부호를 검괄하여 호적에 편입시키는 한편으로 모든 인신매매를 불법으로 간주하여 강력하게 대처하였고, 아울러 인신매매에 의해 노비가 된 자들에 대하여는 조칙을 통하여 일방적·무조건적으로 본래 신분으로 전환시켰다. 그러나 이러한 국가의 방면조치는 속면이 일반적인 민간의 신분해방 방식과는 상당한 차이가 있었기 때문에 전 사회적으로 전개된 양인의 몰락=노비화를 근원적으로 해결하지 못하였다. 그런데 북위 말에 이르면 이전과는 달리 인신매매에 의해 초래된 양인의 노비화를 현실적으로 인정하는 분위기가 등장한다. 이것은 인신매매에 대한 국가의 인식이 바뀌었음을 말해 주며, 이는 북주 말 부곡·객녀 신분의 설정에서 보면 주목되는 변화이다.
 북조 말에 이르면 노비에 대하여 일련의 해방을 단행하였다. 이 때의 노비해방은 주로 서위·북주가 동위·북제 및 남조와 전쟁을 벌이면서 획득한 전쟁포로 가운데 노비로 전락한 양인에 대한 방면조치라는 특징을 보이고 있다. 그런데 이 시기의 노비해방 조치는 기본적으로 몰락하여 노비로 전락한 양인을 대상으로 하고 있는 점에서 인신매매에 의해 초래된 '몰락 양인을 재차 양인으로'라는 기존의 노비방면 조치의 연장선상에 있다.
 따라서 부곡·객녀가 법제적 신분으로 설정되는 북주 무제 建德6년의 조칙은 기본적으로 몰락하여 노비가 된 자를 재차 양인화하는 것에 일차적인 목적이 있고, 그 이면에는 편호민을 증가시켜 부병의 기초가 되는 균전농민을 확보하려는 의도가 있었다. 그러나 이들이 원래 양인이었다고 해도 오랜 기간 노비신분이었던 이상 이들에게는 주인이 있기 때문에 국가는 결국 주인권을 현실적으로 인정하는 방향을 취하게 되었다. 이러한 점에서 북조 말 부곡·객녀라는 새로운 신분은 국가가 몰락하여 노비가 된 양인을 재차 양인화하여 편호민으로 재편하는 과정에서 이들에 대하여 행사되고 있던 주인과의 관계를 고려하여 설정되었다.
 그런데, 국가가 노비 해방과정에서 주인권을 의식하였더라도 속면에 의해 양인화하지 않고 부곡·객녀라는 별개의 신분을 설정한 국가측의 궁극적인 의도가 문제가 된다. 여기에는 노비의 해방에서 대두되는 문제점으로서, 해방된 자들의 경우 국가가 의식을 지급해야 할 정도로 자립도가 매우 낮다는 점, 국가의 사적 예속민에 대한 통제책에도 불구하고 부곡이나 客에 대한 소유권은 강화되고 있는 점, 그리고 북위의 분열 이래 계속된 상란으로 국가의 호적에서 이탈한 많은 객이 존재하는 상황 등 여러가지 복합적인 요인이 작용하였다. 이러한 상황에서 북주 무제는 새로이 신분체계의 재편을 통하여 이들의 신분적인 위치를 규정할 필요성이 제기되었고, 그것이 건덕6년의 노비해방 과정에서 부곡·객녀 신분의 설정으로 나타났다.

이 부곡·객녀 신분의 출현은 북위 이래의 신분제에 변화를 가져왔다. 우선 양천제의 구성적 변화이다. 곧, 민과 노비의 사이에 새로이 부곡·객녀가 설정되어 노비의 상급신분으로 규정됨으로써 천민의 범주가 확대되었다. 다음으로는 신분질서의 구조적 변화이다. 곧, 북조시기에는 사적인 예속민이 대량으로 존재하였더라도 법에 의해 민간에서는 노비 이외에는 소유가 법적으로 불가능하였다. 그러나 북조 말 부곡·객녀 신분의 출현은 이후 수·당대와 같은 노비의 상급신분으로서 부곡·객녀가 자리하는 새로운 신분질서가 형성되었다. 이러한 점에서 북조 말은 국가적 신분제의 재편시기임과 동시에 양천제하의 신분질서에도 변화가 일어난 시기로서 위치지을 수 있다.

결국 북조시기 국가적 신분제로서 양천제와 이 양천제하의 백민—시역[잡호]—노비라는 하층신분 질서는 북조 특유의 대민지배 체제의 원리를 반영하고 있으며, 더욱이 이러한 신분제와 신분질서의 추이 속에서 수당 신분제의 기본틀이 마련되고 있는 점에 중요한 역사적 의의가 있다고 하겠다.

지금까지 살펴본 북조시기 국가적 신분제와 계층적 위계질서의 구조 및 그 변천을 도표로 나타내면 다음과 같다.

```
북조 전기[양천제]                              북조 후기[양천제]
      ┌ 王公 ─────────────────── 王公
      │ 官人[流內 9品官 이상] ──────── 官人  ┐
  良 ─┤ 職人[流外 및 下級胥吏] ──────── 職人  ├ 良
      │ 白民[農工商 등 編戶民] ──────── 白民  ┘
      └ 雜戶[厮役: 伎作戶·牧戶·樂戶·屯戶·      ┌ 雜戶의 單一化
         兵戶·隸戶·城民·驛戶 등 非編戶 일반] ─┤ 工戶·樂戶의 독립  ┐
                                            └ 部曲·客女의 첨가  ├ 賤
  賤 ─── 奴婢[官·私奴婢] ─────────── 奴婢[官·私奴婢]        ┘
```

中文提要

本書考察了存續于秦漢到隋唐統一帝國歷史期間的, 政治分裂時期的魏晉南北朝時代, 論述了異民族支配期的北朝時期, 國家支配人民形態之一的身分秩序的形成及其變化. 北朝時期民和奴婢之間出現了多樣的下層身分階層, 其結果, 形成了與秦漢‧隋唐相異的, 獨特的身分秩序. 出現這種身分制方面的變化雖然與秦漢這一統一帝國的滅亡有密切的關聯, 特別是從北魏以來在華北地區建立有力政權的胡族所起的作用較強. 本書從這種角度出發檢討了北朝時期的身分制.

第二章檢討了北朝時期, 國家的身分制和內部身分秩序的構造及其原理等. 北朝時期的身分制與唐代同樣是良賤制, 而且良賤制下的身分秩序是以吏民秩序和王公, 官人‧職人‧白民‧厮役, 奴婢等位階秩序的二重性來構成的. 這種身分秩序中最具有特徵的是見于位階秩序中的所謂白民-厮役-奴婢的下層身分秩序, 而且特別引人注目的是白民和奴婢之間位有特異的身分層, 卽厮役. 這時期的厮役階層是: 戶籍只在于官司, 從事國家必要的, 負雜多職役義務階層的總稱. 屬這種厮役範疇的有伎作戶〔百工伎巧〕‧綾羅戶‧細繭戶‧屯戶‧牧戶‧營戶‧兵戶〔軍戶〕‧府戶‧隸戶‧別戶‧城民‧驛戶‧樂戶‧太常民‧僧祇戶‧平齊戶‧鹽戶‧金戶‧銀戶等一般的非編戶, 與雜民身分範疇一致, 厮役之所以作爲一種身分在身分秩序上占一席之地, 是因爲國家把他們所擔負的職役爲編成身分的首要標準, 其裏面包含着限制民間盛行的私的支配-隸屬關係, 構築皇帝一元支配體制的意志.

第三章考察了北朝時期規定于白民-厮役〔雜戶〕-奴婢這一獨特身分秩序中的各下層身分階層的形成及其對國家所擔的職役, 特別是與北魏王朝所施行的被征服民政策相聯系而考察的. 北朝時期的下層身分秩序中, 白民相當于內屬民, 厮役相當于徙民, 奴婢與生口相對應. 由此可見, 北朝前期作爲下層身分秩序的白民-厮役〔雜戶〕-奴婢這種層序的秩序是産生于實施被征服民政策的過程中. 因北魏王朝的這種對被征服民的差別性政策, 大量出現了多樣的下層身分, 並且包攝于國家的身分秩序加以規定, 從而形成了新的身分秩序.

第四章考察了北朝後期隸屬于官府的厮役, 卽雜戶身分的推移中考察了北朝前期成立的下層身分秩序所變化的過程. 孝文帝以後, 雜戶的主要來源是犯罪連坐人, 因此從

身分上雜戶更趨于固定化, 但高祖孝文帝以後出現了雜戶本身們不拘于國家的身分固定化政策, 努力開展提高自身身分的活動現象, 另一方面國家對雜戶的這種身分上昇慾求采取雖限制而又容許的二重態度. 但是從六鎭起義後, 在全國性的內亂中雜戶終于被附與了民名. 特別是北朝後期以來, 經過連續的身分解放措施雜戶身分從其構成和種類及其服役形態等方面出現了變化. 其結果, 北魏末以後處于解體階段的, 這時期特有的白民-廝役[雜戶]-奴婢這一下層身分秩序也趨于消滅, 同時在北朝末的身分再編過程中雜戶被轉爲賤民身分.

第五章通過考察國家對盛行于魏晉南北朝時期的人身賣買所采取措施中檢討了北朝末作爲民間隷屬民, 卽部曲·客女身分的出現過程, 而且論證了由此引起的下層身分秩序的變化狀態. 這時期的人身賣買一般采取了恢復其本來身分而贖免的方法. 因此被人身賣買而成爲奴婢者与法律所規定的奴婢處于同樣的地位, 其所有主對他們具有賣買·贈與·瓜分等等處理權, 幾乎行使着絶對的權限.

北魏王朝從國初以來標榜着良賤制幷建立了把奴婢以外的所有民爲良人以便國家掌握的編戶民體制, 因而從法律上規定了投托于豪强階層的蔭附戶爲良人的同時, 被規定爲國家的編戶齊民, 這種國家對私有隷屬民的編戶化政策進一步反映了作爲國家的身分制不但通過良賤制, 而且通過良賤制下的王公, 官人, 職人, 白民, 廝役[雜戶], 奴婢等層序性的身分秩序來對民支配的體制及統治原理, 到北朝末對奴婢的連續解放使部曲·客女終于取得了合法的法律身分, 其結果引起了國家的身分制再編和良賤制下的身分秩序也發生了變化.

綜上而言, 北朝時期作爲國家身分制的良賤制和這一良賤制下的所謂白民-廝役[雜戶]-奴婢等下層身分秩序反映了北朝特有的對民支配體制原理, 特別是在這種身分制和身分秩序的沿革過程中逐漸形成了隋唐身分制的基本框架, 從這一點來講它具有重要的歷史意義.

[추가논문]

〈추가논문 1〉

北魏後期~隋代 신분제 지배의 변화양상
―捕虜의 실태와 班賜의 내용을 중심으로―

Ⅰ. 머리말

 필자는 이전 북조 전기 새로이 등장하는 독특한 하층신분질서는 북위의 피정복민 정책과 밀접한 관련이 있음을 논증하였다. 곧 북조 전기, 특히 북위가 화북을 통일하는 정복전쟁 및 통일 이후 각 지역에 할거하는 적대세력을 토벌하는 과정에서 발생한 다양한 형태의 피정복민에 대하여 신분제 지배의 방식을 취하였고, 그것이 국가의 신분제에 반영되고 규정되어 새로운 형태의 하층신분질서를 성립시켰던 것이다. 그리고 이러한 새로운 하층신분질서 가운데 특징적인 것은 편호민인 白民 이외에 그 아래의 雜戶[廝役]·노비 등 官府와 私家에 예속된 다양한 하층신분이 대량으로 출현하였던 점이라 할 수 있다.[1]

 그런데, 북조 전기에 형성된 이러한 하층신분 질서는 북조 후기에 이르면 변화를 보이기 시작하는데, 그것은 북조 전기 백민과 노비 사이에 위치하던 잡호 신분의 감소와 단일화·천인화 및 部曲·客女라는 새로운 신분의 출현이었다.[2] 그리고 이러한 하층신분질서의 변화는 궁극적

---

1) 북조 전기 하층신분질서의 형성과 다양한 하층신분의 출현 전반에 대하여는 졸고, 『北朝時期 下層身分秩序 硏究』(부산대박사학위논문, 1998) 제2장, 「北朝前期 하층신분질서의 형성과 구조」(『釜山史學』 35, 1998:본서 제3장 수록) 참조[이하 인용하는 쪽번호는 학술지의 번호를 달기로 한다. 이하 동일].
2) 북조 후기 하층신분질서의 변화양상에 대하여는 졸고, 「北朝後期 廝役身分의 推移와 그 性格」(『釜山史學』 30, 1996 ; 『北朝時期 下層身分秩序 硏究』 제3장 「北朝後期 雜戶의 추이

으로 국가의 대민지배 체제의 변화, 특히 신분제 지배의 변화와 밀접하게 관련되어 있고, 그것은 다름 아닌 '官私의 예속민을 편호화함으로써 국가의 호적에 등재된 편호민을 증가시키는 것이었다.[3]

본고는 필자의 북조시기 신분제에 대한 이러한 입장을 보완하는 차원에서 종래 필자의 연구에서 미진하였던 부분, 곧 북위 전기 노비의 주된 내원이었던 전쟁포로의 실태 및 전쟁의 결과 수반되는 반사의 형식과 내용이 북위 후기 이후 어떻게 변화해 가는가 하는 점에 대한 고찰을 통하여 각 왕조에서 시행한 신분제 지배의 변화양상을 구명하고자 한다. 아울러 여기서는 북조에서 수로의 대민지배 체제의 흐름을 일관되게 파악하는 의미에서 그 시기를 수대까지 연장하였음을 미리 밝혀둔다.

Ⅱ. 북위 후기 포로의 실태와 반사

앞서 언급하였듯이 북조 전기, 특히 북위 전기는 다양한 형태의 피정복민에 대하여 신분적으로 차별하는 지배형태를 띠었고, 그 가운데 전쟁포로의 경우는 대체로 노비화하는 정책을 취하였다. 곧, 북위는 화북을 통일하는 정복전쟁 및 통일 이후 각 지역에 할거하였던 적대세력을 토벌하는 과정에서 대량의 전쟁포로를 획득하였고.[4] 아울러 이들 전쟁포로

와 신분질서의 변화」라는 제목으로 재수록:본서 제4장 수록) ; 졸고, 『北朝時期 下層身分秩序 硏究』 제4장, 「部曲・客女 신분의 출현과 신분질서의 변화」(『中國史硏究』 5, 1999 재수록:본서 제5장 수록) 참조.
3) 이러한 변화의 배경에는 국가의 필요에 의해 국가측에서 해방이라는 형태를 취하기도 하지만, 하층신분 자체의 주체적이고 적극적인 신분상승 노력도 무시할 수 없다. 물론 이 가운데 특히 국가 주도의 신분해방정책은 철저히 시행된 것이 아니고, 일부 이들 하층신분의 소유주와 타협함으로써 완만한 과정으로 진행되고 있다.
4) 북위 전기 전쟁포로의 획득 실태에 대하여는 졸고, 「北朝前期 하층신분질서의 형성과 구조」, p.84[본서 제3장 제3절 [표 5]] 참조.

를 대부분 관부에 몰입하거나 또는 귀족·관료 및 유공장사에게 때로는 집단적으로,5) 때로는 개별적으로6) 반사하는 등 대부분 노비화하였던 것이다.7) 이러한 북위의 전쟁포로에 대한 노비화정책은 유목민 특유의 정복→약탈→분배라는 전통적인 재부분배 방식에 의거하고 있음은 말할 나위도 없다.8)

그러면, 高祖 孝文帝 이후 전쟁포로의 실태 및 반사의 형식과 내용은 어떠하였을까? 우선 북위 후기, 곧 世宗 宣武帝시기부터 북위가 동·서로 분열되기까지 전쟁포로의 실태를 표로 나타낸 것이 다음의 [표 1] 북위 후기 포로의 실태이다.

이 [표 1]에 의하면 북위 후기 포로의 획득은 총 10건에 이르고 있다. 그 가운데 8건이 남조 梁과의 국지적 전쟁 속에서 획득한 것이다. 이것은 후기 북위왕조의 대외관계가 주로 남조에 치우쳐 있었음을 말해 준다.

포로의 수적인 면을 보면, 많게는 수만에서 적게는 천여 구에 이르기까지 다양하지만 대체로 몇 천 구가 일반적이고, 또 전체숫자도 그다지 많지 않다. 따라서 북위 후기 부획의 건수나 숫자는 전기와는 큰 차이가 있음을 알 수 있다. 이와 같이 북위 후기 포로의 건수나 수가 전기에 비해 격감하고 있는 것은, 전기의 경우 정복·통일과정에서 주변민족과의 전쟁이 빈번하였던 데 비해 후기는 북위의 대외관계가 주로 남조의 양나라에 국한된 현상일 것이다(물론 뒤로 갈수록 수가 증가하고 포로의 성격도 다양해지는 경향을 보인다. 이것은 북위 말 이후 남조

---

5) 북위 전기 일반반사의 실태에 대하여는 졸고, 「北朝前期 하층신분질서의 형성과 구조」, p.85(본서 제3장 제3절 [표 4]) 참조.
6) 북위 전기 개인에 대한 반사에 대하여는 졸고, 「北朝前期 하층신분질서의 형성과 구조」, p.86(본서 제3장 제3절 [표 5]) 참조.
7) 북위 전기 전쟁포로의 노비화정책에 대하여는 周士龍, 「論北魏前期對各族降附者的政策」(『K22 魏晉南北朝隋唐史』 1989-4) ; 졸고, 「北朝前期 하층신분질서의 형성과 구조」, pp.61~67 참조.
8) 朴漢濟, 『中國中世胡漢體制研究』(一潮閣, 1988), pp.150~162.

[표 1] 북위 후기 포로의 실태

帝名	年號[西曆]	數量	內容	備考
世宗	正始3(506)	首虜二千餘	[梁]江州刺史王茂先 격파	
		俘獲千餘口	[梁]司州 공략	
		首虜五千有餘	[梁]徐州刺史王伯敖 대파	
	永平1(508)	俘蕭衍卒三千餘人	[豫州彭城人]白早生 격파	分賜王公已下
	永平2(509)	俘獲七千餘人	[梁]武陽關 획득	
肅宗	熙平1(516)	盡俘其衆	[梁]硤石 정벌	以硤石俘虜分賜百僚
	孝昌3(527)	俘獲二千餘人	[蕭衍將]彭羣斬	
孝莊帝	建明1(530)	俘獲萬餘人	蕭衍軍 격파	
孝靜帝	元象1(538)	俘獲數萬	齊獻武王 격파	
	武定2(544)	俘獲一萬餘戶	山胡 격파	分配諸州

* 이 표는 『魏書』 本紀를 참고하였다.
* 列傳에도 俘獲의 기사가 있으나 본기와 중복되는 것이 많고 사례도 적기 때문에 생략하였다.
* 530년 이후의 사례는 東魏 때의 일이나 여기서는 편의상 기입하였다.

와의 긴장관계뿐 아니라 주변 소수민족과의 대립도 격화되었음을 의미할 것이다]. 그러나 [표 1]에서 보듯 이 시기에도 전쟁포로가 계속 만들어지고 있는 것은 확실하다.9)

그러면 이들 포로는 어떻게 처리되었을까? 우선 이들이 대부분 적몰되어 관노비가 되었을 것임은 쉽게 짐작된다.10) 이와 아울러 이들 가운

---

9) 북위 후기의 경우 특이하게도 열전에는 戰俘기사가 거의 보이지 않는다. 이는 결국 이 시기 대외전쟁이 전기에 비해 그다지 활발하지 않았음을 나타낸다고 하겠다.
10) 참고로 고조 효문제 시기에 이르면 전쟁포로의 처리와 관련하여 초기와는 다른 특이한 현상이 나타나고 있다. 곧, 太和15년(491) 5월에는 長孫百年이 吐谷渾이 둔 洮陽·泥和 2戍를 공격하여 획득한 俘虜 3천여 인을 조서를 내려 모두 免歸시키고 있고[『魏書』 卷7下, 高祖紀下, 太和15年 5月條]. 또 太和18년(494)에도 조서를 내려 壽陽·鍾離·馬頭의 군사가 획득한 남녀의 口를 모두 방면하여 남쪽으로 귀환시켰으며,[『魏書』 卷7下, 高祖紀下, 太和 18年 12月條] 太和19년에는 군대가 사로잡은 蕭鸞의 병졸 3천을 면귀시키는[『魏書』 卷7下, 高祖紀下, 太和19年 2月條] 등 전쟁포로를 귀환시키는 조치가 연이어 나오고 있다. 효문제의 이러한 포로의 귀환조치는 그 이전 북위 초기 유목민 특유의 정복→약

데는 상당수가 개인에게도 하사되었을 것으로 보이는데, 이 점을 반사와 관련해서 살펴보기로 한다. 우선 [표 1]에서 보듯 반사 가운데 왕공·귀족이나 유공장사 등에게 내린 일반반사의 경우는 두 개의 사례가 있다. 첫째는 세종 선무제 永平원년(508) 반란한 豫州 彭城人 白무生을 격파하고 그 때 蕭衍의 군졸 3천여 인을 포로로 하였는데, 바로 뒤에 "分賜王公已下"라는 기사가 이어지고 있다. 그렇다면 이들 군졸 3천여 인은 대부분 왕공 이하 百官이나 將士 등에게 분사되었음은 쉽게 짐작할 수 있다.

또 하나는 [표 1]에 의하면 肅宗 孝明帝 熙平원년(516) 2월에 남조 양의 硤石지역을 토벌하여 그 무리를 모두 俘虜로 하였고, 3월에는 협석에서 획득한 부로를 百僚에게 분사하고 있다. 이후 부로를 지배층에게 분사했다는 기사는 보이지 않는다.[11] 또한 이 시기 개인에게 인신을 하사한 특별반사의 경우는 肅宗 孝明帝 때에 종실인 元略에게 노비 30인을 하사하였다는 사례 하나에 불과하고,[12] 더욱이 전공자에 대한 인신의 하사는 보이지 않는다. 따라서 북위 후기 인신의 반사는 내용이나 형식 모든 면에서 북위 전기에 비해 상당히 감소하였음을 알 수 있다. 그 이유는

탈→분배방식과는 자못 다른 모습을 보여준다. 그런데 이 때 귀환된 자들을 보면 吐谷渾과 남조의 민이 그 대상이 되어 있다. 吐谷渾의 경우에는 북위가 洮陽·泥和를 공격하기 직전인 정월에 사신을 보내어 조공하고 있다. 그렇다면 북위왕조가 吐谷渾의 포로를 귀환시킨 것은 이들과의 우호적인 관계를 고려한 정책적 의도가 내재해 있을 것으로 보인다 (포로의 귀환에 대한 답례인지 2개월이 지난 7월이 되면 吐谷渾은 다시 遣使朝貢하고 있다). 남조 민에 대한 귀환조치는 효문제의 남벌과 관련이 있는 듯하다. 곧, 효문제는 南伐〔太和18년 12월〕을 전후한 시기에 南人〔蠻〕에 대한 침탈을 금지하거나〔『魏書』 卷7下, 高祖紀下, 太和18年 10月條〕, 淮北의 민에 대한 침략을 금지시키고 어기는 자에게는 大辟으로 논죄하는〔『魏書』 卷7下, 祖紀下, 太和19年 正月條〕 등 관용적인 모습을 보이고 있다. 위에 열거한 포로의 귀환조치도 바로 남벌을 전후하여 나온 것이다. 그렇다면 효문제의 남조 포로의 귀환조치도 그가 남벌을 앞둔 시점에서 남조 민에 대하여 일시적으로 취한 우호적인 정책이라 볼 수 있을 것이다.
11) [표 1]에 의하면 孝靜帝 武丁2年(544)에 山胡를 격파하고 획득한 만여 戶를 諸州에 분배〔分配諸州〕했다는 기사가 보인다. 여기의 分配諸州가 노비의 형태로 분배한 것인지 그렇지 않으면 일반 편호민으로 분배한 것인지 명확하지 않다.
12) 『魏書』 卷19下, 南安王傳附略傳. 肅宗이 元略에게 내린 노비 30인은 그가 남조의 梁〔蕭衍〕으로 달아난 뒤 다시 북위로 돌아온 것에 대한 답례의 성격을 띠고 있다.

앞서 포로의 실태에서 보았듯이 부획의 건수나 숫자의 감소가 노비의 하사에 영향을 주어 그 감소를 초래하였을 수도 있지만, 무엇보다도 그 이면에는 북위 후기 특히 六鎭起義 이후 국가가 포로의 반사를 시행할 수 없을 정도로 중앙집권체제의 이완이라는 정치적 혼란상황이 자리하고 있을 것으로 생각된다.

그러나, 한편으로 이 시기가 되면 人身의 반사는 줄었다고는 해도 인신 이외의 축산이나 포백·전답 등을 하사한 사례는 적지 않다. 더욱이 주목되는 것은 북위 후기가 되면 전공에 대한 반대급부로서 개인에 대한 특별반사 가운데 爵·邑을 하사한 사례가 많이 보이는 점이다. 작·읍이 동시에 하사된 것은 이미 고조 효문제의 태화16년에 새로 5등작을 제정한 이후 일반관료에게 작 이외에 읍을 하사한 일에서 비롯한다.[13] 북위 후기에 이르러 전공자에게 작과 읍이 하사된 것은 그것이 이후 점차 확대되어 군공을 세운 자에게도 적용되었음을 말해 준다. 그리고 그러한 일은 후기로 갈수록 더욱 증가하고 있다. 앞서 언급하였듯이 북위 후기에 이르러 종래 광범위하게 시행되었던 전공자에 대한 반대급부로서 노비 등 인신의 반사가 준 것은 이 작·읍의 하사와도 관련이 있다고 하겠다.

이상, 북위 후기 전쟁에 따른 포로의 실태 및 반사의 형식과 내용을 살펴보았다. 그것에 의하면 북위 후기에는 대외정복전쟁의 감소로 전쟁포로는 감소되고, 그에 따라 인신의 반사[일반반사·특별반사 모두 동일]도 아울러 감소하고 있다. 그 대신 이 시기에 군공에 대한 포상으로서 새로이 작·읍의 하사가 특징적으로 나타난다. 그러나 이러한 변화 속에서도 전쟁포로의 존속과 그에 따른 인신의 반사, 그 가운데도 특히 일반반사가 시행되고 있는 것은 이 시기에도 유목민 특유의 정복→약탈→반사라

---

13) 『魏書』 卷113, 官氏志에 의하면 북위는 고조 효문제 太和16년에 새로이 封爵制를 개혁하고 있는데, 이 때의 봉작제는 이전과 달리 식읍제의 형태를 띰으로써 작과 읍이 결합되는 특징을 보이고 있다[북위 전기 봉작제의 추이에 대하여는 嚴耀中, 『北魏前期政治制度』, 吉林敎育出版社, 1990, pp.175~193 참조].

는 재부분배 방식이 어느 정도 관철되었다고 생각된다. 그러한 점에서 이 시기는 기본적으로 북위 전기와 같은 형식의 포로의 노비화가 지속되었다고 할 수 있을 것이다.

Ⅲ. 서위·북주시기 포로의 실태와 반사

다음으로 북위가 동위·서위로 나뉜 뒤부터 북주시기까지 포로의 실태와 반사의 형태는 어떠하였고, 그것은 북위시대와 어떤 차이가 있을까에 대하여 살펴보기로 한다. 우선 서위·북주시기 포로의 실태를 표로 나타낸 것이 [표 2] 서위·북주시기 포로의 실태[本紀] 및 [표 3] 서위·북주시기 포로의 실태[列傳]이다.[14]

두 개의 표 가운데 [표 2]는 시기적으로 북위 말 六鎭起義 이후 서위가 개창되기 직전, 곧 534년에서 북주 무제의 建德5년(576)까지 『周書』 본기에 있는 부획의 기사를 표로 묶은 것이고[서위라고 해도 실질적인 지배자는 宇文泰임은 말할 나위도 없다], [표 3]은 같은 시기 『周書』 열전에 있는 포로기사를 표로 나타낸 것이다.[15]

우선 [표 2]의 본기에 수록되어 있는 戰俘기사를 보면, 총 10건의 사례 가운데 동위와의 전쟁이 대부분이고 1건만이 남조 양의 강릉정벌로 되어 있다. 이와는 달리 [표 3]에 있는 열전의 전부기사를 보면, 戰俘의

---

14) 본고에서는 북위에서 수로의 역사전개를 서위·북주의 흐름 속에서 이해하는 관점에서 북위의 분열 이후 분석의 대상을 서위·북주에 한정하고 동위·북제는 제외하였다. 종래 서위·북주와 동위·북제는 수당제국형성에 기여한 점에서 양자를 동일하게 비교할 수 없다는 견해가 있다[朴漢濟, 「新胡漢體制論」『魏晋隋唐史硏究』 4, 1998, p.53]. 필자도 기본적으로는 여기에 동의하고 있다.
15) [표 2]·[표 3] 가운데 명확하게 중복된다고 생각되는 사례는 열전 부분을 생략하였다. 그밖에 일부 중복되는 기사도 있을 것이지만, 전체 포로의 실태를 아는 데 크게 무리는 없을 것이다.

대상은 동위・북제 이외에 蠻・獠・突厥 및 남조의 양・진 등 다방면에 걸쳐 있지만, 그 가운데 남조의 양과 동위・북제와의 전쟁기사가 상대적으로 많은 것은 사실이다. 따라서 이 두 개의 표를 통하여 볼 때, 서위・북주의 대외전쟁은 양과 동위・북제를 중심으로 하고 그밖에 북변의 돌궐과 남쪽의 소수민족이 포함되어 있다고 하겠다.

그러면 서위・북주시기 戰俘의 수는 어느 정도였을까? 우선 『周書』 본기의 기사를 정리한 [표 2]의 경우를 보면, 부획건수가 적은 만큼 전체숫자도 얼마되지 않는다. 다음으로 열전의 내용을 정리한 [표 3]을 보면, 전체 부획건수는 총 30건이고, 따라서 획득한 전체 숫자도 본기보다 상대적으로 많다.

[표 2] 서위・북주시기 포로의 실태[本紀]

帝名	年號[西曆]	數量	其他	內容	備考
[北魏] 孝武帝	永熙3(534)	虜獲萬餘人	馬八千匹	侯莫陳悅 격파	
[西魏] 文帝	大統3(537)	盡俘其衆萬餘人		[東魏將]竇泰 격파	
		虜其戍卒一千		[東魏將]高叔禮 격파	
		虜其戰士八千		東魏陝州刺史李徽伯격파	
		前後虜其卒七萬		齊神武 격파	留其甲士二萬餘悉縱歸
	大統4(538)	悉虜其衆		[東魏]莫多婁貸文 격파	送弘農
		虜其甲士一萬五千		[東魏]高敖曹 등 격파	
	大統16(550)	悉虜其衆		柳仲禮 격파	
恭帝	1(554)	幷虜其百官及士民以歸		梁江陵 정벌	沒爲奴婢者十餘萬其免者二百餘家
[北周] 武帝	建德5(576)	俘甲士八千人		[北齊]晉州 정벌	送關中

* 이 표는 『周書』本紀를 참고하였다.
* 534년 포로기사는 북위 말의 일이나 太祖[宇文泰] 집정기이므로 기입하였다.

[표 3] 서위・북주시기 포로의 실태[列傳]

帝名	年號[西曆]	獲得者	數量	其他	內容	備考
[西魏] 文帝	大統2(536)	竇熾	悉虜其步卒		東魏 격파	
	大統3(537)	怡峯	收其戶口而還			
		宇文貴	俘萬餘人	獲其輜重	東魏 격파	盡放令還
	大統4(538)	李賢	收其[後熾]妻子僮 隸五百餘人	幷輜重等	莫折後熾	
	大統7?(541?)	若干惠	虜其步卒		齊神武 대파	
	大統12(546)	獨孤信	虜其民六千戶		涼州刺史宇文仲和 토벌	送于長安
		李賢	捕虜百餘人	獲馳馬牛羊二萬 頭財物不可勝數	涼州 평정	斬二萬餘級
	大統16(550)	陳炘	俘獲甚衆		[北]齊將東方老 격파	
	大統17(551)	達奚武	悉虜其衆		[北]齊高敬 격파	
廢帝	1(552)	史寧	前後獲數萬人		突厥 격파	
	2?(553?)	賀若敦	盡俘其衆		巴西人譙淹 격파	
	?		幷虜其衆		蠻帥向子榮 격파	
恭帝	初(554)	李遷哲	虜獲千餘口		梁 격파	賜奴婢三百口
	1(555)	于謹	虜其男女十餘萬人	收其府庫珍寶	梁江陵 정벌	
		竇熾	獲生口數千	雜畜數萬頭	茹茹 격파	
	3(556)	陸騰	俘獲五千人		陵州木籠獠 격파	
[北周] 孝閔帝	1(557)	郭彦	俘獲三千餘人		北齊南安城主馮顯 격파	
孝明帝	武成 初(559)	李櫟	大獲而還		稽胡 정벌	
	武成2(560)	韓果	大獲生口		稽胡 격파	
武帝	保定 初(561)	伊婁穆	虜獲六千五百人		唐州蠻 토벌	
	保定2(562)	陸騰	俘獲三千人		鐵山獠 격파	
	保定3(563)	韓褒	盡獲其衆		齊人 격파	
	?	權景宣	虜其家口及部衆		梁 定州刺史 亨洪遠 격파	
	保定4(564)		獲生口二千	雜畜千頭	昌州羅陽蠻 격파	
	天和1(566)	王亮	獲生口三千人	降其部衆一千戶	蠻 토벌	
	天和 年間 (566~571)	陸騰	俘獲千餘人		涪陵郡守蘭休祖격파	
			生擒萬餘口		向五子王 격파	
	天和4(569)		虜獲二百餘人		陳江陵침공 격퇴	
	建德 初(572)	王軌	俘甲士八千人		北齊晉州 함락	
			竝就俘獲	竝器械輜重	陳將吳明徹 격파	進位柱國

* 이 표는 『周書』 列傳을 참고하였다.
* 本紀와 명확하게 중복된다고 생각되는 것은 제외하였다.
* 人身 이외에 축산이나 재물만을 획득한 것은 생략하였다.

그런데, 이 두 개의 표에서 주목되는 것은 서위가 강릉을 침공하였을 때의 경우이다. 서위는 恭帝원년(554) 11월에 于謹・宇文護・楊忠 등이 양의 지배하에 있던 양자강 중류의 강릉을 침공하여 포로를 획득하였는데, 이 때의 일을 본기에는 단지 百官 및 士民을 포로로 하여 돌아왔다고만 하여 숫자를 기재하고 있지 않지만, 열전에는 남녀 10여만 인을 노획하였다고 되어 있다. 이밖에도 서위・북주 시기에는 주변의 국가나 소수민족과의 전쟁에서 획득한 포로의 건수나 숫자가 적지 않다. 이런 점에서 이 시기 戰俘의 수는 북위 후기와 비교하여 상당히 증가한 것은 확실하다. 이는 이 시기가 북위가 동・서로 분열됨으로써 국가간의 대립이 격화되고, 또 이를 틈타 주변의 이민족이 자주 중국 내지로 침입함으로써 그들과의 항쟁이 빈번하였음을 말해 준다고 하겠다.

또한 이 시기에는 전부를 대량으로 노비화한 것이 특징적으로 나타난다. 곧 『周書』 卷15, 于謹傳에는 서위가 강릉을 침공하여 "남녀 10여만 인을 포로로 하였다"고 되어 있는데[[표 3] 참조], 본기에는 이를 "그 百官 및 士民을 포로로 하여 돌아왔다"고 한 다음에 바로 이어 '노비로 몰입된 자가 10여만이고 그 가운데 면한 자는 2백여 가'로 되어 있다[[표 2] 참조]. 그렇다면 서위는 강릉정벌에서 대량의 포로(10여만 인)를 획득하였고,16) 더욱이 이들을 거의 모두 노비화하였음을 알 수 있다.

이러한 전부의 증가에 따라 이 시기에는 반사에서도 그 횟수나 숫자 등 여러 면에서 북위 후기에 비해 상대적으로 증가하고 있다. 우선 군공자에게 내리는 일반반사의 경우를 보면, 『資治通鑑』 卷165, 元帝 承聖3年 12月 辛未條에는 서위의 강릉침공으로 획득한 수만 구의 남녀를 노비로 삼아 3軍에 상으로 분사하였다고 되어 있다.17) 이와 아울러 이 시기

---

16) 서위의 江陵 침공으로 획득한 포로의 숫자에 대하여는 다양한 견해가 있지만, 『周書』卷15, 于謹傳을 보면 10여만으로 되어 있는 사실에 비추어 그 이하는 아니었던 듯하다.
17) 『自治通鑑』卷165, 元帝 承聖3年 12月 辛未條: "俘王公以下及選百姓男女數萬口爲奴婢 分賞三軍 驅歸長安 城中小弱者皆殺之."

가 되면 개인에게 내리는 특별반사에서도 노비의 반사는 전대에 비해 더욱 증가하고 있다. 서위·북주시기 반사의 실태를 도표로 나타낸 것이 다음의 [표 4] 서위·북주시기 노비 반사(개인)이다.

[표 4]에서 보듯이 서위·북주시기 27년간 개인에게 인신을 하사한 사례는 총 23건에 이르고, 숫자 면에서도 수량을 명확하게 기재하고 있는 경우 최하 20인(尉遲綱에게 내린 侍婢 2인은 제외)도 있지만 1천 구에 이르는 경우도 있고, 전체적으로는 몇 백 단위가 많다. 이런 점에서 이 시기 개인에게 하사한 인신의 수는 서위·북주의 짧은 기간에 비해 적지 않음을 알 수 있다. 이 가운데 전공에 의한 경우가 총 23건 가운데 16건으로 전체의 약 70%에 이른다. 더욱이 서위의 강릉침공으로 공을 세운 전공자에게 내린 노비의 하사인원을 보면 적게는 1백 구에서 많게는 1천 구 등 상당한 숫자를 보이고 있다. 이로써 볼 때 전공에 의한 반대급부로서 개인에 대한 인신의 하사는 이 시기에도 상당히 일반화되었다고 하겠다. 아울러 서위·북주시기에 이르면 북위 후기에 일부 전공자에게 하사되던 작·읍이 일반화될 정도로 성행하고 있다.18)

아울러 [표 4]의 기타 하사물에서 보듯 이 시기 전공자에게 노비 이외에 전택이나 포백·축산 등도 하사되고 있는 점은 북위시기와 마찬가지이지만, 그 이전시기와 다른 점은 북주시기가 되면 개인에 대한 인신의 반사에 樂人(女樂·女妓)이 등장하고 있는 점이다. 악인의 반사는 [표 4]에서 보듯 태조(우문태) 집정 때 衛刺王 直의 반란을 토벌한 尉遲運에게 위자왕의 소유물이었던 田宅·金帛·車馬 등을 하사하면서 그의 소유였던 기악을 하사한 것이 그 시초가 되어 있고, 그 이후 武帝시기가 되면 북제정벌에 참가한 宇文孝伯·達奚武에게 여악을 하사하고 있다. 노비 이외의 人身의 반사는 이미 북위 전기에 隷戶·僮隷 등을 하사한 경

---

18) 서위·북주시기 전공에 따른 작·읍의 하사는 북위 후기에 비해 더욱 늘어나고 있고, 심지어 거의 예외가 없을 정도이다. 이로써 볼 때, 이 시기 전공자에 대한 반대급부로서 작·읍의 하사는 거의 일반화되지 않았나 하는 느낌을 준다.

[표 4] 서위・북주시기 노비 반사[개인]

時期	受賜者	數量	其他	理由	備考
西魏	于謹	奴婢一千口	梁之寶物, 幷金石絲竹樂一部, 別封新野郡公, 邑二千戶	江陵 정벌	
	于寔	奴婢一百口	特給鼓吹一部, 進爵爲公, 增邑二百戶	功臣	
	尉遲綱	侍婢二人		獲免	
	李賢	奴婢	布帛及雜畜等	侯莫陳悅 토벌	
	李賢	奴婢四十口	雜畜數百頭	莫折後熾 토벌	
	長孫儉	奴婢三百口		江陵 정벌	
	宇文盛	奴婢二百口	甲一領, 馬五百疋, 牛羊及莊田・什物等	趙貴謀亂 밀고	
	楊紹	奴婢一百口		江陵 정벌	
	侯植	奴婢一百口	別封一子洦源縣伯	江陵 정벌	
	竇熾	奴婢三十人	雜繒帛千疋	宮殿 호평	
	于翼	奴婢二百口		江陵 정벌	
	裴寬	奴婢	金帶・粟帛等	北齊伊川郡守 토벌	
	裴俠	奴隷	良田十頃・耕牛・糧粟	淸廉	
	裴果	奴婢	田宅・牛馬・衣服・什物等	歸附	
	尉遲運		妓樂・田宅・金帛・車馬及什物等	衛刺王 반란 토벌	衛刺王 소유물
北周	韓果	奴婢一百口		稽胡 격파	大獲生口
	蕭大圜	奴婢	田宅・牛馬・粟帛	은총	
	李遷哲	奴婢三十口		梁 토벌	
	樂遜	奴婢	安事・衣服	은총	
	年昂	奴婢二十口	繒絲四百匹	巴州萬榮郡民反叛 토벌	
	陸騰	奴婢八百口	馬牛稱是	前後平諸賊	
	達奚武		妾二人・女樂一部及珍玩等	東伐	
	宇文孝伯		女妓・金帛	東討 참가	

* 이 표는 『周書』 列傳을 참고하였다.
* 노비・樂人 이외에 마우양과 포백 등만을 하사한 경우는 제외하였다.

우가 있지만,[19] 악인이 반사품목에 포함된 것은 북주시기가 최초인 것으로 보인다.[20]

지금까지 서위·북주 시기 포로의 실태와 반사의 내용을 검토하였지만, 여기서 특히 주목되는 것은 북주시기에 이르면 전쟁포로의 건수나 숫자가 급격히 줄고, 아울러 전공자에 대한 반사에서도 노비의 하사가 줄고 있는 점이다. 우선 전쟁포로의 경우, [표 2]에서 보듯 총 10건의 부획기사 가운데 대부분은 서위시기에 집중되어 있고, 북주의 경우는 무제의 建德5년(557)에 甲士 8천 인을 사로잡은 사례 하나뿐이며, 이후 본기에는 북주시기 전쟁포로를 획득했다는 사례는 보이지 않는다. 다음으로 열전의 노획기사를 모은 [표 3]을 보면 총 30건의 부획기사 가운데 북주시기가 14건으로 약 50%에 이르고 있다. 그러나 북주시기 부획의 대상은 서위와는 성격을 달리하고 있는 점에 주의해야 한다. 곧, [표 2]에 있는 본기의 부획기사를 보면 대부분이 東魏나 梁과의 전쟁에서 발생하고 있다. 이는 열전의 경우를 정리한 [표 3]을 통해서도 어느 정도 확인된다. 곧, [표 3]에 의하면 서위시기 부획건수 16건 가운데 9건이 동위나 양과의 전쟁과 관련이 있지만, 북주시기에는 14건 가운데 8건이 이민족과의 전쟁에서 발생하고 있는 것이다.[21]

---

19) 졸고, 「北朝前期 하층신분질서의 형성과 구조」, p.86, [표 5] 노비의 班賜[개인][본서 제3장 제3절 [표 5]]참조.
20) 북주시기에 악인이 반사의 대상이 된 배경에 대하여는 북위 이래 노비 이외의 隸戶 등의 반사가 소멸됨으로써 그 대신 새로 악인이 반사의 대상에 포함되었을 가능성은 있다. 그런데 악인 가운데 여성만이 반사의 대상이 되고 있는 것은 무엇인가 국가의 특별한 의도가 있었다고 생각되지만 현재로서는 명확하지 않다.
21) 북주시기 전부의 획득과 관련하여 특이한 것은 [표 3]에서 보듯 대체로 북방의 유목민족이나 그밖에 중국 내지의 소수민족과의 전쟁에서 俘虜가 발생하고 있고, 더욱이 이들에 대하여는 대체로 生口라는 용어를 사용하고 있는 점이다. 이와는 달리 한족의 경우 [남조나 동위·북제의 민]에는 생구라는 용어를 사용하고 있지 않다. 그렇다면 이 당시 [어쩌면 위진~수당시기 전체에 관련될지도 모른다] 생구라는 용례는 한족이 아닌 북방 유목민족이나 주변의 소수민족에 대한 전용어일 가능성도 있다. 이러한 점에서 생구의 용례에 대한 재검토가 필요하다고 생각된다[漢唐시기 생구의 용례와 그 신분적 지위에 대하여 전론한 논고로는 范傳賢, 「關于'生口'的社會身分問題」(『中國古代社會探微』, 中州古

다음으로 왕공이나 귀족·백관 및 전공자 등에게 내리는 일반반사의 경우를 보면, 북주시기에는 무제의 建德5년(576)에 북제의 宮女 2천 인을 將士에게 하사한 것이 유일하다.22) 그밖에 일반반사의 사례는 보이지 않기 때문에 이 시기 전쟁에 따른 일반반사는 거의 시행되지 않았다고 보아도 될 것이다[이 점도 앞서 언급하였듯이 서위가 강릉에서 획득한 수만 구의 포로를 노비화하여 百官에게 分賜하고 있는 점과 명확하게 구별된다]. 더욱이 개인에게 인신을 하사한 특별반사의 경우에도 총 23건 가운데 서위시기는 15건에 이르지만, 북주의 경우는 그 절반정도인 8건에 지나지 않을 뿐이며, 특히 무제 이후에는 거의 소멸하고 있다[[표 4] 참조]. 이와 같이 북주시기에 전쟁포로[규모의 대소에 관계없이]나 반사의 사례가 현격히 줄고 있는 것은 어떻게 이해해야 할까? 필자는 이를 무제 시기 단행된 일련의 개혁정책과 관련지어 생각하고 싶다.

주지하듯 북주는 무제 시기에 이르러 불교·도교 소속의 승려를 환속시키거나,23) 관부소속의 雜戶를 해방시키고 있고,24) 寺院에 은닉된 약 3백 만에 이르는 대량의 蔭附戶를 국가의 호적에 등재하였으며,25) 또 이때 처음 시행하였다고 되어 있는『刑書要制』에 丁長이 戶·丁이나 토지를 은닉하면 사형으로 규정하는26) 등 여러가지 조치가 시행되고 있다. 또한 무제 시기에는 保定5년(565)에서 宣政원년(578)에 이르기까지 5번에 걸쳐 일련의 노비해방을 단행하고 있는데,27) 그 속에는 앞서 언급한

籍出版社, 1993) 참조. 그리고 북위 전기에 대하여는 졸고,「北朝前期 하층신분질서의 형성과 구조」, pp.251~257 참조).
22)『周書』卷6, 武帝紀下, 建德5年 12月條.
23)『周書』卷5上, 武帝紀上, 建德3年 5月 丙子條.
24)『周書』卷6下, 武帝紀下, 建德6年 8月條.
25) 張祥光,「論北周武帝」(『K2 中國古代史』1981-3), p.108.
26)『周書』卷6下, 武帝紀下, 建德6年 11月條.
27) 武帝시기 단행된 일련의 노비해방의 성격과 의미에 대하여는 辛聖坤,『南北朝時期 官私隸屬民에 관한 硏究』(서울대박사학위논문, 1995), pp.185~196 ; 졸고,「北朝時期 部曲·客女 신분의 출현과 신분질서의 변화」, pp.77~89 참조.

서위의 강릉정벌에 의해 노비가 된 자도 포함되어 있다. 무제의 이들 정책에 대하여는 여러가지 시각에서 다양한 견해가 제시되었지만,[28] 이들 조치들이 편호민을 증가시켜 府兵의 기초가 되는 균전농민을 확보하려는 의도가 있었던 점은 부정하기 어렵다.[29]

이와 같이 북주 무제 시기에 단행된 일련의 정책이 편호민 증가책의 일환이라는 관점에서 보았을 때, 무제 시기 전쟁포로의 감소나 노비 등 인신의 반사사례가 적다는 것은[30] 그의 이러한 개혁정책과 관련이 있는 것은 아닐까. 특히 이 점을 증명해 주는 것은 무제가 건덕6년(577)에 북제를 멸망시킨 뒤 그 지역의 민을 포로로 하였다거나 노비로 하였다는 기사가 없다는 점이다. 이는 앞서 언급하였듯이 서위가 강릉을 침공하여 10여만 인을 포로로 하고 더욱이 이들을 모두 노비화한 것과는 상당히 대조되는 모습이다.

더욱이 [표 4]에서 보듯 북주가 북제를 멸망하였을 때, 전공자에 대한 반대급부로서 노비의 반사는 보이지 않고[女樂의 반사는 뒤따르고 있다], 그 대신 작·읍의 하사[물론 인신의 반사 대신 전택이나 포백·什物 등의 반사는 있다]는 성행하고 있다. 이는 무제가 북위 고조 효문제 이후 반사의 내용 가운데 점차 증가하고 있던 전공자에 대한 포상조치로서 작·읍의 하사를 적극 활용하였음을 말해 줄 것이다.

이상의 점을 고려할 때, 북주의 북제민에 대한 정책은 종래 포로를 노비화하는 정책과는 달리 편호민화하는 방향을 띠었다고 생각된다. 다시 말하면 북주의 피정복민에 대한 정책은 북위 이래 신분적 차별정책과

---

28) 북주 武帝의 개혁정책 전반에 대하여 전론한 것으로는 張祥光,「論北周武帝」참조.
29) 萬繩南,『魏晋南北朝史論稿』(安徽敎育出版社, 1983), p.312 ; 졸고,「北朝時期 部曲·客女 신분의 출현과 신분질서의 변화」, p.83.
30) 이 점과 관련하여 하나의 참고가 되는 사례는 북주 무제 건덕5년에 북제의 여러 城鎭 소속의 항복자들을 귀환시키고 있는 조치이다[『周書』卷6, 武帝紀下, 建德5年 11月條]. 그렇다면 전쟁포로 가운데 일부가 귀환되었을 여지는 있고[물론 그러한 사례가 보이는 것은 아니지만], 그것이 전공자에게 내리는 인신의 반사에도 영향을 주었을 가능성도 배제하기 어렵다.

는 달리 대체로 이들을 편호민화하는 방향을 취하였고, 그것은 결국 이들 피정복민을 신분적으로 양인화하였음을 의미한다고 하겠다.

　이상 살펴본 바와 같이 서위·북주시기의 피정복민 정책, 그 가운데 전쟁포로에 대한 처리는 북주시기에 이르러 변화를 보이고 있다. 곧, 서위시기에는 북위의 분열 이후 전쟁이 빈발함에 따라 전쟁포로가 북위 후기에 비해 상대적으로 많이 출현하고 있고, 아울러 인신의 반사도 상대적으로 증가하고 있다. 그러나 북주, 특히 무제 시기가 되면 종래와는 달리 대규모 전쟁포로를 양산하는 일이 소멸하고, 동시에 이들 전쟁포로를 노비화하여 반사하는 일도 급격히 소멸되어 간다. 아울러 그 대신 작·읍의 하사가 오히려 증가하고 있다. 이러한 일련의 변화는 북주 무제의 다른 개혁정책의 방향과 같이 편호민을 증가시키려는 정책 속에서 나온 것이고, 그것은 바로 신분적인 면에서 피정복민을 양인화하는 것이라고 규정할 수 있다.

Ⅳ. 수대 포로의 실태와 반사

　다음으로 수대 포로의 실태는 어떠하였고, 또 전쟁에 따른 반대급부로서 시행된 반사의 형식과 내용은 이전 시기와 어떤 차이가 있을까? 우선, 수대 포로의 실태를 표로 나타낸 것이 [표 5] 수대 포로의 실태[列傳]이다.31)

　주지하듯 수대의 대규모 전쟁은 隋文帝가 승상일 때 일어난 尉遲迥·司馬消難·王謙 등 수문제 반대세력의 토벌, 선양 뒤에는 통일전쟁

---

31) 『隋書』 본기의 경우 노획의 실태는 隋煬帝 大業6년(610) 2월에 流求를 공격하여 만7천 구를 획득한 하나의 사례뿐이다[『隋書』 卷3, 煬帝紀, 大業6年 2月條]. 따라서 여기서는 논의의 편의상 열전의 사례를 가지고 표로 묶었다.

[표 5] 수대 포로의 실태[列傳]

帝名	時期	年號	年	獲得者	數量	其他	內容	備考
文帝	丞相시기			宇文述	俘馘甚衆		尉遲逈 토벌	
	589년경	開皇		楊紹	悉虜其衆		陳將戚欣 격파	
	〃	〃		〃	俘甲士二千餘人		陳南康內史呂仲肅 격파	
	陳정벌 이후	〃		〃	虜三千人		賊朱莫問 격파	
	〃	〃		〃	擒獲數千人		浙江賊高智慧 격파	
		〃		史萬歲	虜獲男女二萬餘口		南寧夷爨翫 격파	
	597	〃	17	趙仲卿	虜千餘口	雜畜萬計	突厥達頭 격파	
		〃	末	周法尙	虜男女萬餘口	獲其渠帥數千人	巂州烏蠻 토벌	
	600?	〃	20?	長孫晟	俘百餘口	六畜數千頭	突厥達頭 격파	
煬帝	즉위직후			史祥	俘男女千餘口		吐谷渾 격파	賜奴婢六十人·馬三百匹
	607	大業	3	宇文述	前後虜男女四千口而還	俘其王公·尙書·將軍二百人	吐谷渾 격파	
	〃	〃	〃	陳稜	虜男女數千而歸		流求 정벌	
	609	〃	5	劉叔	虜獲千餘口		吐谷渾 정벌	
	遼東之役 이후	〃		王仁恭	虜數千級		突厥 격파	賜縑三千匹
		〃	末	吐萬緒	收其子女三萬餘口		劉元進 토벌	送江都宮
		〃		楊善會	盡俘其衆		賊帥張金稱 격파	

* 이 표는 『隋書』 列傳을 참조하였다.
* 열전의 기사 가운데 북주시기로 보이는 사례는 제외하였다.
* 人身 이외에 마우양·포백만을 획득한 기사는 제외하였다.

인 남조 陳의 정벌을 들 수 있고, 전 중국을 통일한 뒤에는 군소반란의 토벌과 突厥·吐谷渾 등 주변 이민족과의 전쟁이 이어지는 등 안팎으로 전쟁이 끊이지 않았다. [표 5]는 바로 당시 수왕조가 벌인 이러한 대외 전쟁의 실태를 잘 반영하고 있다. 그러나 수왕조 38년 동안 포로의 건수는 총 16건이고, 숫자도 천 단위가 많으며 일부 몇 건만이 1만 단위로 되어 있다. 이런 점에서 수대 포로의 숫자는 전대에 비해 많다고는 할 수 없을 것이다. 그런데 [표 5]에서 주목되는 것은 수대의 전쟁포로 가운데 突厥·吐谷渾·烏蠻 등 이민족 계통이 전체 16건 가운데 9건으로 50%를 상회한다. 따라서 수대의 전쟁포로는 이민족과의 전쟁에서 대량으로 발생하였음을 알 수 있다.

한편, 수대 인신반사 가운데 왕공·귀족·관료나 유공장사 등에게 내리는 일반반사는 煬帝 大業6년(610) 流求를 정벌하여 획득한 뒤 이어 이들 포로를 百官에게 頒賜한 것이 거의 유일한 사례이다.[32] 그런데 이 시기는 그 다음해 양제가 고구려 원정을 단행하기 위해 전투준비를 강화하던 시기였기 때문에 그가 시행한 일반반사는 고구려 원정에 따른 준비과정에서 관료들을 독려하거나 또는 그들의 불만을 무마하기 위한 조치일 가능성이 크다. 따라서 그 이전 문제가 즉위직전 반대세력의 토벌이나 남조의 진 정벌 및 통일 이후 주변이민족에 대한 정벌 등의 결과 그 반대급부로서 군공자에게 인신을 하사하는 일반반사가 없었다는 것은 수대에도 북주와 마찬가지로 일반반사는 거의 시행되지 않았다고 할 수 있을 것이다.[33]

---

32)『隋書』卷3, 煬帝紀, 大業6年 2月條.
33) [표 5]에서 보듯 수대 총 16건의 전부기사 가운데 돌궐·토욕혼·만 등 이민족 계통이 상당수에 이른다[9건]. 앞서 언급하였듯이 북위 이래 비한족 戰俘인 경우에는 대부분 군공자에게 분사되는 것이 일반적이다. 수대에도 이민족과의 전쟁에서 획득한 전부에 대하여는 거의 예외없이 口라는 용어를 사용하고 있다. 여기의 口도 生口를 가리킴은 말할 나위가 없을 것이다. 그렇다면 수대에도 이들이 노비로서 백관이나 유공장사 등에게 분사되었을 가능성은 있다.

그러면, 개인에게 하사한 노비의 건수나 숫자는 어떠하였을까? 수대 개인에게 노비를 하사한 사례를 묶어 표로 나타내면 [표 6]과 같다.

이 [표 6]을 통하여 알 수 있듯이 수대의 경우 일반반사는 거의 시행되지 않은 대신 개인에게 하사하는 특별반사는 전대에 비해 오히려 성행하고 있다. 특히 [표 6]에서 보듯 개인에게 내린 노비의 반사 가운데 군공에 대한 포상적 성격이 전체의 약 80%를 차지하고, 수도 백여 인에서 수백 인에 이르고 있다. 반대로 기타 다른 원인에 의해 하사한 노비의 건수는 몇 차례에 불과할 뿐 아니라 매회 수도 백 구를 넘지 않으며 평균 10여구 정도이다.[34] 이런 점에서 수대 노비의 하사는 군공에 따른 포상형태가 일반적이었다고 할 수 있다.[35] 그리고 [표 6]에서 보듯 많은 노비가 개인에게 하사되고 있는 것은 앞의 [표 5]에서 열거한 포로들의 노비화가 그 전제가 됨은 말할 나위가 없다.[36]

또한 수대 개인에게 내린 특별반사 가운데 주목되는 것은 樂人[女樂·女妓]의 반사가 급증하고 있는 점이다. 이에 대하여는 다음의 [표 7] 수대 樂人의 반사가 참조가 된다.

앞서 언급하였듯이 개인에게 樂人을 하사한 일은 북주시기에 시작되고 있으나, 그 때에는 단지 3건에 불과하였다[[표 4] 참조]. 그러나 수대에 이르면 급증하여 총 11건에 이르고 있고, 시기적으로도 문제와 양제

---

34) 胡如雷, 『隋唐五代社會經濟史論稿』, p.210.
35) 실제 수대 지배층의 노비소유 현황을 보면, 예를 들어 宇文述의 경우 家僮이 수천 인이었다는 기사에서 보듯[『隋書』卷61, 宇文述傳] 당시 지배층의 노비소유는 숫자 면에서 북위 이래의 지배층에 뒤지지 않는다고 할 수 있다. 특히 북위 후기부터 수왕조가 전 중국을 통일하기까지는 중국이 동서와 남북으로 분열된 시기이고, 그에 따라 전쟁이 끊이지 않았다. 따라서 이러한 정치적 대립상황에서 포로의 획득과 전공자에 대한 노비의 반사가 계속되는 것은 당연할 것이고, 수대도 예외는 아니라고 해야 할 것이다.
36) 수대 노비가 모두 전쟁포로를 내원으로 하는 것은 아니다. 이 시기에도 前代와 마찬가지로 노비의 내원으로는 전대 이래 노비의 자손·약탈·기근에 의한 良人의 몰락 등 다양하지만, 전쟁포로도 중요한 내원의 하나임은 틀림없을 것이다[수대 노비의 내원에 대하여는 王永興 編著, 『隋唐五代經濟史料彙編校注』 第1編 上冊, 中華書局, 1987, pp.5~10 참조].

[표 6] 수대 노비의 반사[개인]

帝	時期	受賜者	數量	其他	理由	備考
文帝	北周승상	杜彦	奴婢三十口	物三千段	尉遲迥 토벌	
	北周승상	和洪	奴婢五十口	物萬段	尉遲迥 토벌	
	즉위직전	梁睿	奴婢一千口	物五千段	王謙 토벌	
		于義	奴婢五百口	雜綵三千段	〃	
		宇文忻	奴婢二百口		吳徹[陳將] 격파	
			奴婢二百口	牛馬羊萬計	鄴城 평정	
	受禪직후	周法尙	奴婢三百口	鼓吹一部	三亞烏叛蠻 격파, 陳寇 격파	
			奴婢五十口	綵五百段	陳定州刺史呂子廓叛亂 진압	
			奴婢百五十口		桂州人李光仕 토벌	
			奴婢百口		嶲州烏蠻반란 토벌	渠帥數十[千?]人, 虜男女萬餘口
			奴婢一百口		吐谷渾 정벌	
			奴婢百口		齊郡人王薄·孟讓 등 정벌	
	開皇 년간	張衡	奴婢一百三十口		熙州李英林 토벌	
		崔仲方	奴婢百三十口		諸羌 토벌	
		段文振	奴婢二百口		越嶲蠻 토벌	
		王韶	奴婢三百口	綿絹五千段	平陳之役	
		趙綽	奴婢十口	物三百段·馬二十匹	梁士彦 등 옥송처리	
		李景	奴婢六十口	物千五百段	伐陳	
			奴婢八十口		叛蠻向思多 토벌	
			奴婢六十口	縑一千匹	吐谷渾 격파	
		慕容三藏	奴婢百口		嶺南酋長王仲宣 토벌	
		王仁恭	奴婢三口百口		山獠 토벌	
		房彦謙	奴婢七口		奉詔安撫	
		裴蘊	奴婢十五口		峻法治之	
		裴仲卿	奴婢五十口	絹五百匹	叛蠻向思多 토벌	
	仁壽 년간	楊素	奴婢百口	良馬百匹·牝馬二百匹		
		郭榮	奴婢三百餘口		西南夷獠 토평	
		趙仲卿	奴婢五十口		奉詔窮按	『北史』에는 二十口
		段達	奴婢五十口	縣絹四千段	汪文進 등 격파	
		杜彦	奴婢百餘口		高智慧 토벌	
		張奫	奴婢六十口	縑綵三百段	高智慧 등 토벌	
煬帝	大業 년간	樊子蓋	奴婢二十口	縑四千匹	楊玄感 토벌	
		史祥	奴婢六十人	馬二百匹	吐谷渾 정벌	俘男女千餘口

* 이 표는 『隋書』 列傳을 참조하였다.
* 隋代 개인에게 하사한 노비의 건수나 수에 대하여는 본 표 외에도 胡如雷, 『隋唐五代社會經濟史論稿』(中國社會科學出版社, 1996), pp.208~210에 있는 隋代 奴婢下賜表 참조.

[표 7] 수대 樂人의 반사

帝名	受賜者	數量	其他	理由	備考
文帝	竇榮定	西京女樂一部	縑四千匹	山東 진무	
	〃	吳樂 일부		秦州總管	
	楊素	女妓十四人	陳主妹	伐陳	
	賀若弼	女樂二部	物八千段	三吳 평정	
	于仲文	女妓十人	雜綵千餘段	河南 평정	
煬帝	樊子蓋	女樂五十人	縑三千匹	楊玄感 토벌	
	史祥	女妓十人	縑綵七千段	漢王諒 토벌	
	楊義臣	女妓十人	良馬二十匹	〃	
	李景	女樂一部	縑九千匹	漢王諒 토벌	
	王仁恭	女妓十人	帛四千匹	〃	
	董純	女妓十人		〃	

* 이 표는 『隋書』 列傳을 참조하였다.

전 시기에 걸쳐 있다.37) 그런데 이들 악인은 노비와는 달리 人으로 계산 되기도 하고, 또는 部단위로 되어 있다. 이는 악인의 경우에는 가족이 아닌 개별적으로 파악되거나 아니면 部, 곧 그가 속한 집단을 중시하였음을 말해 준다. 그리고 이것은 이들이 반사품에 포함되었다고 해도 신분적으로는 노비보다 상급신분이었음을 나타낸다고 생각된다.38) 또한 악인 반사의 이유를 보면 대체로 전공에 따른 포상의 형식을 띠고 있는데, 곧 반란토벌 뒤 그 반란자가 소유하였던 여악을 토벌자에게 분배하는 형식을 취하고 있는 것이다.39)

수대에 이르러 개인에 대한 반사에서 악인의 반사가 증가하고 있는

---

37) 참고로 당대에도 女妓와 관련된 사례는 적지 않지만, 수대와 다른 점은 각 지방의 관리나 외국에서 황제・조정에 上貢하는 기사가 많이 보인다는 점이다. 당대 女妓의 上貢 사례에 대하여는 王永興 編著, 『隋唐五代經濟史料彙編校注』, pp.30~36 참조.
38) 王永興 編著, 『隋唐五代經濟史料彙編校注』, p.11에서는 女妓의 신분을 女奴에 近似하다고 보고 있다.
39) 이 때문인지 당시 왕공・귀족이나 관료들의 女樂 소유는 상당한 수에 이르고 있는데, 일례를 들면 楊素의 경우 家僮이 수천이고, 後庭에는 妓妾 등이 千으로 헤아릴 정도였다고 한다(『隋書』 卷48, 楊素傳).

것은 당시 악인에 대한 지배층의 수요가 많았음을 말해 준다. 이 점은 수대에 악인에 대한 파악이 새로이 강화되고 있는 점에서도 확인된다. 곧, 수문제 초기에는 일시 太常소속의 樂人을 해방하여 백성으로 하거나,[40] 남조의 陳을 평정한 뒤에는 그 樂工을 대부분 편호로 하였지만,[41] 양제 시기가 되면 이전 북제·북주·남조 陳의 악호를 징집하여 새로이 모두 太常에 배속시키고 있다.[42] 또한 수대에는 반란자나 특정 범죄자에 대하여는 사형을 면제하는 대신 악호에 배속시키기도 하였다.[43] 이와 같은 국가의 악인에 대한 파악의 강화는 지배층의 악인에 대한 수요가 많았음을 반영하는 것이고,[44] 따라서 인신의 반사에서 악인의 반사가 증가한 것도 이와 연관이 있을 것이다.

그런데 [표 7]에서 보듯, 악인반사의 사례는 특이하게도 여성에 한정되어 있다. 이는 국가가 당시 지배층에 대하여 노비 이외의 인신에 대한 소유를 여성으로 제한하였음을 나타내는 것은 아닐까. 그렇다면 국가의 이러한 조치는 지배층의 세력이 비대해지는 것을 차단하고 왕권을 강화하려는, 곧 중앙집권화정책 속에서 나온 것이라 생각된다.

또한, 수대 인신반사와 관련하여 주목되는 것은 개인에게 하사한 인

---

40) 『隋書』 卷1, 高祖上, 開皇 元年 4月條: "太常散樂並放爲百姓." 또 바로 이어 수문제는 雜樂과 百戲를 금지시키고 있다. 수문제의 樂人 해방과 雜樂의 금지조치는 그가 聲技를 좋아하지 않은 것에서 비롯되고 있다(『隋書』 卷67, 裵蘊傳 참조).

41) 『隋書』 卷15, 音樂志下에 의하면 "自漢至梁·陳樂工 其大數不相踰越. 及周幷齊 隋幷陳 各得其樂工 多爲編戶"라고 하여, 北周가 北齊를 평정하고 隋가 陳을 병합한 뒤에 그 획득한 樂工을 대부분 편호로 하고 있다.

42) 『隋書』 卷3, 煬帝上, 大業6年 2月條: "徵魏·齊·周·陳樂人 悉配太常."『隋書』 卷67, 裵蘊傳에 의하면 이전시기 樂家의 子弟를 검괄하여 樂戶로 삼은 것은 裵蘊의 상주에서 비롯하며, 이에 太常 소속의 樂人이 증가하여 3만여에 이르렀다고 한다.

43) 예를 들어 수문제 輔政 때 반기를 든 司馬消難은 뒤에 陳으로 달아났는데, 수문제가 陳을 평정하자 특히 사형을 면하고 樂戶에 배속되고 있다(『周書』 卷21, 司馬消難傳).

44) 隋文帝 開皇시기 右武候將軍을 지낸 賀若誼의 경우에는 교외에 한 別廬를 짓고 菓木을 많이 심어놓고 매양 빈객을 불러 女樂을 두고 그 사이에서 놀았다고 한다(『隋書』 卷39, 賀若誼傳). 이로써 보면 당시 지배층의 향락적인 사치생활에 필요한 女樂의 수요는 많았을 것으로 생각된다.

신 가운데 部曲하사가 보인다는 점이다. 곧, 『隋書』卷39, 竇榮定傳에 의하면 수문제는 북주로부터 선양한 직후 두영정에게 말 3백 필과 함께 부곡 80호를 하사하고 있다.[45] 이와 같이 부곡이 노비나 악인과는 달리 호를 구성하고 있는 점이 특징적이지만, 여하튼 부곡이 하사품에 포함되어 있는 것은 북주 建德6년 武帝의 신분제에 대한 개혁 이후 노비의 상급신분으로 정착된 그 천민성을 어느 정도 엿볼 수 있다고 하겠다.

이상 살펴본 바와 같이 수대에도 여전히 전쟁포로의 획득과 이들을 노비로 하여 개인에게 반사하는 일은 전대와 마찬가지로 계속되고 있다. 특히 반란집단에 대하여는 토벌 뒤 노비로 한 경우가 보인다. 곧, 문제 仁壽 년간에 일어난 高智慧의 반란에 연루되어 江南의 士人 가운데 노비가 된 자들이 있고,[46] 또 강남인 李稜 등의 반란을 토벌한 뒤 황제의 명령으로 남자는 모두 참수하고 여자는 征人에게 하사하였는데, 이 때 陣에서 면한 자는 賤에 따랐다고 한 것[47] 등이 그 실례이다. 그러나 이들 몇 개의 사례 이외에는 전쟁포로를 노비로 한 사례는 거의 없다.

그런데, 수대 전쟁포로의 실태나 반사의 내용을 통하여 주목되는 것은 앞서 [표 5]에서 보았듯이 수대 전쟁포로는 숫자 면에서 감소하고 있지만, 특히 이 시기에는 남조 진에 대한 통일전쟁에서 대규모적인 포로를 획득하거나 이들 남조인들을 대규모로 노비로 하사한 일이 보이지 않는다는 점이다. 물론 전쟁과정에서 소규모 전쟁포로의 획득사례는 있지만, 국가적 차원에서의 대규모적인 사례는 나타나지 않는다. 더욱이 이 시기에는 앞서 든 전쟁포로를 노비화한 몇 개의 사례 이외에는 전쟁포로를 노비로 한 사례는 매우 적다. 이러한 현상을 어떻게 이해해야 할까? 이는 史籍이 그러한 사례를 빠뜨렸다고도 볼 수 있지만, 실제 수대에는

---

45) 『隋書』卷39, 竇榮定傳: "[竇榮定]高祖受禪 來朝京師… 賜馬三百匹 部曲八十戶而遣之."
46) 『隋書』卷48, 楊素傳: "有鮑亨者 善屬文 殷胄者 工草隷 並江南士人 因高智慧沒爲家奴."
47) 『北史』卷41, 楊素傳: "俄而江南人李稜等爲亂 以素爲行軍總管討之. 帝命平定日 男子悉斬 女婦賞征人 在陣免者從賤."

대규모 전쟁포로를 획득하거나 또 이들 전쟁포로를 노비로 하지 않았다고 보는 것이 자연스럽다.[48]

그렇다면 수왕조는 진왕조하에 있던 피정복민을 어떻게 처리하였을까? 수왕조가 남조 진을 멸망시킨 뒤 그 민을 포로로 하지 않았다는 것은 아마 이들을 편호화하였음을 말해 주는 것은 아닐까. 이러한 추측이 어느 정도 타당하다면 수왕조는 이들 민에 대하여 신분적으로 양인화하는 방향을 취하였다고 생각된다. 이 점은 반사의 내용을 통해서도 확인된다. 곧, 수왕조가 진나라를 평정한 뒤의 반사를 보면, 진 정벌에 참여한 모든 전공자에게 노비를 하사하지 않았을 뿐 아니라 노비를 하사한 경우에도 건수나 숫자 면에서 매우 적고[[표 6] 참조], 오히려 이들에게는 전답·포백·什物 등 물품의 반사나 작·읍 등의 하사가 전체적으로 많은 비중을 차지한다. 이와 같이 전공자에 대한 반사에서 인신의 반사가 줄었다는 것은 수왕조가 피정복민을 편호화·양인화하였음을 말해 준다고 생각된다.[49] 실제 수왕조 초기에 등록호구수가 증가한 것도[50] 이

---

48) 참고로 王永興 編著, 『隋唐五代經濟史料彙編校注』, p.10에서는 수대 노비의 내원과 관련된 사료 가운데 대규모 戰俘를 노비로 한 사례가 없는 점에 주목하여 수대 노비의 수는 은 북위·북제·북주시기에 비하여 크게 감소하였고, 이로 인하여 생산 면에서도 중요한 지위를 상실하였다고 논급하고 있다.

49) 宮崎市定, 『九品官人法の研究』(東洋史研究會, 1956: 中央公論社, 1997), pp.80~81에 의하면 수왕조는 서위의 강릉침공 이래 전쟁에 의해 초래된 대규모의 노비를 계승함으로써 대량으로 존재한 노비천민의 존재가 사회에 심각한 불안을 주는 원인의 하나였다고 하여, 수대 노비제는 상당히 발달한 것으로 보고 있다. 宮崎가 이렇게 주장하는 근거로는 북주 이래 노비천민의 해방조치가 잘 시행되지 않았고, 따라서 그것이 그대로 수대에 계승되었을 것으로 보는 데 있다. 그러나 북주 무제 시기에 시행된 노비·천민에 대한 일련의 해방조치에 대하여는 그 실효성에서 일부 의문을 가지는 연구자도 있지만[현재 중국학계의 일반적인 견해이다], 대체로 인정하려는 입장에 있고, 또 수왕조가 진을 멸망한 뒤 대규모 전쟁포로를 획득하였다거나 또 이들을 노비로 하였다는 사례가 없는 점을 들어 수대 노비의 숫자는 북위·북주에 비해 크게 감소하였다는 견해도 있다[王永興 編著, 『隋唐五代經濟史料彙編校注』, p.10 참조].

50) 梁方仲 編著, 『中國歷代戶口·田地·田賦統計』(上海人民出版社, 1980), p.38, 甲表 13, 三國·西晉·南北朝의 戶口數及每戶平均口數에 의하면 北周 靜帝 大象 년간(579~580)의 戶數는 359만, 남조 陳 後主 禎明3년(589)의 호수는 50만으로 되어 있다. 그런데 우연인지는 몰라도 수문제 開皇9년(589)의 등록 호구수를 보면 409만 9604명으로[위의

러한 피정복민의 편호화・양인화를 반증한다고 하겠다.

주지하듯 수문제는 즉위직후부터 사회전반에 걸쳐 강력한 중앙집권화정책을 시행하고 있고, 그의 이러한 정책은 중국의 국가제도사상 하나의 중요한 획기로 알려져 있다.[51] 이 점을 염두에 둘 때, 수왕조의 피정복민에 대한 편호화・양인화조치도 그의 중앙집권화정책의 일환이라 할 수 있을 것이다[물론 앞서 보았듯이 이러한 경향은 북주 무제 시기부터 시작되고 있다].

V. 맺음말

본고는 북위 후기에서 수대까지를 대상으로 전쟁포로의 실태와 전쟁에 따른 인신반사의 내용을 통하여 이 시기 각 왕조에서 시행한 신분제 지배의 변화양상을 검토하였다.

북위 후기~수대에 걸쳐 전쟁포로는 계속해서 출현하고 있고, 그에 따라 인신의 반사도 계속 이어지고 있다. 그러나 이 시기 전쟁포로는 전체적으로 소규모이고, 포로의 성격도 突厥・吐谷渾・蠻夷 등 이민족 계통이 대부분을 차지하고 있다. 특히 서위의 강릉침공 이후 북주의 북제 정벌[화북통일], 수왕조의 남조 진 정벌[중국통일] 등 통일을 위한 대규모 정복전쟁에서 피정복민을 전쟁포로로 한 기사가 보이지 않을 뿐 아니라 이들을 노비로 하였다는 기사도 보이지 않는다.

반사의 경우, 북위 후기에서 수대에 이르는 시기는 북위 전기와 마찬

책, p.69. 甲表 21. 隋・唐・五代戶口數, 每戶平均口數及戶口數的升降百分比) 북주와 진의 호구수를 합친 것과 거의 일치하고 있다. 이를 통하여 볼 때, 수왕조가 진을 멸망시킨 뒤 그 지배하에 있던 민을 대부분 편호화・양인화하였음을 알 수 있다.

51) 隋代 君權强化의 역사적 의의에 대하여는 濱口重國,「隋の天下統一と君權の强化」(『秦漢隋唐史の研究』下, 東京大學出版會, 1966 ; 1980) 참조.

가지로 전공자에게 인신의 하사가 계속되고 있다. 그러나 이 시기에는 반사의 형식에 다수 변화가 보이기 시작한다. 우선 북위 후기부터 전공자 다수에게 내리는 일반반사는 전기에 비해 급격히 감소하고, 특히 서위·북주에 이르면 거의 소멸되고 있다. 그것과는 달리 개인에게 내리는 특별반사는 지속되고 있는데, 전쟁포로의 대부분이 이민족인 점으로 보아 이 시기 반사의 객체도 이민족이 대부분이었을 것으로 보인다. 아울러 북위 후기~수대에는 전공자 개개인에게 내리는 특별반사의 경우에도 내용 면에서 변화를 보이는데, 곧 포백이나 물품의 반사 이외에도 새로이 爵·邑의 하사가 증가하고 있고, 더욱이 이것이 반사의 내용 가운데 중요한 지위를 점하고 있다. 또한 이 시기 인신 반사와 관련하여 주목되는 변화는 북주 후기부터 반사품목에 새로이 樂人이 등장하고, 그것이 수대가 되면 더욱 증가하고 있는 점이다. 아울러 수대에 이르면 부곡이 반사의 객체가 되고 있는 점도 특기할 만하다.

　이 시기 전쟁포로의 존속과 그에 따른 인신 반사의 계속된 시행은 북위 후기 이래(넓게는 서진 말부터) 시작된 중국의 분열이라는 정치적 상황이 국가간·민족간의 항쟁을 촉발함으로써 생긴 당연한 결과일 것이다. 따라서 이러한 상황에서 전쟁포로의 노비화는 피할 수 없는 필연성을 띠고 있다. 그러나 서위의 강릉침공 이후, 특히 북주를 경계로 대규모 전쟁에서 피정복민을 포로로 하거나 이들을 노비화하는 현상은 소멸되고 있다. 아울러 이 시기에는 인신의 반사에서도 대규모로 시행되는 일반반사도 소멸되었다.

　북주 이후 대규모 전쟁포로를 획득한 사례가 소멸하거나 그와 아울러 전쟁포로를 노비화하는 역사현상이 사라지고 있는 것은 국가의 피정복민 정책이 변화하였음을 말해 주며, 그 정책적 변화는 다름 아닌 피정복민의 편호화·양인화를 의미한다. 그리고 국가의 이러한 정책은 바로 중앙집권화정책의 일환이라 할 수 있다.

　이상 살펴본 바와 같이 북위 후기에서 수대에 걸쳐 각 왕조에서 시행한 피정복민(특히 포로) 정책의 변화 및 전쟁에 따른 반대급부로서 시행된 인신반사에 나타나는 국가정책의 변화 속에는 이 시기 역사의 흐름이 어디로 향하고 있는지가 잘 드러나고 있다.

〈추가논문 2〉

唐代 良人의 身分秩序 構造와 機能
― 律令에 보이는 用例를 중심으로 ―

Ⅰ. 머리말

　주지하듯 唐代의 국가적 신분제는 모든 민을 율령에 의해 良人[民]과 賤人[民]으로 신분편성하는 良賤制였다. 곧, 律令에 한정하여 보는 한 양인과 천인은 확연히 대비되는 존재로서 양자의 차별은 국가의 모든 法的·制度的인 면에서 뚜렷하게 규정되어 있는 것이다. 이러한 양천제는 국가가 인민을 직접 장악하고 지배하기 위한 인민편성 방식 내지 원리를 나타내고 있는 점에서 이에 대한 이해는 당왕조의 대민지배 체제의 본질 구명과 밀접하게 연관되어 있다고 하겠다.

　그런데, 당대 양천제의 특징 가운데 하나는 賤人보다는 良人을 국가의 주된 지배대상으로 삼는 신분제 지배이고, 또 그러한 양인을 일률적으로 유지·파악·지배하고자 기능한 점을 들 수 있다. 그럼에도 불구하고 양천제에 대한 초기 연구는 주로 천인신분을 중심으로 이루어져 왔고, 그 결과 각 천인의 성격 및 천인 상호간의 관계, 법률상의 지위, 국가에 대한 부담, 각 천인의 來源 등 많은 부분이 구명된 것도 사실이지만,[1] 상대적으로 양인에 대한 관심은 적었다고 할 수 있다.

---

[1] 唐代 賤人에 대한 연구는 중국과 일본에서 일찍부터 시작되었는데, 중요한 논저를 들면 다음과 같다. 우선, 중국의 경우는 清末의 沈家本, 『歷代刑法攷』Ⅰ～Ⅳ(北京, 中華書局, 1985. 원래는 民國時代에 쓰여짐) ; 何士驥, 「部曲考」(『國學論叢』1-1, 1927) ; 張維訓, 「略論雜戶的形成和演變」(『中國史研究』1983-1) ; 張澤咸, 「唐代的部曲」(『社會科學戰線』

이는 당대의 율령이 특히 개별 천인신분에 대하여 많은 사례를 남기고 있기 때문에 양인에 비해 상대적으로 접근하기가 쉽다는 측면도 있지만, 한편으로는 시대구분 논쟁으로 대표되는 당시의 연구풍토에서 비롯된 면도 많았음을 부정하기 어렵다.2) 따라서 이 속에서 양인은 천인의 성격을 구명하기 위한 일환으로서 부차적인 것으로밖에 취급되지 않았음은 말할 나위도 없다. 그 후 이러한 연구경향에 대한 반성으로서 천인 외에도 양인을 포함하여 국가적 신분제라는 틀 속에서 이해하고자 하는 시각이 대두되었다.3) 이후 양천제를 포함하는 신분제에 대한 연구는 이 국가적 신분제라는 시각을 전제로 하여 양인을 중시하는 방향으로 전개되었고, 그 결과 각 시대에 따른 신분제의 변천4) 및 良賤制와 在地社會의 신분적 관계5)뿐만 아니라 양인 내의 개별신분에 대한 연구도6) 진행되는 등 많은 업적을 쌓았다. 이러한 일련의 연구에

1985-4) ; 李季平, 『唐代奴婢制度』(上海人民出版社, 1986) 등이 있다. 일본의 경우 초기의 연구로는 玉井是博, 「唐の賤民制度とその由來」(『支那社會經濟史研究』, 岩波書店, 1942)가 있고, 대표적으로는 濱口重國, 『唐王朝の賤人制度』(東洋史研究會, 1966)가 있다.

2) 시대구분논쟁과 관련한 唐代의 部曲·奴婢 등 賤人에 대한 연구는 특히 일본학계에서 두드러지는 현상인데, 이에 대한 소개는 鈴木俊·西嶋定生 編, 『中國史の時代區分』(東京大學出版會, 1957) 및 谷川道雄 編著[鄭台燮·朴鐘玄 外 譯], 『日本의 中國史論爭』(신서원, 1995) 참조.

3) 西嶋定生, 「中國古代奴婢制の再考察-その階級的性格と身分的性格」(『古代史講座』 7, 學生社, 1963).

4) 西嶋定生이 漢唐 간의 신분제를 일괄해서 논한 반면, 西嶋의 국가적 신분제론을 계승한 尾形勇과 堀敏一은 漢唐 간의 신분제의 변천을 논하였는데, 이들은 한에서 당으로의 신분제가 庶奴制[庶人·奴婢制]-良奴制[良人·奴婢制]-良賤制[良人·賤人制]로 변화·발전했다고 하는 데는 인식을 같이 한다. 그러나 양노제의 성립시기에 대하여는 견해를 달리하는데, 尾形勇은 그 시기를 均田制 성립기로 보는 데 반해[「良賤制の展開とその性格」『岩波講座 世界歷史』 5, 岩波書店, 1970], 堀敏一은 三國時期로 보고 있다[『中國古代の身分制-良と賤-』, 汲古書院, 1987].

5) 山根淸志, 「唐における良賤制と在地の身分的諸關係」(歷史學研究別冊, 『民族と國家-1977年度大會報告』, 1977).

6) 山根淸志, 「唐の '百姓' 身分について」(『社會經濟史學』 47-6, 1982) ; 「唐の '百姓' 身分補論」(『栗原益男還曆記念論集中國古代の法と社會』, 汲古書院, 1988). 山根의 연구는 양인 속의 개별신분인 百姓을 연구대상으로 삼은 점에서 唐代 신분제 연구에 새로운 계기를 마련하였고 또 그외 다른 신분과의 관계도 부분적으로 언급하고 있어 시사하는 바가 크지

의해 양천제를 포함한 신분제에 대한 연구는 한 단계 진전되었고 아울러 양인의 신분적 성격도 어느 정도 해명된 것은 사실이다. 그러나 이들 연구에서는 대체로 양인을 일률적으로 성격규정하려는 경향이 강하고 양인 내부의 신분적 여러 관계를 구명하려는 노력은 적었다고 하겠다.

이상 당대 양천제라는 신분제를 둘러싸고 진행된 기존의 연구성과에서 드러난 바와 같이 본고는 양인을 중시하는 기존의 연구경향을 일단 긍정한 위에서 종래 아직 주목받지 못하였거나 명확하게 되어 있지 않은 양인의 내부적인 신분질서 구조에 대하여 살펴보고자 한다. 문제는 그 접근방법일 것이다. 이에 대하여는 현실사회에 내재하는 신분적 여러 관계도 시야에 넣어야 하겠지만, 그 전제로서 국가권력에 의해 설정된 강제규범인 율령 속에서의 실태가 우선 파악되지 않으면 안된다고 생각한다. 따라서 여기서는 일단 범위를 한정하여 왕조의 지배체제를 제도적으로 정비하고 유지하기 위해 존재하는 율령을 중심으로 良人의 신분질서 구조와 그 기능을 구명해 보고자 한다. 구체적으로는 율령 속에 보이는 용례를 통하여 양인의 신분질서를 검토하고, 이어서 그러한 신분질서가 내포하는 기능에 대하여 약간의 私見을 더해 보고자 한다.[7] 이를 통하여 당왕조의 對民支配體制의 일단을 엿볼 수 있으면 다행이다.

만, 백성 외에 다른 신분을 직접 다루고 있지는 않다.
7) 唐代는 아니지만, 그 이전시대인 晉·南朝의 율령 속에 보이는 신분적 여러 관계를 논한 것에 中村圭爾,「晉南朝の律令と身分制の一考察」(『堀敏一先生古稀紀念中國古代の國家と民衆』, 汲古書院, 1995)이 있다. 中村은 晉·南朝의 율령에는 品官·流外·百姓, 士卒百工·奴婢衣食客과 吏·民이라는 두 계통의 신분질서가 병존하고, 전자가 직업상의 분업을 기초로 하는 반면, 후자는 정치적 지배·피지배관계를 나타낸다고 한다. 中村의 이러한 분석은 唐代를 대상으로 한 본서와도 상당한 관련이 있어 시사하는 바가 크다.

Ⅱ. 율령에 보이는 양인의 신분질서 구조

당대 양천제가 지닌 특징 가운데 하나는 계층적인 신분질서를 띠고 있는 점이다. 곧, 기존연구에 의해 밝혀진 바와 같이 율령에 규정된 천인도 내부적으로는 축산으로 취급된 존재에서부터 양인에 가까운 존재에 이르기까지 여러 신분층으로 구분되어 있다. 이는 국가가 천인을 良賤이라는 신분제의 틀 속에서 일률적으로 규정하면서도 실제 지배형태는 층서적인 상하관계를 띠고 있음을 보여준다.[8] 이러한 점은 양인에서도 역시 동일하지 않을까 한다. 다시 말하면 국가가 천인 이외의 모든 민을 양인으로 신분편성하는 것에 의해 법적·제도적으로 국가의 公民으로서 하나의 특수한 신분집단을 상정하고 있고, 또 서두에서 말한 바와 같이 양천제가 이들 양인을 일률적으로 유지·파악하고자 기능하였다고 해도 국가에 의한 계급적 지배라는 측면에서 보면 양인도 내부적으로 지배·피지배의 계급관계를 수반하는 것은 필연적이다. 또 한편으로는 국가의 대민지배의 필요상 이 계급관계를 수반하는 신분질서와는 성격이 다른 형태의 신분질서도 상정할 수 있다. 이러한 점을 고려하면 양인 자체도 층서적인 상하관계를 띨 수밖에 없다고 하겠다. 이상을 염두에 두고 양인의 신분질서가 율령에 구체적으로 어떠한 구조로 되어 있는가를 살펴보기로 한다.

律과 令은 왕조 지배체제의 근간을 이루는 두 개의 기본법이라 할 수

---

8) 당대의 천인은 크게 官賤人과 私賤人으로 나뉘어진다. 그 가운데 관천인은 [官]奴婢－官戶[工·樂]－雜戶－太常音聲人의 순서로 되어 있고, 사천인의 경우는 [私]奴婢-部曲·客女의 순서였다. 이와 같이 당대의 천인은 관천·사천 모두 층서적인 상하관계를 띠고 있었고, 이들은 각각의 신분에 따라 법률적인 지위에 차이가 있었다. 賤人의 종류와 법률상의 지위 전반에 대하여는 濱口重國, 『唐王朝の賤人制度』 및 尾形勇, 「良賤制の展開とその展開」 참조.

있고, 이 점은 당대도 예외는 아니다.9) 따라서 여기서는 현존하는 중국 最古의 형법전인 『唐律疏議』[이하 『律疏』라 약칭함]10)와 湮滅된 唐令을 복원한 『唐令拾遺』[이하 『拾遺』라 약칭함]11)를 중심으로 거기서 사용된 용례를 통하여 良人의 身分秩序를 살펴보고자 한다. 이에 대하여는 우선 『拾遺』에 보이는 다음의 사례가 주목된다.

A① 喪輿의 경우, 3품 이상… 7품 이상… 8품 이하… 庶人은 鼈甲車에 휘장이나 그림장식을 해서는 안된다.12)
② 王公 이하… 3품 이상… 5품 이상… 6품 이하 및 庶人의 堂舍는 3間 5架를 넘을 수 없다.… 그 士庶의 公私 가옥은 모두 樓閣을 조성하여 남의 집을 내려다 볼 수 없다.13)

이 가운데 A-①은 喪葬禮의 하나인 喪輿의 규모와 장식에 대하여, A-②는 家屋의 규모에 대하여 왕공 이하 서인에 이르기까지 각 신분에 따른 차이를 규정하고 있다. 『拾遺』에는 이외에도 祀廟의 규모,14) 혼인 때

---

9) 唐代의 기본법을 律과 令이라 하였지만, 실제 당대에서는 오늘날의 형법전인 律에 비중을 두고 있고, 그에 비해 令은 부차적인 것으로 인식되었다. 이 점은 중국 최고의 형법전인 『唐律疏議』는 오늘날까지 남아 있지만, 唐令은 일찍 산일된 점에서도 쉽게 알 수 있다[이에 대하여는 池田溫, 「中國律令과 官人機構」(『仁井田陞博士追悼論文集·前近代アジアの法と社會』第1卷, 勁草書房), 1967 ; 「律令官制의 形成」(『岩波講座 世界歷史』5, 岩波書店, 1970) 참조]. 본서의 주된 목적은 신분제의 내부적인 운영원리를 파악하는 데 있기 때문에 그 중요도에 상관없이 양자를 동일한 위치에 두고 논하기로 한다.
10) 본서에서는 『唐律疏議』 가운데 名例律은 金鐸民·任大熙 主編, 『譯註 唐律疏議(1)-名例編-』(韓國法制硏究院, 1995)을, 衛禁律 이하는 劉俊文이 點校한 中華書局, 1993년 복간본[초간은 1983년]을 이용하였다.
11) 仁井田陞, 『唐令拾遺』는 1933년에 처음 東方文化學院에서 출판되었고, 그 뒤 東京大學出版會에서 1964년 및 1983년 두번에 걸쳐 복간되었는데, 여기서는 1983년판을 이용하였다.
12) "諸輀車 三品已上… 七品已上… 八品已下… 庶人鼈甲車 無幰襀畵飾."[『拾遺』, 喪葬令 13조, p.820]
13) "諸王公已下… 三品已上… 五品已上… 六品已下及庶人 堂舍不得通三間五架… 其士庶公私第宅皆不得造樓閣臨視人家."[『拾遺』, 營繕令 4조, p.802]
14) "諸文武官二品以上 祠四廟 五品以上祠三廟 六品以下達於庶人 祭祖禰於正寢."[『拾遺』, 儀

착용하는 의복의 형태,15) 사망인에 대한 호칭16) 등에서도 A-①②와 유사한 모습을 보여준다. 이와 같이 唐의 율령에서는 王公에서 品官 및 庶人에 이르기까지 각 신분에 따른 여러 특권을 규정하고 있지만, 그 가운데서도 앞서 인용한 두 사례를 통하여 우선 주목되는 것은 王公을 제외한 流內官이 官品을 기준으로 상당한 계층적 차이를 띠고 있는 점이다. 그런데 A-①과 ②에서 보듯 이들 관품에 의한 유내관의 계층성은 상이하게 나타나고 있다. 이는 위에서 든 『拾遺』뿐만 아니라 『律疏』에서도 역시 마찬가지이다. 따라서 유내관의 층차를 획일적으로 단계짓는 것은 매우 어려운 실정이다. 그러나 종래 알려진 바와 같이 蔭[子孫에 出身資格의 부여]·永業田[職分田·官人田]·同居親屬의 課役免除 등 세습성을 수반하는 중요한 특권이 3품과 5품 및 6품에서 뚜렷한 층차를 보이고 있는 것에서 流內官의 신분서열은 대체로 3품 이상, 5품 이상, 6품 이하의 3단계로 구분되었고,17) 그것이 A-②와 같은 가옥의 규모에 대한 규정에도 반영되었을 것으로 보인다.18)

　流內9品官의 관품에 따른 신분적 계층화와 아울러 또 한 가지 주목되는 것은 이들 유내9품관 아래에는 일반적으로 庶人이라는 용어를 사용하고 있는 점이다. 이는 율령에 한정하는 한 庶人이 법제적인 신분임을 나타내는 것이지만, 더욱이 서인이 유내9품관 이상의 관인을 관품에 따른 신분적 특권 내지 예제상의 차이를 규정할 때 그 말단을 형성하고

　　制令 18조, p.508]
15) "諸職事官三品以上… 婚聽假以四品冕服 若五品以上子孫 九品以上子 及五等爵 婚皆聽假 以爵弁服 若庶人 婚聽假以絳公服."[『拾遺』, 衣服令 56조, p.458]
16) "諸百官身亡者 三品以上稱薨 五品以上稱卒 六品以下達庶人稱死."[『拾遺』, 喪葬令 23조, p.840]
17) 池田溫, 「律令官制の形成」, p.304.
18) 이와 관련하여 『律疏』 卷22, 鬪訟 17, 監臨官司廐統屬의 疏議에는 唐代 官人의 경우 형벌의 적용에서 同一官을 규정한 사례가 있는데, 그것에 의하면 3품 이상, 5품 이상, 6품 이하 9품까지를 각각 동일관으로 간주하고 있어, 본문에서 말하는 관인신분의 계층 구분과 어느 정도 대응하고 있다.

있는 것은 이 서인이 官品이 없는 자를 총칭하는 법적 신분으로 사용되었음을 의미한다. 따라서 이상의 두 점에 주목하면『拾遺』에 보이는 양인의 신분질서는 최상층에 위치하고 있는 왕공이라는 특별신분을 제외하면 관품의 유무를 기준으로 관품이 없는 자를 총칭하는 것으로 서인이 있고, 그 위에 유내9품관이 관품에 따라 층서적인 형태를 띠고 있음을 알 수 있다.

한편,『律疏』에는 이와는 다른 용례가 보인다.

A③〔律文〕만약 허위로 공적이나 과실의 연한을 增減하여 선거에 참여하여, 이로 인해 관직을 얻은 자는 徒刑 1년에 처한다. 流外官은 각각 1등을 감한다.
　〔疏議〕… 또 選擧令에 의하면 "官人 자신 및 동거하는 大功 이상의 친속이 직접 工·商에 종사하거나 집이 그 〔工·商〕業을 전문으로 한 자는 벼슬할 수 없다. 만약 예전에 관직을 맡고서 工·商에 종사함으로써 해임되었다가 뒤에 수정·개변하여 반드시 사적이 있는 자는 3년 이후에 벼슬하는 것을 허용한다. 그러나 3년 뒤에도 수정·개변하지 않는 자는 告身〔관인신분증〕을 회수·박탈하고 庶人의 예에 따른다."19)
④〔律文〕除名된 자는 官·爵을 모두 삭제하고 課役은 本色에 따른다.
　〔疏議〕만약 除名에 해당하는 죄를 범한 자는 出身〔초임관〕이래의 관·작을 모두 삭제함을 말한다. "課役은 本色에 따른다"라 함은 蔭이 없으면 庶人과 같고 蔭이 있으면 蔭庇하는 법률에 따른다. 그러므로 "각각 本色에 따른다"고 하였다.20)
⑤〔律文〕한 가지 사건이 두 가지 죄〔二罪〕로 나뉘지만, 罪名과 刑量이 같다면 누계〔累〕해서 논죄한다.
　〔疏議〕… 이것은 犯人이 庶人으로서 兼丁이 있는 자를 위해 만든 법이다.

---

19)〔律文〕"若詐增減功過年限而預選擧 因之以得官者 徒一年 流外官 各減一等."
　〔疏議〕"… 又 依選擧令 官人身及同居大功以上親 自執工商 家專其業 不得仕 其舊經職任 因此解黜 後能修改 必有事業者 三年以後聽仕 其三年外仍不修改者 追毁告身 卽依庶人禮."〔『律疏』卷25, 詐僞 9, 詐假官假與人官〕
20)〔律文〕"諸除名者 官爵悉除 課役從本色."
　〔疏議〕"課役從本色者 無蔭同庶人 有蔭從蔭例 故云各從本色."〔『律疏』卷3, 名例 21, 除免官當敍法〕

만약 官人이나 品子로서 贖免될 수 있거나 單丁인 경우는 법 적용을 달리 한다.21)

곧, A-③④⑤에 의하면 庶人에 대비된 법적 신분으로는 일반적으로 官人이 사용되고 있다. 이에 앞서 든 A-①②와 관련지어 생각하면 이 官人이라는 용어가 流內9品官을 지칭하는 것임을 쉽게 추측할 수 있다.22) 이와 같이 唐代의 律令에서는 한편으로는 流內9品官을 官品을 기준으로 충서적으로 단계짓고 있는 반면, 다른 한편으로는 이들을 하나의 신분으로 규정하고자 하는 측면도 있음을 볼 수 있고, 그 가운데 후자의 경우 이 品官 전체를 지칭하는 신분용어는 다름 아닌 官人이었다고 하겠다. 따라서 당의 율령에서 이러한 品官을 지닌 자 전체를 지칭하는 官人을 관품에 따른 신분서열을 나타낼 때 官品이 없는 庶人과 대비되어 신분적으로 규정되어 있는 것에 주목하면, 관품을 기준으로 한 양인의 신분질서로서 '官人-庶人'을 설정하는 것도 가능하리라 여겨진다.

이상, 唐의 율령에서는 관품을 기준으로 관인과 서인이 대비되어 사용되어 있고, 또 이러한 관인과 서인과의 대비는 양인 내 하나의 신분질서를 이루고 있음을 보았다. 그러면 이 '官人-庶人' 사이에는 어떠한 신분이 律令 속에 인정되고 있는가 하는 점을 보기로 한다. 이와 관련해서는 다음의 사례가 주목된다.

A⑥ 〔律文〕 流外官 이하가 議貴를 구타하면 徒刑2년에 처한다.
〔疏議〕 流外官이란 〔流外〕勳品을 가진 자를 말하며, 이하 庶人까지 〔이 조문이〕 적용된다.23)

---

21) 〔律文〕 "其一事分爲二罪 罪法若等 則累論."
〔疏議〕 "… 此爲庶人有兼丁作法 若是官人·品子應贖及單丁之人 用法各別."(『律疏』 卷6, 名例 45, 二罪從重)
22) 물론 唐代 官人의 용어에는 流內九品官만을 지칭하는 협의의 개념과 그밖에 吏도 포함하는 광의의 개념이 있지만, 律令에는 전자의 용례가 일반적이다. 따라서 본서에서 官人이라 함은 특별한 언급이 없는 한 전자만을 의미하는 것임을 밝혀둔다.

⑦ 〔律文〕 만약 品官으로서 流外 및 雜任에 임명된 자가 本司 및 監臨지역 에서 杖罪 이하를 범하였으면 형벌을 집행하는 법례에 따른다.
　〔疏議〕 "品官으로서 流外 및 雜任에 임명되었다"라 하는 것은 자신이 勳官·散官을 가지고서 流外 및 雜任에 임명된 자를 말한다.[24]

　곧, A-⑥에 의하면 庶人은 流外官과 구별되어 있고, 또 A-⑦에는 流外〔官〕 이외에 雜任이라는 용어도 보이므로, 庶人은 이 雜任과도 구별되었을 것으로 보인다. 이 가운데 流外官은 앞서 언급한 유내9품관〔=관인〕과는 달리 流外勳品을 가진 자들로서 정식 流內9品官은 아니지만 官人신분증인 告身이 주어지는 신분이고, 雜任은 이러한 告身이 지급되지 않는 流外官보다 하급관리이다.[25] 그리고 이들은 모두 엄격한 考課를 거쳐 流內로 入流할 수 있었다.[26] 여하튼 이러한 유외관과 잡임이 율령에서 서인과 구별되어 사용되고 있는 이상, 서인과 관인 사이의 신분으로는 일단 유외관과 잡임을 상정할 수 있을 것이다. 그러면 이들 유외관과 잡임은 관품의 유무를 기준으로 한 양인의 신분질서인 '官人-庶人' 가운데 어느 쪽에 가까운 신분이었을까. 우선 앞서 인용한 A-①②를 보면, 流內9品官과 庶人까지의 각 신분에 따른 특권을 열거한 경우에 유외관과 잡임은 특별히 따로 명시되어 있지 않다. 이 점은 앞서 언급한 『拾遺』의 다른 규정에서도 마찬가지이고, 『律疏』에서도 이와 유사한 경향을 보이고 있다. 더욱이 나음 사례를 보면 서인·유외관과 유내관〔官人〕과의 관계를 어느 정도 알 수 있다.

---

23) 〔律文〕 "諸流外官已下 毆議貴者 徒二年."
　〔疏議〕 "流外官 謂勳品已下 爰及庶人."(『律疏』 卷21, 鬪訟 15, 流外官以下毆議貴)
24) 〔律文〕 "卽品官任流外及雜任 於本司及監臨犯杖罪以下 依決罰例."
　〔疏議〕 "品官任流外及雜任謂身帶勳官·散官而任流外及雜任者."(『律疏』 卷30, 斷獄 30, 斷罪應決配而收贖)
25) 唐代의 流外官 및 雜任에 대하여는 任士英, 「唐代流外官制硏究(上)」(史念海 主編, 『唐史論叢』, 三秦出版社, 1990), pp.277~285 참조.
26) 柳元迪, 「唐 前期의 支配層」(서울大學校東洋史學硏究室編, 『講座中國史 Ⅱ－門閥社會와 胡·漢의 世界－』, 지식산업사, 1989), p.227.

A⑧ 〔律文〕 官品이 없을 때 범한 죄가 官品이 있을 때에 발각되었다면 流罪 이하는 贖金으로 논죄한다.
〔疏議〕 流外官이나 庶人에서 流內官에 임명된 자를 말하며, 이들은 官當·除免하지 않고.27)

곧, A-⑧에 의하면 流外官과 庶人은 일단 구별되어 있지만, 官品이 있는〔有官〕流內官과 대비해서 보면 양자는 官品이 없는〔無官〕자로서 동류로 취급되어 있는 것이다. 따라서 이러한 몇 가지 점을 고려하면 流外 및 雜任은 庶人과 일단 구별된 존재였다고 해도 관품의 유무를 기준으로 한 禮制上의 차이를 규정할 경우 모두 유내관품을 가지지 않은 점에서 서인과 별반 다름이 없었을 것으로 보인다. 그러한 의미에서 유외관 및 잡임 등은 서인에 포함시켜도 무방하고, 따라서 전체적으로 관품의 유무를 기준으로 한 양인의 신분질서로서 '官人-庶人' 질서는 관철되어 있다고 해야 할 것이다.

이상 살펴본 바와 같이 당대 율령에서의 官品을 기준으로 한 신분질서는 세부적으로는 王公 이하, 3품 이상, 5품 이상, 6품 이하 9품 이상, 流外 및 雜任·庶人 등의 계층적 신분질서로 되어 있지만, 이러한 신분질서를 律令에서 사용된 신분용어로써 표현하면 '官人-庶人' 질서로 나타낼 수 있다고 하겠다. 여기서 이 '관인-서인' 질서와 관련하여 분명히 해둘 필요가 있는 것에 앞서 인용한 A-②의 말미에 보이는 士庶의 문제가 있다. 곧, A-②를 보면 庶는 官이나 官人 외에 士와도 대립적으로 사용되어 있다. 율령에 庶가 士와 대비되어 사용된 경우는 이밖에도 『律疏』 卷11, 職制 57, 去官受舊官屬士庶饋與의 '士庶饋與'가 있다.28) 이와 같이

---

27) 〔律文〕 "諸無官犯罪 有官事發 流罪已下 以贖論."
〔疏議〕 "謂從流外及庶人而任流內者 不以官當除免."(『律疏』卷2, 名例 16. 無官犯罪)
28) '士庶饋與'라는 표현은 이외에도 『律疏』卷4, 名例 4, 彼此俱罪之贓의 疏議文 ; 『律疏』 卷16, 擅興 24, 私使丁夫雜匠의 疏議文에도 보인다. 이 가운데 名例律과 擅興律의 경우는 職制律의 해당부분을 다시 인용한 것이다.

율령에서 법제적 신분인 庶[人]에 대비된 용어로서 士가 사용되고 있는 이상 사회적 신분인 士庶制가 법제적 신분으로도 기능하고 있는 것처럼 보인다. 그러나 율령에서 사용되고 있는 사서의 의미를 보면 사회적 신분으로서의 사서가 율령에 그대로 기능하고 있다고는 보기 어려운 점이 있다. 우선 '士庶饋與'의 士庶인데, 職制 57의 해당조문 疏議에서는 "士庶는 예전에 관할하던 곳의 사람을 말한다"[29]라고 해석하고 있다. 그런데 이 疏議의 문장 바로 앞에서는 '舊官屬'에 대하여 사서와 구별해서 따로 해석하고 있기 때문에[30] 여기의 사서에는 관직에 있는 관리는 제외되었음을 쉽게 알 수 있다. 그렇다면 '士庶饋與'의 사서는 관할지역 내의 관리를 제외한 모든 사람을 사와 서로 대별하여 나타낸 것으로 이해해도 크게 무리는 없을 것으로 보인다. 이러한 의미를 지니는 '士庶饋與'의 사서는 현실적으로 民間에 내재하는 사회적 신분으로서의 士庶의 구별을 어느 정도 인식한 위에서 사용했을 가능성은 있지만 이것만으로는 명확하지 않다. 다음으로 A-②에 보이는 士庶인데, 여기서 말하고 있는 士庶의 士는 A-②에 있는 앞의 문장과 관련지어 생각하면 王公 이하 流內9品官 이상을 달리 지칭하는 것으로, 앞서 살펴본 官人보다는 범위가 넓은 것으로 보이나 양자가 가리키는 범위는 큰 차이가 없을 것으로 생각된다. 문제는 士가 庶에 대립적으로 사용되고 있더라도 그것이 律令에서 신분적인 용어로서의 특성을 지니고 있느냐 하는 점이다. 이와 관련해서는 『拾遺』에 있는 다음의 사례가 주목된다.

A⑨ 文武를 학습하는 자를 士라 하고, 耕桑에 힘쓰는 자를 農이라 하며, 물건을 만들어 무역하는 자를 工이라 하고, 고기나 술을 팔고 장사하는 자를 商이라 한다[工·商은 모두 집에서 그 業을 전문으로 하여 이익을 구하는 자를 말한다]. 工·商의 집은 士에 참여할 수 없고 祿을 먹는 사람[食祿

---

29) "士庶 謂舊所管部人."
30) "舊官屬 謂前任所僚佐."

之人]은 아래 사람의 利를 탈취해서는 안된다.[31]

이것에 의하면 良人이 사회적 분업을 기초로 士·農·工·商으로 구분되어 있음을 알 수 있다. 그런데 그 가운데 "文武를 학습하는 자를 士라 한다"고 한 것에서 보듯, 士의 법령상의 개념은 매우 추상적이고 포괄적으로 규정되어 있기 때문에 사회적 분업에 기초한 이러한 구분을 그대로 신분적인 규정으로 보는 것은 곤란하다고 생각한다. 이 점은 『律疏』에 士·農·工·商을 각각 구분하여 신분적으로 규정한 사례가 보이지 않는 것에서도 충분히 확인할 수 있다. 물론 A-②에 사용되고 있는 사서의 사와 사회적 분업으로서의 사농공상의 사가 어떤 관계에 있는지는 분명하지 않지만, 양자가 관계가 있다 하더라도[32] 그것을 가지고 바로 士를 법적인 신분이라고 간주하는 것은 곤란할 것이다. 그렇다면 士는 법적·제도적인 신분용어가 아닌 것이 된다. 이 점은 士庶의 경우에도 마찬가지로 적용된다. 곧, 율령에서 사서가 대립적으로 사용되고 있는 점에서 현실사회에서의 사서의 구별이 어느 정도 율령에 반영되어 있는 점은 인정된다 해도 양자를 대비한 어떠한 신분적인 규정도 나타나지 않고, 또한 앞서 살펴본 바와 같이 庶에 대립적인 신분용어는 士가 아닌 '官人'이 일반적인 점을 생각하면 士庶를 법적·제도적인 신분제라고 보기는 어렵다고 하겠다.

끝으로 이 '관인-서인' 질서와 관련하여 확인해 두고 싶은 것은 관인과 대비되어 사용된 법적 신분인 서인의 범주인데, 이것을 사회적 분업에 의한 구분인 사·농·공·상과 연관지어 살펴보기로 한다. 앞서 살펴본 바와 같이 사는 서인과 대비되어 있고, 또 관인과 유사한 신분적 범위를 나타내는 것으로 보아 서인에서 제외되었을 것임은 쉽게 짐작 가능하

---

31) "諸習學文武者爲士 肆力耕桑爲農 功作貿易者爲工 屠沽興販者爲商[工商皆謂家專其業 以求利者] 工商之家 不得豫於士 食祿之人 不得奪下人之利."(『拾遺』, 戶令 26조, p.244]
32) 山根清志, 「唐の'百姓'身分·補論」, p.295.

다. 또 앞서 庶人은 官品이 없는 자를 총괄하는 신분적인 용어라고 하였지만, 이 서인이 品官을 의미하는 官人의 아래에 위치하고 있는 점에서 유추하면 그 개념 속에 官人으로 상승할 수 있는 자격을 지닌 자라는 의미가 내포되어 있는 것으로 보인다. 이러한 의미에서 보면 서인의 중심은 실제는 어떻든 당대 제도적으로 관인으로의 진출이 열려 있는 [均田]農民이었다고 할 수 있다. 그러면 工·商人은 어떠할까. A-⑨에 의하면 流內9品官과 유사한 범위를 나타내는 士에 工·商을 전업으로 하는 工人과 商人은 참여할 수 없는 것으로 규정하고 있다. 더욱이 『拾遺』에는 官人 자신뿐 아니라 同居人 가운데 大功 이상의 친속이 工·商을 家業으로 영위한 경우에는 관직으로의 出仕를 금지한 사례가 있다.33) 이와 같이 율령에 공·상업에 종사하는 자는 관직으로의 출사를 제한하고 있는 이상, 工·商은 관인으로 나아갈 수 있는 庶人의 범주에서 제외되었다고도 할 수 있다. 그러나 다른 한편으로 앞서 인용한 A-③에는 "관인 및 동거하는 대공 이상의 친속이 공상업에 종사하여 3년이 지난 뒤에도 그 업을 변경하지 않으면 告身을 박탈하고 서인의 예에 따른다"34)고 하여 공·상업에 종사한 관인을 서인으로 환원시키고 있기 때문에 공상이 관직으로의 출사는 금지되었어도 서인에는 포함되었다고 보아야 할 것이다. 따라서 율령에서 庶人이라 함은 국가의 주된 지배대상이자 기반을 이루는 [均田]農民이 중심이지만, 工·商人도 포함되었다고 할 수 있을 것이다.

이상 당대 율령에서는 官品을 기준으로 한 양인의 신분질서로서 '관인-서인'이라는 질서가 관철되어 있음을 살펴보았다. 그런데, 한편으로 율령에는 이러한 '官人-庶人' 질서와 다른 신분질서를 보여주는 사례가 있다.

B① [律文] 사사로이 금지된 兵器를 [외국인에게] 준 자는 絞首刑에 처하고

---

33) "諸官人 身及同居大功已上親 自執工商 家專其業 不得仕."(『拾遺』, 選擧令 17조, p.294)
34) 주 19) 참조.

외국인과 혼인한 자는 流刑 2천리에 처한다.

〔疏議〕… 또 主客式에 의하면 "蕃客이 入朝하였을 때 길에서 客과 交雜할 수 없고, 또 客으로 하여금 국내의 사람과 대화할 수 없게 한다. 州縣의 官人이라도 만약 정당한 사유가 없으면 또한 客과 서로 만날 수 없다"라 하고 있다. 곧 이것은 국내의 官人·百姓은 客과 서로 접촉할 수 없다는 것이다.[35]

② 〔律文〕 官物 중 개인에게 지급해야 할 것을 이미 官의 창고에서 꺼낸 뒤에도 아직 지급하지 않거나,

〔疏議〕官物 중 장차 개인에게 지급하거나 賜與해야 할 것 및 官이나 百姓에게 임대하려고 이미 창고에서 꺼냈지만,[36]

③ 각 州의 경계 내에 銅이나 鐵이 나오는 곳이 있으나, 官에서 아직 채굴하지 않은 것은 百姓이 사사로이 채굴하는 것을 허용한다.[37]

④ 각 州의 刺史는 매년 1회 屬縣을 순행하여 風俗을 살피고 百姓에게 물어야 하며… 그 官에 있는 吏로서 公廉하고 자신을 바르게 하며 맑고 곧음으로 절개를 지키는 자는 반드시 삼가 이를 살펴야 하며….[38]

B-①②③④는 서인과 다른 양인의 하층신분을 구성하는 백성에 대한 사례를 열거한 것이다. 이것에 의하면 우선 백성도 앞서 살펴본 서인과 마찬가지로 명확하게 법제적 신분임을 알 수 있다. 그런데 이 법제적 신분인 백성과 대립적으로 사용된 신분명칭을 살펴보면, B-①②③에서는 百姓과 官人 내지 官이 대비되어 있고, B-④에는 백성과 대비된 신분으로 官人〔刺史〕 외에도 吏가 보인다. 또한 비록 율령의 사례는 아니지만,

B⑤ 至德2(757)年 二月에 조칙을 내려 "모든 州의 百姓 가운데 流亡한 자

---

35) 〔律文〕 "私與禁兵器者 絞 共爲婚姻者 流二千里."
〔疏議〕 "… 又準主客式 '蕃客入朝 於在路不得與客交雜 亦不得令客與人言語 州縣官人若無事 亦不得與客相見' 卽是國內官人·百姓 不得與客交關."(『律疏』 卷8, 衛禁 31, 越度緣邊關塞)
36) 〔律文〕 "諸官物當應入私 已出庫藏而未付給."
〔疏議〕 "謂官物應將給賜 及借貸官人及百姓 已出庫藏."(『律疏』 卷15, 廐庫 28, 官物之例)
37) "諸州界內 有出銅鐵處 官未採者 聽百姓私採."(『拾遺』, 雜令 9조, p.848)
38) "諸州刺史 每年 一巡行屬縣 觀風俗 問百姓… 其吏在官 公廉正己 淸直守節者 必謹而察之…."(『拾遺』, 戶令 38조, p.257)

가 많은데, 〔그 원인은〕혹은 官吏의 침탈로, 혹은 도적에게 핍박을 받았기 때문이다."39)

곧, 율령과 거의 같은 효력을 지니는 勅令에는 官吏가 百姓과 대비되어 있다. 이와 같이 백성에 대비된 신분으로는 流內9品官 이상을 의미하는 官人이 일반적이지만, 그밖에『律疏』卷1, 名例 7, 十惡 가운데 不義의 注의 疏議에 "流外官 이하를 말한다"40)라 하고 있는 吏도 포함되었음을 알 수 있다. 실제『律疏』에서는 流內9品 이상의 官人과 流外·雜任 등 吏를 앞서 언급한 바와 같이 官品의 유무에 의해 엄격히 구분하면서도, 다른 한편으로 관·리가 分番41)·休暇42)·皇帝의 侍從43) 등에서 잘못을 범한 경우에 대한 처벌에는 그다지 큰 차이를 두지 않고 있다. 또한 유내9품 이상의 품관이 유외관이나 잡임에 나아가는 경우도 보인다.44) 이러한 점은 바로 官·吏가 백성과의 관계에서는 관료로서 일체화되어 있는 것으로 여겨진다. 특히 이 관리라는 명칭이 서인과 다른, 양인 가운데 또 하나의 하층신분인 百姓과 대비적으로 사용되어 있는 것에 주목하면, '官吏-百姓'은 앞서 언급한 관품의 유무를 기준으로 한 '官人-庶人'과는 다른 良

---

39) "至德 二載 二月勅 諸州百姓 多有流亡 或官吏侵漁 或盜賊驅逼."〔『唐會要』卷85, 逃亡〕
40) 〔注〕"吏卒殺本部五品以上官長."
   〔疏議〕"吏 謂流外官以下."
41) 〔律文〕"諸官人無故不上及當番不到〔雖無官品 但分番上下 亦同 下條準此〕."
   〔疏議〕"… 注云雖無官品 謂但在官分番者 得罪亦同官人之法."〔『律疏』卷9, 職制 5, 官人無故不上〕
42) 〔律文〕"若因假而違者 一日笞二十… 罪止徒一年半."
   〔疏議〕"官人以下·雜任以上 因給假而故違 並一日笞二十… 四十五日徒一年半."〔『律疏』卷9, 職制 5, 官人無故不上〕
43) 〔律文〕"諸官人從駕稽違及從而先還者."
   〔疏議〕"官人 謂百官應從駕者 流外以下應從人 亦同官人之罪."〔『律疏』卷9, 職制 7, 官人從駕稽違〕
44) 주 24)에 인용한 사례에 의하면 品官으로서 勳官·散官을 띠고서 유외 및 잡임에 임명된 자가 杖罪 이하의 죄를 범한 경우의 처벌을 규정하고 있는 것에서, 품관이 유외 및 잡임에 나아갔음을 알 수 있다.

人의 身分秩序를 나타내는 것으로 보아도 큰 잘못은 없을 것이다.

이 점은 百姓이 의미하는 신분적인 범주를 보면 더욱 명확해진다. 앞서 官人과 대립적인 신분으로서 사용된 庶人의 범주는 관품의 유무에서 보면 관품이 없는 자를 총괄하고 있지만, 이를 사회적 분업에 따른 구분과 관련지어 보면 士를 제외한 農・工・商을 의미하였다. 그러나 백성은 이와 자못 다르다.

   B⑥ 〔律文〕 工戶・樂戶・雜戶・太常音聲人으로서 流罪를 범한 자는,
     〔疏議〕 이들은 百姓과 달리 職掌은 오직 太常寺와 少府監 등 諸司에 있기 때문에 流罪를 범한 자는 일반인의 법례와 같이 유배시키지 않고,[45]
   ⑦ 〔律文〕 또한 監臨하는 범위 내의 雜戶・官戶・部曲의 妻 및 奴婢를 姦淫한 자는 免所居官한다.
     〔疏議〕 雜戶는 前代 이래 여러 관청에 예속된 자를 말하며, 그 職掌과 課役은 百姓과 같지 않다.[46]
   ⑧ 〔律文〕 雜戶인 남자를 수양하여 자손으로 한 자는 徒刑 1년 반에 처하고 여자를 수양한 자는 杖刑 1백대에 처한다.
     〔疏議〕… 만약 私家의 部曲・奴婢로서 雜戶・官戶인 男女를 수양한 자는 名例律에 의하면 "部曲・奴婢가 죄를 범함이 있는데 본 조문에 처벌조항이 없는 경우에는 良人에 준한다"고 하였으므로 모두 百姓과 동일하게 처벌한다.[47]

곧, B-⑥⑦⑧에 의하면 백성은 賤人이라는 용어와 대비되어 있지는 않지만 工戶・樂戶・雜戶와 部曲・奴婢 등 개개의 官私賤人과는 대비되어

---

45) 〔律文〕 "諸工樂・雜戶及太常音聲人 犯流者."
   〔疏議〕 "此等不同百姓 職掌唯在太常少府等諸司 故犯流者 不同常人例配." 〔『律疏』 卷3, 名例 28, 工樂雜戶〕
46) 〔律文〕 "若姦監臨內雜戶・官戶・部曲妻及婢者 免所居官."
   〔疏議〕 "雜戶者 謂前代以來 配隸諸司 職掌課役 不同百姓." 〔『律疏』 卷3, 名例 20, 免所居官〕
47) 〔律文〕 "諸養雜戶男爲子孫者 徒一年半 養女 杖一百."
   〔疏議〕 "… 若私家部曲奴婢 養雜戶官戶男女者 依名例律 部曲奴婢有犯 本條無正文者 各準良人 皆同百姓科罪." 〔『律疏』 卷12, 戶婚 10, 養雜戶爲子孫〕

사용되고 있다. 이는 곧, 백성 속에는 官私賤人이 제외되었음을 말해 준다. 다음으로 백성과 사회적 분업에 따른 구분인 士·農·工·商과의 관계인데, 이 점에 대하여는 특히 課役과 연관지어 고찰해 보기로 한다.

B⑨ 〔律文〕 戶主로서 정해진 수량을 채우지 못한 자는 태형 40대에 처한다.
〔疏議〕 百姓으로 戶를 맡은 자는 과세를 납부해야 하는데〔應輸課稅〕, 만약 기간 내에 정해진 수량을 채우지 못하면 笞刑 40대에 처하고….[48]

곧, B-⑨에 의하면 백성으로서 戶를 구성한 자는 '應輸課稅', 곧 국가에 課稅를 부담하게끔 규정되어 있다. 또한 앞서 인용한 B-⑥⑦⑧에서 백성을 官戶·雜戶·部曲 등 官私賤人과 대비할 때도 주로 課役의 측면이었다. 이러한 점을 고려하면 백성은 국가에 대한 과세와 요역의 기본대상이고, 따라서 법적 수탈의 대상임을 알 수 있다. 이 점을 확인한 위에서 백성과 사·농·공·상과의 관계를 보면, 唐代 均田制에서는 토지를 지급받는 자는 모두 국가에 대해 課役을 지는 것으로 규정되어 있다. 그런데 均田令을 보면 '視流內九品以上官'은 不課口에 포함되어 있기 때문에[49] 과역의 면에서도 官人이 백성에서 제외되었음은 쉽게 추측 가능하다. 그렇다면 官人과 거의 유사한 성격을 나타내는 士도 백성에서 제외되었으리라 생각할 수도 있지만, 앞서 살펴본 바와 같이 율령에는 士가 법적인 신분으로 규정되어 있지 않고, 또 上庶制도 기능하지 않는 점에 주목하면, 士는 官人과 달리 백성에 포함되었다고 보는 것이 자연스럽다.[50] 그것은 사회적 신분으로서 士가 官吏로 진출하는 주된 계층이었다

---

48) 〔律文〕 "戶主不充者 笞四十."
〔疏議〕 "百姓當戶 應輸課稅 依期不充 卽笞四十 不據分數爲坐…." 〔『律疏』 卷13, 戶婚 25, 輸課稅物違期〕
49) "諸視流內九品以上官 及男子二十以上 老男廢疾妻妾 部曲客女奴婢 皆爲不課戶." 〔『拾遺』, 戶令 7조, p.223〕
50) 율령에 백성이 사농공상 모두를 포함하는 것을 나타내는 명확한 사례는 없지만, 그것을 어느 정도 엿볼 수 있는 사례를 하나 들면, "諸州縣官人 在任之日 不得共部下百姓交婚

고 해도 관직에 있지 않는 한 '官吏-百姓' 질서에서는 반드시 官吏에 포함되었다고 보기는 어렵기 때문이다. 다음으로 農인데, 農은 均田制에서 주된 受田대상이고, 따라서 국가로부터 토지를 지급받는 이상 課役의 의무도 수반되므로 農이 백성 속에 포함되는 것은 당연하다. 남은 문제는 工과 商인데, 이에 대하여는 다음이 주목된다.

 B⑩ 工·商을 본업으로 하는 자에게는 永業田·口分田을 각각 감하여 [農의] 반을 지급하고, 狹鄕에 거주하는 자에게는 모두 지급하지 않는다.51)

곧, B-⑩에 의하면 工·商은 永業田·口分田 모두 農의 반을 지급받고 있다. 물론 狹鄕에 거주하는 工商에 대하여는 토지를 지급하지 않는다고 되어 있지만, 이것은 토지가 부족한 지역의 경우 농민에게 우선 토지를 지급하고 工商은 달리 생계수단이 있기 때문에 지급하지 않는다고 하는 예외규정일 뿐이며, 원칙적으로 균전제의 규정은 공상에게도 토지를 지급하는 것으로 보아야 할 것이다. 그렇다면 工·商은 農과 함께 課役의 대상으로서 百姓身分에 포함되었다고 생각한다. 이상의 고찰이 어느 정도 타당하다면 백성은 農·工·商을 포함하는 庶人과는 달리 士·農·工·商 모두를 포함하는 포괄적인 신분이었음을 알 수 있다.52) 결론적으로 국가에 대한 법적 수탈의 대상이자 사·농·공·상을 포함하는 백성

 違者 雖會赦 仍離之."[『拾遺』 戶令 34조, 253쪽]라고 하여 州縣의 관인은 재임기간 동안 관할부서 내의 백성과는 혼인을 금지하고 있다. 그렇다면 여기의 백성은 아마 士農工商 모두를 지칭할 것이고 士만이 제외되었다고 보기는 어려울 것이다. 따라서 백성에 士가 제외되었다고 하는 견해[山根淸志, 「唐の百姓身分について」, pp.5~6 ; 「唐の百姓身分·補論」, pp.294~296]는 재고되어야 하지 않을까 한다.
51) "諸以工商爲業者 永業口分田 各減半給之 在狹鄕者 並不給."[『拾遺』, 田令 18조, p.632]
52) 본문에서 말한 바와 같이 서인과 백성이 나타내는 범주를 가지고 말하면 서인을 백성에 포함시켜도 크게 잘못은 없을 것이지만, 이 서인과 백성은 양인 속의 하층신분을 대표하는 신분으로서 양자는 율령에서 용례를 달리하고 그 신분적 성격도 차이가 있기 때문에 양자의 관계를 단순히 설명하기는 어려운 점이 있다[山根淸志, 「唐の百姓身分について」, pp.5~6 ; 「唐の百姓身分·補論」, p.296에서는 서인과 백성을 동일시하고 있다]. 이에 대하여는 지면을 달리하여 논할 생각이다.

이 율령에서 官吏와 대비되어 사용되고 있다고 하면, 이것은 확실히 '官人-庶人' 질서와는 다른 양인의 또 하나의 신분질서를 나타내는 것이고, 그것을 율령에 보이는 용어로써 나타내면 다름 아닌 '官吏-百姓' 질서였다고 하겠다.

Ⅲ. '官人-庶人'·'官吏-百姓' 秩序의 機能

이상, 律令에 보이는 용례를 분석한 결과 唐代의 良人身分은 크게 '官人-庶人' 질서와 '官吏-百姓' 질서라는 이중적인 구조로 되어 있음을 알 수 있었다. 여기서는 이러한 구조가 내포하고 있는 기능과 그 의미에 대하여 간략하게 살펴보고자 한다.

우선, 官品을 기준으로 한 身分秩序인 '官人-庶人'이다. 唐代 율령에서 流內9品官 이상의 관인에게는 俸祿뿐만 아니라 職分田, 給人보유, 課役의 면제·衣服·車馬·葬禮·刑罰 등 官人이기 때문에 받는 신분적 특권이 규정되어 있고, 심지어 그 가운데 일부는 官人 자신뿐 아니라 그들의 가족·친척에까지 미치고 있다.53) 이 가운데 官人에 대한 신분적 특권은 형벌규정에 전형적으로 나타나고 있다. 즉, 『律疏』에 의하면 官人의 경우, 죄를 범한 뒤 형벌을 결정할 때에는 우선 議·請·減이라는 특권조치가 적용되고,54) 이어 형벌의 집행단계에서는 죄질에 따라 官當

---

53) 율령에 규정된 官品에 따른 官人의 신분적 여러 특권에 대하여는 池田溫, 「中國律令と官人機構」, pp.166~167의 [表 Ⅳ] 品官待遇略表 참조.
54) 議·請·減에 대하여 간략하게 언급하면, 議는 八議라는 신분범주에 속하는 자에게 적용되지만, 이 가운데 官人과 관련되는 것은 議貴로서 職事官 3품 이상, 散官 2품 이상, 爵 9품 이상인 자가 이것에 해당한다. 특권의 내용은 死罪를 범한 경우 우선 황제에게 上請하고, 여러 관청의 7품 이상에 의한 都座集議를 열어 죄를 결정하고 황제에게 아뢰어 재가를 기다리게 되어 있었다(『律疏』卷1, 名例 7, 八議 및 名例 8, 八議者). 請은 官爵 5품 이상 가운데 議에 해당하지 않는 자에게 적용된다. 그 특권내용은 死罪를 범한 경우

과 贖銅 및 除免 등의 조치가 취해진다.55) 그런데 官當이나 除免에는 각각 再敍任規定이 두어져 있었다.56) 이와 같이 관인은 법적으로 再敍任이 보증되어 있었기 때문에 除免이나 官當에 의해서도 결코 官人으로서의 신분이 완전히 박탈되지 않고 유지되었던 것이다.57)

이상, 律令에 규정된 官人의 신분적 특권을 간략하게 살펴보았는데, 官人에게 위와 같은 신분적 특권이 부여되었다는 것은 官品을 지닌 자를 의미하는 官人身分이 법적·제도적으로 확립되어 있었다는 증거라 할 수 있다. 그러나 이들 관인에 대한 신분적 특권은 유내9품관에게 동일하게 규정된 것은 아니고 앞서 살펴본 바와 같이 관품을 기준으로 계층적인 형태를 취하고 있는 특징을 보이고 있다. 이것은 이 특권집단 속에 일종의 계층성 내지 분단적인 관계를 상정함으로써 품관 이상의 관인을 일률적인 특권집단으로서 연대감이나 집단의식을 가지는 것을 방해하고, 이들 관인신분을 개별분산적으로 국가권력에 예속시켜서 효율적으로 통

황제에게 上請하여 재가를 기다리는 것이다(『律疏』 卷1, 名例 9, 皇太子妃). 減은 議나 請에 해당하는 자 및 7품 이상의 관을 가진 자가 流罪 이하의 죄를 범하면 각각 범한 죄보다 1등을 減한 처벌을 받는다. 이 減은 관인 자신뿐 아니라 5품 이상의 관작을 가진 자인 경우에는 조부모·부모·처·자손에까지 적용된다(『律疏』 卷1, 名例 10, 七品以上之官).

55) 官當은 가진 관을 가지고 徒罪나 流罪를 맞비겨서(代當) 실형의 집행을 면하는 것이다. 곧, 私罪의 경우 5품 이상은 徒刑5년, 9품 이상은 徒刑 1년으로 되어 있고, 공죄의 경우 5품 이상은 徒刑 3년, 9품 이상은 徒刑2년으로 맞비기게끔 규정되어 있었다. 이들 관직은 職事官·散官·衛官과 勳官의 두 계통으로 나누고, 먼저 전자 계통의 관 가운데 최고품을 적용하고, 다음에 훈관을 적용한다(『律疏』 卷2, 명례 17, 官當). 관당을 적용했지만 죄가 무거워 맞비길 수 없는 경우나 죄가 너무 가벼워 맞비겨야 할 관이 없는 경우에는 贖銅이 적용된다(『律疏』 卷2, 名例 22, 以官當徒不盡). 贖銅은 1斤[笞刑 10대]에서 120斤[死罪]까지이고, 동전으로 지불하는 것을 원칙으로 한다. 除免은 除名·免官·免所居官을 말하며 官爵을 박탈하는 것이다. 제명은 出身 이래의 관작을 모두 박탈하고(『律疏』 卷2, 名例 18, 除名), 면관은 관당에서 말한 두 계통의 관을 모두 박탈하며(『律疏』 卷3, 名例 19, 免官), 면소거관은 가지고 있는 관 가운데 하나만을 박탈한다(『律疏』 卷3, 名例 20, 免所居官).

56) 면관된 관인의 재서임규정을 보면, 除名은 6載 뒤에 出身法에 의거하고, 免官은 3載 뒤에 원래의 관품에서 2품을 내리며, 免所居官이나 관당은 期年 뒤에 원래의 관품에서 1품 내려 재서임하게끔 규정하고 있다(『律疏』 卷3, 名例 21, 除免官當敍法).

57) 이상 唐代의 관인처벌에 대한 律의 규정에 대하여는 松浦典弘, 「唐代における官人處罰 —罰俸制度を中心に—」(『東洋史研究』 53-3, 1995), pp.379~381 참조.

제하려는 의도로 보인다.

　그리고 官人이 누리는 이러한 신분적 특권에서 배제된 것이 庶人이었다. 그러나 이 官品을 기준으로 하는 '관인-서인'이라는 身分秩序는 율령에서 보면 고정·불변적인 것은 아니고 상당히 유동적인 형태를 취하고 있다. 다시 말하면 품관의 경우 下品에서 上品으로 상승하는 것은 말할 나위도 없지만, 庶人의 경우조차도 앞서 언급한 바와 같이 본래 官人으로 진출할 수 있는 자격을 지닌 신분인 이상 官品을 획득하여 流內9品官에 들어가는 것이 완전히 불가능하지는 않았던 것이다.58) 실제 史書에 官人이 형벌에 의해 庶人으로 전락한 사례가 산견하는데,59) 이는 官人 이상에게 주어지는 신분적 특권을 박탈하여 다시 본래의 신분[庶人]으로 환원시키는 조치로 생각된다. 그러나 庶人이 본래 官人으로 진출할 수 있는 자격을 지니고 있고, 또 율령에 再敍任規定이 있는 이상 庶人으로 전락한 官人이 재차 官人으로 상승할 수 있는 것은 말할 나위도 없다. 따라서 이러한 '관인-서인' 질서는 신분적 특권규정에 의한 예제상의 차이를 수반하면서 관인에서 서인에 이르기까지 계층적인 상하관계를 띠는 정연한 신분질서였다고 할 수 있을 것이다.

　그러면, 앞서 율령에서 庶人의 범주를 사회적 분업을 기초로 할 때 農·工·商을 포함하나 관인으로의 진출은 농민에게만 열려 있었고 공상은 제외되었다고 하였는데, 이것은 어떠한 의미를 지닐까. 唐王朝는 국가적 기반을 農民에게 두었고, 이에 국가의 정책이나 제도도 이들 農民을 유지하고 확보하는 방향을 취하고 있었다. 이러한 국가의 정책방향은 자연히 農民을 중시하지 않을 수 없게 되고, 따라서 그것은 '官人-庶人'의 신분질서에도 그대로 영향을 주었을 것으로 생각한다. 이러한 점은

---

58) 『律疏』 卷2, 名例 16, 無官犯罪〔주 27〕]에 의하면 庶人에서 유내관에 임명된 자가 죄를 범했을 때의 처벌규정이 있는 것에서 서인의 유내관으로의 진출이 가능하였음을 알 수 있다.
59) 일례를 들면, 『舊唐書』 卷2, 太宗紀上, 武德9年 6月條의 "壬午 幽州大都督廬江王瑗謀逆 廢爲庶人."

바로 重農抑商의 農本主義的인 지배이데올로기가 율령에도 관철되어 있는 것으로 이해된다.

한편, '官人-庶人' 질서에서 특히 주목되는 점은 庶人에 대비된 법적 신분이 官人이라는 것이다. 종래 알려진 바와 같이 위진남북조, 특히 南朝에서는 九品官人法에 의해 鄕品을 기준으로 한 士庶制가 사회적 신분으로서 상당히 기능하고 있었고, 唐代도 사회적으로는 여전히 士庶의 구별이 엄존하고 있었다. 그런데 앞서 언급한 바와 같이 율령에서의 士는 단순히 農·工·商과 함께 사회적 분업으로서 文武를 학습한 자를 의미하고 있어 법률적인 신분용어로 보기 어렵고, 또한 율령에는 士와 庶를 대비한 신분적 규정도 보이지 않는다. 물론 율령에도 士가 庶와 대비되어 사용되지 않은 것은 아니지만, 그 경우에도 고정·불변한 사회적 신분으로서의 士는 아니고 官品을 기준으로 한 官人으로서의 士의 성격이 강하게 내포되어 있었다. 그렇다면 魏晉 이래 唐代에 걸쳐 사회적 신분으로서 상당한 기능을 하였던 士庶구별이 在地社會에서 엄존함으로써 그것이 율령에도 그러한 용어를 출현하게 했는지는 모르지만, 율령에 관한 한 정치권력의 외연에 있는 신분질서, 곧 士庶制는 적어도 기능하지 않았다고 여겨진다.

이상의 논점이 타당하다면 율령에서 庶人에 대비된 법적 신분이 官人이라는 것은 사회적 신분질서인 士庶를 부정하고 官品을 기준으로 한 '官人-庶人' 질서로 재편성하고자 의도된 법적 표현은 아닐까. 앞서 살펴본 流內9品官에게 주어진 각종 신분적 특권이 주로 官品을 기준으로 하고 있는 점을 상기하면 국가의 이러한 의도를 어느 정도 엿볼 수 있을 것이다. 이러한 관점이 어느 정도 타당하다면 단언하기는 어렵지만 이는 唐 前期 이래 진행된 사회적 명망으로서의 門閥보다는 官位[官品]를 우선시하는 官位優位政策과 관련이 있는 것으로 이해된다.[60]

---

60) 唐 前期의 官位優位政策에 대하여는 柳元迪, 「唐 前期의 支配層」 참조.

다음으로 '官人-庶人' 질서와 성격을 달리하는 '官吏-百姓' 구조를 살펴보기로 한다. 앞서 언급한 바와 같이 百姓의 범주는 庶人과는 달리 士・農・工・商을 포함하는 포괄적인 신분이고, 또 그 용례는 일반적으로 課役 면에서 사용되어 있다. 이는 국가에서 백성을 법적 수탈의 주된 대상으로 상정하고 있음을 말해 준다. 이와 같이 백성을 국가의 주된 수탈대상으로 상정하고 있다고 하면 그것이 법적으로 피지배층임을 의미하는 것으로 여겨진다. 그러한 점에서 백성이 율령에서 피지배층으로 상정된 이상 백성과 대립적으로 사용되어 있는 관리를 제외한 士・農・工・商 등 모든 사회적 신분이 백성에 포함되어 있는 점도 충분히 이해될 것이다.61) 이와 아울러 율령에서 이러한 百姓에 대립적인 신분으로서 流內9品官을 의미하는 官人뿐만 아니라 流外官 및 雜任을 의미하는 吏도 설정되어 있는 것은 바로 이들 官吏가 피지배층인 百姓에 대하여 지배층을 형성하고 있음을 보여주는 것으로 여겨진다. 앞서 살펴본 바와 같이 流內9品 이상의 官人과 流外・雜任 등 吏가 官品의 유무에 의해 엄격히 구분되면서도, 다른 한편으로 관직에 있는 자에게 주어지는 分番・休暇・詐假 등의 규정에서 양자가 그다지 큰 차이를 보이고 있지 않는 점이나 또는 유내9품관이 유외관이 진출하는 관직에 나아가는 경우도 종종 보이고 있는 점 등은 이들 官과 吏가 대립・모순관계에 놓여 있음과 동시에 백성과의 대비에서는 양자가 함께 지배계급으로서 일체화되어 있는 모습을 연상시킨다. 실제 율령 외의 용례이지만, 앞서 인용한 B-⑤의 勅令에서 각 주에서 백성이 유망한 원인을 관리의 침탈에서 찾고 있는 것이나, 또는 『舊唐書』卷111, 房琯傳의 "官吏가 百姓의 家屋을 침탈하여 거주하니 사람들이 매우 피폐해졌다"62)고 하는 표현은 官吏와 百姓이 지배・피지배

---

61) 물론 백성이 모든 사회적 신분을 다 포섭하는 신분적 개념은 아니다. 『律疏』에 의하면 백성에는 앞서 언급한 官私賤人 이외에도 王公과 같은 특별신분 및 道士・女官・僧尼 등 특수한 직역에 종사하는 신분도 제외되어 있다[山根淸志, 「唐の百姓身分について」, pp.2~4 참조].
62) "官吏侵奪百姓室屋以居 人甚弊之."

관계로서 설정되어 있음을 보여주는 것이라 하겠다.

그러면, 이러한 지배·피지배관계를 나타내는 '官吏-百姓'이라는 신분질서가 율령 속에 상정되어 있는 것은 어떠한 의미를 지닐까. 이는 皇帝支配體制와 밀접한 관련이 있을 것으로 생각된다. 황제지배체제는 황제를 정점으로 한 '一君萬民'적인 지배체제로서 지배영역 내의 모든 민은 황제의 직접적인 통치를 받는 것을 이념으로 하고 있다. 그런데 현실사회에는 경제적 요인 등에 의해 사적인 지배·피지배관계가 형성되어 있을 것이고, 더욱이 사회적 신분인 士庶制 자체도 내부적으로 양자간에는 지배의 주체와 객체로서의 계급관계가 형성되어 있었다. 그러나 이러한 사적인 지배·피지배관계는 황제지배체제와는 근원적으로 배치되는 것이고, 따라서 궁극적으로 극복되지 않으면 안되는 것임은 말할 나위도 없다. 이 점을 고려하면 지배·피지배관계를 수반하는 '官吏-百姓'이라는 신분질서가 율령 속에 상정되어 있는 것은 百姓이 오로지 官吏, 즉 황제의 직접적인 지배를 받는 신분임을 명시한 것임과 아울러 그 외의 어떠한 사적인 지배·피지배관계도 부정하는 의미를 담고 있는 것으로 여겨진다. 특히 후자와 관련해서는 앞서 언급한 사회적으로 지배층을 형성하는 士가 百姓身分 속에 포함되어 있는 점을 상기할 필요가 있다. 따라서 '官吏-百姓' 구조는 사회적으로 존재하는 다양한 지배·피지배 관계를 초극하여 황제를 정점으로 한 일원적인 지배체제를 수립하려는 의도하에서 설정된 법적인 신분질서였다고 할 수 있다.[63]

Ⅳ. 맺음말

이상 율령에 보이는 용례를 중심으로 唐代 良人의 신분질서 구조와

---

63) 錢大群·郭成偉, 『唐律與唐代吏治』(中國政法大學出版社, 1994)에서는 본서와 논점은 다르지만, 唐代 民에 대한 官吏의 지배체제를 '吏治體制'라고 부르고 있다.

그 기능에 대하여 살펴보았다. 이하 지금까지 살펴본 내용을 정리하는 것으로 맺음말에 대신하고자 한다.

첫째, 율령에 보이는 용례를 분석한 결과 唐代 良人의 신분질서는 '官人-庶人' 질서와 '官吏-百姓' 질서라는 이중구조로 되어 있었다. 전자의 '官人-庶人' 질서는 官品을 기준으로 한 신분질서로서, 내부적으로는 왕공이라는 특별신분을 제외하면 유내9품관의 경우 3품 이상, 5품 이상, 6품 이하 및 9품 이상으로 구분되고 그 아래에는 유외관과 잡임이, 그리고 최하층에 서민이 위치하는 계층적인 상하관계를 띠는 신분질서였다. 반면에 후자의 '官吏-百姓' 질서는 이러한 관품을 기준으로 한 구체적인 신분질서와는 달리 매우 포괄적이고 추상적인 형태를 띤다는 특징을 보이고 있다.

둘째, 이러한 두 계통의 신분질서는 그 기능 면에서도 다른 양상을 보이고 있다. 우선 '관인-서인' 질서는 관인에게 俸祿·토지소유·給人보유·課役면제·衣服·車馬·葬禮·刑罰 등 여러가지 신분적 특권을 부여하여 관인신분을 제도적으로 확립하고 있고[물론 관인에게 주어진 이러한 신분적 특권은 유내9품관에게 동일하게 규정된 것은 아니다]. 그 아래에 관품이 없는 자로서 관인이 누리는 신분적 특권에서 배제된 서인을 상정하고 있다. 그러나 이 관품을 기준으로 하는 '관인-서인' 질서는 정연한 계층적인 상하관계를 띠고 있는 것에서 보듯 고정·불변적인 것은 아니고 상당히 유동적인 형태를 취하고 있다. 다시 말하면 품관의 경우 下品에서 上品으로 상승하는 것은 말할 나위도 없지만, 庶人의 경우조차도 본래 官人으로 진출할 수 있는 자격을 지닌 신분인 이상 官品을 획득하여 流內9品官에 나아가는 것이 허용되어 있었던 것이다. 그러나 서인 모두가 관인으로 나아갈 수 있었던 것은 아니고 重農抑商의 農本主義的 이데올로기의 영향으로 그 가운데 農民만이 관인으로의 진출이 허용되었고 工商은 제외되었다.

셋째, 唐代 율령에서는 사회적 신분질서로서 士庶制는 법적 신분으로서의 성격을 띠지 않을 뿐만 아니라, '官人-庶人' 질서에서 보듯 庶人에 대비된 법적 신분으로서 官人을 상정하고 있는 점이 주목된다. 이것은 정치권력의 외연에 있는 신분질서, 곧 사회적 신분으로서의 士庶制를 부정하고 官品을 기준으로 한 '官人-庶人' 질서로 재편성하고자 의도된 법적 표현으로 보인다. 그리고 그것은 唐 前期 이래 진행된 사회적 명망으로서의 門閥보다는 官位(官品)를 우선시하는 官位優位政策과 관련이 있지 않을까 한다.

넷째, '관리-백성' 질서는 관인에서 서인에 이르기까지 정연한 계층적인 상하관계로 이루어진 '관인-서인' 질서와는 달리 지배·피지배라는 정치적 계급관계로서 구성되어 있다. 이것은 서인과 달리 백성이 일부 특수한 신분을 제외하고 사농공상 등 모든 사회적 신분을 피지배계급으로 설정하고 그 지배계급으로서 관리를 설정하고 있음을 말해준다. 이러한 지배·피지배의 계급관계를 보이는 신분질서가 율령에 반영되어 있는 것은 황제지배체제와 밀접한 관련이 있다. 곧, 피지배층인 百姓을 오로지 官吏, 즉 황제의 직접적인 지배를 받는 신분으로 설정함으로써 황제지배체제와 근원적으로 모순관계에 있는 士庶制를 포함한 현실사회의 다양한 사적인 지배·피지배관계를 초극하여 황제를 정점으로 한 일원적인 지배체제를 수립하려는 의도하에서 설정된 법적인 신분질서였다.

이상이 본고에서 살펴본 주된 내용이지만, 지금까지 살펴본 바와 같이 唐代의 율령에서는 사회적 내부에 형성되어 있는 신분질서가 기능하지 않고 부정되어 있음을 알 수 있다. 그렇다면 역으로 율령에서의 이러한 신분질서가 실제 현실사회에 어떻게 운영되었고, 또 현실사회의 신분질서에 어떠한 영향을 주었는가 하는 점이 문제가 될 것이지만, 이에 대하여는 다음의 과제로 남겨두고자 한다.

[부 록]

참고문헌

I. 자 료

『史記』『漢書』『後漢書』『三國志』『晉書』『宋書』『南齊書』『魏書』『周書』『北齊書』『南史』『北史』『隋書』『舊唐書』『新唐書』〔이상 각 正史는 中華書局 標點校勘本 이용-〕
『春秋左氏傳』(十三經注疏本, 藝文印書館, 1976)
『群書治要』(新編叢書集成 8)
『資治通鑑』(中華書局 標點本, 1956)
『洛陽伽藍記』(范祥雍 校注, 『洛陽伽藍記校注』, 上海古籍出版社, 1978)
『顔氏家訓』(王利器 集解 『顔氏家訓集解』, 臺北, 明文書局, 1982)
『冊府元龜』(中華書局 影印本, 1982)
『唐六典』(中華書局 標點本, 1992)
『通典』(中華書局 標點本, 1988)
劉俊文 點校, 『唐律疏議』(中華書局 標點本, 1984)
王永興, 『隋唐五代經濟史料彙編校注』 第1編 上冊(中華書局, 1987)
仁井田陞, 『唐令拾遺』(東京大學出版會, 1964: 1983)
池田溫, 『中國古代籍帳研究-槪觀·錄文』(東京大學東洋文化硏究所, 1979)
張澤咸·朱大偉編, 『魏晉南北朝農民戰爭史料彙編』上·下(中華書局, 1980)
趙翼, 『陔余叢考』(世界書局, 1990)
『太平御覽』(中華書局 影印本, 1985)
『太平廣記』(上海古籍出版社, 1990)
『吐魯番出土文書』 1(文物出版社, 1981)
『吐魯番出土文書』 2(文物出版社, 1981)
『吐魯番出土文書』 3(文物出版社, 1981)
『吐魯番出土文書』 4(文物出版社, 1983)
『吐魯番出土文書』 5(文物出版社, 1984)

Ⅱ. 연구서

1. 국 문

谷川道雄 編著〔鄭台燮·朴鍾玄 外 譯〕,『日本의 中國史論爭』(신서원, 1995)
김성한,『중국토지제도사연구:중세의 균전제』(신서원, 1998)
金鍾完,『中國南北朝史硏究』(一潮閣, 1995)
金鐸敏·任大熙編,『譯註唐律疏議』Ⅰ(名例篇)(韓國法制研究院, 1996)
任大熙·金鐸敏編,『譯註唐律疏議』Ⅱ(總則篇)(韓國法制研究院, 1997)
김택민,『中國土地經濟史研究』(고려대출판부, 1998)
朴漢濟,『中國中世胡漢體制研究』(一潮閣, 1987)
辛聖坤,『南北朝時期 官私隸屬民에 관한 研究』(서울대박사학위논문, 1995)
林甘泉 外, 崔德卿·李向撰 譯,『中國古代社會性格論議』(中文, 1992)

2. 중 문

簡修煒·庄輝明·章義和,『六朝史稿』(華東師範大學出版社, 1994)
姜伯勤,『唐五代敦煌寺戶制度』(中華書局, 1987)
高　敏,『魏晉南北朝社會經濟史探討』(上海人民出版社, 1987)
＿＿＿,『魏晉南北朝經濟史』上·下(上海人民出版社, 1996)
谷濟光,『府兵制度考釋』(上海人民出版社, 1962, 1978)
唐長孺,『魏晉南北朝史論叢』(三聯書店, 1955)
＿＿＿,『魏晉南北朝史論叢續編-中國封建社會的形成和前期的變化』(三聯書店, 1959)
＿＿＿,『魏晉南北朝史論拾遺』(中華書局, 1983)
＿＿＿,『山居存稿』(中華書局, 1989)
＿＿＿,『魏晉南北朝隋唐史三論-中國封建社會的形成和前期的變化』(武漢大學出版社, 1992)
鄧海波 編著,『中國歷代賦稅思想及其制度』上(正中書局, 1984)
樊樹志,『中國封建土地關係發展史』(人民出版社, 1988)
范傳賢,『中國古代社會探微』(中州古籍出版社, 1993)
趙　超,『漢魏南北朝墓誌彙編』(天津古籍出版社, 1992)

馬長壽, 『碑銘所見前秦至隋初的關中部族』(中華書局, 1985)
萬繩楠, 『魏晉南北朝史論稿』(安徽教育出版社, 1983)
范文瀾, 『中國通史簡編』(新知書店, 1947)
沈家本, 『歷代刑法攷』Ⅰ~Ⅳ(中華書局, 1985. 원래는 民國時代에 쓰여짐)
_____ 撰, 『沈寄簃先生遺書』上(中國書店, 1990. 원래는 民國時代에 쓰여짐)
梁方仲 編著, 『中國歷代戶口·田地·田賦統計』(上海人民出版社, 1980)
楊耀坤, 『魏晉南北朝史論稿』(成都出版社, 1993)
楊廷福, 『唐律初探』(天津人民出版社, 1982)
王仲犖, 『魏晉南北朝史』上·下(上海人民出版社, 1979)
嚴耀中, 『北魏前期政治制度』(吉林教育出版社, 1990)
劉展 主編, 『中國古代軍制史』(軍事科學出版社, 1992)
李季平, 『唐代奴婢制度』(上海人民出版社, 1986)
李亞農, 『李亞農史論集』(上海人民出版社, 1962)
張澤咸 等, 『中國屯墾史』中(農業出版社, 1990)
程樹德, 『九朝律考』(商務印書館, 1927)
鄭 欣, 『魏晉南北朝史探索』(山東大學出版社, 1989)
朱紹侯, 『魏晉南北朝土地制度與階級關係』(中州古籍出版社, 1988)
劉靜夫, 『中國全史 中國魏晉南北朝經濟史』(人民出版社, 1994)
周一良, 『魏晉南北朝史論集』(中華書局, 1963)
_____, 『魏晉南北朝史札記』(中華書局, 1985)
_____, 『魏晉南北朝史論集續編』(北京大學出版社, 1991)
朱祖延, 『北魏佚書考』(中州古籍出版社, 1985)
陳寶良, 『中國流氓史』(中國社會科學出版社, 1993)
陳寅恪, 『隋唐帝國淵源略論考』(商務印書館, 1946)
祝慈壽, 『中國古代工業史』(學林出版社, 1988)
湯用彤, 『漢魏兩晉南北朝佛教史』(商務印書館, 1938)
何德章, 『中國全史 中國魏晉南北朝政治史』(人民出版社, 1994)
韓國磐, 『北朝經濟試探』(上海人民出版社, 1958)
_____, 『南北朝經濟史略』(廈門大學出版社, 1990)
胡如雷, 『隋唐五代社會經濟史論稿』(中國社會科學出版社, 1996)
黃 烈, 『中國古代民族史研究』(人民出版社, 1987)
侯外廬, 『中國思想通史』3卷(人民出版社, 1958)

3. 일 문

岡崎文夫,『魏晉南北朝通史』(弘門堂, 1932)
谷川道雄,『隋唐帝國形成史論』(筑摩書房, 1971)
_____,『中國中世社會と共同體』(國書刊行會, 1976)
堀敏一,『均田制の研究』(岩波書店, 1975)
_____,『中國古代の身分制-良と賤』(汲古書院, 1987)
宮崎市定,『九品官人法の研究-科擧前史』(同朋舍, 1956)
_____,『アジア史論考』中(朝日新聞社, 1976)
內田吟風,『北アジア史研究-匈奴篇』(同朋舍, 1975)
_____,『北アジア史研究-鮮卑柔然突厥篇』(同朋舍, 1975)
內田智雄編,『譯註中國歷代刑法志』(創文社, 1964)
大川富士夫,『六朝江南の豪族社會』(雄山閣, 1980)
渡邊信一郎,『中國古代社會論』(靑木書店, 1986)
米田賢次郎,『中國古代農業技術史研究』(同朋舍, 1989)
尾形勇,『中國古代の'家'と國家』(岩波書店, 1979)
福島繁次郎,『增訂中國南北朝史研究』(名著出版社, 1979)
濱口重國,『唐王朝の賤人制度』(東洋史硏究會, 1966)
_____,『秦漢隋唐史の硏究』上・下(東京大學出版會, 1965・1966)
西嶋定生,『中國古代帝國の形成と構造』(東京大學出版會, 1961)
_____,『中國古代國家と東アジア世界』(東京大學出版會, 1983)
西田太一郎,『中國刑法史硏究』(岩波書店, 1974)
西村元佑,『中國經濟史硏究-均田制度篇』(東洋史硏究會, 1968)
松本善海,『中國村落制度の史的硏究』(岩波書店, 1977)
矢野主稅,『門閥社會成立史』(國書刊行會, 1976)
玉井是博,『支那社會經濟史硏究』(岩波書店, 1942)
越智重明,『晉南朝の政治と社會』(吉川弘文館, 1963)
仁井田陞,『支那身分法史』(座右寶刊行會, 1942)
_____,『中國法制史硏究 土地法・取人法』(東京大學東洋文化硏究所, 1960)
_____,『中國法制史硏究 奴隷農奴法・家族村落法』(東京大學出版會, 1962)
田村實造,『中國征服王朝の研究』中(東洋史硏究會, 1971)
佐久間吉也,『魏晉南北朝水利史硏究』(開明書院, 1980)
佐藤武敏,『中國古代絹織物史硏究』下(風間書房, 1978)

川勝義雄, 『六朝貴族制社會の硏究』(岩波書店, 1982)
_____·礪波護 編, 『中國貴族制社會の硏究』(同朋舍, 1987)
塚本善隆, 『魏書釋老志の硏究』(佛敎文化硏究所出版, 1961)
_____, 『支那佛敎史硏究 北魏篇』(淸水弘文堂, 1969)

Ⅲ. 논 문

1. 국 문

金明姬, 「唐代의 良賤制와 北魏의 良奴制에 관한 硏究」(『湖南大學論文集』 11-1, 1990)
金裕哲, 「均田制와 均田體制」(『講座中國史Ⅱ-門閥社會와 胡·漢의 世界-』, 지식산업사, 1989)
金鍾完, 「北朝 部曲考」(『全州又石女大論文集』 2, 1980)
金鐸敏, 「均田制下에서의 奴婢受田과 官人永業田」(『金俊燁敎授華甲記念中國學論叢』, 서울, 1984)
_____, 「北魏 太和 以前의 胡族의 編在와 經濟的 基盤-均田制와 三長制의 理解를 위한 前提-」(『歷史學報』 124, 1989)
朴漢濟, 「南北朝末 隋初의 過渡期的 士大夫像-顔之推의 『顔氏家訓』을 中心으로-」(『東亞文化』 16, 1979)
_____, 「魏晉南北朝時代 貴族制硏究에 대하여」(『韓國學論叢』 5, 1982)
_____, 「北魏 均田制의 成立과 胡漢體制」(『東洋史學硏究』 24, 1988)
_____, 「魏晉南朝 貴族制의 展開와 그 性格」(『講座中國史Ⅱ-門閥社會와 胡·漢의 世界』, 知識産業社, 1989)
_____, 「胡漢體制의 展開와 그 構造」(『講座中國史Ⅱ-門閥社會와 胡·漢의 世界-』, 知識産業社, 1989)
_____, 「北魏 洛陽社會와 胡漢體制-都城區劃과 住民分布를 中心으로-」(『泰東古典硏究』 6, 1990)
_____, 「魏晉南北朝·隋唐史 硏究를 위한 하나의 方法」(『金文經敎授停年紀念 동아시아사 연구논총』, 혜안, 1996)
_____, 「新胡漢體制論」(『魏晉隋唐史硏究』 4, 1998)
_____, 「北魏 均田制成立의 前提-征服君主의 資源確保策과 督課制-」(『東亞文化』

白允穆, 「所謂 計口受田制에 관한 一考察-그 名稱을 중심으로-」(『釜山史學』 25·26, 1994)
辛聖坤, 「雜戶 身分의 變遷과 그 性格」(『歷史學報』 115, 1987)
_____, 「魏晉南北朝時期 部曲의 再考察」(『東洋史學研究』 40, 1992)
_____, 「北周期 部曲·客女身分의 再編과 唐代 部曲의 性格」(『魏晉隋唐史研究』 1, 思想社, 1994)
_____, 「魏晋南北朝時期 身分秩序의 變遷과 職役」(『魏晋隋唐史研究會會報』 2, 1994)
_____, 「北朝 兵戶制의 變遷과 丁兵制의 性格」(『慶尙史學』 11, 1995)
柳元迪, 「唐 前期의 支配層」(서울大學校東洋史學研究室編, 『講座中國史 Ⅱ-門閥社會와 胡·漢의 世界-』, 지식산업사, 1989)
李啓命, 「北魏末의 亂政과 叛亂-尒朱氏政權을 중심으로-」(『全南史學』 9, 1995)
李公範, 「南朝部曲考」(『成大論文集』 11, 1966)
_____, 「北朝의 部曲形成過程」(『大東文化研究』 5, 1968)
李成珪, 「北朝前期門閥貴族의 性格-淸河의 崔浩와 그 一門을 中心으로-」(『東洋史學研究』 11, 1977)
_____, 「中國帝國의 分裂과 統一」(『歷史上의 分裂과 再統一』 上, 一潮閣, 1992)
林炳德, 「魏晉南北朝의 良賤制」(『歷史學報』 142, 1994)
全永燮, 「北魏 均田制의 成立과 그 性格-鮮卑族의 農耕化와 관련하여-」(『釜山史學』 22, 1992)
_____, 「北魏前期 被征服民政策과 身分制支配-內屬民·徙民·生口를 중심으로」(『釜大史學』 18, 1994)
_____, 「北朝後期 厮役身分의 推移와 그 性格」(『釜山史學』 30, 1996)
_____, 「唐代 良人의 身分秩序 構造와 機能」(『法史學研究』 17, 1996)
_____, 「北朝時期 신분제에 대한 몇 가지 검토」(『釜大史學』 22, 1998)
_____, 「北朝前期 하층신분질서의 형성과 구조」(『釜山史學』 35, 1998)
_____, 「北朝時期 部曲·客女 신분의 출현과 신분질서의 변화」(『中國史研究』 5, 1999)
_____, 「北魏後期~隋代 身分制 지배의 변화양상-捕虜의 실태와 班賜의 내용을 중심으로-」(『釜大史學』 23, 1999)
_____, 「『위서(魏書)』 「석로지(釋老志)」 譯註」(『中國史研究』 8, 2000)
_____, 「『위서(魏書)』 「형벌지(刑罰志)」 역주」(『中國史研究』 11, 2000)
_____, 「北朝時期 신분편성의 원리와 職役-厮役의 용례를 중심으로-」(『魏晉隋唐史研究』 7, 2001)

2. 중 문

簡修煒·夏毅輝,「魏晉南朝莊園社會的階級結構述論」(中國魏晉南北朝史學會編,『魏晉南北朝史研究』, 四川省社會科學出版社, 1986)
_____,「魏晉南北朝時期勞動者階級結構的特點」(『歷史研究』1986-3)
_____·張鴻雁,「魏晉南北朝時期勞動者階層結構的特點」(『歷史研究』1986-5)
姜伯勤,「中國佃客制, 部曲制與英國維蘭制的比較研究」(『歷史研究』1984-4)
耿 敬,「關于魏晉南北朝時期募兵制度的探討」(『中國史研究』1994-3)
高 敏,「雜戶考」『魏晉南北朝社會經濟史探討』(人民出版社, 1987)
_____,「北魏屯田制之考略」(『魏晉南北朝社會經濟史探討』, 人民出版社, 1987)
_____,「論北魏的社會性質」(『中國經濟史研究』1989-4)
谷霽光,「城民與世兵」(『府兵制度考釋』, 上海人民出版社, 1962; 1978)
鞠淸遠,「兩晉南北朝的客·門生·故吏·義附·部曲」(『食貨半月刊』2-12, 1935)
_____,「三國時代的『客』」(『食貨半月刊』3-4, 1936)
盧開萬,「北魏政府徙民的形式與內容」(武漢大學歷史系 魏晉南北朝隋唐史研究室 編, 『魏晉南北朝隋唐史資料』8期, 武漢大學學報編輯部出版, 1986)
_____,「論北朝行屯田制的必要性·可能性及其規模與效果-北朝屯田制度研究之一」(復印報刊資料『K22 魏晉南北朝隋唐史』1984-5)
魯才全,「北朝的徭役制度」(『中國古代史論叢』1982-3)
唐長孺,「南朝的屯·邸·別墅及山澤佔領」(『歷史研究』3, 1954; 『山居存稿』, 新華書店, 1989)
_____,「拓跋國家的建立及其封建化」(『魏晉南北朝史論叢』, 三聯書店, 1955)
_____,「魏晉至唐官府作場及官府工程的工匠」(『魏晉南北朝史論叢續編』, 三聯書店, 1959)
_____,「拓跋族的漢化過程」(『魏晉南北朝史論叢續編』, 三聯書店, 1959)
_____·黃惠賢,「試論魏末北鎭鎭民暴動的性質」(『歷史研究』1964-1)
_____,「北魏的靑齊土民」(『魏晉南北朝史論拾遺』, 中華書局, 1983)
_____,「北朝的兵」(『魏晉南北朝史論拾遺』, 中華書局, 1983)
_____,「魏晉南北朝時期的客和部曲」(『魏晉南北朝史論拾遺』, 中華書局, 1983)
_____,「北魏南境諸州的城民」(『山居存稿』, 中華書局, 1989)
董克昌,「北周武帝的統一」(復印報刊資料『K2 中國古代史』1981-19)
馬君實,「對近年來'孝文改制'硏究的評議」(復印報刊資料『K22 魏晉南北朝隋唐史』1985-10)
樊樹志,「魏晉至中唐封建土地關係的複雜化」(『中國封建土地關係發展史』, 人民出版社, 1988)
范傳賢,「關于"生口"的社會身分問題」(『中國古代社會探微』, 中州古籍出版社, 1993)

蒙思明,「元魏的階級制度」,(『史學年報』2-3, 1936)
師道剛,「北魏の都, 平城の建設と蔣少游」(滕維藻・王仲犖・奧崎裕司・小林一美 編, 『東アジア世界史探究』, 汲古書院, 1986)
薛　登,「"北魏"改革再檢討」(『中國史研究』1984-2)
孫祚民,「論北魏太和改革的幾個問題」(復印報刊資料『K22 魏晉南北朝隋唐史』1988-1)
沈家本,「部曲考」(『沈寄簃先生遺書』上, 中國書店, 1990. 원래는 民國時代에 쓰여짐)
楊作龍,「北魏孝文帝改革前後奴婢, 隸戶身分變化考」(復印報刊資料『K22 魏晉南北朝隋唐史』1985-2)
楊廷福,「唐律疏議製作年代考」(『唐律初探』, 天津人民出版社, 1982)
楊中一,「部曲沿革畧攷」(『食貨半月刊』1-3, 1935)
嚴耀中,「魏晉南北朝"佃客"辨」(『中國史研究』1984-3)
王明信,「北魏孝文帝完成改革的戰略措置」(復印報刊資料『K22 三國兩晉隋唐史』1984-10)
王仲犖,「關于中國奴隷社會的瓦解及封建關係的形成問題」(『中國古代史分期問題討論集』, 三聯書店, 1957)
_____,「從魏晉南北朝史談歷史的借鑒」(『中國史研究』1979-3)
_____,「魏晉南北朝史餘義」(復印報刊資料『K22 魏晉南北朝隋唐史』1984-8)
劉精誠,「北魏末年人民起義與東魏北齊・西魏北周的改革」(中國魏晉南北朝史學會編, 『魏晉南北朝史研究』, 四川省社會科學院出版社, 1986)
劉漢東,「論魏晉南北朝的雇傭勞動者」(『中國史研究』1990-4)
李光霽,「魏晉南北朝封建依附關係的發展及其社會意義」(復印報刊資料『K22 魏晉南北朝隋唐史』1987-5)
任士英,「唐代流外官制研究(上)」(史念海 主編,『唐史論叢』, 三秦出版社, 1990)
張　弓,「南北朝隋唐寺觀戶階層述略-兼論賤口依附制的演變」(『中國史研究』1984-2)
蔣福亞,「南朝三吳地區的十夫客」(『古代長江下游的經濟開發』, 三秦出版社, 1989)
張祥光,「論北周武帝」(『貴州社會科學』1981-1; 復印報刊資料『K2 中國古代史』1981-3)
張維訓,「略論雜戶"賤民"等級的消亡」(『江西社會科學』1982-4; 復印報刊資料『K2 中國古代史』1982-17)
_____,「略論雜戶的形成和演變」(『中國史研究』1983-1)
_____,「北魏前期徭役問題初探」(『中國社會經濟史研究』1989-4)
張澤咸,「東晉南北朝的屯田述略」(復印報刊資料『K2 中國古代史』1981-13)
_____,「唐代的部曲」(『社會科學戰線』1985-4)
田余慶,「秦漢魏晉南北朝人身依附關係的發展過程」(『中國史研究』1983-3)
趙克堯,「論魏晉南北朝的塢壁」(『歷史研究』1980-6)

朱大渭, 「北魏末軍戶制的衰落」(『中國古代史論叢』1982-3)
朱　雷, 「論麴氏高昌國時期的'作人'」(唐長孺 主編, 『敦煌吐魯番文書初探』, 武漢大學出版社, 1983)
周士龍, 「論北魏前期對各族降附者的政策」(復印報刊資料『K22 魏晉南北朝隋唐史』1989-4)
朱紹侯, 「北魏的戶籍制度和階級關係(下)」(『魏晉南北朝土地制度與階級關係』, 中州古籍出版社, 1988)
朱維錚, 「府兵制度化時期西魏北周社會的特殊矛盾及其解決」(『歷史研究』1963-6)
周一良, 「從北魏幾郡的戶口變化看三長制的作用」(『社會科學戰線』 1980-4; 『魏晉南北朝史論集續編』, 北京大學出版社, 1991)
陳寶良, 「魏晉南北朝時期的無賴」(『中國流氓史』, 中國社會科學出版社, 1993)
陳漢玉, 「也談北魏孝文帝的改革」(『中國史研究』1982-4)
何士驥, 「部曲考」(『國學論叢』1-1, 1927)
何玆全, 「中古大族寺院領戶研究」(『食貨半月刊』3·4, 1936)
＿＿＿, 「漢魏之際封建說」(『歷史研究』1979-1)
韓國磐, 「魏晉南北朝時期寺院地主階級的形成和發展」(復印報刊資料『K22 魏晉南北朝隋唐史』1988-6)
＿＿＿, 「北朝的手工業和商業」(『南北朝經濟史略』, 廈門大學出版社, 1990)
＿＿＿, 「北朝的均田制和賦役制度」(『南北朝經濟史略』, 廈門大學出版社, 1990)
黃　烈, 「烏桓和東部鮮卑的社會結構和社會性質」(『中國古代民族史研究』, 人民出版社, 1987)
黃佩瑾, 「魏晉南北朝的農奴制人身依附關係」(『歷史研究』1985-2)
胡寶國, 「對復客制與世襲領兵制的再檢討」(『中國史研究』1991-4)

3. 일 문

岡崎文夫, 「魏晉南北朝を通じ北支那に於ける田土問題」(『支那學』6-3, 1932)
關尾史郎, 「北魏における勸農政策の動向-均田制發布以前を中心として」(『史學雜誌』91-11, 1982)
兼子秀利, 「北魏前期の政治」(『東洋史研究』19-1, 1960)
古賀登, 「北魏三長攷」(『東洋學』31, 1965)
＿＿＿, 「北魏の俸祿制施行について」(『東洋史研究』24-2, 1969)
＿＿＿, 「唐代賦役制下の官賤民の負擔」(『中村治兵衛先生古稀記念 東洋史論叢』, 刀水書房, 1986)

古賀昭岑,「北魏城人出自考」(『東洋史學』 25, 1962)
_____,「北魏における徙民と計口受田について」(『九州大學東洋史論集』 1, 1973)
_____,「北魏の部落解散について」(『東方學』 59, 1980)
谷川道雄,「拓跋國家の展開と貴族制の再編」(『岩波講座　世界歷史』 5, 岩波書店, 1970)
_____,「北魏の統一過程とその構造」(『隋唐帝國形成史論』, 筑摩書房, 1971)
_____,「北魏末の內亂と城民」(『隋唐帝國形成史論』, 筑摩書房, 1971)
_____,「北朝後期の鄕兵集團」(『隋唐帝國形成史論』, 筑摩書房, 1971)
_____,「南匈奴の自立おはびその國家」(『隋唐帝國形成史論』, 筑摩書房, 1971)
_____,「中國における中世-六朝・隋唐社會と共同體」(『中國中世社會と共同體』, 國書刊行會, 1976)
_____,「中國社會と封建制」(『中國中世社會と共同體』, 國書刊行會, 1976)
_____,「均田制の理念と大土地所有」(『中國中世社會と共同體』, 國書刊行會, 1976)
_____,「自營農民と國家との共同體的關係-北魏の農業政策を素材として-」(『名古屋大學東洋史研究報告』 6, 1980)
_____,「中國中世社會と'豪族共同體'」(『東方學志』 84, 1994)
堀敏一,「均田制の成立」(『東洋史研究』 24-1・2, 1965)
_____,「均田制と良賤制」(『仁井田陞博士追悼論文集　第1卷　前近代アジアの法と社會』, 勁草書房, 1967)
_____,「北魏における均田制の成立」(『均田制の硏究』, 岩波書店, 1975)
_____,「均田法體系の變遷と實態」(『均田制の硏究』, 岩波書店, 1975)
_____,「中國古代における良賤制の展開」(『均田制の硏究』, 岩波書店, 1975)
_____,「中國における良賤身分制の成立過程」(唐代史研究會 編, 『律令制-中國朝鮮の法と社會』, 汲古書院, 1986)
_____,「中國古代における良賤制の成立過程」(『中國古代の身分制-良と賤-』, 汲古書院, 1988)
_____,「部曲・客女身分成立の前提-六朝期隷屬民の諸形態」(『中國古代の身分制-良と賤-』, 汲古書院, 1988)
_____,「北朝雜戶制の再考察」(『中國古代の身分制-良と賤-』, 汲古書院, 1988)
_____,「隋唐の部曲・客女身分をめぐる諸問題」(『中國古代の身分制-良と賤-』, 汲古書院, 1988)
_____,「良奴・良賤制はいつ成立したか-川本芳昭氏の論に關聯して-」(『史學雜誌』 97-7, 1988)
宮崎市定,「部曲から佃戶へ」(『アジア史論考』 中, 朝日新聞社, 1976)
內田吟風,「北魏政局における鮮卑匈奴等諸北族系貴族の地位」(『北アジア史研究-匈奴

篇』, 同朋舍, 1975)

_____,「烏桓鮮卑の源流と初期社會構成」(『北アジア史硏究-鮮卑柔然突厥篇』, 同朋舍, 1975)

唐長孺,「魏晉南北朝の客と部曲」(『東洋史硏究』 40-2, 1981)

_____,「唐代の部曲と客」(『東方學』 63, 1981)

大川富士夫,「東晉南朝時代における山林藪澤の占有」(『六朝江南の豪族社會』, 雄山閣, 1980)

渡邊信一郞,「二世紀から七世紀に至る大土地所有と經營」(『中國古代社會論』, 青木書店, 1986)

米田賢次郞,「華北乾地農法と莊園像-「齊民要術」の背景」(『中國古代農業技術史硏究』, 同朋舍, 1989)

尾形勇,「良賤制の展開とその性格」(『岩波講座 世界歷史』 5, 岩波書店, 1970;『中國古代の'家'と國家』, 岩波書店, 1979)

濱口重國,「私奴婢の硏究」(『唐王朝の賤人制度』, 東洋史硏究會, 1966)

_____,「部曲客女の硏究」(『唐王朝の賤人制度』, 東洋史硏究會, 1966)

_____,「官賤人の由來についての硏究」(『唐王朝の賤人制度』, 東洋史硏究會, 1966)

_____,「南北朝時代の兵士身分と部曲の意味の變化に就いて」(『唐王朝の賤人制度』, 東洋史硏究會, 1966)

_____,「唐の部曲・客女と前代の衣食客」(『唐王朝の賤人制度』, 東洋史硏究會, 1966)

_____,「唐の賤民, 部曲の成立過程」(『唐王朝の賤人制度』, 東洋史硏究會, 1966)

_____,「魏晉南朝の兵戶制度の硏究」(『秦漢隋唐史の硏究』 上卷, 東京大學出版會, 1966)

_____,「正光四年五年の交における後魏の兵制に就いて」(『秦漢隋唐史の硏究』 上卷, 東京大學出版會, 1966)

_____,「隋の天下統一と君權の强化」(『秦漢隋唐史の硏究』 下卷, 東京大學出版會, 1966)

_____,「東魏の兵制」(『秦漢隋唐史の硏究』 上卷, 東京大學出版會, 1966)

山根淸志,「唐における良賤制と在地の身分的諸關係」(歷史學硏究 別冊 『民族と國家:1977年度大會報告』, 1977)

_____,「唐の良賤制をめぐる二・三の問題」(『歷史評論』 392, 1982)

_____,「唐の'百姓'身分について」(『社會經濟史學』 47-6, 1982)

_____,「唐の'百姓'身分・補論」(『栗原益男還曆記念論集 中國古代の法と社會』, 汲古書院, 1988)

_____,「唐代の奴婢賣買と市券」(唐代史硏究會編, 『東アジア古文書の史的硏究』,

唐代史硏究會報告 第Ⅶ集, 刀水書房, 1990)
山崎宏, 「北魏の大人官に就いて」 上・下(『東洋史硏究』 10-1・2, 1951)
西嶋定生, 「中國古代奴婢制の再考察-その階級的性格と身分的性格」(『古代史講座』 7, 學生社, 1961;『中國古代國家と東アジア世界』, 東京大學出版會, 1983)
_____, 「良賤制の系譜」(中國古代國家と東アジア世界』, 東京大學出版會, 1983)
石見淸裕, 「唐の建國と匈奴の費也頭」(『史學雜誌』 91-10, 1982)
小口彦太, 「均田農民の土地所有權に關する一試論」(『早稻田法學會誌』 23, 1973)
松永雅生, 「北魏の官吏俸祿制實施と均田制(その1)-俸祿制實施前の地方官の收入-」(『福岡女子短大紀要』 2, 1969)
_____, 「北魏太祖の離散諸部」(『福岡女子短大紀要』 8, 1974)
松浦典弘, 「唐代における官人處罰-罰俸制度を中心に-」(『東洋史硏究』 53-3, 1995)
玉井是博, 「唐の賤民制度とその由來」(『支那社會經濟史硏究』, 岩波書店, 1942)
越智重明, 「唐時代の部曲と魏晉南北朝時代の客」(『東方古代文化』 11, 1963)
_____, 「晉南北朝の流・職掌・胥について」(『法制史硏究』 21, 1970)
_____, 「客と部曲」(『史淵』 110, 1973)
_____, 「漢六朝史の理解をめぐって」(『九州大學東洋史論集』 5, 1977)
_____, 「六朝の良・賤をめぐって」(『史學雜誌』 89-8, 1980)
_____, 「北朝の下層身分をめぐって」(『九州大學東洋史論集』 8, 1980)
籾山明, 「秦の隷屬身分とその起源」(『史林』 65-6, 1982)
仁井田陞・牧野巽, 「故唐律疏議製作年代考」 上・下(『東方學報』 1・2, 1931)
_____, 「部曲・奴婢法」(『支那身分法史』, 座石寶刊行會, 1942)
_____, 「漢魏六朝の質制度」(『中國法制史硏究 土地法・取引法』, 東京大學東洋文化硏究所, 1960)
_____, 「唐宋時代の保證と質制度」(『中國法制史硏究 土地法・取人法』, 東京大學東洋文化硏究所, 1960)
_____, 「中國における奴隷の地位と主人權」(『中國法制史硏究 奴隷農奴法・家族村落法』, 東京大學出版會, 1962)
日野開三郞, 「唐代の私賤民『部曲客女・奴婢の法身分と生活實態」(『中國律令制の展開とその國家・社會との關係』, 唐代史硏究會報告 5, 1984)
前田正名, 「北魏官營貿易に關する考察-西域貿易の展開を中心として-」(『東洋史硏究』 13-6, 1955)
田村實造, 「均田法の系譜-均田法と計口受田との關係-」(『史林』 45-6, 1962)
_____, 「北魏孝文帝の政治」(『東洋史硏究』 41-3, 1982)
佐久間吉也, 「北魏朝における隷戶・奴婢の下賜について」(『中國史上よりみた中國文化の傳播と文化變容』, 昭和58年度科學硏究費補助金〔總合硏究A〕硏究成果報告

書, 1984)

佐川英治, 「北魏の編戸制と徵兵制度」(『東洋學報』81-1, 2000)

竹浪隆良, 「北魏における人身賣買と身分制支配-延昌三年(514)人身賣買論議を中心として」(『史學雜誌』93-3, 1984)

_____, 「漢六朝期における人身の賣買と質入れ」(『歷史學硏究』564, 1987)

中村圭爾, 「晉南朝の律令と身分制の一考察」(『堀敏一先生古稀紀念中國古代の國家と民衆』, 汲古書院, 1995)

_____, 「六朝貴族論」(谷川道雄 編著, 鄭台燮·朴鍾玄 外譯, 『日本의 中國史論爭』, 新書苑, 1996)

直江直子, 「北魏の鎭人」(『史學雜誌』92-2, 1983)

池田溫, 「中國律令と官人機構」(『仁井田陞博士追悼論文集·前近代アジアの法と社會』 第1卷, 勁草書房, 1967)

_____, 「律令官制の形成」(『岩波講座 世界歷史』5, 岩波書店, 1970)

川本芳昭, 「北魏高祖の漢化政策についての一考察-北族社會の變質との關係から見た-」 (『東洋學報』62-3·4, 1971)

_____, 「北魏高祖の漢化政策の理解について」(『九州大學東洋史論集』9, 1981)

_____, 「北魏太祖の部落解散と高祖の部族解散-所謂部族解散の理解をめぐって」(『佐賀大學敎養部硏究紀要』14, 1982)

_____, 「北魏における所謂良奴制の成立-良の問題を中心として見た」(『史學雜誌』96-12, 1987)

川勝義雄·谷川道雄, 「中國中世史硏究における立場と方法」(中國中世史硏究會編, 『中國中世史硏究』, 東海大學出版會, 1970)

_____, 「六朝初期の貴族制と封建社會」(川勝義雄·礪波護 編, 『中國貴族制社會の硏究』, 同朋舍, 1987)

草野靖, 「唐律にみえる私賤民, 奴婢·部曲に就いての一考察」(『重松先生古稀記念九州大學東洋史論叢』, 九州大學文學部東洋史硏究室, 1957)

塚本善隆, 「北魏の僧祇戶·佛圖戶」(『東洋史硏究』2-3, 1937; 『支那佛敎史硏究 北魏篇』, 淸水弘文堂, 1969)

_____, 「沙門統曇曜とその時代」(『支那佛敎史硏究 北魏篇』, 淸水弘文堂, 1969)

河地重造, 「北魏王朝の成立とその性格-徙民政策の展開から均田制へ」(『東洋史硏究』 12-5, 1953)

찾아보기

ㄱ

家僮 143 147 149 277 279
歌舞人 185
家兵 150
嫁妻 197
葛 85
減 305
羌 73 75 85 98 132 278
强家 237
강호 156~57 223
個別人身的 支配論 12 19 242
開元律疏 188
客 24 200 202 209~10 211 215 235 238 251 253 300
客女 16~17 20 23~27 43 194~96 226~27 231~ 36 238~39 242 250 253~54
車馬 269
乞養雜戶 171
計口受田 80 104~106 108 122
計帳文書 39~40
계층관계 22 45 242
高句麗 73
高句麗民 80
高麗 76 98 108 104
告身 293 295 299
告言 143
雇傭 204 206
高允 145 162

高車 73 75 85~86 97~98 102 129 132 245
高昌國 201~202
高聰 110 127
鼓吹 64 118 191 270 278
髡刑 159
貢納制 91
公奴婢 229
共同體論 12
公私奴婢 229
工商雜伎 172
工商皂隷 172 174
工人 117 173 299
工戶 64 192 254 302
課役 91~92 188 210~11 217 245 292~93 302~ 305 309 311
官口 142 226
官奴 30 113 160 226
官當 293 296 305~306
官吏-百姓 22 301
官私隷屬民 20
官私賤人 302~303 309
관영상공업 94 109
官位優位政策 308
官人 47 49 242 254 293~ 312
官人-庶人 294
官人層 49
官戶 41 44 290 302~303
舊部落民 87~89
舊主人 227 232~33
九品官人法 308
국가적[법제적] 신분제 30 193

軍國體制 90
群盜 157~158
郡城 128
群臣 135
軍役 112 126~27 176
群隷 150
君長大人 86~87
軍籍 110 127 129
郡縣制 57 76~79 85 87 89 99~101 103 106 244~46
軍戶 56 59 107 110 112 115 127 190 244 246
宮女 272
宮奴婢 185
貴買生口 134
貴族制論 12
귀향자 84
均田制 6 18 21 32~34 42 56 90 92 104 144 148 167 173 211 217 222 248 252 303~304
近世魏律 155 158 192
金帛 269~70
金銀工巧人 117 163~64
金戶 59 115 124~25 246
給客制 215~16 252
給人 305
起家 49
寄生官僚論 12
妓樂 63~64 118 269~70
妓樂戶 64
伎作 61~64 85 169 183 186 192
伎作戶 59 107~108 113

164 244 246 254

ㄴ

南部尙書 89
南北尙書 89
內徙新民 80 106
內屬民 72~74 77~85 102
　106 244~46
虜 132 135
奴 32 36 40 207 212
奴各依良 32 42
勞動消却債奴制 201
奴婢 20 22~27 29~38 40
　42~44 49~51 55~58
　64~68 71 83~84 91 108
　114 130~31 134 137~51
　167~68 187 193~94
　198~203 206~209 211~
　214 216~254 259~62
　264~66 268~74 277~84
노비방면 226~27 231 253
奴婢依良 42
노비해방조치 227 231~ 33
노예 57 134 221
農官 123
農奴 201
農奴說 17
農民 49 91~92 108 299
　304 307 311
농부 57
漏戶 108 116 125
綾羅戶 59 115~16

ㄷ

曇曜 112~14 127 159
『唐令拾遺』 42 291
『唐律疏議』 5 17 38 42

188 291
『唐六典』 17 42
大陽蠻 76
大逆 154
大逆罪 160
盜 158
屠沽 169
都牧主 121
都兵曹 64 118
盜律 220
盜罪 157
徒河 108
逃戶 116 125
突厥 266~67 275~76
　283
同居人 299
僮僕 138 142
僮隸 108 137~38 145
　149~150 267 269
同伍犯法 36
屯民 123
屯田制 61 105
屯戶 59 85 107 115 119
　122~24 186 182 244
　246 250 254

ㄹ

馬畜生口 134
蠻 76 266
蠻夷 283
蠻族 73 76~77 207
蠻漢融合 39
賣 205
賣人法 197
免所居官 302
募客 215
謀叛 142~43
謀反 143 154
募兵令 182
牧子 120 178~79

목축인 57
牧戶 59 85 107 109~10
　115 119~21 124 164~
　65 175 178~80 183
　185~86 244 246 250
　254
無償勞動 201 213
無第者 93 165~66
文券 142
文券稅 143
門第 93
文化變容論 14
文化吸收論 14
民吏 98 104 108
民望 100~101 107 130~31
民庶 227 230

ㅂ

半奴隸說 17
班賜 54~55 130 137 139
　140~41 147~49 247
　260~61 263~65 268~
　69 271~74 276~77
　279~85
叛走 84
方貢 78
配雜之科 190~91
百工伎巧 59 98 104 107~
　108 164 166 244 246
白龍 84 132 138
白民 27 48~51 56~59 72
　85 88 90~93 95 106
　110 118~19 121~22
　124 127~28 168 182~
　83 190 193 218 242~45
　248 250 252 254 259
百姓 83 92 143 157 168
　188 190 197~98 204
　222 280 300~305 309
　312

百雜之戶 62~64 107
白丁 57
白戶 56 59 61~62 85 124 186
番役 192 250
犯罪緣坐人 154 157~163 165 177 189~91 194 248 250
別戶 59 107 115 130 138 244 247
兵貫 110 127
兵役 61
兵戶 59 103 107 110 115 124~25 127~28 130 159~62 192 244 246~47 240 254
俸祿制 146
浮客 237
部曲 16~17 20 23~27 43 194~96 202 226~27 231~39 242 250~51 253~54 259 281 284 302~303
部落解散 86~89
俘虜 96 135 226 262~63
府兵 232 253 273
婦人 206
부족연합국가 96
部族制度 86
婦妾 143
府戶 59 107 115 125 127 129 162 177 192 210 216~17 244 247 252
俘獲 132 135 262 267 288 261 264~66 271
北涼 78 98 108 111~12 128
北部尙書 89
北人 129
北鎭 111 129 159
分番 301 309

分徒 84
不課口 303
佛圖戶 113~14 160
不義 301
婢 40
卑類 168
婢使 145~46
卑姓 166
費也頭 120 179
費羊皮 35 203 214 223~225
婢妾 142~45
非編戶 54 58~60 107 115 244 246 254

ㅅ ─────

師巫 163~64
沙門 163~64
四民 117 173
士民 111 117 266 268
徙民 67 71 74 80 88 95~96 97~98 114 136~37 141 154 161~65 189~90 244~46 248~49
徙民政策 95~97 100 107 113~14 246
徙配 107
師傅 166
私夫 199~200
四部[國] 87 132
士庶 58 169 216 291 296~98 308
士庶制 46 93 95 167~68 297 303 308 310~312
謝元 36
士人 81~82 91 172 245 281
私賤 36
死刑 156~57 159~60 164 191 204 218 222 232

272 280
寺戶 113~14
산림수택 144~45 150 210 247
山胡 74~75 84 98 132 136 138 179 262~63
尙方 115 117 172~73
商人 57 93~95 156 172~73 185
상품생산 145~46
償還條件附賣買 202~203 205 211 214
生口 96 74 109~110 114 131~37 139 141 146~48 151 208 211 245~47 251
徐幹 36~37
庶奴制 18 21 23 288
西涼 189~190
庶姓 185
庶人 30 291~301 304 307 311~12
庶族 54 174
鮮卑 73 75 85 88~89 90 95 97~98 103 119 129 132 134 139~41 145 147 150 245 247
城內人 128
城民 59 100 103 110~111 115 128~29 159~60 162 175~76 178 192 244 246 254
姓第 93
城中人 128
細繭戶 59 109 115 244
消却勞動 201
小盜 157
少府 117
贖 200
贖金 229 231 296
贖銅 306

屬吏 47
贖免 206
屬名 210
孫騰 157~158
手工人 57 93~95
受賜者 55 140~141
僧祇粟 113
僧祇戶 59 103 107 110 112~115 127 244 246
僧曹 113 123
市券 142
侍婢 142 269~70
厮養 52
厮養의 戶 53 59 168
厮養卒 52~53
厮役 27 29 48~60 64~65 69 71 85 91 106 115 128~30 153~54 159 162 165 168 190 193~94 218 243~44 246 248 250 252 254 259
厮役之吏 52~53
厮役之戶·厮養之戶 59
厮役廛養 52~53
厮賤 53~54 58
身良賤層 59 243
臣吏 145 149~50
身賣 197 200 225
新民 80 83 102
新附之民[人] 80~82
신분편성의 원리 22~23 27 29 51 165 241
實官 63 93 165 182~83
什物 270 273 282
十夫 199~201
十夫客 199~202 213
十惡 301

ㅇ ─────────

樂工 280
惡逆 154
樂人 191 269~70 277 280 284
樂戶 59 64 115 118~19 133~58 162 191~92 184 244 246 250 254 280
『顏氏家訓』 57 65 148 243
顏之推 57 148
略賣 196 207~209 214 218~24 231
略賣生口 134 208
略人法 197
良家子 33 212
良家酋帥 180~81
梁冀 31
良奴制 18 21 23 29~30 32 34 40 42~43 242
양민 29~31 36~37 40~44 56 58 69 243
良人 17~19 22 25 30~31 33 42 58 85 90 106 142~44 153 193~94 196 198 202 206 208 211 213~14 216~26 230~38 242 245 250~53 274 282~84 287~91 293~69 299~302 305 310~11
涼州軍戶 趙苟子 112
良賤의 쟁송 40
良賤制 17~19 21~23 27~29 37~40 42~46 51 55~56 58 65 71 85 90 141 153 167~68 193 196 211 217 218 236~39 242~43 247 252 254 287~90

어부 57
御府諸令 115
抑良爲奴 139
閹人 185
女樂 269~70 273 277 279
役屬民 21
驛戶 59 107 115 124 154 244 254
鹽鐵 145
鹽戶 59 115 124 244
永代賣買 203
永業田 292 304
營戶 59 98 107 115 125 127 192 244 246
永徽律疏 188
隸戶 59 107~108 115 130 137~38 189 244 246 254 269
烏蠻 275~76
塢壁 210
五兵尙書 118
王公侯伯 166
獠 38 266
徭役 61~63 81 91 144 202 303
傭客 206
傭保 198 204~205 211
傭賃 200
牛馬生口 134
元深 128 181
元雍 225
元禧 145~46 149
越勤部 104
위계질서 29 45 50~51 68 141 243 248 254
魏蘭根 177 181
有功將士 135 146 247 261 263 276
流內九品官 47 49 254 292~95 296 299 301

303 305~309 311
留臺郎 136 140
留臺文武 136 140
流民 179 182 210 216 251
劉昞 111 128
遺臣 99
柔然 73 76 79 83 129 132 138 175
流外官 193 293~96 301 309 311
流外勳品 295
有罪人 129
流刑 154~58 196~97 218 300
劉胡 118~19 170
劉輝 48~49 55 165
六部[國] 87 90
六部民 87
六鎭 92 128~29 159 175~76 178~83 185 249 264~65
六鎭起義 93 128 175~76 178~83 185 189 249 265
輪番制 193
銀官 124
銀錢 200 202
銀戶 59 115 124~25 244 246
蔭 292~93
蔭附戶 210 216~17 232 251~52 272
蔭庇 293
邑 264 280
議 264 305
議貴 294
依附民 201
衣食客 206 210 251
吏民 47 76 78
吏民秩序 48~49 50~51

242 332
李沖 128 162
李平 32~34 36 40
李彪 61 123
李訢 159~160 162
人身 69 264 269
人身賣買 27 35~7 42 195~97 202~203 206 208~226 231 233~34 250~53
인신매매 논의 34~35 224~25
入流 295
入粟 93 165

ㅈ

自賣 139 196 198~99 204
刺史 76 138 177 236 300
自營農民化 104~105
爵 264 284 293
作坊 109 115 117
作人 200~201
雜色役隸 62 186
雜役 61 92 123 186
雜役之徒 60~62 64
雜役之戶 60 107 172
雜營戶帥 125
雜夷 98 104 108
雜戶 16 27 51 60~65 68 71 85 95 100 106~ 107 110 114~15 118~19 122 124~125 127~31 141 149 153~66 168~ 77 179~80 183~95 218 232~39 242 244~54 302~303
將吏 101~102 132
長吏 46 48 103
將士 136 140~41 247

263 272
蔣少游 110 127
將帥 136 182 228
莊園 17 145~46 149
臧錢 202
杖刑 154 139 302
張回 35 203 214 223~24
再敍任規定 306~307
氐 73 85
佃客 148 200 210
典計 210
轉賣 35 203 223~25 241
전문직역호 113 122 124 126 192 250
戰俘 265~66 268
典師 150 248
前燕 105 116
田園 144~45
田宅 76 80 138 142~43 204 269~70 273
正課 61 123
定奴良之制 40
征戍 123
丁役 193
程蔭 210
征人 281
征還將士 136 140
第 93 165
除免 296 306
除名 293
諸民 113 124
齊民制社會論 12
朝鮮民 100~101
皂隸 120 142
趙翼 133~35
租調制 91
宗主督戶 217
州郡民 114 123~24 128 177 179 184 246
州城 128
주인권 196 214~15 220

226 231 233~34 238 253
重農抑商 308 311
「中論」36~37
職貢 77~78
織錦署 116
職分田 292 305
織成署 116
職役 23~24 27 29 51 53~54 56 58~60 64~70 72 85 88 92 95 108~110 114~15 117 119 125~26 129~31 141~42 180
職人 48~50 57 68 85 91 93 95 165 172 182~83 193 242 245 252 254
眞買 203
眞賣 35 214 224
鎭城 128
鎭將 175 177
質 203~204 206 211
徵收制 91

ㅊ

蒼頭 142
冊封 78
賤役 52 65 68
賤隷 35 39 43
賤人身分 5 16 287~88
賤人制度 15 18
貼 203~204
請 305
清流 61 171~72 174 249
崔光 128 213
崔玄伯 99
崔浩 99 207
崔鴻 35

追贖 35 203 211 214 223
驟卒 164
出仕 35 58 69 93 166 211 214 223 299
出身 56 63 92~93 165 182~83 193 292~93
忠勇 182
贅子 197 202
取贖 198 212 219~20
勑勒 98 102 107 178~79
勑勒新民 101 103~104 107 178
親屬 204~205 218 236 293 299

ㅌ

拓跋部 86 89 94 119
拓跋氏 96
宕昌羌 77
太僕卿 121 178
太常 191 280
太常民 59 115 118~19 170 246
太常寺 118~19 302
太常音聲人 44 119 191 296 302
太樂 64 118 121 191
太醫 115
答刑 154 303
吐谷渾 77~78 98 132 262 275~76 278 283

ㅍ

破落汗拔陵 175 177~80
販帖 205
八國 87~89
八部大人 87
八部帥 87 126
編民 57 87

편호민 56 58~59 68 85 88 95 118 177 191 202 217~18 232~34 243~45 249 252~53 259~60 273~74
編戶齊民 201 217 252
平民 84
平原郡 100~101 103
平齊郡 98 100 103 130 133
平齊民 82 103
平齊戶 59 103 107 110 113 115 130 244 246
廢佛事件 114 117 123 164
捕得 134
捕虜 134 259 267
捕虜生口 134
被征服民 6 27 67 69 71~72 83 85 88 95 103 153 244 248 259~60 273~74 282~85

ㅎ

夏 98 100 112 120 132 136
下層身分 6 19 20 22~24 26~27 41 43 46 51 60 64 66~69 71 115 131 153 172 178 180 185~87 192~96 227 239 241 243~44 246 248 250~51 254 259 301
下層身分秩序 6 20 27 51~52 59 64 66 70~72 96 194~96 239 243~44 248 250~51
限客制 215
韓麒麟 82
韓顯宗 169

漢化論 13
降民 129
降叛 154
降戶 179
見鬼人 185
刑罰 305
『刑書要制』 232
戶調 92
胡族 11 13~14 45 86 90 120

豪族 12 90~91 96 99 129 150 180~81 209~10 216~17 237 241
胡漢融合 39
胡漢二重體制論 13
胡漢體制論 13~14
胡戶 185
和賣 196 204 208 218
黃小丁中老 88
皇族 166 168

獲虜 134
驍勇 182
後燕 86 104 108
後趙 115 208
後秦 116
休暇 301 309
匈奴 53 73 97 101 103 134 139